本书是2013年度中央司法警官学院重点科研项目（项目编号X

张雅凤　著

罪犯减刑后改造倒退的
因果分析及对策

ZuiFan JianXing Hou GaiZao DaoTui De
YinGuo FenXi Ji DuiCe

知识产权出版社
全国百佳图书出版单位
——北京——

图书在版编目（CIP）数据

罪犯减刑后改造倒退的因果分析及对策／张雅凤著．
—北京：知识产权出版社，2019.10
ISBN 978－7－5130－6544－3

Ⅰ.①罪… Ⅱ.①张… Ⅲ.①减刑—研究—中国 Ⅳ.①D924.134

中国版本图书馆 CIP 数据核字（2019）第 230414 号

责任编辑：齐梓伊　唱学静　　　　　　　　责任校对：谷　洋
封面设计：韩建文　　　　　　　　　　　　责任印制：孙婷婷

罪犯减刑后改造倒退的因果分析及对策

张雅凤　著

出版发行：	知识产权出版社 有限责任公司	网　址：	http：//www.ipph.cn
社　址：	北京市海淀区气象路 50 号院	邮　编：	100081
责编电话：	010－82000860 转 8176	责编邮箱：	qiziyi2004@qq.com
发行电话：	010－82000860 转 8101/8102	发行传真：	010－82000893/82005070/82000270
印　刷：	北京九州迅驰传媒文化有限公司	经　销：	各大网上书店、新华书店及相关专业书店
开　本：	720mm×1000mm　1/16	印　张：	25
版　次：	2019 年 10 月第 1 版	印　次：	2019 年 10 月第 1 次印刷
字　数：	380 千字	定　价：	98.00 元

ISBN 978－7－5130－6544－3

前　言

多年来，我国监狱中罪犯减刑后出现的改造倒退行为一直困扰着监狱管教干警，而且罪犯减刑后改造倒退的行为对其本人、其他罪犯、罪犯群体及监狱管理秩序等都造成了一定的消极影响，所以研究罪犯减刑后改造倒退行为的原因、消极结果、改造对策等就成了非常重要且有代表性的课题。

本书是中央司法警官学院 2013 年度的重点科研项目的成果。该项目立项后笔者就利用假期到监狱调研，通过测试问卷、开座谈会，工作之余的电话访谈、QQ 聊天、电子信件等多种途径从有经验的监狱警察那里收集本课题的数据和第一手资料。2014 年年底笔者成功获得了一个国家社会科学基金后期资助项目的立项——"罪犯的罪行与危害社会心理恶性程度的相关性探索"，2016 年 8 月下旬拿到了国家课题结项证书。这期间为了尽快做完国家课题并完成教学等其他工作，就把这个学院的项目搁置了。但是由于本课题的调查数据和访谈材料都已经准备得比较全面了，况且对本课题的研究欲望和兴趣一直让笔者无法放下不做，于是退休后在讲完自己任期内最后一学期的专业课，完成带研究生及其他事情之余，就抓紧时间写本书。由于本课题是从数据中总结规律，必须与罪犯减刑的实践工作紧密结合，精准地筛选和分析数据，所以就比较费时费力。现在本书终于完成了，也算了却了笔者的一桩心愿。

在心理学、法学、监狱学理论与监狱实践紧密结合及多种研究方法并用的同时，本书也突出了实证研究。笔者利用多种途径，从监狱获得了大量的实证数据、调查笔记等第一手资料。在广东省、江苏省、北京市、河北省、吉林省共 5 个省（直辖市）的 12 所监狱（广东省深圳监狱、江苏省南京监狱、江苏省南京女子监狱、江苏省江宁监狱、江苏省宜兴监狱、北京市监狱、北京市女子监狱、司法部燕城监狱、河北省保定监狱、吉林省长春兴业监狱、吉林省长春铁北监狱、吉林省女子监狱）做了问卷调查。这12所监狱有四大区别：一是地理位置分布较广，有华南地区、华东地区、华北地区、东北地区的监狱；二是关押的罪犯刑期明显不同，包括短刑期罪犯监狱、中等刑期罪犯监狱、重刑期罪犯监狱；三是不同的监狱里罪犯的主要犯罪类型不同，例如，轻刑犯监狱多数是盗窃、诈骗、聚众斗殴等罪行不重的罪犯，而重刑犯监狱多数是杀人、伤害、抢劫等罪行很重的暴力犯罪的罪犯；四是罪犯的性别不同，包括女犯监狱和男犯监狱。这12所监狱既有区别，又在全国监狱中具有一定的代表性，但是由于条件限制，缺乏西南地区、西北地区、华中地区监狱的调查数据。

笔者用自编问卷"罪犯减刑后改造倒退问卷"测试得到罪犯有效问卷1787份（其中回答问卷的有未减刑罪犯393人、减刑罪犯1394人）；监狱警察有效问卷530份（回答问卷的530名监狱警察都是有三年以上改造罪犯实践经验的监狱工作骨干）。对罪犯和监狱警察均采取无记名测试，每人只能回答一份问卷，所以测得的问卷很真实。之后用SPSS统计软件对调查数据做了详细的统计分析，最后得出结论，形成全书的主要观点。当然，在全部测试问卷中，有三分之一被测试罪犯回答的问卷是无效的，如存在说谎、不认真作答、空白项等，这些无效问卷全被淘汰。本书使用的数据全部是从有效回答的问卷中得到的。此外，本书还采用了笔者所做课题"罪犯法律意识的实证研究"中的自编问卷"罪犯法律意识的问卷"的对策部分测得的有效数据。

本书自编问卷的编制经历了以下过程：一是大量搜集与本课题有关的理论资料，同时由于笔者有多年讲授罪犯改造心理学的理论功底，而且经常到监狱调研，对罪犯心理及其改造对策有较充分的了解，所以为自编问卷的编制奠定了深厚的理论依据和实践基础；二是笔者到监狱与直接管教罪犯的监狱警察座谈，讨论自编问卷中涉及的问题；三是问卷编成后首先到附近监狱做少量测试，修改后再大量测试。最终测试结果达到了预期目的，使用自编问卷调查的结果有下面的数据证明。

被调查对象对自编问卷的认同率分别是：没减刑罪犯选择 A、B 两项之和的有 84.2%；减刑罪犯选择 A、B 两项之和的有 83.0%；监狱警察选择 A、B 两项之和的有 81.3%（见表 1）。这足以证明本课题的自编问卷是被所调查对象认可的，而且所有有效问卷的回答都是认真的。所以可以认为本书的数据来源相当可靠。

表 1　被调查的罪犯和监狱警察对本问卷的评价（$N = 2317$）

（单位：人数 / 人，百分比 /%）

问题	选项	没减刑罪犯		减刑罪犯		监狱警察	
		人数	百分比	人数	百分比	人数	百分比
96. 本问卷关于服刑人员减刑后改造倒退的问题属于以下哪种情况？	A. 针对性强，很符合实际	151	38.4	496	35.6	122	23.0
	B. 针对性一般，基本符合实际	180	45.8	661	47.4	309	58.3
	C. 针对性差，脱离实际	60	15.3	222	15.9	97	18.3
	D. 不确定	2	0.5	15	1.1	2	0.4
	合计	393	100	1394	100	530	100

强调两点：第一，本书主要研究罪犯减刑后的改造倒退问题，所以要重点突出减刑罪犯对所有问题的反应，但是为了研究的需要，必须要有没减刑罪犯的数据与减刑罪犯的数据做比较，以检验减刑罪犯对问题回答的真实性。如果两类罪犯差别太大，或者减刑罪犯掩饰性太强，则回答不真实。当然，在只有减刑罪犯和监狱警察能够回答的问题上，没减刑罪犯的数据价值不大，因为在这些问题上没减刑罪犯无减刑的经历和切身体会，他们的回答不太准确。第二，到监狱对罪犯和监狱警察做问卷测试时为了统一称谓，自编问卷中全部用的是"服刑人员"，但是《中华人民共和国监狱法》中对被判刑在监狱执行刑罚的犯罪人依法都称为罪犯，所以，全书除了问卷部分保持测试时的称谓，其他内容中一律称为"罪犯"，这符合法律规定。

本书以笔者到监狱调查的真实数据为实证依据，以心理学、法学及相关学科的观点为依据理论，主要研究以下三个问题。第一，分析影响罪犯整体减刑后改造倒退的主体内外原因和消极后果。第二，分析不同年龄和不同刑期这两种主要类型的罪犯减刑后改造倒退的差异。第三，对罪犯减刑后的改造倒退行为提出有针对性的法律对策、监狱管理对策、心理学对策。本书希望能为立法者、执法者提供一些科学的实证依据和心理学依据，从根本上提高罪犯改造质量，减少罪犯减刑后的改造倒退，尽量防止罪犯重新犯罪，为社会安定和谐做出应有的贡献。

对于很多问卷问题，监狱警察的回答都与两类罪犯有极其显著的差异。笔者认为这存在两方面原因。首先，监狱警察凭着自己较丰富的改造罪犯的经验回答问题，概括性较强，但不一定具体，更没有减刑罪犯的切身体会。其次，不可忽视的是，这与监狱警察对罪犯带有一定的刻板印象有关。刻板印象是指人们对具体的社会群体具有的心理特质的观念与预期。作为认知系统的重要组成成分，刻板印象极大地提高了知觉、推理和决策的速度与效率。然而当错误运用时，刻板印象往往会滋养不公正、误解和犯罪活动等不良现象。同时，刻板印象的过分概括化作用也会导致种种社会认知偏差。监狱警察在改造罪犯工作中对罪犯形成的某些看法会影响他们对本课题问卷的回答，刻板印象的积极作用和消极作用都会体现出来。

本书表格中没有标明题号的问题都是笔者指导的学生论文中的问卷，删除题号是为了与笔者在本课题中的自编问卷区别开，即本书中有题号的问题都是笔者自编问卷的内容。

最后，笔者对给予本课题支持的所有单位和个人表示由衷的感谢！

张雅凤

2019 年 5 月 1 日

目 录 *Contents*

第一章

罪犯减刑后改造倒退行为的
界定及研究意义

作为重要的刑罚变更制度，减刑、假释是实现刑事法治目的的重要保障制度。多年来，减刑、假释制度在司法实践中的适用状况如何呢？从有关统计数据来看，主要表现为假释制度适用率极低，几乎被搁置不用，而减刑的适用率明显高于假释的适用率。根据司法部的统计，2003~2007 年，全国监狱系统共办理减刑 2069743 名，假释 97662 人。[①] 此外，笔者做本课题调研时发现，近些年全国监狱中罪犯的假释率也未提高。可见，我国刑罚执行机关对罪犯刑罚的变更主要体现在减刑上。所以，本书只探讨罪犯减刑后的改造倒退问题。

为何要研究罪犯减刑后的改造倒退问题？因为多年来我国监狱中罪犯减刑后出现的改造倒退行为一直困扰着监狱管教干警。对于已经呈报减刑后法院还没批下来就出现改造倒退行为的罪犯，监狱可以撤销减刑，但是对于减刑已经批下来的罪犯出现改造倒退行为，监狱就没有办法了。若取消减刑，就等于再给他们加刑。由于涉及法律程序，所以监狱机关对此类罪犯无计可施，这样就使此类罪犯在监狱中造成极坏的影响。更有甚者，少数罪犯减刑后很快被释放，回到社会却重新犯罪。因此，本书研究罪犯减刑后改造倒退行为的原因和消极后果，并提出有针对性的对策，目的是为相关领域的实践

---

① 李勤：《减刑假释制度的适用：积分制的缺陷及其完善》，载中国人民大学复印报刊资料（以下简称人大复印报刊资料）《刑事法学》2017 年第 7 期。

工作者提供心理学依据，尽量减少罪犯减刑后的改造倒退行为，从深层次上提高罪犯改造质量，保障监狱改造秩序的稳定和社会的和谐安宁。

一、罪犯减刑后改造倒退行为的界定

罪犯减刑后出现哪些行为可以认定为改造倒退呢？即如何界定罪犯减刑后的改造倒退行为？

《中华人民共和国刑法》（以下简称《刑法》）没有明确界定什么是罪犯减刑后的改造倒退行为，但是如果罪犯在监狱减刑后的服刑期间又犯罪，按照《刑法》的规定要加刑。《中华人民共和国监狱法》（以下简称《监狱法》）也没有关于罪犯减刑后改造倒退行为的界定，笔者根据以多种途径从监狱调研来的笔记和数据，对罪犯减刑后的改造倒退行为做如下总结。

（一）罪犯减刑后改造倒退行为的比例

笔者到监狱调查时，用自编问卷让罪犯和监狱警察回答问题，并与监狱警察座谈。调查结果显示，罪犯减刑后只有很少数罪犯会产生改造倒退行为。从表1-1中第9题的回答可以看出，没减刑罪犯有2.8%、减刑罪犯有6.1%、监狱警察有11.3%认为罪犯减刑后会有改造倒退行为。再看后面表1-5的回答，没减刑罪犯有44.3%、减刑罪犯有44.6%、监狱警察有10.0%认为减刑后的罪犯没有改造松懈和倒退行为。在这两道题的回答中，认为罪犯减刑后有改造倒退行为的监狱警察的比例高于罪犯的比例；认为减刑后的罪犯没有改造松懈和倒退行为的监狱警察的比例低于罪犯的比例。这是为什么？原因很清楚：罪犯对自己的评价过高，更可能的是，有的罪犯有掩饰倾向；而监狱警察对罪犯的评价过低。那么，谁的评价更客观、更真实呢？笔者认为，罪犯是自评，凭着自己的切身体会回答问题，监狱警察是对罪犯做他评，根据长时间的工作经验回答问题，二者都有可取之处，也都有不全面之嫌。所以，我们只能将二者作为比较真实的参考依据，而不是绝对依据。

（二）罪犯减刑后改造倒退行为的类型

根据监狱的实践工作总结，罪犯减刑后改造倒退的行为大致有三类：一是改造松懈；二是违反监规纪律；三是重新犯罪。那么，这三类改造倒退行为都分别有多少呢？

表1-1 罪犯和监狱警察对罪犯减刑后改造倒退行为的比例和类型的认知比例（N=2317）

（单位：人数/人，百分比/%）

问题	选项	没减刑罪犯（N=393）		减刑罪犯（N=1394）		监狱警察（N=530）	
		人数	百分比	人数	百分比	人数	百分比
9. 所有的服刑人员减刑后都会有改造倒退行为吗？	A. 不是	193	49.1	672	48.2	84	15.8
	B. 不全是	189	48.1	637	45.7	386	72.8
	C. 是	11	2.8	85	6.1	60	11.3
32. 减刑后的服刑人员都会出现下面哪种情况？	A. 改造松懈	316	80.4	1071	76.8	334	63.0
	B. 违反监规纪律	57	14.5	223	16.0	159	30.0
	C. 重新犯罪	20	5.1	100	7.2	37	7.0

1. 改造松懈——多数罪犯减刑后的改造倒退行为属于此类

从表1-1中第32题选A项比例可以看出，没减刑罪犯有80.4%、减刑罪犯有76.8%、监狱警察有63.0%选择了此项，三类被调查者中选择A项的比例都是三个选项中最高的，说明绝大多数罪犯减刑后的改造倒退行为是改造松懈。究其原因有以下三点。

第一，两次减刑的间隔期太长。罪犯减刑后的改造松懈主要出现在两次减刑的间歇期，多数发生在还有减刑机会的罪犯身上。在笔者通过多种途径调查监狱干警时，不少干警反映，罪犯减刑后的改造倒退行为是间隔期太长造成的；罪犯减刑后剩余的刑期越短越好，最好是减刑后马上离开监狱，这样就不会出现改造倒退行为了，监狱也没有负担了。甚至有人建议取消间隔期，只要罪犯的积分够了，一次减刑后就很快释放出狱。比如，某罪犯服刑期间减刑四次或五次，一共减了四年或六年刑期，如果不是一次一次地减，而是到他的积分够减四年或六年时一次性减完，之后马上释放，就不会出现减刑后的改造倒退了。虽然这种意见尚未实施，但也说明了一个事实，即罪犯减刑后的改造松懈确实与减刑的间隔期较长有密切关系。

第二，减刑后的改造松懈不会被扣太多的改造分，甚至轻微的改造松懈根本不扣改造分。例如，减刑前非常积极地完成各项任务、积极参加各项集体活动，减刑后不那么积极了，但也不缺席，只是表现一般，这样并不影响为下一次减刑积累分数。所以，大多数罪犯减刑后表现为改造松懈不会影响他们的下一次减刑。

第三，减刑后的改造松懈基本符合人的生理和心理规律。从表1-2中选择 B、C 两项比例的总和可以看出，没减刑罪犯有 80.4%、减刑罪犯 79.0%、监狱警察有 86.4%，即这三类人中绝大多数都认为罪犯减刑后出现改造倒退行为是可以理解的符合个体身心规律的正常现象。被调查者理解的改造倒退基本就是指改造松懈。

表1-2　罪犯和监狱警察对罪犯减刑后改造倒退是否符合身心规律的认知比例（N=2317）

（单位：人数/人，百分比/%）

问题	选项	没减刑罪犯		减刑罪犯		监狱警察	
		人数	百分比	人数	百分比	人数	百分比
66. 服刑人员减刑后出现改造倒退行为是否属于可以理解的符合个体身心规律的正常现象？	A. 不正常，不可以理解	77	19.6	293	21.0	72	13.6
	B. 不正常，但可以理解	200	50.9	721	51.7	313	59.1
	C. 正常，可以理解	116	29.5	380	27.3	145	27.4
	合计	393	100	1394	100	530	100

从正常人的生理和心理规律来看，累了就要休息，而罪犯经过一个周期的努力终于获得了一次减刑，休息一下也是可以理解的。所谓一个周期，一般就是一至两年，当然，不同刑期的罪犯两次减刑的间隔期还有差别，刑期越长的罪犯间隔期越长。例如，江苏省规定了减刑起始时间和两次减刑的间隔期。①减刑起始时间。被判处有期徒刑的罪犯减刑起始时间：不满五年有期徒刑的，应当执行一年以上方可减刑；五年以上不满十年有期徒刑的，应

当执行一年六个月以上方可减刑；十年以上有期徒刑的，执行二年以上方可减刑；有期徒刑减刑的起始时间自判决执行之日起计算。②两次减刑的间隔期。被判处不满十年有期徒刑的罪犯，两次减刑间隔时间不得少于一年；被判处十年以上有期徒刑的罪犯，两次减刑间隔时间不得少于一年六个月；减刑间隔时间不得低于上次减刑减去的刑期。罪犯有重大立功表现的，可不受上述减刑起始时间和间隔时间的限制。①

罪犯也是人，人的身心承受能力都是有一定限度的，疲劳过度就会导致身心疾病。罪犯长期以压抑的心情在监狱封闭的环境中从事单调、枯燥的劳动，会出现心理疲竭，而减刑的罪犯更要一直绷着那根紧张的神经，稍有松懈就会出现减刑后的轻度改造倒退行为——改造松懈。

2. 违反监规纪律

罪犯违规有狭义与广义两种理解。狭义的罪犯违规是指在服刑期间违反监规纪律的行为，包括两种：一是一般性违规违纪，例如，不遵守监规纪律、不服从管理、经常完不成劳动任务、私藏现金等；二是严重的违规，例如，反抗管教、抗拒劳动、自杀等。广义的罪犯违规，除了狭义违规外，还包括罪犯的又犯罪行为。② 罪犯减刑后的改造倒退行为中的违反监规纪律属于狭义违规，即违规行为没有触犯刑法，不是又犯罪。当然，违规的类型也不同，根据不同的分类标准，可以把罪犯违规心理和行为分为以下几类：故意违规与过失违规、主动违规与被动违规、偶然违规与习惯性违规、轻度违规与严重违规。

从表 1-1 中第 32 题的回答可以看出，没减刑罪犯有 14.5%、减刑罪犯有 16.0%、监狱警察有 30.0% 选择了 B 项，说明少数罪犯减刑后的改造倒退行为是违反监规纪律。再看表 1-3，被调查的减刑罪犯中减刑后有违纪行为的比例很低，1 次和 2 次及以上违纪的总和是 7%。当然，减刑后违纪是比较严重的改造倒退行为，还有减刑机会的罪犯会很谨慎，一般不会出现违反监规纪律的行为。

① 江苏省对罪犯减刑的规定（内部文件），2017 年。
② 张雅凤主编：《罪犯改造心理学新编》，群众出版社 2007 年版，第 218 页。

表 1-3　减刑罪犯减刑后的违纪情况

（单位：人数 / 人，百分比 /%）

减刑罪犯整体	违纪次数	人数	百分比
减刑后违纪情况	A. 无违纪	1296	93.0
	B. 违纪 1 次	50	3.6
	C. 违纪 2 次及以上	48	3.4
	合计	1394	100

3. 重新犯罪

罪犯减刑后的重新犯罪应该包括两个时段：一是在服刑期间减刑后又犯罪，二是释放后回到社会再犯罪。不论是哪个时段的重新犯罪，都是对这些罪犯减刑前的改造质量的完全否定，意味着这些罪犯的改造是严重失败的；说明他们根本没有改造好，是靠伪装积极改造而获得减刑的。

从表 1-1 第 32 题的回答可以看出，没减刑罪犯有 5.1%、减刑罪犯有 7.2%、监狱警察有 7.0% 选择了 C 项，说明极少数罪犯减刑后的改造倒退行为是重新犯罪，这应该既包括在服刑中又犯罪，也包括释放后再犯罪。

再看表 1-4 的两组数据给我们的启示：

第一，从减刑罪犯的整体上看，累犯减刑占少数。有 87% 的减刑罪犯是初犯，判刑 2 次和 3 次及以上的累犯共有 13%。判刑 2 次的累犯减刑人数占减刑罪犯总数的 9.3%，判刑 3 次及以上的累犯减刑人数占减刑罪犯总数的 3.7%，说明减刑罪犯中少数人是累犯。

第二，从累犯的减刑次数看，多次减刑的累犯比例较高。判刑 2 次的累犯减刑 1 次的人数占判刑 2 次减刑人数的 45%；判刑 3 次的累犯减刑 1 次的占判刑 3 次减刑人数的 44.2%。判刑 2 次的累犯减刑 2 次、3 次、4 次及以上者共占此类累犯减刑总人数的 55%；判刑 3 次的累犯中减刑 2 次、3 次、4 次及以上者共占此类累犯减刑总人数的 55.8%。可见，多次减刑的累犯在累犯减刑总数中比例较高。

从这两组数据中可以看出，累犯减刑的人数虽然不多，但各种减刑次数的都有。很遗憾的是，在调查问卷中忽略了让累犯填写"前次服刑是否有减刑经历"这一项。

　　不过，虽然没有他们前次服刑时减刑的数据，但是可以肯定，累犯中一定有前次服刑时减过刑的，尤其是判刑 3 次及以上的累犯，就算他们第一次服刑时没减过刑（出狱后又重新犯罪与减刑后改造倒退无关），但是他们第二次服刑时一定有减过刑的，表 1-4 中判刑 2 次的累犯减刑人数共 129 人，占减刑罪犯总数的 9.3%，这就足以证明判刑 3 次及以上的累犯中在第二次服刑时一定有减过刑的。因为累犯有过第一次服刑经历，就有了丰富的服刑经验，知道怎么做能得高分获得减刑，所以，在第二次服刑中一定会有一些累犯得到过减刑。但是在第二次服刑中减过刑的累犯出狱后却照样重新犯罪，于是就有了判刑 3 次及以上的累犯出现在监狱中。可能有人会说，这次调查的判刑 2 次和判刑 3 次及以上的累犯不是一批人，不能证明减过刑的罪犯出狱后再犯罪。笔者以认真、严谨的态度说明，科学研究只要有可靠的数据能证明同类人或同类事物的共同特点，那么，研究者的观点就是正确的。同样有判刑 2 次的罪犯减过刑，又同样有判刑 3 次及以上的累犯在监狱出现，这就足以证明减过刑的罪犯重新犯罪者有之。

表 1-4　减刑罪犯的判刑次数和不同判刑次数罪犯的减刑经历（N=1394）

（单位：人数 / 人，百分比 /%）

判刑次数	减刑罪犯整体		减刑次数	判刑 1 次		判刑 2 次		判刑 3 次及以上	
	人数	百分比		人数	百分比	人数	百分比	人数	百分比
判刑 1 次	1213	87.0	减刑 1 次	647	53.3	58	45.0	23	44.2
判刑 2 次	129	9.3	减刑 2 次	247	20.4	34	26.3	13	25.0
判刑 3 次及以上	52	3.7	减刑 3 次	161	13.3	18	14.0	8	15.4
合计	1394	100	减刑 4 次及以上	158	13.0	19	14.7	8	15.4
			合计	1213	100	129	100	52	100

　　本次调查的罪犯共 1787 人（其中减刑罪犯 1394 人、没减刑罪犯 393 人），判刑 3 次及以上的累犯共 66 人（其中减刑的 52 人，没减刑的 14 人）。判刑 3 次及以上的累犯减刑的 52 人，占减刑罪犯总数的 3.7%；判刑 3 次及以上的累犯没减刑的 14 人，占没减刑罪犯总数的 3.6%。判刑 3 次及以上的 66 名累犯占本次

调查的罪犯总数的 3.7%，比例虽然很小，但说明减刑后的罪犯重新犯罪是事实。

一些轰动全国的案例也能证明减刑的罪犯出狱后重新犯罪者确有人在。例如，2013 年 7 月 23 日北京大兴摔死女童案的犯罪人韩磊就是减刑后于 2012 年出狱的。韩磊一审因故意杀人罪被判处死刑，北京市高级人民法院二审维持原判。

专业人士分析，正常人对于妇女、儿童等弱势群体会有天然的怜悯反应，即使在争吵中，在并没有对自己造成伤害的情况下，也"不至于突然动手"。韩磊对外界的刺激做出了异常反应，短时间内情绪突然爆发，失去了理性控制，很符合"冲动控制障碍"型人格的特征，即俗话说的"暴脾气""乱来"。至于韩磊为何会突然失控而摔死无辜的儿童，笔者认为与以下两方面原因有关。

一是韩磊不幸的个人经历为其重新犯罪埋下了隐患。韩磊从小就生活在延续着"文革"整人、武斗戾气的社会环境中，接受着暴力教育，长时间生活在暴虐中。韩磊 14 岁那年，因为盗窃一辆自行车被勒令送往工读学校，在工读学校遭到同学们的欺负和暴力的折磨。1996 年，22 岁的韩磊因为盗窃一辆日产轿车被判处无期徒刑，剥夺政治权利终身。在监狱服刑期间，因为脾气暴躁经常违反监规而受到惩罚。这些痛苦的经历使他内心积蓄、压抑了太多的否定情绪，一旦遇到某种负性刺激，就会使这些负面情绪一触即发，无辜的儿童变成了他发泄内心仇恨的出气筒。

二是因为韩磊在服刑中靠疯狂考文凭获得了减刑出狱，他的阴暗人格和犯罪心理根本没有得到改造，必然使其重新犯罪。2004 年韩磊还在狱中服刑，当时监狱规定获得一门自学考试文凭就减刑 9 个月。几年内，韩磊获得了心理学、汉语言文学、新闻学等五个文凭。2012 年 10 月 5 日，韩磊靠疯狂考文凭获得减刑，完成了 16 年的刑期出狱，回到了北京，他甚至比外地人更对这个城市感到陌生。他的身体虽然因减刑离开了监狱，可是他的心里还布满了犯罪的阴影，因为他的不良人格和犯罪心理根本没有得到改造。韩磊对社会和他人已经积攒了过多的负面情绪，这些压抑的情绪没有得到及时宣泄，所以才会"一点就着"。再次因为涉嫌剥夺一个年幼的生命而面临死亡，这就是他不良的性格与"浮华"的减刑带来的恶果。

以上分析了罪犯减刑后改造倒退的类型，下面用图 1-1 对上面的分析做简单总结。图 1-1 显示的是罪犯减刑前后的心理曲线，图 1-1（b）至（d）恰好涵盖了罪犯减刑后改造倒退行为的三种类型。

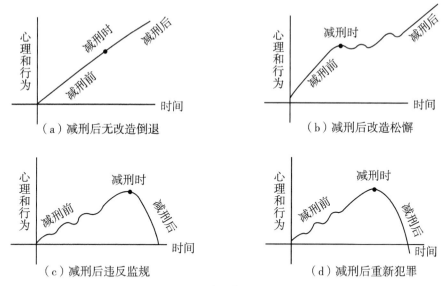

图 1-1 罪犯减刑前后的心理曲线

图 1-1（a）表示的是极少数罪犯减刑前、减刑时、减刑后的心理线一直都是上升的，此类罪犯减刑后没有改造倒退行为。

图 1-1（b）表示的是罪犯减刑前、减刑时、减刑后性质不变的差异性心理曲线，很符合罪犯减刑后的改造松懈行为。此类罪犯减刑前积极努力，心理线一直上升；减刑时心理线达到一定高度，减刑后出现了小的波动，但总体方向是上升的，短暂休息后又开始上升。

图 1-1（c）表示的是有些积极改造动机不强烈、不良行为习惯难改的罪犯艰难的减刑心路历程，费了九牛二虎之力终于得到了减刑，但减刑后很快出现违反监规纪律的行为。

图 1-1（d）表示的是罪犯减刑后的重新犯罪行为，心理曲线已经穿过了横坐标，表示过界了，即性质变了。

（三）罪犯减刑后改造倒退行为的时段

1. 少数罪犯减刑一周至一个月后出现改造松懈

从表 1-5 可以看出，没减刑罪犯有 11.5%、减刑罪犯有 10.4%、监狱警察有 20.4% 选择了 A 项，三类人的比例虽有差别但不大。两类罪犯的比例接近，监狱警察的比例比罪犯高出 10 个百分点左右，这说明少数罪犯减刑后一周至一个月后出现改造松懈行为，应该比较符合实际。

表 1-5　罪犯和监狱警察对罪犯减刑后改造倒退时段的认知比例（*N*=2317）

（单位：人数 / 人，百分比 /%）

问题	选项	没减刑罪犯		减刑罪犯		监狱警察	
		人数	百分比	人数	百分比	人数	百分比
31. 减刑后的服刑人员改造情况一般属于下面哪种？	A. 一周至一个月后改造松懈	45	11.5	145	10.4	108	20.4
	B. 释放前改造松懈	174	44.3	627	45.0	369	69.6
	C. 改造没有松懈和倒退	174	44.3	622	44.6	53	10.0
	合计	393	100	1394	100	530	100

2. 多数减刑罪犯释放前改造松懈

从表 1-5 可以看出，没减刑罪犯有 44.3%、减刑罪犯有 45.0%、监狱警察有 69.6% 选择了 B 项，说明减刑的罪犯释放前改造松懈比较普遍。

从表 1-6 选择 B 项的比例可以看出，剩余刑期 1 年以下的减刑罪犯比例最高（占 48.4%），证明剩余刑期 1 年以下的罪犯释放前改造松懈的情况相对严重，这是因为剩余刑期 1 年以下的罪犯基本上再无减刑机会了。全国很多省的监狱系统对罪犯末次减刑时间的基本要求是剩余刑期要满一年，从监狱给罪犯呈报减刑到法院审批结束大致需要一年时间（当然，有的省剩余刑期 6 个月还可以报减刑，如福建省）。所以，剩余刑期不足一年的罪犯无法满足减刑程序的时间要求。

表 1-6　不同剩余刑期的罪犯减刑后改造倒退的行为类型和时段的比例（*N*=1394）

（单位：人数 / 人，百分比 /%）

问题　选项	剩 1 年以下		剩 1~5 年以下		剩 5~10 年以下		剩 10~15 年以下		剩 15 年及以上	
	人数	百分比	人数	百分比	人数	百分比	人数	百分比	人数	百分比
31. 减刑后的服刑人员改造情况一般属于下面哪种？　A. 一周至一个月后改造松懈	18	11.5	65	11.0	33	8.4	17	12.6	12	10.2
B. 释放前改造松懈	76	48.4	270	45.6	174	44.4	54	40.0	53	44.9
C. 改造没有松懈和倒退	63	40.1	257	43.4	185	47.2	64	47.4	53	44.9
合计	157	100	592	100	392	100	135	100	118	100

即将出狱的罪犯"游离"于减刑之外，导致刑事奖励对此类罪犯的激励功能丧失，没有减刑机会，他们就失去了积极改造的动力，因而释放前表现为改造松懈，这是此类罪犯改造倒退比较普遍的行为。

3. 少数减刑罪犯释放前违反监规纪律

从表1-7可以看出，释放前再无减刑机会的罪犯选择B项（不服从管教）的有13.8%、选择C项（寻衅滋事或打架）的有0.9%，B、C两项的总和是14.7%，可见，释放前只有少数减刑罪犯有违反监规监纪的行为。

表1-7 出狱前没有减刑机会的罪犯混刑度日的表现 [①]

（单位：人数 / 人，百分比 /%）

问题	选项	人数	百分比
你知道自己的刑期将尽，即将出狱，再没有减刑的机会，你会出现下面哪一种情况？	A. 装病不出工	272	85.3
	B. 不服从管教	44	13.8
	C. 寻衅滋事或打架	3	0.9
	合计	319	100

再看表1-8不同剩余刑期的罪犯减刑后的违纪情况，违纪1次与2次及以上的总和情况是：剩余刑期15年及以上的最低，占2.5%；其次就是剩余刑期1年以下的，占5.1%；其他三个剩余刑期段的分别是6.7%和9.7%。看来，虽然剩余刑期1年以下即释放前的减刑罪犯改造松懈的比较多，但是违纪的却很少。剩余刑期15年及以上的减刑罪犯违纪的比例最低是很正常的，因为他们还有很长的时间获得多次减刑的机会，实际上是不应该有违纪的。那么，剩余刑期1年以下再没有减刑机会的罪犯减刑后的违纪比例就应该是最低的了。

为何释放前的罪犯违纪的比例只有5.1%，即比较低呢？一是因为违反监规纪律的行为是轻度抗改行为，是要受到惩罚并影响自己出狱的。对于很快就要出狱获得自由的罪犯，趋利避害的本能支配他们，一般不会冒险违纪而延迟自己即将获得的自由。二是说明监狱对罪犯的改造是有效果的，绝大多

---

① 于佑任：《出释前无刑释奖励的罪犯心理及对策》。本文获中央司法警官学院2015届本科优秀毕业论文二等奖。本文指导教师：张雅凤。

数减刑罪犯在释放前除了改造松懈之外，很少有违反监规纪律的行为。

表 1-8　不同剩余刑期的减刑罪犯减刑后的违纪情况（N=1394）

（单位：人数 /人，百分比 /%）

剩余刑期 减刑后违纪	剩 1 年以下		剩 1~5 年以下		剩 5~10 年以下		剩 10~15 年以下		剩 15 年及以上	
	人数	百分比	人数	百分比	人数	百分比	人数	百分比	人数	百分比
无违纪	149	94.9	552	93.2	354	90.3	126	93.3	115	97.5
违纪 1 次	2	1.3	18	3.0	23	5.9	5	3.7	2	1.7
违纪 2 次及以上	6	3.8	22	3.7	15	3.8	4	3.0	1	0.8
合计	157	100	592	100	392	100	135	100	118	100

二、研究罪犯减刑后改造倒退行为的意义

本课题的研究具有重要的立法意义、理论意义、监狱工作实践意义。

（一）立法意义

1. 本课题可以促使立法机关对刑罚惩罚痛苦体验不深刻的减刑罪犯制定出新的惩罚规定

（1）从罪犯整体看其承受刑罚的痛苦程度

第一，多数减刑罪犯体验到了刑罚惩罚的痛苦并接受了失败的教训。从表 1-9 第 92 题的 C 项比例可以看出，没减刑罪犯有 71.8%、减刑罪犯有 68.2% 选择了此项，说明大多数罪犯在监狱服刑期间深刻体验到了被刑罚惩罚、失去自由的痛苦。但是监狱警察却只有 35.7% 选择了 C 项，说明少数监狱警察认为罪犯在监狱服刑期间体验到了被刑罚惩罚、失去自由的痛苦，而多数监狱警察认为罪犯在监狱服刑期间没有体验到被刑罚惩罚、失去自由的痛苦。

再看表 1-9 第 93 题的 C 项比例，没减刑罪犯有 63.9%、减刑罪犯有 60.0% 选择了此项，说明大多数罪犯认为刑罚惩罚能使他们接受人生失败的

教训、避免重新犯罪；而监狱警察却只有 24.5% 选择了 C 项，说明只有少数监狱警察认为刑罚惩罚能使罪犯接受人生失败的教训、避免重新犯罪。

第二，少数减刑罪犯没有体验或轻度体验到刑罚惩罚的痛苦，也没有接受失败的教训。从表 1–9 第 92 题选择 A、B 两项的比例总和（没减刑罪犯有 27.2%、减刑罪犯有 31.2%）可以看出，有三分之一左右的罪犯没有体验到或只是轻度体验到了刑罚惩罚、失去自由的痛苦，尤其是减刑罪犯中有三分之一稍多的人缺乏这种痛苦体验。而监狱警察中却有 64% 的人认为罪犯没有体验到或只是轻度体验到了刑罚惩罚、失去自由的痛苦。笔者认为，监狱警察的回答带有职业偏见，此题应该以罪犯的回答为主，因为所有的情感都是主观体验，只有产生情感的人自己才能体验到。痛苦与不痛苦都是罪犯自己的切身体验，没减刑罪犯有 27.2%、减刑罪犯有 31.2% 没有体验或轻度体验到刑罚惩罚的痛苦，应该是比较真实的。

再看表 1–9 第 93 题的 A 项比例，没减刑罪犯有 15.3%、减刑罪犯有 14.0%、监狱警察有 16.2% 选择了此项，三类人选择的比例比较接近，说明刑罚惩罚不能让少数罪犯接受人生失败的教训，不能避免重新犯罪。

表 1–9　罪犯和监狱警察对罪犯承受刑罚的痛苦程度的认知比例（N=2317）

（单位：人数 / 人，百分比 /%）

问题	选项	没减刑罪犯（N=393）		减刑罪犯（N=1394）		监狱警察（N=530）	
		人数	百分比	人数	百分比	人数	百分比
92. 在监狱服刑期间服刑人员是否深刻体验到了被刑罚惩罚、失去自由的痛苦？	A. 不痛苦	29	7.4	165	11.8	63	11.9
	B. 有点儿痛苦	78	19.8	270	19.4	276	52.1
	C. 很痛苦	282	71.8	951	68.2	189	35.7
	D. 不确定	4	1.0	8	0.6	2	0.4
93. 刑罚惩罚能使服刑人员接受人生失败的教训、避免重新犯罪吗？	A. 不能	60	15.3	195	14.0	86	16.2
	B. 不确定	82	20.9	362	26.0	314	59.2
	C. 能	251	63.9	837	60.0	130	24.5

（2）从服刑时间看罪犯承受刑罚的痛苦程度

第一，不同服刑时间的多数罪犯体验刑罚的痛苦程度都很强烈并接受了失败的教训，少数罪犯承受刑罚的痛苦程度较弱，也没有接受失败的教训。首先，从表1–10第92题选择 C 项的比例（服刑1年到服刑15年的罪犯比例为67.2%~72.7%）可以看出，不同服刑时间的多数罪犯体验刑罚的痛苦程度都很强烈。再看表1–10第93题选择 C 项的比例（服刑1年到服刑15年的罪犯比例为55.7%~64.4%），说明不同服刑时间的多数罪犯认为刑罚惩罚能使他们接受人生失败的教训、避免重新犯罪。其次，从表1–10第92题选择 A、B 两项的比例总和（四个服刑时间段的比例分别是：服刑1~2年以下27.2%、服刑2~5年以下29.4%、服刑5~10年以下31.0%、服刑10~15年32.3%）可以看出，不同服刑时间的少数罪犯承受刑罚的痛苦程度较弱。

第二，服刑时间越长的罪犯承受刑罚的痛苦体验和接受失败教训的比例越低。首先，从表1–10第92题和93题的 C 项比例可以看出，从服刑1年到服刑15年的罪犯呈现了服刑时间越长选择 C 项比例越低的递减特征，即服刑时间越长很痛苦和接受失败教训的人比例越低。其次，从表1–10第92题选择 A、B 两项的比例总和可以看出，由服刑时间短到服刑时间长呈现了递增的特点，即服刑时间越长的罪犯承受刑罚不痛苦或痛苦很轻的比例越高。由于服刑时间越长的罪犯对监狱的适应性越强了，所以承受刑罚的痛苦体验就越弱，这符合罪犯心理的发展规律，也符合心理学感觉适应的规律。心理学告诉我们，人的各种感觉器官的感受性是会变化的，刺激物持续作用于感受器使其感受性发生变化的现象叫作感觉的适应。适应可以引起感受性的提高或降低，即感受性异常。例如，在刺激物持续作用或强刺激作用下感觉会变得迟钝甚至感觉完全消失。服刑时间长的罪犯对监狱生活适应了，所以承受刑罚的痛苦体验就不敏感了。

表 1-10　不同服刑时间的罪犯对刑罚惩罚的痛苦体验（N=1787）

（单位：人数/人，百分比/%）

问题	已服刑期　选项	服刑 1~2 年以下（N=132）		服刑 2~5 年以下（N=705）		服刑 5~10 年以下（N=618）		服刑 10~15 年（N=332）	
		人数	百分比	人数	百分比	人数	百分比	人数	百分比
92. 在监狱服刑期间你是否深刻体验到了被刑罚惩罚、失去自由的痛苦？	A. 不痛苦	11	8.3	59	8.4	80	12.9	44	13.3
	B. 有点儿痛苦	25	18.9	148	21.0	112	18.1	63	19.0
	C. 很痛苦	96	72.7	491	69.6	423	68.4	223	67.2
	D. 不确定	0	0.0	7	1.0	3	0.5	2	0.6
93. 刑罚惩罚能使你接受人生失败的教训、避免重新犯罪吗？	A. 不能	23	17.4	107	15.2	84	13.6	41	12.3
	B. 不确定	24	18.2	161	22.8	153	24.8	106	31.9
	C. 能	85	64.4	437	62.0	381	61.7	185	55.7

为什么少数罪犯没有体验到或轻度体验到刑罚惩罚的痛苦，也没有接受失败的教训呢？笔者认为有以下三种原因。

一是家庭贫困的罪犯是因祸得福而不痛苦。如今监狱以人本理念改造罪犯，按照《监狱法》的规定，罪犯的衣、食、住、医疗都有保障，劳动也不太累，很多经济条件好的监狱达到了住区环境“花园化”、劳动环境“机器自动化”、学习环境“课堂电教化”、生活环境“公寓化”。这样就使有些罪犯产生了应该论、无所谓论、得福论。对于一些家庭贫困的罪犯来说，就是因祸得福，在监狱服刑甚至比自己入狱前的生活还舒服，所以他们不感到服刑痛苦或者痛苦很轻。但是刑罚惩罚是否使他们接受失败的教训后避免重新犯罪就不太好说了，假如他们留恋监狱的生活，为了再次入狱而又犯罪也是可能的。

二是因适应监狱服刑生活而不痛苦。罪犯改造心理学研究证明，罪犯的服刑心理分为三个阶段：服刑初期是心理不适应期，即入狱后半年或一年左右，这一时期以情绪不稳定为主要特征；服刑中期是心理适应期，这一时期以情绪稳定为主要特征，是改造的关键期；服刑后期是释放前不安期，即释放前半年或一年左右，这一阶段以情绪不稳定为主要特征。本课题调查的罪犯都是服刑一年及以上的，都过了心理不适应期而进入心理适应期了。刑罚惩罚是否使这些罪犯接受了失败的教训后避免重新犯罪呢？这取决于他们对监狱生活的适应是积极适应还是消极适应：积极适应者会接受失败的教训，不再重新犯罪；消极适应者可能会减过一次刑后就混刑度日，重刑犯还可能形成监狱人格，这会使他们不接受刑罚惩罚的失败教训，重新犯罪的可能性较大。

三是反向心理承受能力强的罪犯是因对刑罚惩罚无所谓而不痛苦。这些罪犯本来就有较强的反社会心理或对抗法律心理，如惯犯、累犯，他们屡次服刑已经形成了一定的反向心理承受能力，加上前次服刑对监狱的服刑生活已经熟悉，再次入狱很容易适应监狱生活，所以他们承受刑罚的痛苦体验较弱甚至不痛苦，甚至会伪装积极改造获得减刑。前面对罪犯减刑后重新犯罪的分析中已经证实了这点。

以上分析的少数罪犯承受刑罚惩罚的痛苦程度较弱、没有接受失败教训的三种原因，都可以提醒立法机关对这几类罪犯要制定出新的惩罚规定，对他们延长减刑间隔期或降低每次减刑的幅度，让他们足够地体验到刑罚惩罚的痛苦，积极的痛苦可以促使罪犯反省自己的罪行，并对社会或被害人采取补偿行为。

2. 本课题可以促使立法机关思考罪犯服刑的最佳期限

（1）根据罪犯整体的选择看罪犯服刑的最佳期限

从表 1–11 的 A 项比例可以看出，没减刑罪犯有 63.6%、减刑罪犯有 49.0% 选择了此项，而监狱警察只有 17.9% 选择了此项。没减刑罪犯和减刑罪犯选择 A 项的比例是这两类罪犯所有选项中比例最高的，也是明显高于监狱警察的比例。说明这些罪犯认为在监狱服刑最长应该在 5 年以下。笔者认为，罪犯选择 A 项的比例高，尤其是没减刑罪犯有 63.6% 的人选择了此项，明显不合理，此数据没有参考价值。

再看表 1–11 中选择 B 项的比例，没减刑罪犯有 24.7%、减刑罪犯有 40.3%、监狱警察有 60.9% 选择了此项，减刑罪犯和监狱警察的比例是比较合理的。说明这两类人中有较多的人认为让罪犯服刑 5~10 年以下既能使他们接受教训又能避免服刑时间过长而产生心理麻木。笔者认为，这是可以借鉴的。

表 1-11 罪犯和监狱警察对罪犯服刑的最佳时限的认知比例（*N*=2317）

（单位：人数 / 人，百分比 /%）

问题	选项	没减刑罪犯		减刑罪犯		监狱警察	
		人数	百分比	人数	百分比	人数	百分比
94. 根据服刑人员不同的犯罪行为后果，你认为在监狱服刑最长应多长时间既能使他们接受教训又能避免服刑时间过长而产生心理麻木？	A. 5 年以下	250	63.6	683	49.0	95	17.9
	B. 5~10 年以下	97	24.7	562	40.3	323	60.9
	C. 10~25 年	42	10.7	135	9.7	105	19.8
	D. 不确定	4	1.0	14	1.0	7	1.3
	合计	393	100	1394	100	530	100

（2）根据不同服刑时间罪犯的选择看罪犯服刑的最佳期限

从表 1-12 的 A 项比例可以看出，除了服刑 10~15 年以上的罪犯选择 A 项的比例是 31.0% 之外，其他三个服刑时间段的罪犯选择 A 项的比例为 51.5%~63.6%，说明这三个服刑 10 年以下的服刑时间段的多数罪犯都认为罪犯在监狱服刑的最佳时限是 5 年以下。

表 1-12 不同服刑时间的罪犯对服刑最佳时限的选择（*N*=1787）

（单位：人数 / 人，百分比 /%）

问题	已服刑期 选项	服刑 1~2 年以下		服刑 2~5 年以下		服刑 5~10 年以下		服刑 10~15 年以上	
		人数	百分比	人数	百分比	人数	百分比	人数	百分比
94. 根据你自己的犯罪行为后果，你认为在监狱服刑最长应多长时间既能使你接受教训又能避免服刑时间过长而产生心理麻木？	A. 5 年以下	84	63.6	428	60.7	318	51.5	103	31.0
	B. 5~10 年以下	30	22.7	209	29.6	234	37.9	186	56.0
	C. 10~25 年	18	13.6	61	8.7	58	9.4	40	12.0
	D. 不确定	0	0.0	7	1.0	8	1.3	3	0.9
	合计	132	100	705	100	618	100	332	100

但是还发现另外一个特点，选择服刑最佳时限是 5~10 年以下的四个服刑时间段的罪犯组，呈现了服刑时间越长比例越高的特点，说明服刑时间越

长的罪犯越能体会到服刑的积极作用，但是服刑最多不能超过 10 年。

（3）根据不同原判刑期的减刑罪犯的选择看罪犯服刑的最佳期限

从表 1-13 中选择 A 项的比例可以看出，原判刑期在 20 年以下的三个刑期段的减刑罪犯选择此项的比例都在 56.8%~66.0%，这些减刑罪犯认为服刑 5 年以下是罪犯服刑的最佳时限。而原判刑期是无期和死缓的减刑罪犯却分别有 57.8% 和 52.5% 选择了 B 项，说明刑期最重的两个刑期段的多数减刑罪犯认为服刑 5~10 年以下是罪犯服刑的最佳时限。

表 1-13　不同原判刑期的减刑罪犯对服刑最佳时限的选择（N=1394）

（单位：人数 / 人，百分比 /%）

问题	原判刑期 选项	5 年以下		5~10 年以下		10~20 年		无期		死缓	
		人数	百分比	人数	百分比	人数	百分比	人数	百分比	人数	百分比
94. 根据你自己的犯罪行为后果，你认为在监狱服刑最长应多长时间既能使你接受教训又能避免服刑时间过长而产生心理麻木?	A. 5 年以下	31	66.0	173	61.1	320	56.8	95	31.6	64	32.0
	B. 5~10 年以下	10	21.3	85	30.0	188	33.4	174	57.8	105	52.5
	C. 10~25 年	5	10.6	21	7.4	51	9.1	29	9.6	29	14.5
	D. 不确定	1	2.1	4	1.4	4	0.7	3	1.0	2	1.0
	合计	47	100	283	100	563	100	301	100	200	100

根据以上减刑罪犯整体和监狱警察、不同服刑时间的罪犯、不同原判刑期的减刑罪犯选择的比例，笔者认为，让罪犯服刑 5~10 年是最佳服刑期限，这个期限既能使罪犯接受犯罪的教训，又能避免服刑时间过长而令其产生心理麻木，这是可以借鉴的。为了有效地改造罪犯，可以建议立法机关做出以下刑罚规定。一是对轻刑犯要适当降低减刑幅度并在其服刑后期减刑，使他们深刻体验到刑罚的痛苦，才能避免减刑后的改造倒退行为。二是对重刑犯要适当缩短刑期。监狱改造罪犯的实践和上面笔者调查的真实数据证明，不是刑期越长，罪犯改造质量就越高，减刑后的改造倒退的罪犯中有不少是由刑

期太重造成的服刑心理疲竭所致，所以，本课题的数据可以为立法机关思考罪犯服刑的最佳期限提供实证依据，以减少重刑犯减刑后的改造倒退行为。

3. 本课题可以促使立法机关对减刑后改造倒退的罪犯制定出新的惩罚规定

对于减刑后严重违反监规纪律的罪犯，过去监狱是没有办法处置的，本课题可以促使立法机关对减刑后改造倒退的罪犯制定出新的惩罚规定，例如，取消减刑或适当延长服刑时间。这样，监狱执法者制约和惩罚减刑后改造倒退的罪犯就有了法律保障，尽量减少此类罪犯对监狱其他罪犯及监狱管理秩序造成负面影响。

（二）理论意义

罪犯减刑后改造倒退的内容在"罪犯改造心理学"的教材中从来没有系统写过，本书出版后可以名正言顺地将罪犯减刑后改造倒退的原因、危害结果、对策以及不同类型罪犯减刑后改造倒退的原因差异和区别性对策写入"罪犯改造心理学"教材，丰富罪犯改造心理学的理论内容，提高本学科的建设水平；即本课题可以丰富罪犯改造心理学理论。

（三）监狱工作实践意义

第一，本课题研究罪犯减刑后出现改造倒退行为的原因，可以为监狱机关预防罪犯减刑后的改造倒退行为提供深层次的心理学依据。

第二，本课题将从深层次探讨罪犯改造质量的评估标准，促使监狱机关提高罪犯减刑评估标准的科学化水平。罪犯之所以出现减刑后的改造倒退行为，与罪犯减刑评估标准的表面化有重要关系。本课题将探讨提高罪犯内心改造质量的心理学对策，避免罪犯减刑后的改造倒退行为。

本课题的最终目的是用心理学理论与实证研究相结合的方法探讨出新的观点，使监狱干警更加科学地认识罪犯减刑后改造倒退的规律，以便对罪犯科学地管理和施教，提高罪犯深层次心理上的改造质量，而不是表面行为上的改造质量，真正做到攻心之本。

第二章

影响罪犯减刑后改造倒退的主体原因

任何人的行为都是受主体心理支配的，有些心理是有意识的，有些心理是无意识的，有些心理主要是在主体外因素的刺激或诱发下产生的，有些心理则是主体自身因素起主导作用的。影响罪犯减刑后改造倒退的主体原因与主体外原因相比较，虽然主体外原因起到诱发或刺激作用，但还是罪犯的主体原因起主导作用。本章详细分析影响罪犯减刑后改造倒退的主体原因。

一、罪犯的功利性改造动机导致减刑后改造倒退

按照心理学的观点，动机是在需要的基础上产生直接支配主体行为的内部动力或原因。罪犯的功利性改造动机是指罪犯为了得到实际利益或实惠而积极改造的动力。

（一）罪犯中多数为了减刑、少数为了好的处遇而积极改造

1. 多数罪犯为了减刑而积极改造

争取早日获得自由是罪犯服刑期间最强烈的需要，而减刑是满足罪犯这一需要的唯一途径（假释则不是真正的获得自由），在这种需要基础上产生的积极动机也成了多数罪犯最普遍的动机。究竟有多少罪犯在功利性动机支配下积极改造呢？还是用笔者调查的数据来证实吧。

从表2-1第1题选择C项的比例可以看出，没减刑罪犯有45.8%、减刑罪犯有50.8%、监狱警察有34.3%的人认为罪犯积极改造是为了减刑、假释。

再从表2-2第1题可以看出，减刑罪犯与监狱警察有非常显著的差异，减刑罪犯的平均分最高，这与减刑罪犯在此题选择C项的比例最高是一致的。平均分高说明选择C项的比例高。减刑罪犯选择C项的比例和平均分都最高，说明他们多数人真的是为了减刑而积极改造。

从表2-1第2题选择C项的比例可以看出，没减刑罪犯有59.8%、减刑罪犯有58.4%、监狱警察有46.2%的人认为减刑、假释是使服刑人员积极改造的无可取代的激励手段。再从表2-2第2题可以看出，监狱警察与没减刑罪犯有非常显著的差异、与减刑罪犯有极其显著的差异，监狱警察的平均分最低，这与表2-1第2题监狱警察选择C项的比例最低是一致的。此题平均分低说明选择C项的比例低。

从表2-1第6题选择A项的比例可以看出，没减刑罪犯有67.7%、减刑罪犯有67.2%、监狱警察有27.5%的人认为罪犯积极改造是为了减刑而不是为了得到好的处遇。两类罪犯的比例与监狱警察的比例相差悬殊，笔者认为两类罪犯的回答更符合实际。再从表2-2第6题可以看出，监狱警察与两类罪犯都有极其显著的差异，监狱警察的平均分最高，这与表2-1第6题监狱警察选择A项的比例最低是一致的。

以上三个题的数据，减刑罪犯的回答应该更能反映他们的切身体会，由于减刑罪犯与没减刑罪犯在三个题中选择的比例和平均分都接近，所以减刑罪犯的回答是真实的。由此可以得出结论，多数罪犯的积极改造都是为了减刑，这足以看出罪犯的功利性改造动机。

表2-1　罪犯和监狱警察关于罪犯为了减刑和得到好处遇而积极改造的认知比例（N=2317）

（单位：人数／人，百分比／%）

问题	选项	没减刑罪犯（N=393）		减刑罪犯（N=1394）		监狱警察（N=530）	
		人数	百分比	人数	百分比	人数	百分比
1. 所有的服刑人员积极改造都是为了减刑、假释吗？	A. 不是	44	11.2	192	13.8	36	6.8
	B. 不全是	169	43.0	494	35.4	312	58.9
	C. 是	180	45.8	708	50.8	182	34.3

续表

问题	选项	没减刑罪犯（N=393）		减刑罪犯（N=1394）		监狱警察（N=530）	
		人数	百分比	人数	百分比	人数	百分比
2.减刑、假释是使服刑人员积极改造最重要的无可取代的激励手段吗？	A. 不是	43	10.9	144	10.3	49	9.2
	B. 不全是	115	29.3	436	31.3	236	44.5
	C. 是	235	59.8	814	58.4	245	46.2
6.服刑人员积极改造不是为了减刑而是为了得到好的处遇吗？（服刑人员自评）	A. 不是	266	67.7	937	67.2	146	27.5
	B. 不全是	107	27.2	333	23.9	358	67.5
	C. 是	20	5.1	124	8.9	26	4.9

表 2-2　罪犯和监狱警察关于罪犯为了减刑和得到好处遇而积极改造的认知差异显著性

问题	角色分类	N	M	SD	角色分类		P
1.所有的服刑人员积极改造都是为了减刑、假释吗？	没减刑罪犯	393	2.3	0.7	减刑罪犯	监狱警察	0.006
	减刑罪犯	1394	2.4	0.7			
	监狱警察	530	2.3	0.6			
	合计	2317	2.3	0.7			
2.减刑、假释是使服刑人员积极改造最重要的无可取代的激励手段吗？	没减刑罪犯	393	2.5	0.7	监狱警察	没减刑罪犯	0.008
	减刑罪犯	1394	2.5	0.7			
	监狱警察	530	2.4	0.6		减刑罪犯	0.001
	合计	2317	2.5	0.7			
6.服刑人员积极改造不是为了减刑而是为了得到好的处遇吗？	没减刑罪犯	393	1.4	0.6	监狱警察	没减刑罪犯	0.000
	减刑罪犯	1394	1.4	0.6			
	监狱警察	530	1.8	0.5		减刑罪犯	0.000
	合计	2317	1.5	0.6			

注：1.平均分的理解：按照 A 项 1 分、B 项 2 分、C 项 3 分、D 项 0 分计算。

2.P 值的理解：$P \leqslant 0.05$，差异显著；$P \leqslant 0.01$，差异非常显著；$P \leqslant 0.001$，差异极其显著。全书其他各章都与此处解释相同。

2. 少数减刑罪犯为了好的处遇而积极改造

表 2-1 第 6 题全部减刑罪犯中有 8.9% 的人选择了 C 项，表 2-3 一级宽管有 10.5%、二级宽管有 7.0%、普管级有 9.6%、严管级有 4.9% 的减刑罪犯选择了 C 项，说明不论是罪犯整体还是不同处遇的减刑罪犯中都有少数人的积极改造是为了得到好的处遇。比较明显的是一级宽管的减刑罪犯选择 C 项的比例和表 2-4 的平均分都最高，考察级的减刑罪犯选择 C 项的比例和平均分都最低，这恰好是两个极端。

表 2-3 不同处遇的减刑罪犯为了减刑和得到好处遇而积极改造的认知比例（N=1394）

（单位：人数 / 人，百分比 /%）

问题	选项	一级宽管		二级宽管		普管级		考察级		严管级	
		人数	百分比	人数	百分比	人数	百分比	人数	百分比	人数	百分比
6. 你积极改造不是为了减刑而是为了得到好的处遇吗？	A. 不是	126	60.3	110	70.1	632	68.0	46	79.3	23	56.1
	B. 不全是	61	29.2	36	22.9	208	22.4	12	20.7	16	39.0
	C. 是	22	10.5	11	7.0	89	9.6	0	0.0	2	4.9
	合计	209	100	157	100	929	100	58	100	41	100

从表 2-4 可以看出，不同处遇的减刑罪犯之间在对待减刑和得到好处遇上是有显著差异的，主要是考察级的减刑罪犯与一级宽管、普管级、严管级的减刑罪犯之间的显著差异，其中考察级与一级宽管的减刑罪犯之间的差异还非常显著。一级宽管和严管级的减刑罪犯平均分都是 1.5，在五个处遇中平均分最高；其次是二级宽管和普管级的减刑罪犯的平均分都是 1.4；平均分最低的是考察级的减刑罪犯即 1.2。此题平均分越低说明选择 C 项的人越少，即为了得到好的处遇而积极改造的人越少。一级宽管和严管级为了得到好的处遇而积极改造的减刑罪犯相对较多，而考察级的减刑罪犯相对较少。

表 2-4　不同处遇的减刑罪犯为了减刑和得到好处遇而积极改造的认知差异显著性

问题	处遇级别	N	M	SD	处遇级别		P
6.你积极改造不是为了减刑而是为了得到好的处遇吗?	一级宽管	209	1.5	0.7	考察级	一级宽管	0.002
	二级宽管	157	1.4	0.6			
	普管级	929	1.4	0.7		普管级	0.017
	考察级	58	1.2	0.4			
	严管级	41	1.5	0.6		严管级	0.034
	合计	1394	1.4	0.6			

为何一级宽管和严管级为了得到好的处遇而积极改造的减刑罪犯相对较多，而考察级的减刑罪犯相对较少？其主要原因与处遇的内容密切相关，以某省为例，罪犯分级处遇的内容主要包括：居住条件、活动范围、会见通信（讯）、狱内消费、实物奖励、文体娱乐活动等。

（1）宽管级罪犯处遇内容：

A. 可以优先参加文体娱乐活动。

B. 每月可以普通会见 2 次，每次不超过 30 分钟；或者普通会见 1 次，不超过 1 个小时；或每月可以进行宽见 1 次，每次不超过 30 分钟。

C. 每月可以拨打 2 次亲情电话，每次一般不超过 10 分钟；罪犯可以申请增加 1 次亲情电话，不超过 5 分钟。

D. 每月狱内消费不得超过 500 元，可以购买生活必需品、副食品、学习用品等。

E. 可以享受监狱提供的实物奖励。

F. 符合有关规定的，可以离监探亲。

G. 经批准可参加监所组织的外出集体活动。

H. 依照有关法律、规定设置的其他处遇。

（2）普管级罪犯处遇内容：

A. 可以参加文体娱乐活动。

B. 每月可以普通会见 1 次，每次不超过 30 分钟；每季度可以进行宽见 1 次，每次不超过 30 分钟；安排宽见当月不再安排普通会见。

C.每月可以拨打 2 次亲情电话，每次不超过 5 分钟；或拨打 1 次，不超过 10 分钟。

D.每月狱内消费不得超过 400 元，可以购买生活必需品、副食品、学习用品等。

E.可以享受监狱提供的实物奖励。

F.符合有关规定的，可以特许离监探亲。

G.依照有关法律、规定设置的其他处遇。

（3）考察级罪犯处遇内容：

A.可以参加文体娱乐活动。

B.每月可以普通会见 1 次，每次不超过 30 分钟；不得进行宽见。

C.每月可以拨打 1 次亲情电话，每次不超过 5 分钟。

D.每月狱内消费不得超过 200 元，只限于购买生活必需品、副食品、学习用品。

E.可以享受监狱提供的实物奖励。

F.依照有关法律、规定设置的其他处遇。

（4）严管级罪犯处遇内容：

A.严格限制活动范围，必要时个别关押。

B.文体活动限于监区组织开展的集体活动。

C.每月可以普通会见 1 次，每次不超过 30 分钟；不得进行宽见。

D.因改造需要，经监区研究，监狱狱政管理部门负责人审批，每月可以拨打 1 次亲情电话，每次不超过 5 分钟。

E.每月狱内消费不得超过 100 元，只限于购买生活必需品和学习用品。

F.依照有关法律、规定设置的其他处遇。

第一，一级宽管的减刑罪犯中为了得到好的处遇而积极改造者相对最多，这是因为他们既获得了减刑，又在监狱里最好的服刑处遇中尝到了甜头。从上面不同处遇的内容中可以看到，四种处遇之间的差别还是比较大的，宽管级的处遇有很多优待条件，宽管级的各方面处遇都明显好于其他级别的处遇，尤其是"符合有关规定的，可以离监探亲""经批准可参加监所组织的外出集体活动"这两条非常特殊。也就是说，宽管级的罪犯可以回家探亲，可以在监狱组织下到社会上开阔眼界，了解社会的变化。这样不仅满足了罪犯思亲的需要、渴望了解社会的需要，更满足了罪犯自尊的需要。这对于一个在监狱服刑的罪犯来说是极大的精神激励，这种外在精神激励的作用可以调动起罪犯自身的内在激励。所以少数宽管级罪犯减刑后积极改造的最大动力就是得到好的处遇了，这是很真实的，得到好的处遇是功利性改造动机。同样，其他处遇的减刑罪犯减刑后为了得到好的处遇而积极改造，都是因为好的处遇更能满足他们物质和精神的合理需要，需要满足后就会产生愉快的体验，使他们在狱中的服刑生活更好过些。

第二，严管级的减刑罪犯为了得到好的处遇而积极改造者也比考察级的多，尤其从平均分上看，严管级的减刑罪犯平均分与一级宽管的减刑罪犯是相同的。这是因为严管级的处遇是最差的，而这些罪犯是减刑后因为改造倒退由原来的较高处遇降低到低处遇的，他们知道高处遇的待遇比严管级好，所以，他们还迫切希望很快再得到较高的处遇。

第三，考察级的减刑罪犯平均分和百分比都最低，甚至在表 2-3 中考察级的减刑罪犯选择 C 项的比例竟然是 0%，这个比例应该是不真实的，因为从上面的处遇内容可以看出，考察级比宽管级、普管级的处遇在各方面都差，这个处遇级别的罪犯应该非常渴望改善处遇。但是为何考察级的减刑罪犯"为了得到好的处遇"这一选项的平均分和百分比都最低呢？笔者认为，有两种心理支配他们：一是他们认为减刑比得到好的处遇更重要；二是考察级的减刑罪犯正处于被考察阶段，他们不敢奢望更好的处遇。所以，考察级的减刑罪犯在回答问卷时也不敢真实回答他们"为了得到好的处遇而积极改造"。但是不等于他们没有"为了得到好的处遇而积极改造"这种功利心理。

（二）多数罪犯减刑后缺乏真诚改造动机并且改造积极性减弱

前面的数据证明了多数罪犯在功利性改造动机支配下积极改造而获得了减刑，因为功利性改造动机不是发自罪犯内心的悔罪动机，如果没有减刑的好处诱惑，减刑后的罪犯改造积极性一定会减弱。

1. 多数罪犯减刑后缺乏真诚改造动机

从表 2-5 选择 A 项的比例可以看出，没减刑罪犯有 6.6%、减刑罪犯有

9.8%、监狱警察有 16.4% 的人认为得到减刑的罪犯不是发自内心真诚地积极改造。

再看表 2-6，监狱警察与两类罪犯都有极其显著的差异，监狱警察的平均分最低，这与监狱警察选择 C 项的比例最少是一致的。此题平均分越低说明选择 C 项的人比例越低。监狱警察在表 2-5 选择 C 项的比例只有 3.4%，看来在监狱警察眼里减刑罪犯中真诚改造的人极少，这让笔者感到惊讶！

表 2-5　罪犯和监狱警察关于减刑后的罪犯内心真诚改造的认知比例（N=2317）

（单位：人数 / 人，百分比 /%）

问题	选项	没减刑罪犯		减刑罪犯		监狱警察	
		人数	百分比	人数	百分比	人数	百分比
3. 得到减刑的人都是发自内心真诚地积极改造吗？	A. 不是	26	6.6	137	9.8	87	16.4
	B. 不全是	176	44.8	587	42.1	425	80.2
	C. 是	191	48.6	670	48.1	18	3.4
	合计	393	100	1394	100	530	100

表 2-6　罪犯和监狱警察关于减刑后的罪犯内心真诚改造的认知差异显著性

问题	角色分类	N	M	SD	角色分类		P
3. 得到减刑的人都是发自内心真诚地积极改造吗？	没减刑罪犯	393	2.4	0.6	监狱警察	没减刑罪犯	0.000
	减刑罪犯	1394	2.4	0.7			
	监狱警察	530	1.9	0.4		减刑罪犯	0.000
	合计	2317	2.3	0.6			

笔者认为，表 2-5 和表 2-6 中两类罪犯的回答具有一定的掩饰性。虽然本课题的调查问卷是无记名回答，但是多数罪犯还是怕监狱警察留存他们的答案，与他们每个人对号入座。所以，涉及与他们是否真诚改造有关的问题，多数人一定不会真实回答，这是可以理解的。因而笔者认为，此题监狱警察的数据更有参考价值，即真正发自内心真诚改造获得减刑的罪犯很少，而多数罪犯没有发自内心真诚地积极改造却也得到了减刑，减刑后就更缺乏真诚改造的动机了，所以减刑后改造松懈是必然的。

2. 多数罪犯减刑后改造积极性减弱

从表 2-7 选择 A、B 两项的比例总和可以看出，没减刑罪犯有 60.3%、减刑罪犯有 59.0%、监狱警察有 83.1% 的人认为减刑后的罪犯不再有一如既往地继续积极改造的动力，即使有继续积极改造的动力，也不大。这证明多数罪犯减刑后改造积极性减弱，这也是功利性改造动机的反应。

再看表 2-8，监狱警察与没减刑罪犯、减刑罪犯都有极其显著的差异，监狱警察的平均分最低，这与监狱警察选择 C 项的比例最少是一致的。此题平均分越低说明选择 C 项的人比例越低，而监狱警察选择 A、B 两项的比例总和最高，达到了 83.1%，更能说明他们多数人认为多数罪犯减刑后改造积极性减弱。

表 2-7　罪犯和监狱警察关于罪犯减刑后改造积极性的认知比例（N=2317）

（单位：人数／人，百分比／%）

问题	选项	没减刑罪犯		减刑罪犯		监狱警察	
		人数	百分比	人数	百分比	人数	百分比
33. 减刑后的服刑人员还有一如既往继续积极改造的动力吗？	A. 没动力	30	7.6	163	11.7	110	20.8
	B. 有动力但不大	207	52.7	659	47.3	330	62.3
	C. 有很大的动力	156	39.7	572	41.0	90	17.0
	合计	393	100	1394	100	530	100

表 2-8　罪犯和监狱警察关于罪犯减刑后改造积极性的认知差异显著性

问题	角色分类	N	M	SD	角色分类		P
33. 减刑后的服刑人员还有一如既往继续积极改造的动力吗？	没减刑罪犯	393	2.3	0.6	监狱警察	没减刑罪犯	0.000
	减刑罪犯	1394	2.3	0.7		减刑罪犯	0.000
	监狱警察	530	2.0	0.6			
	合计	2317	2.2	0.7			

从表 2-5 至表 2-8 两个题的四组数据证明，多数罪犯减刑前缺乏真诚改造动机，并且减刑后改造积极性减弱，他们多数是在功利性改造动机支配下获得减刑的。

（三）释放前再无减刑机会的罪犯减刑后改造倒退者最多 [1]

本书第一章已经提到了释放前再无减刑机会的罪犯减刑后改造倒退者最多，表 1-5 中没减刑罪犯有 44.3%、减刑罪犯有 45.0%、监狱警察有 69.6% 认为减刑的罪犯释放前改造松懈比较普遍，这很明显地反映了这部分罪犯的功利性改造动机。笔者用我一名学生的调查数据及分析来证实此观点，释放前再无减刑机会的罪犯改造倒退比较普遍，主要受以下消极心理支配。

1. 混刑度日心理

第一，改造积极性降低。绝大多数罪犯在改造生活中以减刑为自己的改造目标，减刑的激励可以使罪犯产生积极改造的热情。然而出狱前无法享受刑事奖励的罪犯，由于减刑的目标已经没有了，即使他们表现优异，也无法再获得刑事奖励，因此改造积极性受到重挫后出现改造松懈的改造倒退行为。从表 2-9 可以看出，被调查的 319 名释放前罪犯选择 B、C 两项的总和占 64.6%，这表明在知道自己释放前再不能获得减刑后，此类罪犯的改造积极性有所降低或完全降低，混刑度日心理对改造带来了消极影响。

表 2-9　出狱前没有减刑机会的罪犯心态的变化

（单位：人数 / 人，百分比 /%）

问题	选项	人数	百分比
你知道自己的刑期将尽，即将出狱，再没有减刑的机会，你的服刑心态有什么变化？	A.仍然积极改造	113	35.4
	B.稍微放松一些	103	32.3
	C.完全不积极了	103	32.3
	合计	319	100

第二，在劳动中出现懒惰和懈怠。出狱前无法享受刑事奖励的罪犯认为自己即将出狱，即使在劳动中表现懒惰和懈怠也不会影响自己出狱。表 2-10 的数据证明，此类罪犯有 85.3% 的人选择了 A 项（装病不出工），因为监狱对此项行为的惩罚力度相对较轻，而极少数人选择了 B 项（不服从

---

[1]　于佑任：《出狱前无刑事奖励的罪犯心理及对策》。本文获得中央司法警官学院 2015 届本科优秀毕业论文二等奖。本文指导教师：张雅凤。此标题及以下的内容都是于佑任这篇文章的内容。

管教）、C项（寻衅滋事或打架），因为B和C两种行为是违反监规监纪的行为，会受到较重的惩罚并影响自己出狱。选择"装病不出工"的比例如此高，充分说明绝大多数释放前罪犯表现出对无刑事奖励的抗拒，这几乎是此类罪犯在剩余刑期不足一年这段时间普遍的改造表现，足见他们功利性改造动机之强。

表2-10　出狱前没有减刑机会的罪犯混刑度日的表现

（单位：人数/人，百分比/%）

问题	选项	人数	百分比
你知道自己的刑期将尽，即将出狱，再没有减刑的机会，你会出现下面哪一种情况？	A. 装病不出工	272	85.3
	B. 不服从管教	44	13.8
	C. 寻衅滋事或打架	3	0.9
	合计	319	100

第三，出现了违反监规纪律的行为。出狱前无法享受刑事奖励的罪犯失去了改造的目标，或者浑浑噩噩地混刑度日，或者寻衅滋事扰乱监狱的监规秩序。甚至有些罪犯认为自己出狱后的生活无望，没有谋生的手段与技能，于是在出狱前开始准备"重操旧业"，回忆和练习犯罪技巧。这严重违背了监狱改造人的宗旨，使他们之前的改造付之东流，前功尽弃。说明这些罪犯前面得到的减刑完全是伪装积极，或在功利性改造动机支配下的表面积极改造行为，根本不是真诚地赎罪。

第四，感染着其他罪犯消极改造。即将出狱的罪犯基本都是监狱中的"老油条"，由于出狱前再没有刑事奖励了，会导致这些罪犯心理不平衡，除了自己消极改造之外，他们还会向其他罪犯传播很多负面的情绪，甚至会传授一些消极改造的经验。

表2-11中被调查罪犯选择B、C两项之和占88.7%，充分说明了这类罪犯已经认识到了自己对其他罪犯的消极影响，他们逃避劳动使自己有更多的精力去感染其他罪犯消极改造。他们的行为可能会引起严重的后果：一是使不良风气在监狱里传播，不利于其他罪犯的改造；二是破坏了监狱的监规纪律，造成监狱管理的混乱；三是对这类罪犯的自身也产生严重的影响，使其

长期的改造成果前功尽弃。

表 2-11　出狱前无法享受刑事奖励的罪犯对其他罪犯的影响

（单位：人数 / 人，百分比 /%）

问题	选项	人数	百分比
假如你出狱前不积极改造或倒退了，会对你身边的其他服刑人员有怎样的消极影响？	A. 没什么消极影响	36	11.3
	B. 有点消极影响	119	37.3
	C. 消极影响很大	164	51.4
	合计	319	100

2. "无所谓" 心理

出狱前无法享受刑事奖励的罪犯由于刑期将尽，积极表现也无法享受刑事奖励，剩余的刑期短暂，导致其中一些罪犯产生了"无所谓"心理。"无所谓"心理对他们的改造带来的消极影响主要表现在以下两方面。

第一，对于监狱干警的教育麻木不仁。此类罪犯由于刑期即将服完，所以他们的罪犯角色意识严重淡化，即完全忘记或否认自己是罪犯这一角色。[1]有些罪犯与监狱干警称兄道弟，更是对干警的教育不屑一顾、麻木不仁；有些罪犯甚至威胁、顶撞监狱干警，因为此类罪犯认为自己即将出狱，再顺从干警也不会得到减刑，与干警发生冲突也不影响自己的利益。可见，他们在释放前再无减刑机会的最后时间段对监狱干警的"无所谓"心理实质上还是受功利性改造动机支配，因为此阶段监狱干警已经不能给他们带来任何实际利益了。

第二，对于自己的改造漠不关心。作为一名服刑罪犯，对于自己的改造情况应该是相当关注的，但是从表 2-12 中选择 A、B 两项的总和占 83.7% 就可以看出，出狱前没有减刑机会的罪犯对于自己的改造状况却不太关心了。导致这种情况的原因主要是既没有刑事奖励，也没有物质奖励和精神奖励，改造成绩好与坏都不会影响自己出狱，这是出狱前无法享受刑事奖励的罪犯内心的真实写照。所以，此类罪犯释放前大多是在得过且过中混刑度日，这也是功利性改造动机的真实写照。

---

[1]　张雅凤主编：《罪犯改造心理学新编》，群众出版社 2007 年版，第 225 页。

表2-12 出狱前没有减刑机会的罪犯对自己改造情况的关注度

（单位：人数/人，百分比/%）

问题	选项	人数	百分比
你知道自己的刑期接近末期，即将出狱，你还对自己的改造情况关注吗？	A. 不关心	46	14.4
	B. 有些关心	221	69.3
	C. 很关心	52	16.3
	合计	319	100

3. 不知所措心理

由于刑期即将服完，积极表现也无法享受刑事奖励，使以前一些积极表现的罪犯没有了目标，导致释放前的一些罪犯产生不知所措心理，此种心理对他们的改造带来了以下消极影响。

第一，对改造目标茫然和困惑。从表2-13选择A、B项两项总和占86.5%可以看出，绝大多数释放前不能再减刑的罪犯已经失去了努力的目标。

表2-13 出狱前无减刑机会的罪犯改造目标的状况

（单位：人数/人，百分比/%）

问题	选项	人数	百分比
你的刑期将近末期，即将出狱，再没有减刑机会，你对改造目标茫然困惑吗？	A. 很茫然困惑	62	19.4
	B. 有些茫然但不困惑	214	67.1
	C. 没有茫然和困惑	43	13.5
	合计	319	100

刑事奖励对于罪犯来说就像每个人在生活中的人生目标一样，人一旦没有了目标，就像大海里的一叶小舟四处漂泊。出狱前再无减刑机会的罪犯就是如此，过去他们服刑的目标就是为了减刑，而现在再无减刑机会了，他们就迷失了方向，对于改造出现了茫然和困惑，这是在心理上的改造倒退。

第二，更加强烈和集中的焦虑不安心理。表2-14选择A、B两项的人数占92.5%，充分说明了即将出狱的罪犯正处于释放前的不安期，他们一方面向往自己重返社会、获得自由、与家人团聚，争取靠自己的勤劳致富获得心安理得的幸福，因而激动不安；但另一方面又担心回到社会后无业可就、遭到歧视，因而产生焦虑不安。[①] 即将出狱的罪犯离自己出狱的目标越来越近，焦虑心理也就越来越强烈，内心久久不能平静下来。如果还有减刑机会，那么还可以把他们的注意力集中到争取减刑上，而使焦虑心理减弱些，但是由于出狱前再无减刑的机会，所以，此类罪犯释放前的焦虑不安心理就更加强烈和集中。

表 2-14　出狱前无减刑机会的罪犯面对未来的心态

（单位：人数 / 人，百分比 /%）

问题	选项	人数	百分比
一想到自己即将出狱回到社会，你每天的焦虑或心情不平静的程度怎样？	A. 很焦虑	67	21.0
	B. 有些不平静	228	71.5
	C. 很平静	24	7.5
	合计	319	100

4. 如释重负心理

即将出狱的罪犯此前一直带着减刑的沉重心理压力，感到很累，终于到释放前没有再减刑的机会了，长期紧张的神经放松了，心里轻松了很多，多数罪犯产生了如释重负心理，想松口气好好享受一下，因而放松了思想改造。如释重负心理对他们的改造带来以下消极影响。

第一，精神空虚。出狱前无法享受刑事奖励的罪犯，特别是对于长期表现良好获得多次减刑的罪犯来说，无法享受刑事奖励带来了极度的内心不适应。之前，这类罪犯已经把获取刑事奖励作为自己努力改造的精神支柱，然而出狱前无法享受刑事奖励，让他们失去了精神支柱，因此精神空虚，对一切都感到无聊，不知如何安慰自己。

第二，自我放纵。无法享受刑事奖励，就等于没有对改造成绩评判的实质标准，而没有了评判的实质标准，有些罪犯就开始学会投机取巧，利用一切机会并创造机会让自己逃避改造。他们放松了以前为了争取减刑时那样对自己的严格要求，短时间内形成懒散和自我放纵的行为方式，例如，劳动不认真，便用不减刑就不用吃苦的心理来原谅自己。

---

① 张雅凤主编：《罪犯改造心理学新编》，群众出版社 2007 年版，第 55 页。

　　以上根据多数罪犯为了减刑而积极改造、减刑后的多数罪犯缺乏改造积极性、释放前再无减刑机会的罪犯减刑后改造倒退者最多这三部分的真实数据，详细分析了罪犯的功利性改造动机导致减刑后改造倒退。为何功利性改造动机会导致罪犯减刑后改造倒退？其心理学依据就是功利性改造动机是外部动机。外部动机是指行为的原因和激励力量来自活动之外，即活动结果能够带来外在的奖赏和报偿，为实现某些外在目标或满足某些外部施加的约束而去做此事情的动机。功利性改造动机是指罪犯为了得到实际利益或实惠而积极改造的动力，所以它是外部动机。在功利心理支配下，罪犯往往只以行为结果是否对自己有利来决定行动。所有的罪犯都有为了改善生活、改善处遇、早日获得自由而积极改造的动机，其中最强烈的是争取减刑而早日获得自由。功利心理是人的一种本能，社会交换理论认为，人们往往希望以最小的代价换取最大的报酬。社会上的自由公民也有功利心理，更何况罪犯，其功利心理强很正常，罪犯在功利性改造动机支配下积极改造既实惠又符合人的一般心理。

　　但是这违背了监狱改造罪犯的根本目的，在功利性改造动机支配下积极改造的罪犯减刑后一定会出现改造倒退行为，因为这种外在动机是在减刑这种外在目标的引导或诱惑下产生的，它不稳固、不持久，会随着外在目标或条件的变化而变化，一旦外在目标或条件不存在了，这种外在动机也就消失了。如果罪犯自始至终都是在功利性动机支配下产生积极改造行为，这类罪犯就没有真正被改造好，监狱更没有达到从心灵深处改造罪犯的目的。在功利动机支配下积极改造的罪犯回归社会后，在外界诱惑下很可能冲破法律意识的屏障而重新犯罪。

　　心理学的研究证明，某些外部的奖赏会削弱内部动机，对罪犯来说，就是减刑这种外部激励会在一定程度上淡化罪犯的悔罪感和赎罪感这种内部动机，因为他们把一切精力都放在争取减刑上了，根本无暇反省自己的罪行、思考自己失败的人生。内部动机是指由于个体行为本身或由于执行这个行为所带来的纯粹乐趣和满足而去做此事情的动机。例如，工作兴趣、乐趣、挑战欲望的激发、成就感、自尊心等，对于罪犯来说还包括他们对自己罪行的悔罪感和赎罪感。为了赎罪，不给他们任何奖励也能积极改造，这种动机是持久的、稳固的，不会随着外部条件的变化而改变，这是与为了减刑而积极改造的外在动机无法相比的。所以，深刻分析后才发现罪犯的功利性改造动机很可怕，它不仅是导致罪犯减刑后改造倒退的根源，也直接影响罪犯内心的改造质量。

二、罪犯减刑后的间歇性放松心理导致减刑后改造倒退

（一）个别罪犯减刑后的骄傲自满心理使其减刑后改造倒退

骄傲自满心理是人的一种常见心理，罪犯也不例外，减刑后会产生骄傲自满心理，并且这种心理会导致他们改造倒退。

从表 2-15 选择 C 项的比例可以看出，没减刑罪犯有 1.8%、减刑罪犯有 5.3%、监狱警察有 8.9% 的人认为罪犯会因为减刑后有骄傲自满心理而放弃继续积极改造。三类被调查者的比例差别较大，笔者认为，没减刑罪犯没有减刑后骄傲自满的切身体验，他们的回答没有参考价值，减刑罪犯的比例是比较真实的，因为他们没有必要掩饰，所以他们的数据最有参考价值。监狱警察根据改造罪犯的经验回答此问题，他们的数据也有参考价值。减刑罪犯和监狱警察的比例虽然很低，却也能说明罪犯中确实有极少数人减刑后因为骄傲自满而放弃继续积极改造，出现改造倒退行为。尤其是多次减刑的罪犯减刑后的骄傲自满心理应该比减刑次数少的罪犯严重。

表 2-15　罪犯和监狱警察关于罪犯减刑后的骄傲自满心理的认知比例（N=2317）

（单位：人数 / 人，百分比 /%）

问题	选项	没减刑罪犯		减刑罪犯		监狱警察	
		人数	百分比	人数	百分比	人数	百分比
11. 服刑人员是否因为减刑后有骄傲自满心理而放弃继续积极改造？（服刑人员自评）	A. 不是	325	82.7	1108	79.5	160	30.2
	B. 不全是	61	15.5	212	15.2	323	60.9
	C. 是	7	1.8	74	5.3	47	8.9
	合计	393	100	1394	100	530	100

再看表 2-16，没减刑罪犯与减刑罪犯有显著差异、监狱警察与两类罪犯都有极其显著的差异，即三类人相互之间都有显著差异。在三类被调查者中，

监狱警察选择 C 项的比例和平均分都最高，说明监狱警察认为减刑后因骄傲自满导致改造倒退的罪犯比罪犯自评的要多。

表 2-16 罪犯和监狱警察关于罪犯减刑后的骄傲自满心理的认知差异显著性

问题	角色分类	N	M	SD	角色分类		P
11. 服刑人员是否因为减刑后有骄傲自满心理而放弃继续积极改造？	没减刑罪犯	393	1.2	0.4	没减刑罪犯	减刑罪犯	0.029
	减刑罪犯	1394	1.3	0.5			
	监狱警察	530	1.8	0.6	监狱警察	没减刑罪犯	0.000
	合计	2317	1.4	0.6		减刑罪犯	0.000

根据心理学的理论依据，骄傲自满心理是自我意识失调的表现，即自我评价过高、自我欣赏过度、自我调控不当，当一个人有了成绩受到他人表扬或奖赏的时候，自我喜悦和自我欣赏是正常的。但是这种自我肯定的情感应该适度，过度了就会适得其反。个别罪犯减刑后的骄傲自满心理就是自我肯定情感过度了，这种不理智的情感会使这些罪犯自我评价过高，飘飘然而忘乎所以，使他们迷失了继续进步的方向，阻碍了他们冷静思考和选择更高的目标，因而出现减刑后的改造倒退行为。

（二）少数罪犯对减刑产生疲惫心理使其减刑后改造倒退

争取减刑的罪犯比不减刑的罪犯在各方面的改造活动中都要付出更多努力和辛苦，因此，减刑的艰苦会引起减刑罪犯的身心疲惫。从表 2-17 选择 C 项的比例可以看出，没减刑罪犯有 2.5%、减刑罪犯有 6.5%、监狱警察有 15.1% 的人选择此项。再看表 2-18，三类人互相之间都有显著差异，没减刑罪犯与减刑罪犯有显著差异、监狱警察与两类罪犯都有极其显著的差异。监狱警察的平均分最高，这与其在表 2-17 选择 C 项的比例最高是一致的，因为此题平均分越高说明选择 C 项的人比例越高。监狱警察选择 C 项的比例和平均分都高于两类罪犯，说明他们认为罪犯因为争取减刑的过程太辛苦而放弃继续积极改造的人数比减刑罪犯自评的人比例高。

此题没减刑罪犯虽然有争取减刑过程的切身体验，但是他们多数人的服刑时间都不长，他们没有减刑辛苦的切身体验，所以此题他们的回答参考价值不大。

　　减刑罪犯和监狱警察的比例虽然较低，却也能说明确实有少数罪犯因为争取减刑的过程太辛苦而放弃继续积极改造，出现减刑后的改造倒退。

表 2-17　罪犯和监狱警察对减刑罪犯因减刑辛苦而不再积极改造的认知比例（N=2317）

（单位：人数 / 人，百分比 /%）

问题	选项	没减刑罪犯		减刑罪犯		监狱警察	
		人数	百分比	人数	百分比	人数	百分比
10. 服刑人员是否因为争取减刑的过程太辛苦而放弃继续积极改造？（服刑人员自评）	A. 不是	294	74.8	1000	71.7	164	30.9
	B. 不确定	89	22.6	304	21.8	286	54.0
	C. 是	10	2.5	90	6.5	80	15.1
	合计	393	100	1394	100	530	100

表 2-18　罪犯和监狱警察对减刑罪犯因减刑辛苦而不再积极改造的认知差异显著性

问题	角色分类	N	M	SD	角色分类		P
10. 服刑人员是否因为争取减刑的过程太辛苦而放弃继续积极改造？	没减刑罪犯	393	1.3	0.5	没减刑罪犯	减刑罪犯	0.041
	减刑罪犯	1394	1.3	0.6			
	监狱警察	530	1.8	0.7	监狱警察	没减刑罪犯	0.000
	合计	2317	1.4	0.6		减刑罪犯	0.000

　　本书第一章根据表 1-2 没减刑罪犯有 80.4%、减刑罪犯有 79.0%、监狱警察有 86.4% 的数据，总结出绝大多数罪犯和监狱警察都认为罪犯减刑后出现改造松懈的倒退行为是可以理解的、符合个体身心规律的。本书第三章表 3-10 第 46 题选择 C 项的比例也显示没减刑罪犯有 11.7%、减刑罪犯 13.3%、监狱警察有 11.1% 的人认为，因为服刑时间过长使罪犯感到身心疲惫而难以长期坚持积极改造、出现减刑后倒退，是可以理解的。并且用生理疲劳和心理疲劳的理论分析了罪犯的此种现象，此处不再赘述。

三、减刑罪犯的恶习难改使其减刑后改造倒退

（一）有些减刑罪犯的不良习惯使其减刑后改造倒退

有些罪犯入狱前就已经形成了不良的生活习惯或犯罪习惯。例如，有些罪犯容易情绪冲动，对别人张口就骂、举手就打；有些罪犯好逸恶劳、懒惰寄生；有些罪犯缺乏诚信、无责任感；有些罪犯散漫成性，放荡不羁；等等。这些不良习惯都会在服刑中表现出来，即使他们积极改造的动机很强，费了九牛二虎之力获得了减刑，但是还会由于习惯难改而在减刑后出现改造倒退行为。

从表 2-19 选择 C 项的比例可以看出，没减刑罪犯有 9.2%、减刑罪犯有 10.8%、监狱警察有 56.0% 的人认为，有的罪犯做了很大努力才克制自己的不良习惯得到了减刑，但有时还会"旧病复发"而违反监规，出现减刑后的改造倒退。此题选 C 项的监狱警察的比例与两类罪犯相差太多，这是因为监狱警察是概括性总结，而罪犯只能根据自己的情况回答问题。

再看表 2-20，监狱警察与两类罪犯都有极其显著的差异，监狱警察的平均分最高，这与表 2-19 三类被调查者中监狱警察选择 C 项的比例最高是一致的，此题平均分越高说明选择 C 项的人比例越高。

因为此题不是特指减刑罪犯，所以没减刑罪犯也有切身体会，他们的回答也有参考价值。两类罪犯的比例比较接近，说明真实性较强。尤其是监狱警察的数据很能说明问题，更有代表性，即因不良习惯而导致减刑后改造倒退的罪犯不是少数。

表 2-19　罪犯和监狱警察对减刑罪犯恶习难改的认知比例（N=2317）

（单位：人数 / 人，百分比 /%）

问题	选项	没减刑罪犯		减刑罪犯		监狱警察	
		人数	百分比	人数	百分比	人数	百分比
12. 有的服刑人员做了很大努力才克制自己的不良习惯得到了减刑，但有时还会"旧病复发"而违反监规？（服刑人员自评）	A. 不是	268	68.2	900	64.6	29	5.5
	B. 不全是	89	22.6	344	24.7	204	38.5
	C. 是	36	9.2	150	10.8	297	56.0
	合计	393	100	1394	100	530	100

表 2-20　罪犯和监狱警察对减刑罪犯恶习难改的认知差异显著性

问题	角色分类	N	M	SD	角色分类		P
12. 有些服刑人员做了很大努力才克制自己的不良习惯得到了减刑，但有时还会"旧病复发"而违反监规吗?（服刑人员自评）	没减刑罪犯	393	1.4	0.7	监狱警察	没减刑罪犯	0.000
	减刑罪犯	1394	1.5	0.7			
	监狱警察	530	2.5	0.6		减刑罪犯	0.000
	合计	2317	1.8	0.7			

（二）有些减刑罪犯的犯罪恶习使其减刑后改造倒退

有些罪犯不仅因为不良习惯难改而导致减刑后改造倒退，甚至有些有不良习惯的罪犯积极改造是为了早日回归社会重操旧业。例如，盗窃罪的惯犯、累犯的犯罪恶习很难改，因为其犯罪技能强化了他们的犯罪心理，甚至盗窃癖使他们难以自制，期盼着早日出狱好大捞一把，以补偿自己在服刑过程中的金钱损失。所以，他们掩饰自己真实的动机，伪装积极而获得了减刑，但减刑后由于犯罪恶习难改而导致减刑后改造倒退。

从表 2-21 选择 C 项的比例可以看出，没减刑罪犯有 9.2%、减刑罪犯有 10.0%、监狱警察有 10.9% 的人认为有些罪犯积极改造获得减刑是为了早日回归社会后重操旧业。

再看表 2-22，监狱警察与两类罪犯都有极其显著的差异，监狱警察的平均分最高，这与三类被调查者中监狱警察选择 C 项的比例最高是一致的，此题平均分越高说明选择 C 项的人比例越高。

此题两类罪犯和监狱警察的数据都比较有参考价值，说明确实有少数减刑罪犯是刑满释放后可能重新犯罪的危险分子。由于他们根本没有改造好，虽然以伪装积极改造得到了减刑，但是其犯罪恶习难改使他们减刑后改造倒退是必然的。

表 2-21　罪犯和监狱警察对减刑罪犯因恶习难改而重新犯罪的认知比例（N=2317）

（单位：人数 / 人，百分比 /%）

问题	选项	没减刑罪犯		减刑罪犯		监狱警察	
		人数	百分比	人数	百分比	人数	百分比
4.有些有不良习惯的服刑人员积极改造获得减刑是为了早日回归社会后重操旧业吗？	A.不是	231	58.8	844	60.5	131	24.7
	B.不全是	126	32.1	410	29.4	341	64.3
	C.是	36	9.2	140	10.0	58	10.9
	合计	393	100	1394	100	530	100

表 2-22　罪犯和监狱警察对减刑罪犯因恶习难改而重新犯罪的认知差异显著性

问题	角色分类	N	M	SD	角色分类		P
4.有些有不良习惯的服刑人员积极改造获得减刑是为了早日回归社会后重操旧业吗？	没减刑罪犯	393	1.5	0.7	监狱警察	没减刑罪犯	0.000
	减刑罪犯	1394	1.5	0.7			
	监狱警察	530	1.9	0.6		减刑罪犯	0.000
	合计	2317	1.6	0.7			

　　总之，上面被调查的罪犯和监狱警察的数据证明，不论是有不良习惯还是有犯罪习惯的少数罪犯，虽然获得了减刑，也必然会出现改造倒退。因为心理学告诉我们，习惯是个体已经形成了动力定型的行为方式，已经在行为人的大脑中形成了自动化的条件反射系统，一旦遇到同样的刺激，这种动力定型就会以自动化的行为方式表现出来，不受大脑神经中枢的控制。例如，有打架习惯的罪犯听到别人用一句难听的话伤害了自己的自尊心，就会不假思索地情绪冲动，马上向对方大打出手，因此违反了监规；有些懒惰成性的罪犯，靠投机取巧骗取干警的信任，但好逸恶劳的习惯难改，只要干警不在眼前，劳动时就会偷工减料、偷奸耍滑；有偷窃习惯的罪犯会顺手牵羊地偷其他罪犯从监狱超市买回来放在监舍的食物或用品，只要不被现场抓住就不认账；等等。有各种恶习的罪犯也努力争取减刑，由于计分考核更注重劳动表现，所以，他们中有的人靠劳动表现好而得到了减刑，但是恶习难改，遇到诱惑性或负性刺激还会"旧病复发"，违反监规甚至法律而造成改造倒退。

四、减刑罪犯的自我调控能力差导致减刑后改造倒退

心理学的自我调控是指个体如何主动地运用策略处理冲突、调节冲动，使自身最终实现与环境的协调、达到一个合适的目标或建立起一种良好的自我稳定状态的能力（aptitude）。自我调控包括认知的自我调控、社会智力的自我调控、价值观和品德的自我调控[①]、意志的自我调控、抗御诱惑和延迟满足的自我调控。罪犯减刑后的改造倒退行为主要与他们两方面的自我调控能力差有关：一是意志的自我调控能力差；二是抗御诱惑能力和延迟满足能力差。下面主要分析这两方面。

（一）某些减刑罪犯意志的自我调控能力差导致减刑后改造倒退

1. 少数减刑罪犯对情绪的自我调控能力差导致减刑后改造倒退

从表 2–23 第 13 题选择 C 项的比例可以看出，没减刑罪犯有 6.6%、减刑罪犯有 6.5%、监狱警察有 21.9% 的人认为有些减刑的罪犯不能恰当地控制自己的否定情绪。此项比例监狱警察明显比减刑罪犯高出 15.4 个百分点。笔者认为，监狱警察的比例更客观。

从表 2–23 第 14 题选择 C 项的比例可以看出，没减刑罪犯有 4.8%、减刑罪犯有 7.4%、监狱警察有 34.3% 的人认为性格冲动的罪犯因为在悔罪、劳动、学习等很多方面表现好而得到减刑，却因为无法控制自己的情绪而经常与人发生矛盾导致违反监规。此项比例监狱警察明显比减刑罪犯高出 26.9 个百分点。笔者认为，此题监狱警察的回答更客观。

从表 2–23 第 19 题选择 C 项的比例可以看出，没减刑罪犯有 3.8%、减刑罪犯有 5.1%、监狱警察有 11.5% 的人认为减刑后的罪犯与其他罪犯发生矛盾冲突时会经常使用暴力解决问题。此题监狱警察的比例比减刑罪犯的比例高出 6.4 个百分点，这是由于监狱警察根据自己改造罪犯的实际工作经验对罪犯的评价，概括性较强。

从表 2–23 第 23 题选择 A、B 两项比例的总和看出，没减刑罪犯有 20.4%、减刑罪犯有 25.1%、监狱警察有 77.4% 的人认为减刑后改造倒退的罪犯遇事不冷静，没有理智的友谊观。

---

① 张雅凤：《自我调控不当与犯罪性社会适应不良》，载《中国监狱学刊》2005 年第 1 期。

表 2-23　罪犯和监狱警察对减刑罪犯情绪的自我调控能力的认知比例（N=2317）

（单位：人数 / 人，百分比 /%）

问题	选项	没减刑罪犯（N=393）		减刑罪犯（N=1394）		监狱警察（N=530）	
		人数	百分比	人数	百分比	人数	百分比
13. 服刑人员能否恰当地控制自己的否定情绪？（服刑人员自评）	A. 能	253	64.4	878	63.0	54	10.2
	B. 不确定	114	29.0	426	30.6	360	67.9
	C. 不能	26	6.6	90	6.5	116	21.9
14. 性格冲动的服刑人员因为在悔罪、劳动、学习等很多方面表现好而得到减刑，却会因为无法控制自己的情绪而经常与人发生矛盾导致违反监规吗？（服刑人员自评）	A. 不是	302	76.8	954	68.4	45	8.5
	B. 不全是	72	18.3	337	24.2	303	57.2
	C. 是	19	4.8	103	7.4	182	34.3
19. 服刑人员与其他服刑人员发生矛盾冲突时，是否会使用暴力解决问题？（服刑人员自评）	A. 从未有过	287	73.0	815	58.5	57	10.8
	B. 偶尔会	91	23.2	508	36.4	412	77.7
	C. 总是这样	15	3.8	71	5.1	61	11.5
23. 甲的朋友被人打了，把甲叫去，甲不问青红皂白打了朋友的仇人，服刑人员会如何评价甲的做法？（服刑人员自评）	A. 很够朋友	27	6.9	104	7.5	134	25.3
	B. 可以理解	53	13.5	245	17.6	276	52.1
	C. 问明原因和平解决	313	79.6	1045	75.0	120	22.6

　　再看表 2-24 第 13 题监狱警察与两类罪犯都有极其显著的差异；第 14 题两类罪犯之间有非常显著的差异、监狱警察与两类罪犯之间有极其显著的差异；第 19 题两类罪犯之间、监狱警察与两类罪犯之间都有极其显著的差异；第 23 题监狱警察与两类罪犯都有极其显著的差异。第 13、14、19 三道题监狱警察的平均分都是最高的，这与表 2-23 第 13、14、19 三道题监狱警察选择 C 项的比例都最高是一致的。而第 23 题监狱警察的平均分最低，这与表 2-23 第 23 题三个被调查者中监狱警察选择 C 项的比例最低是一致的。而此题监狱警察选择 A、B 两项比例的总和却达到了 77.4%，这说明监狱警察眼中的减刑罪犯多数是不冷静的人。

表 2-24 罪犯和监狱警察对减刑罪犯情绪的自我调控能力的认知差异显著性

问题	角色分类	N	M	SD	角色分类		P
13. 服刑人员能否恰当地控制自己的否定情绪？（服刑人员自评）	没减刑罪犯	393	1.4	0.6	监狱警察	没减刑罪犯	0.000
	减刑罪犯	1394	1.4	0.6			
	监狱警察	530	2.1	0.6		减刑罪犯	0.000
	合计	2317	1.6	0.7			
14. 性格冲动的服刑人员因为在悔罪、劳动、学习等很多方面表现好而得到减刑，却因为无法控制自己的情绪而经常与人发生矛盾导致违反监规吗？（服刑人员自评）	没减刑罪犯	393	1.3	0.5	没减刑罪犯	减刑罪犯	0.002
	减刑罪犯	1394	1.4	0.6			
	监狱警察	530	2.3	0.6	监狱警察	没减刑罪犯	0.000
	合计	2317	1.6	0.7		减刑罪犯	0.000
19. 服刑人员与其他服刑人员发生矛盾冲突时，是否会使用暴力解决问题？（服刑人员自评）	没减刑罪犯	393	1.3	0.5	没减刑罪犯	减刑罪犯	0.000
	减刑罪犯	1394	1.5	0.6			
	监狱警察	530	2.0	0.5	监狱警察	没减刑罪犯	0.000
	合计	2317	1.6	0.6		减刑罪犯	0.000
23. 甲的朋友被人打了，把甲叫去，甲不问青红皂白打了朋友的仇人，服刑人员会如何评价甲的做法？（服刑人员自评）	没减刑罪犯	393	2.7	0.6	监狱警察	没减刑罪犯	0.000
	减刑罪犯	1394	2.7	0.6			
	监狱警察	530	2.0	0.7		减刑罪犯	0.000
	合计	2317	2.5	0.7			

　　以上四个题的数据证明，减刑后的少数罪犯因为对自己情绪的自我调控能力差而导致改造倒退。有些罪犯在悔罪、劳动、学习方面的自我调控能力比较强，能吃苦耐劳、勤奋刻苦，却在处理人际关系上对自己情绪的自我调控能力较差，情绪不稳定这一人格特征使他们与别人发生矛盾时容易冲动，因而导致犯罪以及减刑后出现改造倒退。

究竟是哪些罪类的罪犯对情绪的自我调控能力更差呢？看表 2-25 前三个题选择 C 项的比例较高的有哪些罪类的减刑罪犯？第 13 题比例较高的罪类有抢劫罪（8.9%）、情感暴力罪（9.2%）；第 14 题比例较高的罪类有盗窃罪（9.3%）、诈骗罪（8.6%）、情感暴力罪（9.8%）、数罪并罚（7.6%）；第 19 题比例较高的罪类有抢劫罪（8.1%）、情感暴力罪（6.8%）；第 23 题 A、B 两项比例的总和较高的有盗窃罪（28.7%）、抢劫罪（30.5%）、毒品罪（27.6%）、情感暴力罪（29.0%）。这四个题中有三个题表明情绪的自我调控能力差的选项比例较高的都有抢劫罪和情感暴力罪的罪犯，可见，这两类对情绪的自我调控能力差的罪犯比其他罪类的罪犯相对多些，这与笔者其他课题的研究结论基本接近，也与犯罪心理学、罪犯改造心理学已有研究的结论、监狱警察从实践经验中得出的"暴力犯心理特征"的结论大致接近。尤其是暴力罪中的抢劫犯的暴力倾向是最强的，冲动性也比较高，这都是与情绪密切相关的不良人格特征。[1]例如，罪犯陈某因抢劫罪被判处有期徒刑四年，某次因管理犯指出其产品存在质量问题，而在他对面劳动的另一罪犯高某则趁机讽刺、嘲笑他说："你不是很卖力气吗？怎么人家等着你做下道工序？"这时陈犯对质量等问题已烦恼，而高犯的嘲笑使其自尊心受到伤害，原有的积极改造心理一下子跑到九霄云外，不计后果操起剪刀朝高犯面孔飞去。尔后，陈犯认为此举仍不解恨，又在收工时趁高犯不备，一拳打在高犯头上，致使高犯倒地休克。对陈犯 CPI 的心理测试结果进行分析，其性格类型为外向，属于胆汁质气质，雄心勃勃，力争进取和成功，有独立见解，喜欢交往，理解别人的感情，自我评价较好，但持久力差，敢于冒险，自控力不强，易冲动、发怒，对批评较敏感……[2]可见，此案例中的抢劫犯陈某对情绪的自我调控能力很差。对情绪的自我调控能力差不仅是导致暴力型罪犯犯罪的重要原因，也是他们难改造以及减刑后改造倒退的重要原因之一。

---

① 张雅凤：《罪犯的罪行与危害社会心理恶性程度的相关性探索》，法律出版社 2016 年版，第 148、186 页。本书是 2014 年度国家社科基金后期资助项目。

② 郁杉杉：《浅析暴力犯的激情表现、心理特征及矫治对策》，见载俞忠明主编《青浦监狱论文集（1994—1999）》，百家出版社 1999 年版，第 231 页。

表2-25　不同罪类的减刑罪犯情绪的自我调控能力的比例差异（N=1376）

（单位：人数/人，百分比/%）

问题	选项	盗窃罪（N=129）		抢劫罪（N=236）		诈骗罪（N=175）		毒品罪（N=134）		贪污受贿罪（N=166）		财欲其他罪（N=59）		情感暴力罪（N=338）		淫欲罪（N=47）		数罪并罚（N=92）	
		人数	百分比	人数	百分比	人数	百分比	人数	百分比	人数	百分比	人数	百分比	人数	百分比	人数	百分比	人数	百分比
13. 你能否恰当地控制自己的否定情绪？	A. 能	79	61.2	140	59.3	119	68.0	73	54.5	120	72.3	39	66.1	203	60.1	26	55.3	67	72.8
	B. 不确定	44	34.1	75	31.8	46	26.3	54	40.3	42	25.3	17	28.8	104	30.8	19	40.4	20	21.7
	C. 不能	6	4.7	21	8.9	10	5.7	7	5.2	4	2.4	3	5.1	31	9.2	2	4.3	5	5.4
14. 你在悔罪、劳动学习上表现好而得到减刑，却因无法控制情绪而经常与人发生矛盾导致违反监规吗？	A. 不是	88	68.2	146	61.9	132	75.4	91	67.9	125	75.3	48	81.4	212	62.7	32	68.1	64	69.6
	B. 不全是	29	22.5	74	31.4	28	16.0	33	24.6	36	21.7	9	15.3	93	27.5	13	27.7	21	22.8
	C. 是	12	9.3	16	6.8	15	8.6	10	7.5	5	3.0	2	3.4	33	9.8	2	4.3	7	7.6

续表

问题	选项	盗窃罪（N=129）		抢劫罪（N=236）		诈骗罪（N=175）		毒品罪（N=134）		贪污受贿罪（N=166）		财欲其他罪（N=59）		情感暴力罪（N=338）		淫欲罪（N=47）		数罪并罚（N=92）	
		人数	百分比	人数	百分比	人数	百分比	人数	百分比	人数	百分比	人数	百分比	人数	百分比	人数	百分比	人数	百分比
19. 当其他服刑人员与你发生矛盾冲突时，你是否会使用暴力解决问题？	A. 从未有过	70	54.3	106	44.9	132	75.4	81	60.4	118	71.1	41	69.5	182	53.8	24	51.1	47	51.1
	B. 偶尔会	51	39.5	111	47.0	40	22.9	49	36.6	42	25.3	17	28.8	133	39.3	21	44.7	40	43.5
	C. 总是这样	8	6.2	19	8.1	3	1.7	4	3.0	6	3.6	1	1.7	23	6.8	2	4.3	5	5.4
23. 甲的朋友被人打了，把甲叫去，甲不问青红皂白打了朋友的仇人，你如何评价甲的做法？	A. 很够朋友	12	9.3	26	11.0	6	3.4	9	6.7	7	4.2	4	6.8	30	8.9	3	6.4	6	6.5
	B. 可以理解	25	19.4	46	19.5	19	10.9	28	20.9	30	18.1	6	10.2	68	20.1	8	17.0	13	14.1
	C. 问明原因后和平解决	92	71.3	164	69.5	150	85.7	97	72.4	129	77.7	49	83.1	240	71.0	36	76.6	73	79.3

注：本课题在调研中得到减刑罪犯有效问卷共1394份，由于有两种罪类的人数太少，只有18人，无统计价值，所以表2-25、表2-27、表2-30的总人数是1376。

2. 部分减刑罪犯因为整体性意志薄弱而导致减刑后改造倒退

从表 2-26 选择 C 项的比例可以看出，没减刑罪犯有 16.3%、减刑罪犯有 15.9%、监狱警察有 14.3% 的人认为改造中获得奖励尤其是减刑后出现松懈或倒退现象的罪犯是因为意志薄弱。此题三类被调查者之间都没有显著差异。此题没有特指哪方面的意志薄弱，而是指整体性意志薄弱，既包括对情绪的自我调控能力，也包括劳动意志、学习意志、遵守监规纪律的意志、克制自己不良习惯的意志等。虽然没减刑罪犯、减刑罪犯、监狱警察选择此题的 C 项比例都不太高，但三者的比例比较接近，说明他们对此题的理解基本相同，证明减刑罪犯中确实有一些人是因为不同方面的意志薄弱而导致改造倒退的。

表 2-26　罪犯和监狱警察对减刑罪犯整体性意志薄弱的认知比例（N=2317）

（单位：人数 / 人，百分比 /%）

问题	选项	没减刑罪犯		减刑罪犯		监狱警察	
		人数	百分比	人数	百分比	人数	百分比
17. 改造中获得奖励尤其是减刑后出现松懈或倒退现象的服刑人员是因为意志薄弱吗？	A. 不是	161	41.0	593	42.5	190	35.8
	B. 不确定	168	42.7	580	41.6	264	49.8
	C. 是	64	16.3	221	15.9	76	14.3
	合计	393	100	1394	100	530	100

到底是哪些罪类的罪犯整体性自我意志薄弱呢？从表 2-27 选择 C 项的比例看出，除了贪污等职务犯罪的罪犯占此罪名的 8.4% 以外，其他罪类的罪犯都在 12.0%~27.1%，说明各种罪名的减刑罪犯中都有因意志薄弱而导致减刑后改造倒退的。这很符合犯罪心理的规律，意志薄弱是所有罪名的罪犯犯罪的重要原因。而在监狱服刑积极改造不断地争取减刑，更需要坚强的意志；否则，必然会出现减刑后的改造倒退。

表2-27 不同罪类的减刑罪犯整体性意志薄弱的比例差异（N=1376）

（单位：人数/人，百分比/%）

问题	选项	盗窃罪		抢劫罪		诈骗罪		毒品罪		贪污受贿罪		财欲其他罪		情感暴力罪		淫欲罪		数罪并罚	
		人数	百分比	人数	百分比	人数	百分比	人数	百分比	人数	百分比	人数	百分比	人数	百分比	人数	百分比	人数	百分比
17.获得减刑后出现改造倒退的服刑人员是因为意志薄弱吗？	A.不是	74	57.4	101	42.8	63	36.0	47	35.1	71	42.8	23	39.0	149	44.1	20	42.6	40	43.5
	B.不确定	39	30.2	95	40.3	86	49.1	63	47.0	81	48.8	20	33.9	126	37.3	19	40.4	41	44.6
	C.是	16	12.4	40	16.9	26	14.9	24	17.9	14	8.4	16	27.1	63	18.6	8	17.0	11	12.0
	合计	129	100	236	100	175	100	134	100	166	100	59	100	338	100	47	100	92	100

3. 减刑罪犯释放后重新犯罪的多数人是因为自制力和分辨能力差

从表 2-28 选择 C 项的比例可以看出，没减刑罪犯有 60.1%、减刑罪犯有 56.2%、监狱警察有 45.3% 的人认为有些多次减刑的罪犯释放后重新犯罪是因为自制力和分辨能力差。

再看表 2-29 监狱警察与两类罪犯都有极其显著的差异，监狱警察的平均分最低，这与表 2-28 三类被调查者中监狱警察选择 C 项的比例明显低于两类罪犯是一致的。

此题两类罪犯和监狱警察选择 C 项的比例都不低，说明确实有不少减刑的罪犯释放后重新犯罪是因为自我调控能力和分辨能力差，减刑罪犯释放后重新犯罪也是减刑后的改造倒退行为，而且是严重的改造倒退。

表 2-28 罪犯和监狱警察对减刑的罪犯释放后重新犯罪原因的认知比例（N=2317）

（单位：人数 / 人，百分比 /%）

问题	选项	没减刑罪犯		减刑罪犯		监狱警察	
		人数	百分比	人数	百分比	人数	百分比
27. 为什么有些多次减刑的服刑人员释放后重新犯罪，以下哪种是主要原因？	A. 积极改造的动机虚假	53	13.5	237	17.0	134	25.3
	B. 法律意识淡漠	104	26.5	373	26.8	156	29.4
	C. 自制力和分辨能力差	236	60.1	784	56.2	240	45.3
	合计	393	100	1394	100	530	100

表 2-29 罪犯和监狱警察对减刑的罪犯释放后重新犯罪原因的认知差异显著性

问题	角色分类	N	M	SD	角色分类		P
27. 为什么有些多次减刑的服刑人员释放后重新犯罪，以下哪种是主要原因？	没减刑罪犯	393	2.5	0.7	监狱警察	没减刑罪犯	0.000
	减刑罪犯	1394	2.4	0.8			
	监狱警察	530	2.2	0.8		减刑罪犯	0.000
	合计	2317	2.4	0.8			

不同罪类的罪犯对减刑后重新犯罪的原因有何认知差异呢？从表 2-30 选择 C 项的比例可以看出，不同罪类的罪犯选择此项比例为 49.7%~64.2%，都比较高，说明各种罪类的多数减刑罪犯对释放后重新犯罪的原因都有共同的认识，即因自制力和分辨能力差而导致重新犯罪。

表2-30 不同罪类的减刑罪犯释放后重新犯罪原因的认知比例差异（N=1376）

（单位：人数/人，百分比/%）

问题	选项	盗窃罪（N=129）		抢劫罪（N=236）		诈骗罪（N=175）		毒品罪（N=134）		贪污受贿罪（N=166）		财欲其他罪（N=59）		情感暴力罪（N=338）		淫欲罪（N=47）		数罪并罚（N=92）	
		人数	百分比	人数	百分比	人数	百分比	人数	百分比	人数	百分比	人数	百分比	人数	百分比	人数	百分比	人数	百分比
27. 为什么有些罪犯多次减刑的服刑人员释放后重新犯罪，以下哪种是主要原因？	A. 积极改造的动机虚假	18	14.0	39	16.5	44	25.1	23	17.2	27	16.3	6	10.2	60	17.8	7	14.9	9	9.8
	B. 法律意识淡漠	35	27.1	63	26.7	44	25.1	25	18.7	55	33.1	18	30.5	90	26.6	12	25.5	25	27.2
	C. 自制力和分辨能力差	76	58.9	134	56.8	87	49.7	86	64.2	84	50.6	35	59.3	188	55.6	28	59.6	58	63.0

以上从三个方面分析了减刑罪犯意志的自我调控能力差导致减刑后改造倒退甚至释放后重新犯罪。心理学理论告诉我们，自我调控能力的核心是意志，意志是个体从事有目的的活动克服困难的心理过程，这种心理过程形成了稳定、持久的特征就成了一个人性格的意志特征，即一种人格特征。人格是稳定的，不易改变。一个意志坚强的人应该具备四种心理品质，即意志的目的性（自觉性）、果断性、坚韧性、自制性；而意志薄弱的人则具有与这四种意志品质完全相反的特征，具有盲目性和受暗示性（意志的目的性差）；优柔寡断、草率冒失、武断、刚愎自用（意志的果断性差）；动摇或顽固（意志的坚韧性差）；为所欲为、冲动（意志的自制性差）。减刑后改造倒退的罪犯缺乏坚强的意志品质，却具有薄弱的意志品质。

（1）意志的目的性差

由于罪犯的意志特征是正确意志薄弱，错误意志顽固，所以减刑后改造倒退的罪犯意志的目的性差有两种情况：一种是正确意志的目的性不明确，即思维水平低；另一种是错误意志的目的性很明确，即思维水平较高，明知故犯。

第一类，正确意志的目的性不明确。此类罪犯虽然经过努力获得了减刑，但是减刑后一旦遇到诱惑性或负性刺激时就头脑发热、认知不清晰，思维水平差。不冷静思考就贸然行事，与其他罪犯发生矛盾、家里出现意外情况、改造出现困难时就不知所措，于是就违反监规；更因缺乏正确、长远的人生目标而迷茫。意志的目的性与个体的思维水平密切相关，而思维水平又取决于文化水平和知识经验等。思维对个体的觉察和控制靠语言实现，语言是文化积淀和传播的物质外壳，个体在社会生活中通过人际交往和接受教育靠口头语言和书面语言积淀文化知识经验，再把学习获得的知识经验内化为自己的内在语言即思维进行自我调控。语言对思维的调控充分体现在文化水平对个体思维的影响，文化水平高的人，其丰富的文化知识包含着深刻而丰富的语言，这就使他们思考问题具有全面性、深刻性、灵活性、敏捷性、独创性、批判性。而大多数罪犯的文化水平低，这就直接影响了他们的语言对思维的调控作用，所以，他们思考问题就缺乏全面性、深刻性、独立性、灵活性，在关键时刻因自我调控失当而犯罪。文化水平低影响了罪犯对文化、技术、法律等知识的接受，因而，在同样积极改造的需要支配下，文化水平低的罪犯比文化水平高的罪犯心理转化的速度慢。可以概括为如下模式：文化知识经验→语言→思维→自我调控。

表 2-31　减刑后不同违规次数的罪犯文化程度（ *N*=1394 ）

（单位：人数 / 人，百分比 /%）

减刑罪犯的文化程度	没违规		违规 1 次		违规 2 次及以上	
	人数	百分比	人数	百分比	人数	百分比
小学及以下	320	24.7	14	28.0	5	10.4
初中	496	38.3	21	42.0	21	43.8
高中或中专	236	18.2	9	18.0	12	25.0
大专	99	7.6	4	8.0	6	12.5
大学本科、研究生	145	11.2	2	4.0	4	8.3
合计	1296	100	50	100	48	100

表 2-31 中本次调查的减刑后违规罪犯有 98 名，其中文化程度分别是：小学及以下 19 人，占 19.4%；初中 42 人，占 42.9%；高中或中专 21 人，占 21.4%；大专及以上 16 人，占 16.3%。其中减刑后违规的罪犯中初中及其以下文化程度的占 62.3%。这些罪犯属于意志的正确目的性不明确，即他们的思维水平较低，这是由于教育的欠缺造成的语言贫乏即文化水平低，阻碍了语言对思维的调控。

心理学研究证明，人的认知、情绪、意志、行为之间是相互影响和相互作用的，认知是情绪、意志、行为产生和发展的基础，决定着情意行的方向和性质。认知对意志的作用实际上就融在意志的目的性中。情绪障碍的 ABC 理论就是知对情发挥作用的理论依据，A 是刺激、B 是主体对刺激的认识、C 是情绪结果。情绪结果取决于主体对刺激的认识。罪犯在减刑后遇到某种困难或障碍，能否产生消极情绪，取决于他如何认识和理解遇到的困难或障碍，如果他自己靠清晰认知水平淡化、轻视遇到的困难或让监狱警察帮忙解决这种困难或障碍，就不会产生消极情绪，此时，清晰的认知就变成了意志的目的性，与意志同时发挥作用。而认知不清晰的罪犯就表现为意志的目的性不明确。

第二类，错误意志的目的性明确。表 2-31 显示，本课题调查的减刑后违规的 98 名罪犯中大专及以上文化程度的 16 人，占减刑后违规人数的 16.3%；而且在没违规的减刑罪犯中，比例最低的是高中或中专的罪犯，占 18.2%，比例第二低的就是大专及以上文化程度的罪犯，占 18.8%，第二低的仅比最低的高出 0.6 个百分点，这证明了文化水平高的罪犯没违规的并不少。心理学研究发现，人的心理有心理形式和心理内容之分，在心理形式上人与人之间无本质好坏之分，只是水平、层次、表现方式上的差异。而在心理内容上人与人之间却有本质好坏的区别。例如，同样是思维水平高的聪明人，有的人把聪明才智用于社会和他人；有的人却把聪明才智用于谋取私利甚至犯罪。思维水平高是心理形式，把聪明才智用于奉献社会还是谋取私利是心理内容。某些文化水平高的罪犯头脑清醒，思维水平较高，减刑后有意违反监规而导致改造倒退，这属于错误的心理内容支配，即错误意志的目的性很明确。当然，文化水平高的罪犯减刑后违规，也可能是因为自制力差而导致，但笔者认为，他们错误意志的目的性在支配其违规中起着主导作用。

（2）意志的果断性差

罪犯意志的果断性差表现在：减刑后出现家庭危机时优柔寡断，失去挽回危机的最好时机；在遇到困难和人际冲突时草率冒失、武断、刚愎自用，或者违反监规，或者造成不良后果后否定情绪使其消沉而无心继续积极改造，导致减刑后改造倒退。

（3）意志的坚韧性差

意志的坚韧性差使减刑罪犯对服刑生活和减刑的艰苦产生悲观失望心理，有些本来有好逸恶劳恶习的罪犯获得减刑后不想再吃苦，因而出现改造倒退。例如，有的罪犯减刑后受到没减刑罪犯的讽刺、打击或受到管教干警不公平对待后能否导致减刑后改造倒退，就取决于减刑罪犯意志的坚韧性了。心理学研究发现，好的行为受到负性刺激即他人的讽刺、打击或不公平对待后，主体会产生不满、怨气、苦闷、委屈的否定情绪，意志调节能力不同的人，会产生两种不同的结果。第一种是意志缺乏坚韧性的人不能调节自己的这些否定情绪，会在否定情绪的支配下产生做好事没好报的消极认知，因而不再做好出的行为。第二种是意志坚韧的人会调节自己的这些否定情绪，产生好事多磨的积极认知，继续好的行为。减刑罪犯被没减刑罪犯讽刺、打击或其他不公平对待后，同样会出现这两种结果，意志不坚韧的罪犯就会出现第一种结果，即减刑后改造倒退。

（4）意志的自制性差

服刑中的负性刺激或家庭变故使罪犯产生消极情绪后不能自制，因冲动而导致恶果，使自己的改造成绩前功尽弃。

以上如此种种薄弱的意志品质，导致减刑后的罪犯改造倒退甚至释放后重新犯罪。

（二）某些减刑罪犯抗御诱惑能力和延迟满足能力差导致减刑后改造倒退

抗御诱惑能力是指个体在理解了道德、法律规范等社会禁忌或为实现既定目标的条件下，克制自己不去做虽有诱惑力但不符合规范之事的能力。延迟满足能力是指个体为了以后获得更大的报偿、实现更大的目标或因外界的要求而延迟立即就可得到满足的能力。有些减刑罪犯因抗御诱惑能力和延迟满足能力差会导致减刑后改造倒退。

1. 部分减刑罪犯的抗御诱惑能力差导致减刑后改造倒退

从表2-32第25题选择A、B两项比例的总和可以看出，没减刑罪犯有21.6%、减刑罪犯有25.8%、监狱警察有84.0%的人认为罪犯的抗御诱惑能力差。此题罪犯不是自评，而是投射性回答，即每个罪犯都是根据自己的想法回答问题，这种投射性问题能了解被测试者的真实心理，所以笔者认为，减刑罪犯的回答应该是比较真实的。

再看表2-33第25题，监狱警察与两类罪犯都有极其显著的差异，这与表2-32第25题监狱警察选择A、B两项比例的总和最高是一致的。监狱警察选择A、B两项比例总和是84.0%，比减刑罪犯高出58.2个百分点。二者的比例相差如此悬殊，监狱警察的比例如此高，如何理解呢？笔者认为，这说明监狱警察认为绝大多数减刑罪犯的抗御诱惑能力都较差，这有一定的概括性，也符合监狱警察根据自己的工作经验对罪犯整体的评价，实际工作中还需要结合每个罪犯的具体情况具体分析。

2. 部分减刑罪犯的延迟满足能力差导致减刑后改造倒退

从表2-32第26题选择A项的比例可以看出，没减刑罪犯有31.6%、减刑罪犯有 31.0%、监狱警察有 27.9% 的人认为减刑罪犯延迟满足的能力很差。两类罪犯之间以及罪犯与监狱警察之间的比例差别不大，证明确实有这个比例的减刑罪犯因延迟满足的能力很差而导致改造倒退。

再看表 2-32 第 26 题选择 B 项的比例，没减刑罪犯有 21.4%、减刑罪犯有 22.0%、监狱警察有 60.0% 的人认为减刑罪犯延迟满足的能力比较差。此项选择中监狱警察的比例比减刑罪犯高出 38 个百分点，说明在监狱警察眼里多数减刑罪犯的延迟满足能力比较差，这是他们从改造罪犯的经验中得出的结论。

从表 2-33 第 26 题可以看出，监狱警察与两类罪犯都有极其显著的差异，监狱警察的平均分最低，这与表 2-32 第 26 题三类被调查者中监狱警察选择 C 项的比例最低是一致的，说明监狱警察认为减刑罪犯中很少有延迟满足能力强的人。

表 2-32　罪犯和监狱警察对减刑罪犯抗御诱惑和延迟满足能力的认知比例（N=2317）

（单位：人数 / 人，百分比 /%）

问题	选项	没减刑罪犯（N=393）		减刑罪犯（N=1394）		监狱警察（N=530）	
		人数	百分比	人数	百分比	人数	百分比
25. 某人生活已经比较舒适，但别人想利用他的权力办私事，便给他大力送礼，服刑人员会选择哪种做法？（抗御诱惑能力）	A. 欣然接受	26	6.6	115	8.2	143	27.0
	B. 拒绝不了就接受	59	15.0	245	17.6	302	57.0
	C. 坚决拒绝	308	78.4	1034	74.2	85	16.0
26. 当一个人特别想得到某物，而且唾手可得，但有人告诉他，等一段时间除了得到此物之外，还会得到更多的奖励，服刑人员会选择哪种做法？（服刑人员自评）（延迟满足能力）	A. 不要别的奖励，马上就要此物	124	31.6	432	31.0	148	27.9
	B. 等待更多的奖励，但很焦虑	84	21.4	306	22.0	318	60.0
	C. 很耐心地等待更多的奖励	185	47.1	656	47.1	64	12.1

表 2-33　　罪犯和监狱警察对减刑罪犯抗御诱惑和延迟满足能力的认知差异显著性

问题	角色分类	N	M	SD	角色分类		P
25. 某人生活已经比较舒适，但别人想利用他的权力办私事，便给他大力送礼，服刑人员会选择哪种做法？（抗御诱惑能力）	没减刑罪犯	393	2.7	0.6	监狱警察	没减刑罪犯	0.000
	减刑罪犯	1394	2.7	0.6		减刑罪犯	0.000
	监狱警察	530	1.9	0.6			
	合计	2317	2.5	0.7			
26. 当一个人特别想得到某物，而且唾手可得，但有人告诉他，等一段时间除了得到此物之外，还会得到更多的奖励，服刑人员会选择哪种做法？（延迟满足能力）	没减刑罪犯	393	2.2	0.9	监狱警察	没减刑罪犯	0.000
	减刑罪犯	1394	2.2	0.9		减刑罪犯	0.000
	监狱警察	530	1.8	0.6			
	合计	2317	2.1	0.8			

　　以上用两个题的数据证实了一些罪犯抗御诱惑能力和延迟满足能力差导致减刑后改造倒退，其心理学依据就是这两种能力的内在机制都是自我调控能力。前面已经阐述了自我调控能力、抗御诱惑能力、延迟满足能力的含义，那么，为什么有的人自我调控能力强，有的人自我调控能力弱呢？这与每个人的遗传、外部环境、教育、人生经历有密切的关系。这几方面都好的人，其自我调控能力就强，否则，自我调控能力就弱。人们更强调环境和教育对自我调控能力的重要影响，认为强调遗传的作用就是遗传决定论，太片面了。但是许多研究证明，自我调控能力在婴儿出生后就存在，决定着个体最初的认知能力。一个人所具有的某些先天成分或遗传类型将影响其对环境的选择和体验，并由此构成了发展的初级条件。神经心理学和行为遗传学研究发现，在人的一生发展中，遗传对认知能力的影响力逐渐增加，在生命后期达到的影响力差不多是遗传对身高影响力的两倍。子女的酗酒行为与亲生父母的酗酒行为有很高的相关性，而与养父母的酗酒行为的相关性却很低。那些被领养的、无血缘关系的兄弟姐妹之间在智商（IQ）上的相关随其年龄的增长而逐渐降低，同样，随着年龄的增长个体受父母提供的环境的影响程度也越来越小，而依据个体自身遗传特点去选择环境因素的程度也越来越大。虽然环境在个体认知发展的过程中起着非常重要的作用，但是究竟让什么样的环境

因素起作用和怎样起作用，还是由个体的遗传特征决定的。一个人的遗传类型将影响其对环境的选择和体验。也就是说，个体的遗传特征将决定他组织和体验世界的方式。由于个体遗传特征的不同，他们所选择的环境因素也不尽相同，所积累起来的经验也有所不同，最后他们在发展的方向及程度上也将随之表现出差异。这会随着个体年龄的增长越来越明显。即按照这种顺序发展——"遗传→选择外部环境→认知表现"。[①]

同卵双生子的遗传一致率很高，同卵双生子在精神分裂症、疑病症、社会内向、性变态这几种人格特征上具有很高的相似性，而异卵双生子则没有表现出人格的这种相似性。可见，遗传影响人格的发展方向，具有这些人格特征者的自我调控能力很差，所以这也同时证明了遗传对自我调控能力的影响不可忽视。

由此可知，某些罪犯不良的遗传因素导致大脑功能的先天缺陷，这是自我调控不当的根源，再加上后天不良环境和教育的影响、坎坷的人生经历，使他们的自我调控能力更差。所以，他们不能适应纷繁复杂的社会，以至于犯罪。入狱后靠遵守监规和劳动表现好而获得了减刑，一旦遇到诱惑性或负性刺激，他们就会因自我调控能力差而导致减刑后的改造倒退甚至重新犯罪。

五、减刑罪犯对挫折的正向心理承受力弱导致减刑后改造倒退

挫折是指个体从事有目的的活动受到主客观不可克服的障碍，致使预期的动机和目的不能实现、需要不能满足时而产生的情绪状态。罪犯的挫折感比一般人更常见、更沉重。挫折与罪犯的犯罪、服刑及重返社会有密切的关系。芸芸众生都可能遇到挫折，但挫折不一定都会导致攻击行为或犯罪，这取决于个体对挫折的心理承受力。对挫折的心理承受力是指个体对挫折的适应力、容忍力、耐力、战胜力的强弱。对挫折的心理承受力有正向和反向之分。其一，对挫折的正向或理性心理承受力是指个体在遭受挫折后能够以理智的行为容忍、调适和战胜挫折。罪犯对挫折的正向或理性心理承受力强产生积极改造行为，减刑后遇到挫折也不会出现改造倒退行为；罪犯对挫折的正向或理性心理承受力弱导致犯罪和消极的服刑行为，甚至减刑后产生改造倒退行为。

---

① 陈英和：《认知发展心理学》，浙江人民出版社1996年版，第22-25页。

其二，对挫折的反向心理承受力是指个体在遇到挫折后以不理智或逆反的行为表现出对挫折异常的承受力和耐力。尤其是指个体对反向挫折或逆向挫折有较强的心理承受力。罪犯对挫折的反向心理承受力强导致抗拒改造的行为，包括减刑后比较严重的改造倒退行为。那么，减刑罪犯对挫折的正向或理性心理承受力怎样呢？还是用调查数据证明吧。

从表2-34选择C项的比例可以看出，没减刑罪犯有8.4%、减刑罪犯有7.7%、监狱警察有23.0%的人认为减刑后的罪犯对挫折的理性心理承受能力不强；再看本题选择B项的比例，没减刑罪犯有51.7%、减刑罪犯有56.2%、监狱警察有69.6%，三类被调查者的比例都比较高，说明有半数以上的减刑罪犯对挫折的正向或理性心理承受力一般，即不太强。

再看表2-35，监狱警察与两类罪犯都有极其显著的差异，监狱警察的平均分最高，这与表2-34三类被调查者中监狱警察选择C项的比例最高是一致的。说明监狱警察认为减刑罪犯中对挫折的正向或理性心理承受力弱的人比罪犯自评的多。

表2-34　罪犯和监狱警察关于减刑罪犯对挫折的理性心理承受力的认知比例（N=2317）

（单位：人数／人，百分比／%）

问题	选项	没减刑罪犯		减刑罪犯		监狱警察	
		人数	百分比	人数	百分比	人数	百分比
18.减刑后的服刑人员对挫折的理性心理承受能力是否很强？（服刑人员自评）	A.很强	157	39.9	502	36.0	39	7.4
	B.一般	203	51.7	784	56.2	369	69.6
	C.不强	33	8.4	108	7.7	122	23.0
	合计	393	100	1394	100	530	100

表2-35　罪犯和监狱警察关于减刑罪犯对挫折的理性心理承受力的认知差异显著性

问题	角色分类	N	M	SD	角色分类		P
18.减刑后的服刑人员对挫折的理性心理承受能力是否很强？（服刑人员自评）	没减刑罪犯	393	1.7	0.6	监狱警察	没减刑罪犯	0.000
	减刑罪犯	1394	1.7	0.6			
	监狱警察	530	2.2	0.5		减刑罪犯	0.000
	合计	2317	1.8	0.6			

此题两类罪犯都是自评，而且二者选择 C 项的比例或 B 项的比例都差别不大，证明减刑罪犯的回答比较真实。监狱警察选择 C 项的比例或 B 项的比例都高于两类罪犯，这是由于他们工作经验决定的回答问题概括性较强，也是比较真实的。所以第 18 题的数据说明少数减刑罪犯对挫折的正向或理性心理承受力很差、多数减刑罪犯比较差（一般）。

减刑罪犯对挫折的正向或理性心理承受力差主要是因为缺乏恒心、缺乏正向自信、缺乏明确的目标。

（一）某些减刑罪犯缺乏恒心和正向自信导致减刑后改造倒退

自信是个体对自身价值的肯定引起的自我纳悦情感。自信有正向自信和反向自信之分。正向自信是指个体坚信自己符合社会要求的正确行为能够成功。反向自信是指个体坚信自己不符合社会要求的错误行为能够成功。例如，屡次犯罪的惯犯、累犯，除了自我调控能力差之外，就是反向自信使他们一次次与法律抗衡。减刑后改造倒退的罪犯多少人缺乏正向或理性自信？还是用调查数据证明吧。

从表 2-36 第 16 题选择 C 项的比例可以看出，没减刑罪犯有 6.6%、减刑罪犯有 8.2%、监狱警察有 31.5% 的人认为减刑后改造倒退的罪犯做事不能持之以恒，而且缺乏自信。没减刑罪犯与减刑罪犯的比例差别不大，而且此题罪犯是自评，都是评价自己的自信程度，所以比较真实。另外，没减刑罪犯、减刑罪犯、监狱警察的比例呈递增特点，监狱警察的比例比减刑罪犯高 23.3 个百分点。

再看表 2-37 第 16 题，监狱警察与两类罪犯都有极其显著的差异，监狱警察的平均分最高，这与表 2-34 第 16 题三类被调查者中监狱警察选择 C 项的比例最高是一致的。说明监狱警察认为减刑罪犯中缺乏恒心和自信的人远比罪犯自评的多。笔者认为，此题监狱警察的回答更可信，因为监狱警察的比例比较适中，没有夸张。

表 2-36　罪犯和监狱警察关于减刑罪犯缺乏恒心和正向自信的认知比例（ N=2317 ）

（单位：人数／人，百分比／%）

问题	选项	没减刑罪犯		减刑罪犯		监狱警察	
		人数	百分比	人数	百分比	人数	百分比
16. 减刑后改造倒退的服刑人员做事持之以恒、有自信吗？（服刑人员自评）	A. 是	277	70.5	942	67.6	45	8.5
	B. 不确定	90	22.9	338	24.2	318	60.0
	C. 不是	26	6.6	114	8.2	167	31.5
	合计	393	100	1394	100	530	100

表 2-37　罪犯和监狱警察关于减刑罪犯缺乏恒心和正向自信的认知差异显著性

问题	角色分类	N	M	SD	角色分类		P
16. 减刑后改造倒退的服刑人员做事持之以恒、有自信吗？	没减刑罪犯	393	1.4	0.6	监狱警察	没减刑罪犯	0.000
	减刑罪犯	1394	1.4	0.6			
	监狱警察	530	2.2	0.6		减刑罪犯	0.000
	合计	2317	1.6	0.6			

少数减刑罪犯缺乏恒心和正向自信，这主要表现在以下两类罪犯身上。

第一类是文化水平低的罪犯，虽然靠真诚悔罪、劳动好、遵守监规等良好表现获得减刑，但是由于监狱的简单劳动学不到较高水平的技术和知识，所以他们很想提高自己的文化素质，于是认真上好监狱组织的文化技术课，利用劳动之余刻苦学习。却因为自己文化基础太差，根本学不会，心有余而力不足，此时就会自卑、自弃，丧失自信，甚至对刑满释放后自谋职业的希望也破灭了，以前劳动的热情下降了许多，出现了减刑后的改造松懈，这是典型的缺乏正向（理性）自信造成的减刑后改造倒退。

第二类是积极改造得到减刑后被其他犯人讽刺、打击的意志薄弱的罪犯，这使他们产生较强的挫折感，认为自己无力战胜，导致减刑后改造倒退。有的罪犯经不起其他犯人的打击而心中委屈，萎靡不振，无心改造；有的自制力差的罪犯受不了其他犯人的讽刺、挖苦，就会与对方发生冲突，甚至大打出手，对讽刺、打击他的犯人造成伤害，自己也违反了监规，造成严重的改造倒退。例如，某省某重刑犯监狱一名姓黄的罪犯由于服刑时间较长，自己表现也很好，减过两次刑了，而与他原判刑期差不多的另一名姓胡的犯人因表现不好没减过刑，于是对黄犯很嫉妒。每次黄犯得到干警表扬时，胡犯都说几句风凉话。起初，黄犯不理他，因为自己要争取下一次减刑，早日回家与亲人团聚，不能违反监规。但次数多了，黄犯就忍无可忍了。有一次在车间劳动，胡犯又借机讽刺黄犯，黄犯一怒之下举起手中正在干活的剪刀猛地刺向胡犯的胸膛，胡犯流血不止，当场倒地，因抢救及时没有生命危险，而伤人的黄犯却被关禁闭。因为是胡犯一次次对黄犯的刺激才导致他的过激行为，胡犯的责任在先，所以，胡犯也没以伤害罪起诉黄犯。黄犯对自己的激情伤人行为也很后悔，更让他后悔的是距离他下次减刑的时间却比较远了，早日回家与亲人团聚的希望延期了。除了自制力差不能克制自己愤怒的情绪外，更重要的是黄犯缺乏正向自信。他为什么不能坚信自己能够忍受胡犯的难听话呢？如果他坚信自己能够克制对胡犯的气愤，头脑就会清醒了，就会把胡犯的讽刺、打击当成空气听而不闻，也就不会造成激情伤人了。

为何缺乏正向自信就会使减刑罪犯出现改造倒退呢？心理学研究的情绪对认知、意志、行为的作用为此问题提供了理论依据。情绪是认知转化为行为的动力，也是行为持久的动力，影响认知、意志、行为的深化和发展。积极情绪是增力的，它可以使罪犯的正确认知更深刻，升华积极心理的水平。正向自信是一种积极的肯定情绪，它可以把罪犯思维的积极性调动起来，给其勇气去理智地战胜挫折，成为强者；而消极情绪是减力的，缺乏自信是一种消极的否定情绪，它对罪犯的思维有阻碍作用，使减刑后遇到挫折的罪犯萎靡不振，变得头脑不清晰，服刑方向模糊，无心再积极改造，出现改造倒退。

（二）某些减刑罪犯缺乏明确目标导致减刑后改造倒退

从表2-38第15题选择C项的比例可以看出，没减刑罪犯有4.6%、减刑罪犯有5.5%、监狱警察有17.4%的人认为减刑后改造倒退的罪犯做事目标不明确。此项比例在没减刑罪犯、减刑罪犯、监狱警察中呈现了递增特点，而且罪犯是自评，两类罪犯差别也不大，所以，笔者认为，减刑罪犯的回答是真实的。监狱警察的比例也适中，不夸张，有参考价值。

再看表 2-39 监狱警察与两类罪犯都有极其显著的差异，监狱警察的平均分最高，这与表 2-38 三类被调查者中监狱警察选择 C 项的比例最高是一致的。

表 2-38 罪犯和监狱警察关于减刑罪犯缺乏明确目标的认知比例（N=2317）

（单位：人数 / 人，百分比 /%）

问题	选项	没减刑罪犯		减刑罪犯		监狱警察	
		人数	百分比	人数	百分比	人数	百分比
15. 减刑后改造倒退的服刑人员做事目标明确吗？（服刑人员自评）	A. 是	283	72.0	1008	72.3	89	16.8
	B. 不确定	92	23.4	310	22.2	349	65.8
	C. 不是	18	4.6	76	5.5	92	17.4
	合计	393	100	1394	100	530	100

表 2-39 罪犯和监狱警察关于减刑罪犯缺乏明确目标的认知差异显著性

问题	角色分类	N	M	SD	角色分类		P
15. 减刑后改造倒退的服刑人员做事目标明确吗？（服刑人员自评）	没减刑罪犯	393	1.3	0.6	监狱警察	没减刑罪犯	0.000
	减刑罪犯	1394	1.3	0.6			
	监狱警察	530	2.0	0.6		减刑罪犯	0.000
	合计	2317	1.5	0.6			

少数减刑罪犯缺乏明确的目标主要表现在两类罪犯身上。

一类是前面分析的释放前再无减刑机会的罪犯，因为之前他们积极改造的目标就是争取减刑，一旦释放前再无减刑的机会了，他们就不知所措，心神迷乱，方向迷茫。

另一类是十年以上刑期、无期、死缓的重刑犯，他们好不容易度过了服刑最初的两三年，在监狱警察的引导下积极改造获得了减刑，但是漫长的刑期还是让他们像玻璃缸里的鱼，只见光明却无法出去。他们不知道自己如何度过漫长的刑期，前途渺茫，自由的目标太遥远，因而即使减过刑，也对自由感到无望。

减刑罪犯缺乏正确的目标为什么会使他们对挫折的正向心理承受力差呢？这是导致他们犯罪的原因，他们本来就没有明确的人生目标，也许从来没有认真思考过自己为什么活着。"人活着为了什么？"这可能是每个人都会思考的问题，是对自身存在目的的叩问，折射着我们对人生价值和意义的思考，其实质便是人生追求或人生目标问题。拥有坚定的人生目标意味着进入有序的存在状态，而找不到人生目标则容易陷入浑浑噩噩。人生目标是个体朝向某事物或理念的较为长期稳定的动机系统，也称作人生追求。[①]个体的人生目标感与应对压力的能力密切相关，在实现人生目标的过程中必然需要克服困难以实现目标，这意味着高人生目标感的个体可能会承受更大的压力。相关研究比较一致地发现高人生目标感可帮助个体更好地应对压力，表现为更低的焦虑水平、更积极的应对方式、更积极的心理状态等。

高人生目标为何能帮助个体抵御压力？拥有坚定人生目标的本质在于具有一种较为长期稳定的动机系统，这意味着个体的所作所为都要围绕某种长期追求而展开，并且将投入的效用最大化以实现目标、减小资源浪费。这种动机状态可能产生三种影响。一是个体在看待负性事件时便已戴着"滤镜"，比如，拥有坚定人生目标的个体会从更长远的视角看待当下事件，在这种视角下，当下负性事件的性质可能会有所转化，从而降低了其消极影响，即对压力的敏感度降低。二是高人生目标感会帮助个体减少或尽快平复已然产生的负面影响，以减少资源浪费。三是高人生目标感可缓解负性心理状态，使之变成积极心理状态，即不仅可缓解压力，还更少地与自杀意念、抑郁状态相联系。甚至高人生目标感还有利于减少反社会行为并增加亲社会行为。

上面这段理论依据告诉我们，缺乏远大人生目标的罪犯必定对挫折的正向心理承受力差，浑浑噩噩地活着，一旦遇到挫折就会以攻击行为发泄自己的不满，减刑后遇到挫折出现改造倒退是必然的。

六、罪犯对减刑的内心期望值大于实际减刑幅度导致减刑后改造倒退

（一）减刑幅度不能满足罪犯的需要而引发委屈感

虽然为了减刑积极改造是绝大多数罪犯最强烈的改造动机，但是并不是

---

① 王彤、黄希庭：《心理学视角下的人生目标》，载《心理科学进展》2018年第4期。

所有得到减刑的罪犯减刑后都会满意，如果减刑的幅度不能满足罪犯的需要，就会引发委屈感，继而引起减刑后的改造倒退。

从表 2-40 第 28 题选择 C 项的比例可以看出，没减刑罪犯有 26.2%、减刑罪犯有 27.0%、监狱警察有 22.5% 的人认为多数罪犯对自己减刑的结果不满意。

从表 2-40 第 29 题选择 A 项的比例可以看出，没减刑罪犯有 25.4%、减刑罪犯有 23.5%、监狱警察有 19.6% 的人认为监狱干警、其他罪犯的评价或减刑的幅度与罪犯自己积极改造努力的程度不相符，多数时候小于自己的努力，罪犯就会很委屈。

以上两道题的数据证明，并不是得到减刑的罪犯对自己的减刑结果都满意，一些罪犯对自己的减刑结果并不满意，甚至感到减刑的幅度多数时候小于自己的努力，很委屈。带着这种委屈感继续服刑的减刑罪犯一定不会像减刑前那么积极改造了，出现改造倒退行为是常见的，轻者是改造松懈，重者可能违规（以上两道题罪犯和监狱警察没有显著差异）。

表 2-40　罪犯和监狱警察关于罪犯对自己减刑幅度满意度的认知比例（N=2317）

（单位：人数/人，百分比/%）

问题	选项	没减刑罪犯（N=393）		减刑罪犯（N=1394）		监狱警察（N=530）	
		人数	百分比	人数	百分比	人数	百分比
28. 多数服刑人员对自己的减刑结果是否满意?	A. 满意	104	26.5	414	29.7	149	28.1
	B. 不确定	186	47.3	604	43.3	262	49.4
	C. 不满意	103	26.2	376	27.0	119	22.5
29. 监狱干警、其他服刑人员的评价或减刑的幅度与服刑人员自己积极改造努力的程度是否相符?	A. 多数时候小于我的努力，很委屈	100	25.4	327	23.5	104	19.6
	B. 差不多	245	62.3	897	64.3	364	68.7
	C. 多数时候大于我的努力，喜出望外	48	12.2	170	12.2	62	11.7

（二）减刑幅度小于罪犯的内心期望值削弱减刑罪犯的改造积极性

罪犯感到自己的减刑幅度小的结果是什么呢？从表 2-41 选择 C 项的比例可以看出，没减刑罪犯有 12.2%、减刑罪犯有 9.3%、监狱警察有 15.3% 认为监狱干警、其他罪犯的评价或得到的减刑幅度小于罪犯的期望时，他不会继续积极改造。此题罪犯是自评，减刑罪犯是根据减刑的切身体验回答问题的，减刑罪犯与没减刑罪犯的比例差别小，因而减刑罪犯的回答是比较真实的。

再看表 2-42 监狱警察与两类罪犯都有极其显著的差异，监狱警察的平均分最高，这与表 2-41 三类被调查者中监狱警察选择 C 项的比例最高是一致的。说明在监狱警察看来，罪犯因为减刑幅度小而不会再积极改造者比罪犯自评的人数多。

表 2-41　罪犯和监狱警察关于减刑幅度小会削弱减刑
罪犯的改造积极性的认知比例（N=2317）

（单位：人数 / 人，百分比 /%）

问题	选项	没减刑罪犯		减刑罪犯		监狱警察	
		人数	百分比	人数	百分比	人数	百分比
30. 监狱干警、其他服刑人员的评价或得到的减刑幅度小于服刑人员的期望时，他还会继续积极改造吗？（服刑人员自评）	A. 会	100	25.4	952	68.3	106	20.0
	B. 不确定	245	62.3	312	22.4	343	64.7
	C. 不会	48	12.2	130	9.3	81	15.3
	合计	393	100	1394	100	530	100

表 2-42　罪犯和监狱警察关于减刑幅度小会削弱减刑
罪犯的改造积极性的认知差异显著性

问题	角色分类	N	M	SD	角色分类		P
30. 监狱干警、其他服刑人员的评价或得到的减刑幅度小于服刑人员的期望时，他还会继续积极改造吗？（服刑人员自评）	没减刑罪犯	393	1.3	0.6	监狱警察	没减刑罪犯	0.000
	减刑罪犯	1394	1.4	0.7			
	监狱警察	530	2.0	0.6		减刑罪犯	0.000
	合计	2317	1.6	0.6			

　　为什么减刑幅度小不能满足罪犯的需要会引发他们的委屈感，并削弱减刑罪犯的改造积极性，使他们出现改造倒退了呢？管理心理学的情绪指数公式为此提供了理论依据：情绪指数＝期望实现值（现实）/ 内心期望值。大致有以下三种情况：

　　第一，对奖励的内心期望值＜现实＝激发力量大、肯定性情绪指数大。

　　第二，对奖励的内心期望值＝现实＝激发力量大、肯定性情绪指数大。

　　第三，对奖励的内心期望值＞现实＝激发力量小、肯定性情绪指数小。

　　减刑幅度小于罪犯的内心期望值，就属于第三种情况，即罪犯对减刑的内心期望值大于实际减刑的幅度，对罪犯继续积极改造的动机激发的力量小，同时罪犯产生的愉快、感激之情也弱。例如，某罪犯估计自己能减刑一年六个月，但实际上才给他减刑一年，虽然得到了减刑，但是这个罪犯却不满意，感到自己付出得更多，减刑幅度应该和自己估计的相同，因而改造积极性减弱了很多，甚至在一段时间内纪律散漫、劳动拖沓，出现了明显的减刑后改造倒退。

　　本章详细分析了影响罪犯减刑后改造倒退的主体原因，这些原因与主体外原因相互影响共同发挥作用，导致罪犯减刑后的改造倒退，其中多数罪犯的改造倒退是主体原因起主导作用。

第三章

影响罪犯减刑后改造倒退的主体外原因

罪犯减刑后改造倒退的行为是内外原因共同作用的结果，罪犯主体原因固然重要，但是笔者认为，罪犯不能给自己减刑，罪犯减刑工作是由监狱和法院掌控的。一是衡量罪犯能否减刑的标准是法律规定、监狱实施的，二是必须由监狱机关给罪犯呈报减刑、法院审批，罪犯才能获得减刑，所以，深刻分析影响罪犯减刑后改造倒退行为的主体外原因也很重要。本章分析影响罪犯减刑后改造倒退的主体外原因。

一、减刑的法律程序问题引发罪犯减刑后改造倒退

现行的《刑法》《中华人民共和国刑事诉讼法》（以下简称《刑事诉讼法》）、《监狱法》对有关减刑的程序规定过于原则、简单、粗糙，导致减刑工作的程序不严密、不规范，不利于从程序上保障减刑制度的准确执行。近些年来，在减刑的操作程序上存在的问题主要有以下三方面。

（一）减刑程序中监狱"暗箱"操作的不公正导致罪犯减刑后改造倒退

《刑法》和《刑事诉讼法》都有明确规定，减刑由执行机关提出建议书，报请人民法院审核裁定。由于罪犯减刑的建议书由监狱决定，减刑完全是由监狱一家包办的。虽然监狱的减刑会议有驻监检察人员参加，减刑材料需报法院审核并裁定，但是在实际工作中，保送的减刑材料基本上是监狱说了算。

所以，前些年减刑的全过程在许多监狱"暗箱"操作较普遍，随意性较大。近些年，全国多数监狱的减刑工作公开程度大大增强，"暗箱"操作的现象少了，但是仍未杜绝。这种"暗箱"操作不利于监狱执法的公平和公正，易产生各种腐败，使不该得到减刑的罪犯得到减刑，因为改造质量差而出现减刑后改造倒退，甚至释放后重新犯罪；使应该得到减刑的罪犯得不到及时减刑，使改造积极性受到挫伤，即使后来得到了延迟的减刑，也不会对监狱机关和管教干警产生感激心理，相反会带着一定的抱怨心理导致减刑后改造倒退。

（二）减刑程序中对罪犯的权利缺乏严格保障机制导致罪犯减刑后改造倒退

从多年来减刑的程序看，没有体现公开性、透明性的特点，这主要表现为监狱提请减刑的程序以及法院审理减刑的程序都不够透明，突出表现在减刑程序中对罪犯的权利缺乏严格的保障机制。

在整个减刑的全过程中没有严格的程序保证罪犯发表个人意见，无论减刑公允与否，在整个减刑的全过程中，罪犯个体的权利无任何必经的程序来保障。罪犯如果提出质疑都有"对抗改造"之嫌，罪犯不敢也不能发表真实的意见，这是许多监狱多年形成的习惯和风气，只允许服从，不允许异议。即使实行以计分考核来评价罪犯的改造行为表现，仍然存在罪犯服刑改造的深层心理无法用计分考核来衡量的死角。例如，思想改造的真诚程度是不能靠行为表现全部发现的，只有在罪犯之间平时的交往中才能留下细微的痕迹。而轮到减刑的时候只靠计分来衡量，却不让罪犯发表意见，这难免有失公平，所以，虽然得到减刑却仍然有不公平感的罪犯，减刑后就会出现改造倒退行为。

监狱在减刑过程中不允许罪犯发表个人意见，这表面上看是监狱的问题，实际上是法律程序问题，如果减刑程序中硬性规定监狱在呈报罪犯减刑之前必须征求罪犯群体和个人的意见，不经过此程序呈报的罪犯减刑法院不予审批，这样就会避免监狱警察不了解而只有罪犯之间了解的某些不该减刑的罪犯得到了减刑，其他罪犯也就不会因为减刑的不公平而出现改造倒退行为了。

所以，减刑程序中对罪犯的权利缺乏严格的保障机制也是导致罪犯减刑后改造倒退的重要原因之一。

（三）减刑审批程序的不合理导致罪犯减刑后改造倒退

在司法实践中，法院被动地接受监狱部门报送的关于减刑的书面材料后组成合议庭进行审理，很少主动去监狱实地调查待减刑罪犯的具体情况。这种审批制度的弊端显而易见：一是法院所做的裁定主要根据监狱提请报送的书面材料，这种"书面审"大都没有结合罪犯在监狱的实际表现及具体情况，影响对罪犯人身危险性的判断和监督措施的落实。二是法院与监狱之间配合的脱节直接影响减刑的贯彻落实，关系到改造质量和罪犯的人权保障。一些学者和监狱管理人员提出，现行法律规定的减刑审批权力的配置，模糊了"量刑权"和"行刑权"的法律界线，"了解情况的无权做决定，不了解情况的有决定权"，建立在这一基础上的调控机制不仅会严重阻碍减刑制度的有效运作，难以保证减刑的准确性、及时性、公正性，也不利于刑罚目的的实现。简单来说，直接改造罪犯并了解罪犯的监狱机关无权对罪犯的减刑做决定，而不了解罪犯改造情况的法院却有权对罪犯的减刑做决定，因为是法院的法官审批罪犯能否减刑。尤其是刑期、罪名接近的罪犯，监狱考虑到他们的改造表现，建议减刑的幅度基本接近或相同，但法院却不尊重监狱的建议，有的法官根据自己的好恶给罪犯审批减刑幅度，给一个罪犯减刑幅度大，给另一个罪犯减刑幅度小。这样会带来罪犯之间的比较而产生不公平心理，影响改造，给监狱警察改造罪犯的工作带来一定的难度。

笔者在监狱召开的座谈会上就听到不少监狱警察反映此类情况，有的监狱同时上报两名罪犯减刑的幅度相同，但有的法官不知为何给乙犯批准的减刑比甲犯的减刑少了两个月。这样，法院审批的结果返回到监狱，减刑多的甲犯自然高兴，而减刑少两个月的乙犯肯定感到不公平：为何两个人的原判刑期、罪名、改造积分都一样，监狱呈报的减刑幅度也一样，而批回来的结果却不一样呢？管理心理学的期望理论中影响激发力量的情绪指数理论和公平理论可以为此提供理论依据。首先，情绪指数理论认为，当个体内心对奖励的期望值大于实际奖励的结果时，奖励对他的激发力量小，他产生的肯定情绪指数也小。其次，公平理论认为，个体的工作动机（积极性），不仅受自己所得的绝对报酬（即实际收入）的影响，而且受相对报酬（即与他人相比较的相对收入）的影响。只有感受到公平，才会心理平衡，工作积极性才能提高。对罪犯而言，他所获得的奖励就是其改造行为所得到的"报酬"，如果他在改造中付出的努力比其他罪犯多或者与其他罪犯相等，但得到的奖励却比别人少，这时，罪犯就会感受到不公平而降低改造积极性。特别是在对罪犯减刑时，如果做不到公平合理，奖励就会失去意义，不仅不能起到激发罪犯改造积极性的作用，反而会起到相反的作用。上面例子中的甲乙两犯从法院审批回来的减刑结果不同，乙犯的不公平感就会使他产生一定程度的否定情绪，继而出现改造松懈行为或违规行为，这是减刑后的改造倒退行为。造成乙犯减刑后改造倒退的主要原因既不是他自己，也不是监狱干警，而是法官对两个罪犯减刑幅度的审批不当造成的。

二、监狱因素引发罪犯减刑后改造倒退

（一）监狱对罪犯减刑评估标准的表面化——计分考核引发罪犯减刑后改造倒退

笔者通过问卷调查了解监狱机关对减刑罪犯改造质量的评估情况，调查结果证明计分考核的消极作用会导致罪犯减刑后改造倒退。

从表 3-1 第 35 题选择 A、B 两项的比例总和可以看出，没减刑罪犯有62.4%、减刑罪犯有 59.2%、监狱警察有 81.2% 的人认为减过刑的罪犯其内心改造质量差或一般，这就足以说明监狱对减刑的罪犯内心改造质量的评估不够，因为他们没有达到内心改造质量最好就得到减刑了。

从表 3-1 第 36 题选择 A 项的比例可以看出，没减刑罪犯有 11.7%、减刑罪犯有 17.9%、监狱警察有 16.2% 的人认为监狱机关对罪犯改造表现的评估标准不够公正和客观。

从表 3-1 第 37 题选择 A 项的比例可以看出，没减刑罪犯有 25.4%、减刑

罪犯有 29.2%、监狱警察有 39.8% 的人认为监狱机关对罪犯改造表现的评估侧重于表面行为。

从表 3-1 第 38 题选择 C 项的比例可以看出，没减刑的罪犯有 12.0%、减刑罪犯有 15.4%、监狱警察有 14.2% 的人认为罪犯减刑后出现改造倒退的主要原因之一是监狱机关对减刑的评估不科学。但是此题三类被调查者无显著差异。

表 3-1　罪犯和监狱警察关于监狱机关对减刑罪犯改造质量评估的认知比例（N=2317）

（单位：人数/人，百分比/%）

问题	选项	没减刑罪犯（N=393）		减刑罪犯（N=1394）		监狱警察（N=530）	
		人数	百分比	人数	百分比	人数	百分比
35. 你认为减过刑的大多数服刑人员其内心的改造质量怎样？	A. 差	29	7.4	134	9.6	46	8.7
	B. 一般	216	55.0	692	49.6	384	72.5
	C. 很好	148	37.7	568	40.7	100	18.9
36. 监狱机关对服刑人员改造表现的评估标准怎样？	A. 不够公正和客观	46	11.7	250	17.9	86	16.2
	B. 比较公正和客观	253	64.4	828	59.4	356	67.2
	C. 非常公正和客观	94	23.9	316	22.7	88	16.6
37. 监狱机关对服刑人员改造表现的评估侧重于哪方面？	A. 侧重于表面行为	100	25.4	407	29.2	211	39.8
	B. 侧重于真实内心	99	25.2	319	22.9	132	24.9
	C. 侧重于内外结合	194	49.4	668	47.9	187	35.3
38. 服刑人员减刑后出现改造倒退的主要原因之一是监狱机关对减刑的评估不科学吗？	A. 不是	144	36.6	492	35.3	172	32.5
	B. 不全是	202	51.4	687	49.3	283	53.4
	C. 是	47	12.0	215	15.4	75	14.2

再看表 3-2 第 35 题和第 37 题，监狱警察与两类罪犯都有极其显著的差异，监狱警察的平均分都是最低，这与表 3-1 第 35 题和第 37 题三类被调查者中监狱警察选择 C 项的比例都最低是一致的。可见，在监狱警察眼里减刑罪犯内心改造质量好的确实较少、监狱机关对罪犯改造表现的评估侧重于内外结合的也较少。

再看表3-2第36题，没减刑罪犯与减刑罪犯、与监狱警察都有非常显著的差异，没减刑罪犯的平均分高于减刑罪犯和监狱警察，这与表3-1第36题三类被调查者中没减刑罪犯选择C项的比例最高是一致的。笔者认为，没减刑罪犯的此项比例和平均分都偏高了，因为笔者根据本课题调查数据得知，没减刑罪犯中已服刑时间在5年以下的占到了89.5%，而已服刑5年以上至15年的仅占10.5%。由于他们绝大多数人服刑时间较短，又没有减刑的切身体会，所以他们认为"监狱机关对服刑人员改造表现的评估标准非常公正和客观"是没有切身体会的，无参考价值。而减刑罪犯和监狱警察对此问题的评价更客观，尤其是监狱警察的评价参考价值更大，因为监狱警察根据自己改造罪犯的实践工作经验回答问题，尤其是对此问题的回答，如果他们过高评价监狱的工作也是无可厚非的，但是他们却评价较低，可见其回答的真实性。

表3-2　罪犯和监狱警察关于监狱机关对减刑罪犯改造质量评估的认知差异显著性

问题	角色分类	N	M	SD	角色分类		P
35. 你认为减过刑的大多数服刑人员其内心的改造质量怎样？	没减刑罪犯	393	2.3	0.6	监狱警察	没减刑罪犯	0.000
	减刑罪犯	1394	2.3	0.6		减刑罪犯	0.000
	监狱警察	530	2.1	0.5			
	合计	2317	2.3	0.6			
36. 监狱机关对服刑人员改造表现的评估标准怎样？	没减刑罪犯	393	2.1	0.6	没减刑罪犯	减刑罪犯	0.033
	减刑罪犯	1394	2.0	0.6		监狱警察	0.004
	监狱警察	530	2.0	0.6			
	合计	2317	2.1	0.6			
37. 监狱机关对服刑人员改造表现的评估侧重于哪方面？	没减刑罪犯	393	2.2	0.8	监狱警察	没减刑罪犯	0.000
	减刑罪犯	1394	2.2	0.9		减刑罪犯	0.000
	监狱警察	530	2.0	0.9			
	合计	2317	2.1	0.9			

总之，根据上面的数据得出的结论是监狱机关对罪犯改造质量的评估水平不高，其原因是什么呢？笔者认为，主要是计分考核的消极作用造成的。

减刑一直是我国监狱机关对罪犯改造积极性最重要的激励机制，而罪犯能否获得减刑的重要评价方法就是计分考核制度。在全国范围逐步推广实行此制度是从 1990 年司法部《关于计分考核奖罚罪犯的规定》开始的，此规定明确规定，对罪犯计分考核的目标是"考核罪犯的改造表现，以有效地调动罪犯的改造积极性，提高改造质量"。在此目标指引下，该考核奖罚规定将考核的内容分为思想改造和劳动改造两方面。其中思想改造包括认罪伏法、认真学法、服从管教、积极参加"三课"学习等方面；劳动改造包括积极参加劳动、重视劳动质量、遵守劳动纪律等方面。尽管该考核奖罚规定没有明确将考核计分作为减刑的直接依据，而仅将其与行政奖励挂钩，但事实上考核计分已经成了减刑的最关键依据和判断标准。[①] 在我国监狱系统多年改造罪犯的实践中发现，计分考核对罪犯减刑起到了一定的积极作用，例如，计分考核量化标准清楚细致使罪犯争取减刑的方向明确；计分考核的透明度高使罪犯对减刑充满信心；计分考核能使罪犯在争取减刑中充分发挥自身优势……但是计分考核对罪犯减刑的消极作用也很明显，突出表现在计分考核对减刑罪犯改造表现评估的表面化，缺乏深层次内在心理尤其是真诚改造动机的评估，导致罪犯减刑后的改造倒退，甚至少数减刑罪犯刑满释放后重新犯罪。计分考核对罪犯减刑的消极作用具体表现在以下几方面。

1. 计分考核片面重视罪犯的劳动改造而忽视了深层心理的矫正

监狱对罪犯的改造要"惩罚与改造相结合，以改造人为宗旨"。从减刑的适用条件来看，作为提请减刑、假释重要依据的积分制应当综合罪犯思想改造与行为表现两个方面进行计分考核。然而实际上大部分监狱在计分考核中过分注重罪犯劳动改造的考核，而忽视罪犯思想改造和心理素质的考核，即计分考核方式存在"重行为表现，轻思想改造"的倾向[②]。这与监狱的经济能力有关，在监狱经费不足的情况下，监狱通过罪犯劳动生产建立起监狱工厂化的企业经济模式，依靠罪犯劳动创造效益，导致监狱侧重罪犯劳动生

---

① 张亚平：《减刑、假释的目的反思与制度变革》，载人大复印报刊资料《刑事法学》2016年第 4 期。

② 李勤：《减刑假释制度的适用：积分制的缺陷及其完善》，载人大复印报刊资料《刑事法学》2017 年第 7 期。

产的考核。罪犯也为了争取减刑机会，重视劳动改造分数，忽略了内心的反省和改造，与改造原则相背离。各地监狱的计分考核方式"重行为表现，轻思想改造"主要体现在以下几个方面。

第一，行为改造的考核所占比重过大。基于调动罪犯劳动改造积极性的需要，加之监狱的财政收入不足，各地对罪犯的计分考核以罪犯完成生产劳动的情况作为评价的主要依据。例如，虽然某自治区计分考核罪犯实施细则规定了计分考核罪犯的内容包括基本规范、生活规范、学习规范、劳动规范、文明礼貌规范五个方面，但是五个方面所占的比重并不相同。其中，体现思想改造的基本规范只占30%，而体现行为表现的生活规范、学习规范、劳动规范、文明礼貌规范等占70%。这无疑不利于有效评估罪犯是否真心悔过，容易导致错误适用减刑制度，必然造成有些罪犯虽然得到了减刑，但却没有真正从内心得到改造，出现减刑后的改造倒退行为。

第二，将思想改造置于行为表现中一并考核。一般而言，思想支配行为，行为表现是由思想所决定的。然而，思想与行为并非总是保持一致的，实践中不乏罪犯思想与行为表现相背离的情形，虚伪表现、投机改造即为典型例子。监狱将罪犯的思想改造置于行为表现中一并考核，容易忽略思想表现与行为表现不一致的情形，导致一些并无悔意的罪犯因表面上积极劳动获得劳动考核高分及奖励，进而获得不合理的减刑。究其原因，主要有以下两方面。

一方面，罪犯自己忽略思想改造的重要性。因为计分考核造成的竞争环境使罪犯们为了得高分而不甘落后，都在加班加点地工作，甚至缩短吃饭睡觉的时间，超量工作。这样造成了片面重视劳动改造，唯劳动效率至上。可以说，这样的竞争状态使罪犯没有机会和时间去思考获得高分数的意义，或者说他们没有更深刻地去思考自己为何这么积极地参加劳动改造，也对自己的生活节奏没有能力去把握，因而忽略了思想改造，更没时间去反省自己的犯罪原因和不良心理。

另一方面，监狱考核也忽略了罪犯思想改造的重要性，忽略了这些罪犯是否在真诚的悔罪动机支配下积极改造、以劳动的汗水冲洗自己有罪的灵魂。思想改造因为没有条条框框的限制，内容宽泛，计分考核没办法科学地设计考法方法，致使监狱无法很好地从思想改造方面来判断罪犯的改造质量，久而久之，忽略了思想改造及其考核。这为罪犯减刑后出现改造倒退行为埋下了隐患，这也正是大部分罪犯减刑后出现改造倒退行为的重要外在原因。

第三，计分考核使身体健康的罪犯注重劳动改造得高分而忽视了思想改造。健康的罪犯会把自己的身体健康作为在劳动改造中得高分的资本，而忽视了对自己犯罪心理和错误价值观的改造。

笔者的学生龙晓伟通过对一个监区的189名罪犯进行观察，发现身体健壮的罪犯每天的劳动最卖力，得的分数当然也高，每周的分数公示时他们最高兴。但是他们却很少有悔罪感，在悔罪书上基本都是写自己努力劳动获得高分、早出狱，和家人会见时告诉家人自己再能多挣些分数就可以早点出去了。他们这些表现，完全忽视了自己是一名罪犯的身份——罪犯角色意识淡化，形成了为挣分而服刑的错误观念，与监狱改造罪犯的宗旨完全背道而驰。

由于身体健康的罪犯心中想的只是得高改造分而忽视了思想改造，所以计分考核使此类罪犯产生了对改造分数的贪婪心理。由于身体健康成了此类罪犯得高分的资本，所以他们认为自己一定会因高分多而处遇好、减刑快。然而，一旦出现计分考核的不公平，那些身体不如自己、比自己贡献少而又多得分的罪犯比自己得到的处遇好、减刑快时，身体健康的罪犯受到的打击会更大，这会使他们产生更严重的挫折感，甚至会对监狱警察产生逆反和抵触心理。

上述做法导致的结果是，一些主观恶性依然较大且没有多少悔改之意的罪犯，因为劳动考核分数高而获得减刑机会的不合理现象时有发生，支配罪犯犯罪的心理、错误观念并没有得到多大的改善。而且计分考核忽视了罪犯心理素质的考核，由于罪犯的心理素质差，使其在改造中经常出现动摇反复。计分考核一般是按月进行考核的，假如有的罪犯每个月都获得高分，累计一年就能得到一次减刑，但罪犯平时每一天的表现没有计分考核，而罪犯每天遇到的刺激是不固定的，当他们在一个月内的某一天受到某些主客观因素的影响，就可能有不良表现。根据16PF测得多数罪犯的自制性平均得分都在4.8分以下①，说明他们多数人自制力很差。因为他们在监狱机关的计分考核制度的引领下拼命挣改造分，根本不注重思想改造和不良心理品质的改造，根本没有改变自己原有的不良习惯，例如，懒惰、贪图享受，而减刑者是要在劳动、学习等各项活动中一直处于努力状态中的，要比不想减刑的罪犯付出更多的辛苦，没有坚强意志的人很难持久地吃苦忍耐，因而罪犯的心理就会出现动摇反复，减刑后一定会出现改造倒退行为。罪犯的自制力等心理素质都是计分考核的内容不包括的，即使是全国很多监狱都建立了罪犯心理诊断的技术机构，也基本上能对罪犯心理进行心理测试，但也没有根据心理测试的结果对罪犯进行有效的矫正和考核。这也是罪犯思想改造和深层次心理改造质量差的重要原因，也是劳动表现好但思想改造和心理素质差的罪犯减刑后出现改造倒退的重要原因。

2. 计分考核诱发了减刑罪犯唯分是举的功利心理

减刑作为一个能缩短罪犯服刑期限的奖励制度，对于罪犯的诱惑是极大的。而监狱以计分考核的方式来衡量罪犯能否得到减刑，这必然会诱发罪犯为了减刑而唯分是举的功利心理。

计分考核是如何诱发和强化罪犯唯分是举的功利心理的？这是监狱因素影响罪犯减刑后改造倒退的关键点。心理学研究证明，动机的形成需要两个条件：一是需要的强度（愿望）；二是满足需要的对象、条件、可能性的存在即诱因。我们根据这两个条件分析罪犯减刑的功利性动机产生的过程。其一，需要的强度（愿望），就是罪犯早日获得自由的需要，而且这种需要非常清晰地被罪犯意识到，即需要到了愿望的程度。其二，满足需要的对象、条件、可能性的存在即诱因。减刑恰好能够满足罪犯早日获得自由的需要，如何能获得减刑呢？监狱的计分考核又恰好明示罪犯如何快速地得到减刑，告诉罪犯只要计分考核积累够一定的分数，就可以减刑。计分考核实际上是为罪犯事先设定了明确的改造方向，为他们创造了快速获得减刑的有利条件，没有这个条件，罪犯早日获得自由的需要再强烈，也无法满足，即不能形成积极改造获得减刑的动机。可见，计分考核是罪犯获得减刑的功利性动机形

---

① 张雅凤主编：《罪犯改造心理学新编》，群众出版社 2007 年版，第 48 页。

成的绝对有利条件，有了这个有利条件，就会驱使所有想早日获得自由的罪犯为了获得减刑，在计分考核中一味追求高分数，一切努力都是为了获得考核分，产生唯分是举的功利心理，又在功利心理支配下，过分重视计分考核的最终结果。

由于很多监狱对罪犯的计分考核是以岗定分，不同的劳动岗位分值不同，因而积极参加相同时间的劳动，所得分值可能并不相同；劳动时间相同，但技术含量程度不同，或者手脚灵活性程度不同，所得分值也可能不同。为了达到减刑的功利性目的，一些罪犯会费尽心机得到监狱警察的赏识而安排自己到得分高的劳动岗位。而监狱警察为了能让劳动产品保质保量地完成，自然也愿意让技术掌握得又快又好、手脚麻利的罪犯到技术含量高的岗位。这样无形中就强化了那些唯分是举的罪犯隐藏的功利心理。心理学的社会交换理论认为，人们往往以最小的代价获取最大的利益，更何况比没犯罪的人很可能更自私的罪犯，其功利心理强就很自然了。

表 3-3 是对河北省某监狱分监区的调查，从选择 B 项的比例可以看出，在 142 名被调查的罪犯中有 10.6% 的人积极改造的真正目的是获得更多的分数，说明这部分罪犯的功利心理很明显。功利心理对于罪犯的真诚改造具有阻碍作用，罪犯一旦具有了功利心理，虽然表面上改造很积极，但是内心深处并没有太多的悔改，而监狱的计分考核恰好强化了多数罪犯为减刑而唯分是举的功利心理。

表 3-3　罪犯对积极改造的想法

（单位：人数 / 人，百分比 /%）

问题	选　项	人数	百分比
你认为服刑人员积极改造是为了什么？	A. 做得好都是表现给干警看的	9	6.3
	B. 只想为减刑获取更多的分数	15	10.6
	C. 真的从内心想要改正	118	83.1
	合计	142	100

3. 计分考核使罪犯以伪装积极骗取减刑

由于计分考核基本是考核罪犯的行为，而很难考核罪犯的深层心理，所以罪犯内心悔改与其计分考核结果是否相互印证很难得到确切判定。这样就使一些罪犯表里不一，伪装积极。那些头脑灵活、善于伪装的罪犯一般能获得较高的考核分并更容易获得减刑；而那些真正老实改造，却因无一技之长，行动迟缓的罪犯考核分往往较低。一些计分考核排名靠前的罪犯，会经常得到干警的表扬，这无意中就让一部分罪犯利用伪装积极来骗取监狱警察的信任和好感，争取减刑。例如，累犯、惯犯中此类人比较多见，因为他们具有较多的服刑经验和混事经验；因职务犯罪而入狱的罪犯能更容易获取减刑，除其他人为因素外，其中很重要的原因就在于他们头脑灵活、善于伪装；其他类型的初犯中头脑灵活者也会为了得到减刑的机会伪装积极，在计分考核中争取高分数。他们只是为了得到干警的赏识而得到高分才会表现得非常积极，背地里又是另外一副消极的样子。可以说，计分考核在无形中强化了罪犯的伪装心理，因为计分考核主要考核的是行为，很难考核罪犯的心理。

从表 3-3 选择 A 项的比例可以看出，在 142 名被调查的罪犯中有 6.3% 的人积极改造是为了表现给干警看的。例如，罪犯丁某因为打架斗殴而屡次进监狱，在监狱中他在干警面前伪装自己很老实，但是在犯人中仍作威作福，一副大哥的做派。丁某就是以伪装积极改造的行为骗取了减刑。再如，罪犯李某因犯盗窃罪被判处有期徒刑 12 年，在服刑期间李某为了获得减刑机会，表面认真遵守监规，接受教育改造，让监狱警察以为自己确有悔改表现，对他放松了警惕，而实际上他在背地里仍做一些违背监规的事情。积极改造不是他的真实动机，实际上他内心没有真正悔过。有的罪犯为了减刑后尽快离开监狱，实现报复他人的目的，会表面积极改造（但是内心抗拒），只是为了得到更多的分数，获取减刑的机会。

可见，监狱机关单纯地以分数来激励罪犯，必然会让罪犯产生伪装心理，他们表面的积极改造行为与真诚的改造动机有本质上的区别，他们只注重减刑结果，而忽视了自身是否真正改恶向善。造成罪犯改造态度不端正，欺骗手段层出不穷，不能真正体现得到减刑的罪犯真诚改造的心理，也在某种程度上亵渎了减刑制度的公正性，使一些本来就伪装积极而实际没有真诚改造的罪犯减刑后出现改造倒退是很自然的，甚至释放后再犯罪。这是隐藏在计分考核背后不便言明的暗流和危机。

4.计分考核使罪犯弱势群体减刑希望渺小

多年来，全国的监狱并没有统一的实施计分考核的规定，都是各省按照《监狱法》中关于计分考核的指导性规定自行制定计分考核标准，致使有些省的监狱在实施计分考核制度时忽略了罪犯弱势群体的减刑需要。

（1）计分考核使技术水平低的罪犯弱势群体减刑希望渺小

监狱中有的劳动工种因为技术要求高，致使有技术的罪犯一个月比其他罪犯多得 8~10 分，能多次获得减刑。而有的工种对罪犯的技术要求不高，致使从事这些低级工种的罪犯比技术能力强的罪犯每月少得分，月月积累就少很多分，因而减刑也要排在后面，甚至减刑无望，这必然会使这些技术水平低的罪犯弱势群体产生不公平心理。

（2）计分考核使老弱病残罪犯弱势群体减刑无望

大部分监狱偏重于考核得高分者优先考虑减刑，这种存在多年的"唯分是举"过于单一化的模式直接影响着罪犯能否减刑。而老弱病残罪犯在劳动改造方面与身强力壮的罪犯考核标准相同，由于身体原因，他们的考核分必然落后。因此，计分考核加重了老弱病残罪犯对早日获得自由的焦虑、悲观、自卑自弃心理。老弱病残罪犯本身就是监狱中的弱者，而且人数很少，身体条件远不如别人，难以从事监狱规定的劳动，自然也就没有加分的机会，也不能尽快减刑，不能早些与家人团圆；他们认为自己是没有生活能力的人，又是罪人，因而痛上加痛、"雪上加霜"。笔者的学生龙晓伟对 20 名老年犯及 15 名病残罪犯进行访谈，其中有 16 名老年犯由于体力不支，自己拿不到更多的分数，从而对减刑不抱希望，甚至消极对待，其中有人甚至想用自杀来结束自己的一生；另外 4 名老年犯则想尽力去争取分数。而病残罪犯中有 14 人认为自己不可能靠拿分数来缩短自己的刑期，计分考核对他们来说是可望而不可即的事，所以干脆放弃对计分的追求。只有 1 名病犯认为等自己病养好了会努力争取减刑机会。从上述调查中可以看出，老弱病残罪犯极易自卑自弃，消极改造，严重者甚至产生因过度痛苦而企图自杀的心理。而计分考核使他们无法与年轻健康的罪犯相比，这更加重了他们的自卑自弃心理。多数老弱病残犯人的个人能力差，即使努力也不足以获得高分，这就让这些弱势群体在计分考核中总是处于劣势地位，减刑无望。[①]

计分考核的结果是弱势群体更弱，强势群体更强，导致矛盾激化，不利于罪犯管理。因此，一味地采用计分考核制度，不考虑罪犯不同人群的个别差异，导致那些尽力改造也得不到计分考核好处的罪犯产生不平衡心理，也让减刑制度有失公平，不能全面调动起监狱所有罪犯的改造积极性，让有些罪犯不能公平地得到减刑的机会，计分考核也就不能体现真正的公平。由于不公平，会让罪犯中的弱势群体很难产生改造积极性，也会让罪犯中的强势群体因骄傲自满而导致减刑后的改造倒退。更为严重的是，计分考核对轻刑犯和重刑犯的心理会产生消极影响，这将在本书第六章详细分析。

（二）减刑比例制或"轮流坐庄"制的不合理导致罪犯减刑后改造倒退

长期以来，在我国的减刑工作中存在一个比较大的问题是各地法院或监狱机关规定了对监狱在押罪犯的减刑比例，而且各地规定的减刑比例不一致，比如每年某监狱的罪犯减刑比例控制在 18%、20%、23% 以内，不能突破此规定的减刑比例。这种减刑比例制的做法，没有法律依据，严重妨碍了《刑法》关于减刑的立法精神在实践中的贯彻实施。

罪犯减刑由一个监区内按分数的高低排列，但不同的监区和监狱情况不同，罪犯与罪犯之间的情况也不同，有些监狱为了满足减刑的比例，或者控制减刑人数，会人为操作控制减刑。这就有可能出现不同监狱或监区的罪犯以同样的分数或者更高的分数却得不到减刑，也可能使不符合条件的低分罪犯"矬子里拔将军"凑数而得到减刑的状况。有失公平，违反实事求是的原则。每年限定一个比例，受比例限制，就可能出现以下两种情况。

第一，有的监狱或监区中有多人符合《刑法》规定的减刑条件，即达到减刑标准的人数超过了既定比例，但由于减刑比例的限制，对够减刑条件但又在比例之外的罪犯，只好排队等候减刑或照顾性减刑。这违背了减刑的立法精神，更会因此挫伤具备减刑条件而得不到减刑的罪犯的改造积极性。这部分罪犯即使后来排队轮到了减刑，也会由于激励不及时而使其改造热情被

---

① 龙晓伟：《计分考核对不同类型罪犯改造心理的消极影响及对策——以贵州和云南的部分监狱为例》。本文获中央司法警官学院 2015 届本科优秀毕业论文一等奖。本文指导教师：张雅凤。

泼了冷水，减刑后出现改造倒退的可能性极大。管理心理学研究证明，滞后的奖励对受奖者的激励作用很小。

第二，有的监狱担心减刑人数达不到既定比例，即规定的减刑比例多，而真正达到《刑法》规定减刑条件的罪犯少，于是监狱有关部门及管教干警会事前有计划地确定安排特定的罪犯多参加劳动，或从事容易得分的工作，以便达到减刑的积分，不让减刑的名额浪费。这就使不符合减刑条件的罪犯也得到了减刑。这部分罪犯减刑后出现改造倒退的可能性极大，因为他们本身就没有达到应该减刑的改造质量。由此我们不禁要问：按"比例"减刑能够保证科学吗？确定比例的科学根据是什么呢？①

表 3-4 是笔者到监狱调查的数据，从此题选择 C 项的比例可以看出，没减刑罪犯有 29.5%、减刑罪犯有 31.2%、监狱警察有 41.5% 的人认为监狱以各监区平均分配的方法给罪犯呈报减刑是不合理的，监狱警察的比例明显高于两类罪犯。

再看表 3-5，监狱警察与两类罪犯都有极其显著的差异，监狱警察的平均分高于两类罪犯，这与表 3-4 三类被调查者中监狱警察选择 C 项的比例最高是一致的。可见，认为监狱以各监区平均分配的方法给罪犯呈报减刑是不合理的监狱警察还大有人在。

表 3-4　罪犯和监狱警察关于监狱按监区分配减刑名额是否合理的认知比例（N=2317）

（单位：人数 / 人，百分比 /%）

问题	选项	没减刑罪犯		减刑罪犯		监狱警察	
		人数	百分比	人数	百分比	人数	百分比
39.监狱以各监区平均分配的方法给服刑人员呈报减刑是否合理？	A.合理	127	32.3	450	32.3	132	24.9
	B.不知道	150	38.2	509	36.5	178	33.6
	C.不合理	116	29.5	435	31.2	220	41.5
	合计	393	100	1394	100	530	100

---

① 李豫黔：《我国减刑制度司法实践的反思与探讨》，载人大复印报刊资料《刑事法学》2003 年第 8 期。

表 3–5 罪犯和监狱警察关于监狱按监区分配减刑名额是否合理的认知差异显著性

问题	角色分类	N	M	SD	角色分类		P
39. 监狱以各监区平均分配的方法给服刑人员呈报减刑是否合理？	没减刑罪犯	393	2.0	0.8	监狱警察	没减刑罪犯	0.000
	减刑罪犯	1394	2.0	0.8			
	监狱警察	530	2.2	0.8		减刑罪犯	0.000
	合计	2317	2.0	0.8			

表 3–4 和表 3–5 的数据告诉我们，有 30% 左右的两类罪犯和 41.5% 监狱警察认为按监狱或监区分配减刑名额是不合理的。这种不合理表现在两方面：一是减刑名额不足的监狱或监区会造成够减刑条件的罪犯没有得到减刑而产生不公平心理，影响改造积极性，即使后来得到了减刑，罪犯心里也感到委屈，很可能出现减刑后改造倒退；二是名额充足的监狱或监区让不该减刑的罪犯得到了减刑，其内心改造质量一定不是最好的，减刑后产生改造倒退行为是必然的。

（三）监狱对减刑后罪犯的监督和制约脱节助长了减刑后改造倒退

部分罪犯在服刑改造的后期，减刑以后余刑较短而感到再减刑无望时，改造表现会严重滑坡，不服管理，甚至严重违反监规纪律。法院对此类减刑罪犯无法撤销先前的减刑裁定，监狱也不能对此类减刑罪犯采取比违反监规纪律的惩罚措施更严厉的惩罚，实际上是对此类被减刑的罪犯在减刑以后的监督和制约脱节，或者无奈。本书第一章分析了释放前再无减刑机会的罪犯减刑后改造倒退者最多，这会辐射到其他罪犯也产生减刑后的改造倒退行为，严重影响监狱对其他罪犯的管理秩序。遗憾的是，笔者在自编问卷时忽视了这一问题，所以没有数据作为实证依据。

（四）监狱改造风气的不良影响催生罪犯减刑后改造倒退

1. 改造表现不好的罪犯得到减刑会使其他罪犯不服气

从表 3–6 第 40 题选择 B、C 两项的比例总和可以看出，没减刑罪犯有

63.3%、减刑罪犯有 59.9%、监狱警察有 87.1% 的人认为改造不好的罪犯得到减刑会引起大多数减刑罪犯内心不服气，甚至有少数减刑罪犯会把内心不服气表现在消极行为上，监狱警察有 31.3% 的人认为会出现这种后果，即选择了 C 项，内心不服气并且行为消极就是改造倒退。

再看表 3-7 第 40 题，监狱警察与两类罪犯都有极其显著的差异，监狱警察的平均分高于两类罪犯，这与表 3-6 第 40 题三类被调查者中监狱警察选择 C 项的比例最高是一致的。

可见，监狱的改造风气对罪犯的影响是很重要的，改造不好的罪犯得到了减刑而让其他减刑罪犯内心不服气，这种内心不服气的否定情绪如果得不到及时疏导，也会削弱这些罪犯积极改造的动机，时间久了也会表现出消极行为。

表 3-6　罪犯和监狱警察对监狱改造风气正不压邪的认知比例（N=2317）

（单位：人数 / 人，百分比 /%）

问题	选项	没减刑罪犯（N=393）		减刑罪犯（N=1394）		监狱警察（N=530）	
		人数	百分比	人数	百分比	人数	百分比
40. 服刑人员积极改造得到过减刑或正在努力争取减刑，却发现改造表现不如他的服刑人员也得到了减刑，此时他会有何想法和行为？	A. 无所谓	144	36.6	559	40.1	68	12.8
	B. 内心不服气但不表现在行为上	212	53.9	672	48.2	296	55.8
	C. 内心不服气、行为消极	37	9.4	163	11.7	166	31.3
44. 靠自己真诚改造得到减刑的人，却被落后的服刑人员讽刺和打击，于是他就会无心再积极改造、甚至出现违反监规的行为吗？	A. 不是	218	55.5	813	58.3	135	25.5
	B. 不全是	148	37.7	489	35.1	361	68.1
	C. 完全是	27	6.9	92	6.6	34	6.4

表 3-7 　罪犯和监狱警察对监狱改造风气正不压邪的认知差异显著性

问题	角色分类	N	M	SD	角色分类		P
40. 服刑人员积极改造得到过减刑或正在努力争取减刑，却发现改造表现不如他的服刑人员也得到了减刑，此时他会有何想法和行为？	没减刑罪犯	393	1.7	0.6	监狱警察	没减刑罪犯	0.000
	减刑罪犯	1394	1.7	0.7			
	监狱警察	530	2.2	0.6		减刑罪犯	0.000
	合计	2317	1.8	0.7			
44. 靠自己真诚改造得到减刑的人，却被落后的服刑人员讽刺和打击，于是他就会无心再积极改造、甚至出现违反监规的行为吗？	没减刑罪犯	393	1.5	0.6	监狱警察	没减刑罪犯	0.000
	减刑罪犯	1394	1.5	0.6			
	监狱警察	530	1.8	0.5		减刑罪犯	0.000
	合计	2317	1.6	0.6			

2. 服刑人员通过真诚改造得到减刑却被落后罪犯讽刺打击会导致改造倒退

从表 3-6 第 44 题选择 A 项的比例可以看出，没减刑罪犯有 55.5%、减刑罪犯有 58.3%、监狱警察有 25.5% 的人认为靠真诚改造得到减刑却被落后罪犯讽刺打击的减刑罪犯改造积极性不会减弱，说明多数减刑罪犯不怕落后罪犯的讽刺打击，他们被打击后虽然会产生委屈情感，但他们会认为好事多磨，以此认知调节自己，积极改造的意志更坚强，积极改造的行为会继续坚持。

但是看表 3-6 第 44 题选择 C 项的比例，没减刑罪犯有 6.9%、减刑罪犯有 6.6%、监狱警察有 6.4% 的人认为积极改造的罪犯减刑后被落后罪犯讽刺和打击会完全不想再积极改造甚至出现违反监规的行为。这部分人虽然很少，但毕竟也存在。

再看表 3-7 第 44 题，监狱警察与两类罪犯都有极其显著的差异，监狱警察的平均分高于两类罪犯。

从第 44 题监狱警察选择 A 项的比例比两类罪犯低 30 多个百分点可以看出，在监狱警察眼里靠真诚改造得到减刑却被落后罪犯讽刺打击而改造积极性不会减弱的减刑罪犯只有少数。再从此题三类人选择 C 项的比例可以看出，有少数积极改造的减刑罪犯被落后罪犯讽刺和打击后完全不想再积极改造，甚至出现违反监规行为。这是由行为对心理的反馈作用导致的。心理学研究证明，当好的行为受到负性刺激（他人的讽刺打击或不公平待遇），有的人就会产生委屈甚至怨恨等否定情感，这种否定情绪会影响他们的认知，他们会认为做好事不得好报，继而意志消沉，不再有积极行为。积极改造的罪犯减刑后被落后罪犯讽刺和打击后不想再积极改造甚至出现违规行为的人就属于此类。这就是监狱改造风气对减刑罪犯的不良影响而导致的改造倒退。

3. 监狱警察在罪犯减刑中的司法腐败导致罪犯减刑后改造倒退

在罪犯减刑工作中少数监狱执法人员存在执法犯法，索贿受贿，警囚不分，以权谋私，权钱交易，对关系犯的照顾性减刑等司法腐败行为，干扰了正常的执法活动，严重影响了监狱机关的形象，在社会上造成了不良影响。

从表 3-8 第 41 题选择 A 项的比例可以看出，没减刑罪犯有 17.3%、减刑罪犯有 23.4%、监狱警察有 22.6% 的人认为关系犯减刑后出现改造倒退的较多。笔者到监狱调研测试的问卷中有某省某监狱的犯人在问卷的背面留言："监狱充斥了为数不少的关系户，他们拥有良好的改造环境、拥有舒适的改造岗位、拥有高分可得，这种现象最容易发生罪犯之间的攀比、嫉妒、引发改造倒退。付出的汗水一样多，没有成绩；付出的时间一样多，没有酬劳；付出的真诚一样多，没有奖励。这就是关系户和普通罪犯的最大区别，也是改造倒退的最大根源。"笔者测试的问卷是不记名的，所以这名罪犯的留言是真实的，可见，关系犯减刑虽然在每个监狱比例不高，但笔者调研的数据（20%左右的比例）也是不可小觑的。

表 3-8　罪犯和监狱警察关于关系犯对减刑罪犯改造积极性影响的认知比例（N=2317）

（单位：人数／人，百分比／%）

问题	选项	没减刑罪犯（N=393）		减刑罪犯（N=1394）		监狱警察（N=530）	
		人数	百分比	人数	百分比	人数	百分比
41. 监狱中的关系犯得到减刑后出现改造倒退的情况多吗？	A. 较多	68	17.3	326	23.4	120	22.6
	B. 不清楚	242	61.6	769	55.2	282	53.2
	C. 不多	83	21.1	299	21.4	128	24.2

续表

问题	选项	没减刑罪犯（N=393）		减刑罪犯（N=1394）		监狱警察（N=530）	
		人数	百分比	人数	百分比	人数	百分比
42. 当服刑人员靠自己的真诚改造得到过减刑，或正在努力争取继续减刑，却发现改造表现不如自己的服刑人员因为某种关系也得到了减刑时，他会有何想法？	A. 无所谓	140	35.6	483	34.6	65	12.3
	B. 怀疑减刑的严肃性	183	46.6	628	45.1	254	47.9
	C. 削弱了改造积极性	70	17.8	283	20.3	211	39.8

监狱警察在罪犯减刑中的司法腐败会对罪犯产生什么消极影响呢？

从表 3-8 第 42 题选择 B 项的比例可以看出，没减刑罪犯有 46.6%、减刑罪犯有 45.1%、监狱警察有 47.9% 选择了此项，可见，监狱警察给关系犯减刑这种司法腐败会使将近半数的罪犯怀疑减刑的严肃性。

从表 3-8 第 42 题选择 C 项的比例可以看出，没减刑罪犯有 17.8%、减刑罪犯有 20.3% 的人认为监狱警察给改造表现不好的关系犯减刑，会削弱少数罪犯的改造积极性，监狱警察中甚至有将近 40%（39.8%）的人这样认为。

从表 3-8 第 42 题选择 B、C 两项的比例总和可以看出，没减刑罪犯有 64.4%、减刑罪犯有 65.4%、监狱警察有 87.7% 的人选择了这两项，说明监狱警察给表现不好的关系犯减刑会使多数减刑或努力争取减刑的罪犯怀疑减刑的严肃性并削弱了改造积极性。

从表 3-9 可以看出，监狱警察与两类罪犯都有极其显著的差异，监狱警察的平均分明显高于两类罪犯。这与表 3-8 第 42 题监狱警察选择 B、C 两项比例都高，尤其是选择 C 项的比例明显高于两类罪犯是一致的。

表 3-9　罪犯和监狱警察关于关系犯对减刑罪犯改造积极性影响的认知差异显著性

问题	角色分类	N	M	SD	角色分类		P
42. 当服刑人员靠自己的真诚改造得到过减刑，或正在努力争取继续减刑，却发现改造表现不如自己的服刑人员因为某种关系也得到了减刑时，他会有何想法？	没减刑罪犯	393	1.8	0.7	监狱警察	没减刑罪犯	0.000
	减刑罪犯	1394	1.9	0.7			
	监狱警察	530	2.3	0.7		减刑罪犯	0.000
	合计	2317	1.9	0.7			

以上几组数据足以证明，监狱警察的司法腐败是罪犯减刑后改造倒退的重要原因之一，因为罪犯是在监狱服刑，监狱是执法机关，对于执法机关的腐败，罪犯是无力抗衡的，他们多数人为了不影响自己后面的减刑，即使心中感到不公平，也不会表现出来。只有少数不想或不善于掩饰的罪犯表现出来了，监狱警察有 87.7% 的人认为司法腐败带来的消极后果严重，很能说明问题。

（五）减刑罪犯因监狱劳动强度大或服刑时间过长而改造倒退

全国大多数监狱罪犯每天的劳动时间一般都是按照司法部《关于罪犯劳动工时的规定》中规定的八小时执行的，但是也不可忽视，有个别监狱为了追求经济利益让罪犯加班或延长劳动时间，很难避免罪犯在八小时劳动时间外劳动强度较大、劳动环境封闭、劳动保护措施差而引发的负性情绪，继而导致减刑后改造倒退。

1. 少数减刑罪犯因监狱劳动强度太大或服刑时间过长而改造倒退

从表 3–10 第 45 题选择 C 项的比例可以看出，没减刑罪犯有 9.9%、减刑罪犯有 12.8%、监狱警察有 10.9% 的人认为因为劳动环境封闭、劳动强度较大、劳动安全保护措施差使服刑人员感到疲劳而难以长期坚持积极改造，甚至出现减刑后的改造倒退行为。减刑罪犯的 C 项比例最高，这是他们的切身体会。

从表 3–10 第 46 题选择 C 项的比例可以看出，没减刑罪犯有 11.7%、减刑罪犯有 13.3%、监狱警察有 11.1% 的人认为因为服刑时间过长使罪犯感到身心疲惫而难以长期坚持积极改造，出现减刑后倒退。减刑罪犯的 C 项比例最高，这是他们的切身体会。

再看表 3–11，第 45 题和 46 题两道题中监狱警察与两类罪犯都有极其显著的差异，监狱警察在两道题中的平均分都最高，这两道题平均分越高说明越接近 C 项的观点，即监狱警察认为监狱劳动强度大或服刑时间长会使有些罪犯减刑后改造倒退的比例较高。

表 3–10 和表 3–11 的数据说明，少数减刑罪犯出现改造后减刑倒退行为完全是因为监狱劳动强度太大或服刑时间过长而造成的。

表 3-10　罪犯和监狱警察关于监狱劳动强度大或服刑
时间长会使罪犯改造倒退的认知比例（*N*=2317）

（单位：人数 / 人，百分比 /%）

问题	选项	没减刑罪犯（*N*=393）		减刑罪犯（*N*=1394）		监狱警察（*N*=530）	
		人数	百分比	人数	百分比	人数	百分比
45. 在监狱封闭的环境中劳动是否因为劳动强度较大、劳动安全保护措施差使服刑人员感到疲劳而难以长期坚持积极改造，甚至减刑后改造倒退？（服刑人员自评）	A. 不是	156	39.7	554	39.7	127	24.0
	B. 不全是	198	50.4	662	47.5	345	65.1
	C. 完全是	39	9.9	178	12.8	58	10.9
46. 是否因为服刑时间过长使服刑人员感到身心疲惫而难以长期坚持积极改造，减刑后倒退？（服刑人员自评）	A. 不是	183	46.6	596	42.8	106	20.0
	B. 不全是	164	41.7	612	43.9	365	68.9
	C. 完全是	46	11.7	186	13.3	59	11.1

表 3-11　罪犯和监狱警察关于监狱劳动强度大或服刑
时间长会使罪犯改造倒退的认知差异显著性

问题	角色分类	*N*	*M*	*SD*	角色分类		*P*
45. 在监狱封闭的环境中劳动是否因为劳动强度较大、劳动安全保护措施差使服刑人员感到疲劳而难以长期坚持积极改造，甚至减刑后改造倒退？	没减刑罪犯	393	1.7	0.6	监狱警察	没减刑罪犯	0.000
	减刑罪犯	1394	1.7	0.7			
	监狱警察	530	1.9	0.6		减刑罪犯	0.000
	合计	2317	1.8	0.6			
46. 是否因为服刑时间过长使服刑人员感到身心疲惫而难以长期坚持积极改造，减刑后倒退？	没减刑罪犯	393	1.7	0.7	监狱警察	没减刑罪犯	0.000
	减刑罪犯	1394	1.7	0.7			
	监狱警察	530	1.9	0.6		减刑罪犯	0.000
	合计	2317	1.7	0.7			

　　劳动心理学给我们提供了疲劳的心理学依据。疲劳是引起所有心理障碍的重要原因之一，疲劳分为生理（身体）疲劳和心理疲劳。

生理疲劳包括肌肉疲劳和神经系统的疲劳，工作时间过长就会造成肌肉疲劳，如果神经系统兴奋时间过长，就会导致兴奋诱发抑制；或者工作环境的空气质量不好、氧气不足而二氧化碳含量过高，就会导致大脑细胞因得不到足够的氧气而不能获得必要的能量，也会造成脑的疲劳。生理疲劳通常表现为动作失调、乏力、姿势不正确、注意力不集中、感觉迟钝、记忆力减退、思维混乱。

心理疲劳不是能量的消耗引起的，而是因为心理原因引起的。心理疲劳除表现为思维迟缓、注意力不集中、反应速度慢外，还会使情绪低落或产生否定情绪，如焦虑、烦躁等。

由于减刑罪犯注意力一直集中在争取减刑这件事上，一定会不同程度地产生生理疲劳和心理疲劳，疲劳也一定会使他们不同程度地产生减刑后改造倒退的行为，表 3-10 两道题 C 项的数据已经证明了。

那么，罪犯减刑后因疲劳产生改造倒退是否符合人的身心规律呢？看表 3-12 选择 B、C 两项的比例总和，没减刑罪犯有 80.4%、减刑罪犯有 79.0%、监狱警察有 86.5%。再看表 3-13，虽然减刑罪犯与监狱警察有显著差异，但监狱警察的平均分与两类罪犯是相同的。说明绝大多数监狱警察和罪犯都认为罪犯减刑后出现改造倒退行为是可以理解的，符合个体身心规律。因为人的心理承受能力都有一定的限度，当罪犯长期以压抑的心情在监狱封闭的环境中从事单调、枯燥的劳动，会出现心理疲劳，而减刑的罪犯要一直绷着那根紧张的神经，稍有松懈就会出现减刑后的改造倒退行为。

表 3-12　罪犯和监狱警察关于罪犯减刑后改造倒退是否符合身心规律的认知比例（N=2317）

（单位：人数 / 人，百分比 /%）

问题	选项	没减刑罪犯		减刑罪犯		监狱警察	
		人数	百分比	人数	百分比	人数	百分比
66.服刑人员减刑后出现改造倒退行为是否属于可以理解的符合个体身心规律的正常现象？	A.不正常，不可以理解	77	19.6	293	21.0	72	13.6
	B.不正常，但可以理解	200	50.9	721	51.7	313	59.1
	C.正常，可以理解	116	29.5	380	27.3	145	27.4
	合计	393	100	1394	100	530	100

表 3-13　罪犯和监狱警察对罪犯减刑后改造倒退是否符合身心规律的认知差异显著性

问题	角色分类	N	M	SD	角色分类		P
66. 服刑人员减刑后出现改造倒退行为是否属于可以理解的符合个体身心规律的正常现象？	没减刑罪犯	393	2.1	0.7	减刑罪犯	监狱警察	0.030
	减刑罪犯	1394	2.1	0.7			
	监狱警察	530	2.1	0.6			
	合计	2317	2.1	0.7			

2. 判刑经历越多的减刑罪犯因监狱劳动强度大和服刑时间长而诱发的改造倒退越少

从表 3-14 选择 C 项的比例可以看出，判刑 1 次的减刑罪犯有 13.4%、判刑 2 次的减刑罪犯有 10.1%、判刑 3 次及以上的减刑罪犯有 5.8%，呈现了判刑次数越多减刑罪犯比例越低的特点。

再看表 3-15，判刑 1 次与判刑 3 次及以上的减刑罪犯有非常显著的差异，判刑 3 次及以上的减刑罪犯平均分最低，这与他们在表 3-13 选择 C 项的比例最低是一致的。

表 3-14 和表 3-15 的数据证明，判刑次数越多的减刑罪犯因监狱劳动强度大和服刑时间长而诱发的改造倒退越少。

表 3-14　不同犯罪经历的减刑罪犯对因监狱劳动强度大或
服刑时间长而改造倒退的认知比例（N=1394）

（单位：人数 / 人，百分比 /%）

问题	选项	判刑 1 次		判刑 2 次		判刑 3 次及以上	
		人数	百分比	人数	百分比	人数	百分比
45. 在监狱封闭的环境中劳动是否因为劳动强度较大、劳动安全保护措施差使你感到疲劳而难以长期坚持积极改造，甚至出现减刑后的改造倒退行为？	A. 不是	469	38.7	55	42.6	30	57.7
	B. 不全是	582	48.0	61	47.3	19	36.5
	C. 完全是	162	13.4	13	10.1	3	5.8
	合计	1213	100	129	100	52	100

表 3-15　不同犯罪经历的减刑罪犯对因监狱劳动强度大或
服刑时间长而改造倒退的认知差异显著性

问题	犯罪经历	N	M	SD	判刑次数		P
45.在监狱封闭的环境中劳动是否因为劳动强度较大、劳动安全保护措施差使你感到疲劳而难以长期坚持积极改造，甚至出现减刑后的改造倒退行为？	判刑 1 次	1213	1.7	0.7	判刑 1 次	判刑 3 次及以上	0.005
	判刑 2 次	129	1.7	0.7			
	判刑 3 次及以上	52	1.5	0.6			
	合计	1394	1.7	0.7			

为何判刑次数越多的减刑罪犯因监狱劳动强度大和服刑时间长而诱发的改造倒退越少？这是判刑次数越多的罪犯对监狱心理适应的结果。判刑次数越多的罪犯进入监狱服刑的次数越多，他们对监狱的劳动、监规纪律已经了如指掌，比初次服刑的罪犯对监狱适应得快，所以同样强度的劳动和服刑时间，判刑次数越多的罪犯疲劳感和压抑感比初犯要轻很多。

（六）没减刑罪犯对减刑罪犯的嫉妒和排斥导致减刑罪犯减刑后改造倒退

从表 3-16 选择 B 项的比例可以看出，没减刑罪犯和减刑罪犯都分别有 20.4%、监狱警察有 55.7% 的人认为没获得减刑者对获得减刑者有些嫉妒和排斥。

从表 3-16 选择 C 项的比例可以看出，没减刑罪犯有 4.3%、减刑罪犯有 6.2%、监狱警察 9.4% 的人认为没获得减刑者对获得减刑者极度嫉妒和排斥。

从选择 B、C 两项的比例总和可以看出，没减刑罪犯有 24.7%、减刑罪犯有 26.6%、监狱警察 65.1% 的人认为没获得减刑者对获得减刑者有些嫉妒排斥和极度嫉妒排斥的态度。

再看表 3-17，监狱警察与两类罪犯都有极其显著的差异，监狱警察的平均分高于两类罪犯，这与监狱警察在表 3-15 中选择 B、C 两项的比例都高于罪犯是一致的。

以上几组数据中监狱警察的比例都最高。因为他们凭着改造罪犯的经验，对多数罪犯是比较了解的，所以，监狱警察的数据更有说服力。说明多数没减刑的罪犯对获得减刑的罪犯有嫉妒和排斥的态度。

表 3-16　罪犯和监狱警察关于没减刑罪犯对减刑罪犯态度的认知比例（ N=2317 ）

（单位：人数 / 人，百分比 /%）

问题	选项	没减刑罪犯		减刑罪犯		监狱警察	
		人数	百分比	人数	百分比	人数	百分比
43. 没获得减刑者对获得减刑者的态度怎样？	A. 羡慕	296	75.3	1022	73.3	185	34.9
	B. 有些嫉妒和排斥	80	20.4	285	20.4	295	55.7
	C. 极度嫉妒和排斥	17	4.3	87	6.2	50	9.4
	合计	393	100	1394	100	530	100

表 3-17　罪犯和监狱警察关于没减刑罪犯对减刑罪犯态度的认知差异显著性

问题	角色分类	N	M	SD	角色分类		P
43. 没获得减刑者对获得减刑者的态度怎样？	没减刑罪犯	393	1.3	0.5	监狱警察	没减刑罪犯	0.000
	减刑罪犯	1394	1.3	0.6			
	监狱警察	530	1.7	0.6		减刑罪犯	0.000
	合计	2317	1.4	0.6			

　　嫉妒是恐惧或担心他人优于自己、忌恨或愤怒他人已经优于自己的心理状态，由羞愧、怨恨等复杂情感状态组成。嫉妒并不可怕，因为它是人人都会有的一种正常的本能心理。但是罪犯如果在原有的犯罪心理和刑罚引起的消极心理驱使下，他们的嫉妒心理引起的危害就很可怕，很可能演化成另一种犯罪心理。尤其是在嫉妒心理支配下导致犯罪的罪犯，他们的嫉妒心理一定会在服刑中延续，当其他罪犯获得减刑而自己没获得减刑时，他们对减刑者的嫉妒会比其他罪犯强烈得多，对减刑者的攻击和诽谤也会远远超过其他罪犯。当然不是在嫉妒心理支配下犯罪的罪犯也会有嫉妒心理。当改造积极者得到减刑时，一定会引起那些没有得到减刑的罪犯对此的羡慕和向往，期望自己有一天也能得到此奖励，早日获得人身自由。但是在相同条件、同一层次劳动和改造的罪犯，付出的努力几乎相同，有人得到了减刑，有人却得不到。因此得不到减刑的罪犯在产生挫折感的同时也会对减刑者产生嫉妒心理。再加上现今我国监狱对罪犯减刑的依据比较简单，只看罪犯的积分与干警的评价，可操作性不强，难免造成减刑非人为性的不公正。这就强化了积

极改造却没有获得减刑的罪犯对获得减刑罪犯的嫉妒心理，有些嫉妒心理强的没减刑罪犯会对减刑罪犯实施讽刺、冷落甚至攻击行为，这都会在一定程度上使减刑罪犯产生畏惧心理，心理素质差的减刑罪犯就会不再积极改造，出现改造倒退行为。

当然，没减刑罪犯对减刑罪犯的嫉妒能否造成减刑罪犯的改造倒退，还取决于减刑罪犯的自我调控能力。本书第二章已经详细分析影响罪犯减刑后改造倒退的主体因素，其中自我调控能力差的减刑罪犯就会在没减刑罪犯的打击下出现改造倒退。

三、罪犯家庭因素引发其减刑后改造倒退

人是有情感的，情感有积极情感和消极情感之分，积极情感是增力的，给人的行为带来动力；消极情感是减力的，阻碍或削弱人的行为。例如，爱是喜欢被爱对象并希望亲近被爱对象的一种肯定性积极情感，爱会使人做出惊人的举动。人类有五种爱，血统爱、性爱、敬爱、抚爱、友爱。这五种爱对罪犯都有不同程度的影响，其中主要是血统爱和性爱，即家庭亲人之间的爱对罪犯的改造影响最重要。家庭是指以血缘、婚姻、收养关系为基础的群体，这个群体成员之间的爱比其他人之间密切。罪犯与亲人之间有爱的家庭，如果这种爱得到了满足，并且家庭亲人对罪犯的影响是正向的，这种家庭就会对罪犯的积极改造有促进作用，这表现在两方面。

第一，思亲需要得到满足的罪犯会为了亲人而积极改造甚至得到减刑。从表3–18选择C项的比例可以看出，没减刑罪犯有41.2%、减刑罪犯有36.7%、监狱警察有14.0%的人认为罪犯积极改造争取减刑是为了安慰亲人。再看表3–19，没减刑罪犯与减刑罪犯之间有显著差异、监狱警察与两类罪犯之间都有极其显著的差异，监狱警察的平均分最低，这与三类被调查者中监狱警察在表3–18选择C项的比例最低是一致的。笔者认为，两类罪犯的数据更有参考价值，因为罪犯是根据自己的切身体会回答问题的，说明为了安慰亲人是这部分罪犯积极改造争取减刑的动力。

表3-18　罪犯和监狱警察关于罪犯积极改造争取减刑是为了安慰亲人的认知比例(N=2317)

（单位：人数／人，百分比／%）

问题	选项	没减刑罪犯		减刑罪犯		监狱警察	
		人数	百分比	人数	百分比	人数	百分比
8. 服刑人员积极改造争取减刑是否为了安慰亲人？	A. 不是	55	14.0	240	17.2	38	7.2
	B. 不全是	176	44.8	643	46.1	418	78.9
	C. 是	162	41.2	511	36.7	74	14.0
	合计	393	100	1394	100	530	100

表 3-19　罪犯和监狱警官关于罪犯积极改造争取减刑是为了安慰亲人的差异显著性

问题	角色分类	N	M	SD	角色分类		P
8. 服刑人员积极改造争取减刑是否为了安慰亲人？	没减刑罪犯	393	2.3	0.7	没减刑罪犯	减刑罪犯	0.038
	减刑罪犯	1394	2.2	0.7			
	监狱警察	530	2.1	0.5	监狱警察	没减刑罪犯	0.000
	合计	2317	2.2	0.7		减刑罪犯	0.000

　　第二，思亲需要得到满足的罪犯家庭对其积极改造甚至减刑有促进作用。从表 3-20 选择 C 项的比例可以看出，没减刑罪犯有 74.3%、减刑罪犯有 68.4%、监狱警察有 51.7% 的人认为罪犯能有积极改造的动力甚至得到减刑与亲人的关心有密切关系。再看表 3-21，没减刑罪犯与减刑罪犯有显著差异、监狱警察与两类罪犯都有极其显著的差异。虽然有显著差异，但是三类人的平均分都不低而且差距不大。此题选择 C 项的比例和平均分都足以证明家庭对罪犯积极改造的重要促进作用。因此，全国许多监狱成功地做好罪犯亲人的工作，依靠家庭的力量帮教罪犯，收到了很好的效果，这方面的生动案例举不胜举。家庭的亲情对罪犯改造的促进作用表现在三方面：一是亲情对罪犯改造有导向作用；二是亲情对罪犯改造有安抚作用；三是亲情对罪犯改造有激励作用。

　　但是必须强调的是，罪犯与家人的亲情对其改造除了有促进作用外，还有阻碍作用，即双向作用，例如，亲情会诱发罪犯减刑后改造倒退。亲情导致的罪犯减刑后改造倒退主要有以下三种。

（一）与罪犯越深的亲情无法满足或反向影响罪犯时越容易使罪犯减刑后改造倒退

一方面，当罪犯的亲情需要得到满足，而且亲人正向引导罪犯改造时，亲情对罪犯积极改造甚至减刑就起促进作用。另一方面，当罪犯的亲情需要无法得到满足时，或者亲人对罪犯改造反向引导时，亲情对罪犯积极改造就起阻碍作用。此时，与罪犯感情越深、越重的亲情，对罪犯改造的阻碍作用越大，甚至会使罪犯出现减刑后改造倒退、抗改等。理由有三点。第一，当罪犯对家人的爱、惦记、牵挂的情感需要十分强烈却无法得到满足时，就会影响他们的改造情绪，即使减刑了也会出现改造倒退。第二，对罪犯积极改造促进作用越大的亲人之情一旦失去，这类罪犯的失望就越大，导致减刑后改造倒退的可能性就越大。例如，父母病故前罪犯却不能回家给老人家送终，成为终身遗憾和永久的痛，陷入对亲人的思念和自我悔恨中不能自拔，再无心改造，从刚减过刑的改造积极分子变成了颓废的混刑者。第三，如果与罪犯情感密切的亲人有其他途径能帮助罪犯保外就医或提前出狱，或者因为自己在社会上受到了某种不良影响或不公平对待而对社会产生偏见和否定情绪，来监狱探监时暗示罪犯不再继续积极改造，由于罪犯对亲人的信任，极有可能接受亲人的教唆而消极改造，甚至出现减刑后改造倒退。

（二）缺乏亲情的罪犯容易出现减刑后改造倒退

1. 罪犯中一些减刑罪犯因缺乏亲人的关爱容易出现减刑后改造倒退

前面分析了罪犯的家庭成员用爱对罪犯的改造起到了很大的积极作用，但是在罪犯中有不少人缺少父爱、母爱、性爱。他们或者父母早亡，或者父母没有给予他们应有的爱；或者找不到结婚的对象而从未结婚、或者丧偶、或者离婚而缺少性爱。他们的童年或成年是在缺少爱的孤独中度过的，所以他们的改造也与亲情关系不大，以下的数据可以证明上述观点。

从表 3-18 选择 A 项的比例可以看出，没减刑罪犯有 14.0%、减刑罪犯有17.2%、监狱警察有 7.2% 的人认为罪犯积极改造不是为了安慰亲人。

从表 3-20 选择 A 项的比例可以看出，没减刑罪犯有 9.9%、减刑罪犯有12.5%、监狱警察有 8.9% 的人认为罪犯积极改造与亲人的关心没有关系；再看此题选择 B 项的比例,没减刑罪犯有 15.8%、减刑罪犯有 19.2%、监狱警察有 39.4% 的人认为罪犯积极改造甚至得到减刑与亲人的关心关系一般。A 项和 B 项合并的比例分别是没减刑罪犯 25.7%、减刑罪犯有 31.6%、监狱警察有 48.3%,监狱警察的比例很有说服力。尤其是表 3-21 监狱警察与两类罪犯都有极其显著的差异,更加证明监狱警察与罪犯在此问题上的认知区别较大,这与监狱警察选择 A、B 两项合并的比例明显高于罪犯是一致的。

表 3-20　罪犯和监狱警察关于罪犯积极改造获得减刑与
亲人的关心有密切关系的认知比例（N=2317）

（单位：人数 / 人，百分比 /%）

问题	选项	没减刑罪犯		减刑罪犯		监狱警察	
		人数	百分比	人数	百分比	人数	百分比
47. 服刑人员能有改造的动力甚至得到减刑,与亲人的关心有密切关系吗?（服刑人员自评）	A. 没有关系	39	9.9	174	12.5	47	8.9
	B. 关系一般	62	15.8	267	19.2	209	39.4
	C. 关系密切	292	74.3	953	68.4	274	51.7
	合计	393	100	1394	100	530	100

表 3-21　罪犯和监狱警察关于罪犯积极改造获得减刑与
亲人的关心有密切关系的认知差异显著性

问题	角色分类	N	M	SD	角色分类		P
47. 服刑人员能有改造的动力甚至得到减刑,与亲人的关心有密切关系吗?	没减刑罪犯	393	2.6	0.7	没减刑罪犯	减刑罪犯	0.030
	减刑罪犯	1394	2.6	0.7			
	监狱警察	530	2.4	0.7	监狱警察	没减刑罪犯	0.000
	合计	2317	2.5	0.7		减刑罪犯	0.000

表 3-18 选择 A 项的比例和表 3-20 选择 A 项、B 项的比例告诉我们,这些积极改造不是为了亲人或与亲人关系不大的减刑罪犯其实是缺乏亲情的。同样,改造罪犯的工作实践告诉我们,并不是所有罪犯的家庭都有爱,不少罪犯是缺少家庭关爱的。亲人对罪犯态度的冷漠、家庭关系的失和、婚姻失败、亲人亡故等因素都会使罪犯对家庭的归属无望。缺少亲情的罪犯情感是孤独的,其改造热情肯定比有亲情关怀的罪犯差得多。同样,他们也很容易因缺

乏为早日与亲人团聚的动力而导致减刑后改造倒退。这是人之常情，这些罪犯会这样想：我积极改造争取多次减刑，出狱后亲人都不要我或者我没有亲人要见，我还急着出狱干什么？不如舒舒服服慢慢地服满刑期再出狱吧。

2. 未婚或丧偶的减刑罪犯因缺少性爱而使亲情对其改造的影响作用相对弱些

从表 3–22 选择 A 项的比例可以看出，未婚或丧偶罪犯有 20.4%、离婚罪犯有 13.3%、已婚罪犯有 15.2% 的人积极改造争取减刑不是为了安慰亲人。

从表 3–23 选择 A 项的比例可以看出，未婚或丧偶罪犯有 14.7%、离婚罪犯有 8.8%、已婚罪犯有 11.4% 的人能有改造的动力甚至得到减刑，与亲人的关心没有关系。再看此题选择 B 项的比例，未婚或丧偶罪犯有 22.6%、离婚罪犯有 16.6%、已婚罪犯 16.5% 的人能有改造的动力甚至得到减刑，与亲人的关心关系一般。A 项和 B 项合并的比例分别是未婚或丧偶罪犯有 37.3%、离婚罪犯有 25.4%、已婚罪犯有 27.9%。

表 3–22　不同婚姻状况的减刑罪犯积极改造争取减刑是为了安慰亲人的认知比例（ N=1394 ）

（单位：人数 / 人，百分比 /%）

问题	选项	未婚或丧偶罪犯		离婚罪犯		已婚罪犯	
		人数	百分比	人数	百分比	人数	百分比
8.你积极改造争取减刑是否为了安慰亲人？	A. 不是	124	20.4	24	13.3	92	15.2
	B. 不全是	276	45.5	87	48.1	280	46.2
	C. 是	207	34.1	70	38.7	234	38.6
	合计	607	100	181	100	606	100

表 3–23　不同婚姻状况的减刑罪犯关于积极改造获得减刑与
亲人的关心密切关系的认知比例（ N=1394 ）

（单位：人数 / 人，百分比 /%）

问题	选项	未婚或丧偶罪犯		离婚罪犯		已婚罪犯	
		人数	百分比	人数	百分比	人数	百分比
47.你能有改造的动力甚至得到减刑，与亲人的关心有密切关系吗？	A. 没有关系	89	14.7	16	8.8	69	11.4
	B. 关系一般	137	22.6	30	16.6	100	16.5
	C. 关系密切	381	62.8	135	74.6	437	72.1
	合计	607	100	181	100	606	100

表 3-22 选择 A 项的比例和表 3-23 选择 A、B 项的比例都是未婚或丧偶罪犯最高，而且不同婚姻状况的减刑罪犯的家庭对他们改造的影响是有显著差异的，这从表 3-24 可以看出，未婚或丧偶的减刑罪犯与离婚的减刑罪犯、与已婚的减刑罪犯都有非常显著的差异，未婚或丧偶的减刑罪犯平均分最低。未婚或丧偶的减刑罪犯的平均分低是因为两道题中选择 A、B 两项的比例比离婚和已婚罪犯多、选择 C 项的比例比离婚和已婚罪犯少造成的。

表 3-24 不同婚姻状况的减刑罪犯关于积极改造获得减刑与亲人的
关心密切关系的差异显著性

问题	婚姻状况	N	M	SD	婚姻状况		P
47. 你能有改造的动力甚至得到减刑，与亲人的关心有密切关系吗？	未婚或丧偶	607	2.5	0.7	未婚或丧偶	离婚	0.003
	离婚	181	2.7	0.6			
	已婚	606	2.6	0.7		已婚	0.002

上面的数据说明未婚或丧偶的减刑罪犯由于没有与配偶之间的情感影响，所以他们当中认为自己的积极改造得到减刑不是为了安慰亲人、与亲人的关心关系不大的人比离婚和已婚的减刑罪犯都多。可见，未婚或丧偶的减刑罪犯由于缺少性爱而使亲情对其改造的影响作用相对弱些，这既表现在对其积极改造的促进作用上，也表现在对其减刑后改造倒退的影响上。此处笔者强调，因为缺少性爱更容易使未婚或丧偶的青年减刑罪犯出现改造倒退，因为本次调查的 18~29 岁的青年罪犯中未婚或丧偶者占青年罪犯的 90%。当他们在服刑中遇到挫折而情感孤独、痛苦时，父母或其他亲人的探望、安慰固然重要，如果他们有真诚相爱的配偶能给其情感支持，其激励作用会更大。然而，他们没有这种配偶性爱的情感支持，所以，更容易在减刑后遇到挫折时出现改造倒退。

（三）家庭变故导致罪犯减刑后改造倒退

1. 罪犯整体中一些减刑罪犯因家庭变故导致减刑后改造倒退的差异

从表 3-25 选择 C 项的比例可以看出，没减刑罪犯有 39.2%、减刑罪犯有 37.9%、监狱警察有 43.8% 的人认为家庭出现了变故会对减刑罪犯继续积极改造影响很大，甚至出现减刑后改造倒退。从此题选择 B 项的比例可以看出，没减刑罪犯有 37.4%、减刑罪犯有 35.3%、监狱警察有 49.2% 的人认为家庭出现了变故对减刑罪犯继续积极改造影响一般，虽然影响不严重，但也不可忽视。

再看表 3-26，监狱警察与两类罪犯都有极其显著的差异，监狱警察的平均分最高，这与三类被调查者中监狱警察在表 3-25 选择 C 项的比例最高是一致的。

表3-25　罪犯和监狱警察关于罪犯家庭变故对其减刑后改造倒退影响的认知比例（ N=2317 ）

（单位：人数／人，百分比／%）

问题	选项	没减刑罪犯		减刑罪犯		监狱警察	
		人数	百分比	人数	百分比	人数	百分比
48. 服刑人员积极改造有了成绩甚至得到减刑后家庭出现了变故，是否会直接影响他继续积极改造？	A. 没有影响	92	23.4	374	26.8	37	7.0
	B. 影响一般	147	37.4	492	35.3	261	49.2
	C. 影响很大	154	39.2	528	37.9	232	43.8
	合计	393	100	1394	100	530	100

表3-26　罪犯和监狱警察关于罪犯家庭变故对其减刑后改造倒退影响的认知差异显著性

问题	角色分类	N	M	SD	角色分类		P
48. 服刑人员积极改造有了成绩甚至得到减刑后家庭出现了变故，是否会直接影响他继续积极改造？	没减刑罪犯	393	2.2	0.8	监狱警察	没减刑罪犯	0.000
	减刑罪犯	1394	2.1	0.8			
	监狱警察	530	2.4	0.6		减刑罪犯	0.000
	合计	2317	2.2	0.8			

表 3-25 选择 C 项的比例和表 3-26 的平均分告诉我们，罪犯的家庭对他们减刑后改造倒退的影响是重要的，罪犯在监狱服刑的岁月里，是在对亲人的思念、惦记、盼望中度过的，思念和惦记他们年迈的父母、年幼的孩子、配偶，盼望着亲人能来监狱探望自己。他们的内心处于对家庭的失职与尽职的矛盾中，一旦家庭中亲人出了问题，就会使减刑后的罪犯苦闷、焦虑、心神不定而无心改造，严重的还会企图脱逃回家。可见，因家庭变故而无心改造、

出现减刑后改造倒退的罪犯大有人在，只是由于监狱的管理严格，使这些罪犯无法脱逃出狱回家。

2. 不同婚姻状况的减刑罪犯因家庭变故导致减刑后改造倒退的差异

三种婚姻状况的减刑罪犯虽然在第 48 题的平均数没有显著差异，但是表 3-27 百分比还是有些差异的。笔者就根据百分比分析家庭变故对三种婚姻状况的减刑罪犯的影响。

第一，家庭变故对离婚的减刑罪犯改造影响相对小些。从表 3-27 选择 C 项的比例可以看出，未婚或丧偶的罪犯有 38.2%、离婚罪犯有 34.8%、已婚罪犯有 38.4% 的人认为减刑罪犯积极改造有了成绩甚至得到减刑后家庭出现了变故会对继续积极改造影响很大。离婚的减刑罪犯比未婚或丧偶、已婚的减刑罪犯选择 C 项的比例要低些，而此题选择 A 项的离婚的减刑罪犯比未婚或丧偶、已婚的减刑罪犯的比例高些，说明家庭变故对离婚的减刑罪犯改造影响相对小些。这可能是由少数离婚的罪犯本来夫妻感情就不好，离婚对这些罪犯服刑的影响不大，甚至是罪犯判刑入狱后主动向妻子提出离婚。笔者到监狱调研时与罪犯交谈问到婚姻状况，有的罪犯就直接说："离婚了，是我主动提出离婚的，我十年刑期，不能耽误女人啊。"有的罪犯还说："离就离吧，不离她也不会关心我。"可见，有少数离婚罪犯早已经对婚姻吃了"死心丸"，不会因为婚姻变故对他们的改造有太大影响。当然，这只是与未婚或丧偶、已婚的罪犯相比较而言的。

第二，婚姻变故对已婚的减刑罪犯继续积极改造影响稍大些。从表 3-27 选择 C 项的比例可以看出，未婚或丧偶的罪犯有 38.2%、离婚罪犯有 34.8%、已婚罪犯有 38.4%，未婚或丧偶与已婚罪犯的差别极小，但是婚姻变故却对已婚的减刑罪犯打击很大。例如，江苏省某监狱的犯人王某的改造表现就是由以前的积极改造得到减刑变成了到后来的抗拒改造、整天沉默不语、每天睡在床上装病不出工，其重要原因就是妻子提出了离婚。原来在某日王犯收到了妻子的离婚协议书，王犯一直想不明白，前几年还好好的妻子为什么现在会变成这样。一旦离了婚，家中 70 多岁的老母让谁来伺候，还有 4 岁的孩子又由谁来抚养？一系列的问题一直困扰着王犯，使他没有心思去积极改造，并且有脱逃的念头。此案例说明已婚罪犯的婚姻变故对其减刑后改造倒退的影响很大，这很容易让人理解。因为对于原来夫妻感情好的罪犯来说，配偶的情感比其他所有的亲情都重要。

第三，对未婚或丧偶的减刑罪犯来说，婚姻以外的家庭变故对其减刑后改造倒退影响很大。未婚的减刑罪犯一定是父母的变故对其改造影响很大；丧偶的减刑罪犯一定是子女的变故对其改造影响很大。

表 3-27　不同婚姻状况的减刑罪犯家庭变故对其减刑后改造倒退影响的比例（ N=1394 ）

（单位：人数 / 人，百分比 /%）

问题	选项	未婚或丧偶罪犯		离婚罪犯		已婚罪犯	
		人数	百分比	人数	百分比	人数	百分比
48.你积极改造有了成绩甚至得到减刑后家庭出现了变故，是否会直接影响你继续积极改造？	A. 没有影响	149	24.5	55	30.4	170	28.1
	B. 影响一般	226	37.2	63	34.8	203	33.5
	C. 影响很大	232	38.2	63	34.8	233	38.4
	合计	607	100	181	100	606	100

3. 未成年子女让罪犯惦记而导致减刑后改造倒退

有些罪犯家中有未成年的孩子，这就成了他们魂牵梦绕的心病，他们会因为惦记孩子而出现减刑后的改造倒退。[①]

（1）未成年子女身心发展的关键期特点让罪犯父母惦记而导致减刑后改造倒退

18 岁之前是孩子生理和心理发展的关键期，虽然在生理上趋于成熟，但心理年龄却还未成熟，他们需要父母来照顾自己的学习和生活，可是他们的父亲或者母亲却在监狱服刑。对未成年孩子的惦记极大地影响着罪犯的服刑心理，孩子的一切都牵动着父母的心。调查发现有 95% 的罪犯选择了 C 项，即孩子在自己心目中非常重要（见表 3-28）。

---

① 姚萌：《未成年子女对罪犯父母服刑心理的影响及改造对策》。本文获得中央司法警官学院 2011 届本科优秀毕业论文奖。该年的优秀毕业论文的奖项没有分档次，都是优秀论文。本文指导教师：张雅凤。

表 3-28　孩子在罪犯心中的重要程度（N=100）

问题	选项	百分比 / %
孩子在你心目中的地位是否重要？	A. 不重要	0
	B. 一般	5
	C. 非常重要	95

第一，未成年子女生长发育的关键期加重了罪犯父母对他们生活质量的惦记。未成年子女因父亲服刑、母亲服刑、父母死亡或失踪而无人照顾，失去了家庭的温暖、亲人的关爱和呵护。这些孩子或被寄养在亲戚家里，遭到了冷落；或独自生活，孤苦伶仃；或流浪街头，以乞讨为生。没有稳定可靠的家，使孩子吃不饱、吃不好，造成营养不良，生长慢，低智商，协调能力差，上课分心，疲劳。孩子是父母的心头肉，孩子恶劣的生存状况让狱中的父母心如刀割。从表 3-29 的三道题可以看出，有 92% 的罪犯对孩子的饮食、起居非常惦记；有 82% 的罪犯对孩子的学习状况和交友环境非常担心；监狱丰富的文体活动并不能经常淡化和转移 30% 的罪犯对孩子的思念，只有 15% 的罪犯选择了 C 项。他们可能会终日思念自己的孩子，对着孩子的照片落泪，长期的思念和担心会让他们日益消瘦，不思改造，没有了服刑的目标，整个人消沉起来，甚至减刑后出现改造倒退行为。

表 3-29　罪犯对孩子的饮食和交往环境惦记的程度（N=100）

问题	选项	百分比 / %
对孩子的饮食、起居是否惦记？	A. 不惦记	3
	B. 一般	5
	C. 非常惦记	92
对孩子的学习状况和交友环境是否担心？	A. 不担心	7
	B. 一般	11
	C. 非常担心	82
监狱的文体活动等丰富的改造生活能否使你想念孩子的情感淡化或转移？	A. 不能	30
	B. 有时能	55
	C. 经常能	15

第二，青春期的孩子性生理成熟，没有父母的管教容易性行为越轨。青春期是内分泌强烈变化的阶段，个体进入青春期是下丘脑促性腺释放因子分泌量增加带来的结果。下丘脑的变化促使性腺激素分泌增加，内分泌的变化带来孩子身体的发育和性机能发育成熟，第二性征也出现了，孩子开始关注自己的身体，对异性产生兴趣，性意识萌发[①]。如果孩子受到正规、合理的引导，或是学校的生理课或是父母的教育，就能平静地度过这段躁动的时期。但是学校的理论教育远不如家长的言传身教，而由于父母服刑，处于青春期的孩子得不到及时的引导，很有可能发生性行为越轨，严重者会发生强奸、轮奸等行为，走上犯罪道路。孩子可能会为他的冲动与不理智付出代价，但为这代价埋单的却是身在狱中的父母。调查发现，在狱中的父母最惦记的就是初中的孩子，占58%（见表3-30前一个题），因为这个年龄段的孩子正处于青春期。当看到未成年犯的时候，有68%的罪犯会担心自己的孩子也变成这样（见表3-30后一个题）。知道孩子的变化和向坏方向发展而自己却无能为力，一道大墙隔断了罪犯所有应尽的责任，对孩子又爱又恨，可怜孩子没人照顾，造成这样的结果不能怪他一人，也有做父母的一份责任，此时大墙内的罪犯更恨自己，罪疚感又一次涌上心头，导致罪犯不断地折磨自己，压得自己喘不过气来，重重的罪恶感冲淡了脑中的一切，使罪犯没有勇气去面对自己现在的身份，对生活失去了信心。即使以前没有因为惦记孩子而积极改造获得减刑的罪犯，此时也会因为惦记孩子而出现改造倒退。

表3-30 罪犯对青春期孩子的惦记程度 （N=100）

问题	选项	百分比 / %	问题	选项	百分比 / %
你最担心哪个年龄段的孩子？	A. 小学	18	看到未成年犯你有何感想？	A. 不是自己的孩子，没感觉	5
	B. 初中	58		B. 惋惜	27
	C. 高中	24		C. 担心自己的孩子也变成这样	68

第三，未成年子女处于学习知识的关键期，加重了罪犯父母对他们学习的惦记。未成年时期是学习的最佳时间，无论从知识的增长和智商的提高来

---

① 张雅凤主编：《罪犯改造心理学新编》，群众出版社2007年版，第156页。

说都是关键期，同时学习能促进孩子责任感、义务感的形成和意志力的培养。尤其是上初中的孩子，在调查中有 58% 的罪犯认为这个阶段的孩子最让人担心（见表 3-30 前一个题）。初中的孩子自我调控能力还不强，监控自己学习活动的自觉性较差，需要父母的监督、管教、帮助、陪伴。尤其是当孩子面临中考、高考时，更需要父母给予生活上的关心、照顾和精神上的鼓励、支持。但是在监狱中服刑的罪犯父母无法做到这些，他们为自己不能尽到做父母的责任而自责和悔恨。即使是有些罪犯的孩子考上大学时他们为之高兴和自豪，但同时也会为担心孩子的学费而整夜难以入睡。对孩子强烈的思念和惦记增加了罪犯对自己罪行的过度悔恨，这都会影响他们的改造情绪，导致他们常常会在劳动、学习时注意力不集中，甚至出错。

（2）未成年子女的认知特点让罪犯父母担忧而导致减刑后改造倒退

随着年龄的增长，知识结构与社会阅历的增加，孩子的认知范围可能会扩大，但在某些问题上也难免表现出来一些片面与偏激。

第一，孩子认识的片面和偏激，造成对罪犯父母的误解，让罪犯过度内疚。或许是因为年龄小，也许是因为家庭的变故让孩子小小的心灵受到伤害，他们对待事物就会表现出与同龄孩子不同的看法，更多的是偏激与仇视，对他人没有信任感与安全感。他们认为自己是被父母抛弃了，或者认为父母就是恶魔。不论什么原因犯罪都是不应该的，犯罪是可耻的。对父母充满仇恨，不会给罪犯父母留有任何解释或改正的机会。例如，女犯邹某，她的孩子因为心灵受到创伤，性格内向、偏执、倔强，无论女警怎么劝说他都不肯原谅母亲，不给母亲改正错误的机会，但作为父母非常理解孩子对他们的冷漠与不原谅[1]。是啊，连父母都没能成为他的依靠，他还会相信谁？因此罪犯会过度内疚或自我悔恨，觉得自己对不起孩子。失去家人的信任与支持，也失去了重新做人的勇气，严重者还会导致自伤、自残、自杀[2]。有些原来积极改造得到减刑的罪犯，由于过不了孩子这一关，所以再无心积极改造了，出现改造倒退行为。

---

① 陕西省回归研究会主编：《全国首届服刑人员子女心理研讨会论文集》，法律出版社 2005 年版，第 16 页。

② 张雅凤主编：《罪犯改造心理学新编》，群众出版社 2007 年版，第 35 页。

第二，孩子的分辨能力差，使罪犯父母怕孩子受不良环境的影响而不安心服刑。初中及以下的孩子分辨能力差，对人对事的分析缺乏深度，分不清好与坏，分不清什么是好言相劝、什么是恶言教唆，因此很有可能结交一些不三不四的人而走上歧途。同时不幸的经历和家庭也让孩子的人际交往受到影响。例如，罪犯杜某因绑架罪被判 11 年有期徒刑，其丈夫被执行死刑。入狱后，她情绪极度不安，终日担惊受怕，总是想着孩子在外面如何受歧视，孩子会不会受到报复或伤害。为此，她整日焦虑不安，感到绝望无助、无路可走，根本无心学习生产技能，一想到孩子就无法自制[①]。有些原来积极改造得到减刑的罪犯，由于过度惦记孩子，自己再无心改造，出现改造倒退行为。

（3）未成年子女的情感特点让罪犯父母牵挂而导致减刑后改造倒退

第一，未成年子女情感的单维性和依恋性影响罪犯的改造情绪。成年子女的情感除了父母还可能有他们的恋人、配偶、孩子等，而未成年子女主要是对父母的情感，在父母与孩子关系正常的家庭里，即使孩子对祖父母、外祖父母有感情，也总归不如对父母的感情。所以，未成年子女对父母的感情是单维的和依恋的，这种情感使孩子承受不了与父母分离的痛苦，年龄幼小的孩子在这方面更突出，这加重了孩子与父母之间的相思，尤其是加重了罪犯对孩子的想念与惦记，因而影响罪犯的改造情绪。例如，女犯洪某，因家庭琐事杀害了丈夫，孩子对她充满仇恨。她服刑期间儿子从来没有看望过她。孩子是母亲的心头肉，洪某无时无刻不在思念着寄养在亲戚家的儿子，盼望着他的到来，常常为此辗转反侧，彻夜难眠。因为牵挂孩子她不能集中精力改造，加上受到周围服刑人员对她的指责，致使洪某心理压力过大，精神恍惚，甚至出现被害妄想，产生了报复心理。某日正在劳动的洪某用锤子砸向另一服刑人员的头部。事后，她目光呆滞，哭笑无常，被诊断为轻度精神分裂[②]。

第二，未成年子女情感的脆弱性使他们寻求代偿性满足而疏远父母，造成对罪犯情感的打击而无心改造。任何人都需要情感上的安慰，未成年的孩子更是如此。随着父母入狱年限的增加，孩子因为长期得不到父母的情感安

---

① 陕西省回归研究会主编：《全国首届服刑人员子女心理研讨会论文集》，法律出版社 2005 年版，第 17 页。

② 陕西省回归研究会主编：《全国首届服刑人员子女心理研讨会论文集》，法律出版社 2005 年版，第 17 页。

慰，于是对父母的印象和情感会逐渐地淡化。年幼孩子的情感并未稳定和成熟，具有很大的不稳定性。处在青春期的孩子可能通过找异性朋友谈恋爱来补偿自己的感情需要，也许孩子在重组后的家庭中会得到继父或继母的爱而遗忘了狱中的父母。自己的孩子成了别人的孩子，这对狱中的罪犯来说是很大的打击。他们哪里还有动力积极劳动改造呢？调查中也发现罪犯十分在意继父（母）取代自己在孩子心中的地位，有 62% 的罪犯表示非常在意（见表3-31）。有的孩子还可能被用心不良的成人引诱，他们先给孩子情感的安抚，然后把孩子拖下违法犯罪的深渊。例如电影《雾都孤儿》中的老盗贼就是此类人。孩子们因为从小就是孤儿，缺少亲情的呵护，而那些别有用心的坏人正是利用这点，给孩子一些虚伪的关心，从小训练孩子去为他们偷东西。虽然他们自视是孩子的亲人，但实际上已经把孩子推上了悬崖，成为社会的渣滓。而最痛心的莫过于孩子的狱中父母，由于他们的错误却连累了孩子。对孩子的牵挂占据了他们心灵的全部，使他们不知道自己活着还有什么意义。一些过去积极改造获得减刑的罪犯，从此后再无心积极改造，而是以麻木、冷漠、机械、呆板的消极方式混刑度日。

表 3-31 罪犯对孩子的继父（继母）取代自己的在意程度（N=100）

问题	选项	百分比 / %
是否在意孩子的继父或继母取代你在孩子心中的位置？	A. 不在意	27
	B. 一般	9
	C. 非常在意	62

（4）未成年子女的意志特点让罪犯父母心理问题严重而导致减刑后改造倒退

处在童年中期和青春期的孩子意志有所增强，但仍具有一定的盲目性，而且缺乏自制力。

第一，未成年子女意志的盲目性加重了罪犯父母的惦记而干扰其改造。未成年子女的自理能力弱，即使是年龄较大的未成年子女，由于他们心理年龄和人生阅历的不足，又缺少父母的关心、照顾和良好的家庭教育，使他们对自己的生活、学习、人际交往都没有明确的目标，不知道自己学习是为了谁，活着是为了谁，到底怎么成长。总之，意志缺乏明确的目的性，一不小心就会迷失方向，误入歧途。这让狱中的父母时常因牵挂他们而不能全身心地投入改造中，继而影响到改造效果。原来积极改造得到减刑的罪犯，也因为整天担忧孩子焦躁不安、无心改造，出现改造倒退者大有人在。

第二，未成年子女缺乏自制力加重了罪犯父母的担忧而影响改造。身处中学阶段的孩子，虽然自制力在逐渐增强，但罪犯的孩子由于缺乏父母的教导与监督，他们的自制力和抗诱惑能力方面仍然比较差。这有三方面原因：一是孩子的年龄决定了其意志还不到成熟的时候；二是父母入狱前自身的自制力就不是很强，对孩子的影响自然不好；三是与孩子所处的不良生活环境有很大的关系。由于没有了父母的教育，因此这些孩子在道德观方面存在很大偏差，不能克制自己的不合理需求，更不能用合理的手段来满足自己的需要，从而形成了不良的意志品质和生活习惯。当遇到不顺心的事没有人可以倾诉的时候，这些孩子不能用合理的方式来宣泄，只能用一些偏激的方式来发泄心中的不满，例如打架、寻衅滋事等，难免与周围人发生矛盾。而在狱中的父母虽然了解到孩子的处境，但是不能陪伴在他的身边听他倾诉、教育、引导他改正不良行为和习惯，培养正确的意志。这对于罪犯来说是莫大的痛苦，孩子的情况增加了他们的担心，而这份担心却只能使他们更焦虑。想想自己曾经走过的路，自己现在的处境就是因为薄弱的意志所导致的，所以子女现在的处境令他们很害怕。长期的焦虑与担心势必会影响他们的身心健康，造成一些身体和心理问题，只能混刑度日。原来积极改造获得减刑的罪犯也会因此而无心改造，出现改造倒退。

此外，未成年子女的可塑性强，容易上当受骗，更让狱中的父母非常惦记，因此影响他们的改造，有些过去积极改造获得减刑的罪犯会出现减刑后的改造倒退行为。

综上所述，本章以真实的实证数据和心理学理论依据总结分析了影响罪犯减刑后改造倒退的主体外原因，这些原因与罪犯的主体原因相互作用而导致罪犯减刑后改造倒退。

第四章

罪犯减刑后改造倒退的消极心理效果

减刑对罪犯的积极作用是不可否认的，从表4-1选择C项的比例可以看出，没减刑罪犯有60.5%、减刑罪犯有56.0%、监狱警察有53.8%的人认为减刑对罪犯的改造有很大的激励作用。但是再看此题选择A项和B项的总和分别是：没减刑罪犯有39.5%、减刑罪犯有44.0%、监狱警察有46.2%的人认为减刑对罪犯没有激励作用或者激励作用不大。此题没减刑罪犯、减刑罪犯、监狱警察的平均数无显著差异，说明三类人的看法基本一致。

此题说明减刑对多数罪犯的改造有激励作用，但并不是对所有的罪犯都有激励作用。尤其是减刑后的改造倒退，更会造成各方面的消极心理效果。本章根据在监狱调查的真实数据和心理学理论依据，分析罪犯减刑后的改造倒退行为对减刑罪犯自身、罪犯群体、监狱管理造成的消极心理效果。

表4-1　罪犯和监狱警察对罪犯减刑后的积极心理效果的认知比例（N=2317）

（单位：人数／人，百分比／%）

问题	选项	没减刑罪犯		减刑罪犯		监狱警察	
		人数	百分比	人数	百分比	人数	百分比
49.完全靠自己真诚改造得到减刑的人，其他服刑人员对他很佩服，这对他继续积极改造有激励作用吗？	A. 没有激励	42	10.7	193	13.8	42	7.9
	B. 激励不大	113	28.8	421	30.2	203	38.3
	C. 激励很大	238	60.5	780	56.0	285	53.8
	合计	393	100	1394	100	530	100

为何要分析罪犯减刑后改造倒退的消极心理效果？因为减刑后的改造倒退只有表现在行为上才能认定是改造倒退，这种行为必定会产生各种消极影响，而这些消极影响一定会引起减刑后改造倒退罪犯的自身和其他罪犯的心理变化，因为心理和行为是相互影响的，即心理支配行为，行为又反馈到心理。本书第二章和第三章分析的影响罪犯减刑后改造倒退行为的主体原因和主体外原因就是分析的心理支配行为，即罪犯自身的原因产生的心理和主体外原因引起的他们的心理导致减刑后改造倒退行为。而本章分析减刑后的改造倒退行为引起的消极心理效果就是行为对心理的反馈而引起的心理，这种心理又会引起消极后果。可以概括为下面的模式：消极心理支配改造倒退行为→改造倒退行为又反馈到心理引起更消极的心理→消极心理又会引起消极后果（这些消极后果有些会表现在行为上，有些则隐藏在内心深处埋下更大的危机），如此循环往复，恶性升级。行为是外在的、表面的，心理是内在的、深层次的，只有挖掘到罪犯减刑后改造倒退行为引起的深层次消极心理，才能采取针对性对策，从根本上预防和消除这些消极心理引起的恶果。所以，本章分析的罪犯减刑后改造倒退的消极心理效果，既包括了消极心理，也包括了这些消极心理引起的消极效果，合二为一就是消极心理效果。

一、减刑后改造倒退对已减刑罪犯自身的消极心理效果

由于减刑后的改造倒退行为是罪犯个体表现出来的，所以对减刑后改造倒退的罪犯自身的消极心理效果应该是首要的。

（一）减刑后改造倒退使已减刑罪犯不思进取

从表 4-2 选择 B 项的比例可以看出，没减刑罪犯有 34.4%、减刑罪犯有40.5%、监狱警察有 34.7% 的人认为减刑后的罪犯一旦产生松懈和倒退行为会强制自己改造。这说明罪犯已经没有了改造积极性，只能强制自己改造，这种消极心理效果为更严重的改造倒退——不思进取埋下了隐患。

从表 4-2 选择 C 项的比例看出，没减刑罪犯有 42.0%、减刑罪犯有36.6%、监狱警察有 59.2% 的人认为减刑后的罪犯一旦产生松懈和倒退行为就会不思进取。

再看表 4-3，监狱警察与两类罪犯都有极其显著的差异，监狱警察的平均分最高，这与表 4-2 三类被调查者中监狱警察选择 C 项的比例最高是一致的。有半数以上的监狱警察认为减刑后的罪犯产生松懈和倒退行为会使他们不思进取。

表 4-2 罪犯和监狱警察关于减刑后改造倒退对减刑者本人消极影响的认知比例（N=2317）

（单位：人数/人，百分比/%）

问题	选项	没减刑罪犯		减刑罪犯		监狱警察	
		人数	百分比	人数	百分比	人数	百分比
50.减刑后的服刑人员一旦产生松懈和倒退行为会对他的改造有何影响？	A. 没有影响	93	23.7	319	22.9	32	6.0
	B. 强制自己改造	135	34.4	565	40.5	184	34.7
	C. 不思进取	165	42.0	510	36.6	314	59.2
	合计	393	100	1394	100	530	100

表 4-3 罪犯与监狱警察关于减刑后改造倒退对减刑者本人消极影响认知差异显著性

问题	角色分类	N	M	SD	角色分类		P
50.减刑后的服刑人员一旦产生松懈和倒退心理会对他的改造有何影响？	没减刑罪犯	393	2.2	0.8	监狱警察	没减刑罪犯	0.000
	减刑罪犯	1394	2.1	0.8			
	监狱警察	530	2.5	0.6		减刑罪犯	0.000
	合计	2317	2.2	0.8			

不思进取是一种消极心理，这种消极心理不仅会支配减刑后的罪犯在心理上安于现状、无心向上，也会使他们在行为上消极懒惰、改造松懈，这是罪犯减刑后改造倒退最普遍的消极心理效果。人一旦不思进取，就会失去生活的动力，对于社会上有经济来源的自由人也许还可以，但对于一个在监狱服刑的罪犯来说不仅仅是如何生存的问题，更重要的是如何度过刑期的问题。即使是家庭富裕的罪犯，也无法靠家里的钱财替他铺平在狱中服刑的路，因为钱打不动正义的执法者，任何罪犯都要靠自己参加监狱的劳动和狱中的各

种活动来服完自己的刑期。减刑后不思进取的罪犯如果想以混刑度日混到刑满释放，长期如此下去，就会变成颓废懒散型的违规者，在服刑的日常生活中，拖沓、懒散、肮脏；在劳动中，软磨硬泡、消极怠工，甚至用装病来逃避劳动，表现出严重的好逸恶劳；在对待他人的态度上，无论是对来自监狱干警的教育还是对周围罪犯的嘲笑，全都无动于衷。这类罪犯综合表现为缺乏自尊心和荣誉感，不思进取，消极麻木，破罐破摔。可见，减刑后不思进取的消极心理效果是不可轻视的。

（二）减刑后改造倒退强化了已减刑罪犯的功利心理和虚伪品德

本书第二章分析了功利性改造动机是支配多数罪犯积极改造获得减刑的最大动力，同样，减刑后的改造倒退行为不仅会进一步强化已减刑罪犯的功利心理，更会使他们虚伪的品德更虚伪。

从表4-4选择C项的比例可以看出，没减刑罪犯有26.2%、减刑罪犯有22.8%、监狱警察有37.0%的人认为减刑后的改造倒退行为会强化已减刑者的功利心理和虚伪品德，监狱警察选择C项的比例明显高于两类罪犯。

表4-4　罪犯和监狱警察关于减刑后改造倒退对减刑者的
功利心理和虚伪品德影响的认知比例（N=2317）

（单位：人数/人，百分比/%）

问题	选项	没减刑罪犯		减刑罪犯		监狱警察	
		人数	百分比	人数	百分比	人数	百分比
51.减刑后的改造倒退行为是否会强化已减刑者的功利心理和虚伪品德？	A.不会	113	28.8	417	29.9	60	11.3
	B.不确定	177	45.0	659	47.3	274	51.7
	C.会	103	26.2	318	22.8	196	37.0
	合计	393	100	1394	100	530	100

再看表4-5，此题监狱警察与两类罪犯都有极其显著的差异，监狱警察的平均分最高，这与表4-4三类被调查者中监狱警察选择C项的比例最高是一致的。此题平均分越高说明选择C项的比例越高，监狱警察认为减刑后的改造倒退行为会强化减刑罪犯的功利心理和虚伪品德的比例比两类罪犯都高。

表 4-5　罪犯和监狱警察关于减刑后改造倒退对减刑者的
功利心理和虚伪品德影响认知的差异显著性

问题	角色分类	N	M	SD	角色分类		P
51. 减刑后的改造倒退行为是否会强化已减刑者的功利心理和虚伪品德？	没减刑罪犯	393	2.0	0.7	监狱警察	没减刑罪犯	0.000
	减刑罪犯	1394	1.9	0.7			
	监狱警察	530	2.3	0.6		减刑罪犯	0.000
	合计	2317	2.0	0.7			

此题两类罪犯和监狱警察选择 C 项的比例和平均分虽然都不很高，但也能说明减刑后的改造倒退行为确实会强化一部分减刑罪犯的功利心理和虚伪品德。具体分析如下：

1. 减刑后的改造倒退行为会强化一部分减刑罪犯的功利心理而弱化其赎罪动机

减刑后产生改造倒退行为的罪犯绝大多数就是在功利心理支配下积极改造获得减刑的，在本书第二章已经分析了功利性改造动机是外在动机，是不稳定、不持久的。心理学研究证明，人类的行为动机被划分为内在和外在两种，因一项活动本身所带来的愉悦而从事该活动，被认为是由内在动机激发的活动。例如，罪犯为了赎罪、实现自身的正确价值而积极改造就是内在动机支配的行为。内在动机对维持行为的持久性具有重要作用。反之，当从事活动只是为了获得物质报偿、荣誉、表彰、利益等，此类活动则由外在动机所推动。罪犯为了减刑、假释或得到好的处遇而积极改造就是外在动机推动的行为。通常认为，如果在内在动机之上附加外在奖励，那么内外两种动机共同作用会形成更强的动机。个体只有在认为自己的行为是自主选择与控制的结果时，才会形成内在动机，若相信有外在力量的控制，例如监狱以减刑、假释、好的处遇、物质奖励等激励罪犯改造积极性，罪犯的自主控制感就会减弱，悔罪的内在动机也会随之降低，即外在奖励会削弱内在动机。一个广为流传的故事颇具启发性。故事说，一群小孩每天都到一块草坪上踢球，吵吵闹闹，让住在旁边的一位老人不堪其扰。一天，老人告诉孩子们，如果明天他们再来踢球，每人会得到一元钱。第二天，孩子们如约而至，玩得很开心，并拿到一元钱。第三天，老人告诉孩子们，只能给五角钱。孩子们有些失望，但还是踢完了球，并领到五角钱。第四天，老人说今后只能给五分钱了。孩子们不屑地离去，再也不来草坪踢球了。似乎当孩子们对到草坪踢球本身的兴趣逐渐被对物质报酬的兴趣取代之后，前一种兴趣有可能遭受侵蚀，乃至完全消失。[①]

　　上面这个故事启示我们，孩子们开始是由于兴趣而踢球，就相当于罪犯为了赎罪、自尊、实现正确的自身价值而积极改造的内在动机。而孩子们后来为了得到钱而踢球，就相当于罪犯为了减刑而积极改造的功利性改造动机。孩子们最后得不到钱就放弃了踢球，就相当于罪犯两次减刑之间的间隔期或再无减刑机会，就不再积极改造，出现改造倒退行为。这种改造倒退的消极行为又强化了他们的功利性动机，即一次减刑后一般要再等一年左右才能获得下一次减刑的机会。所以，对于在功利性改造动机支配下获得减刑的罪犯，恰好利用这个间隔期放松改造，他们认为接近下次减刑时再努力也不晚。这样一次次地在两次减刑的间隔期间放松改造，出现改造倒退行为，使他们的功利心理巩固后形成心理定式。定式是指个体先前心理活动形成的准备状态，决定同类后继活动的趋势。例如，思维定式就是思维习惯。功利心理定式一旦形成，就会在所有的同类事物上都在功利心理支配下行事，而不做对自己没有好处的事，不会因为对他人爱、同情、怜悯而牺牲自己的利益去无偿和无私地提供帮助。实际上，这类罪犯在功利心理定式支配下会渐渐失去本来就很少的对他人的爱、同情、怜悯等亲社会情感。

　　2. 减刑后的改造倒退行为会强化一部分减刑罪犯的虚伪品德

　　减刑后的改造倒退行为不仅会强化减刑罪犯形成功利心理定式，还会强化他们的虚伪品德，这就更为严重了。品德是衡量一个人本质的心理因素，善良、忠诚、同情等好的品德代表一个人好的本质；凶恶、欺骗、冷酷等坏的品德代表一个人坏的本质。在功利性改造动机支配下积极改造获得减刑的罪犯，他们本来就没有真诚赎罪的改造动机，而是为了减刑虚假地积极改造。这种功利性动机本身就有虚假性，而且这些罪犯减刑后又出现改造倒退行为，就更加强化了他们的虚伪品德。罪犯减刑后本该以真诚的感恩之心继续积极改造，以回报国家执法机关监狱和法院给自己减刑，缩短了早日获得自由的机会。但是这些减刑的罪犯不仅没有真诚的回报之心，还以改造松懈甚至违

---

　　① 冯竹青、葛岩：《物质奖励对内在动机的侵蚀效应》，载《心理科学进展》2014年第4期。

反监规的改造倒退行为与监狱管理制度以及监狱干警对立。这就进一步强化了他们的虚伪品德，即这些罪犯的心中会暗自庆幸：我减刑前的积极改造就没有真诚悔罪，不真诚悔罪也能得到减刑，减刑后我就更不用真诚悔罪了。悔罪与不悔罪谁能看透呢？先休息一段时间，过了减刑的间隔期再好好表现，争取下一次再减刑。如此看来，他们欺骗监狱警察的虚伪品德更严重了。可见，减刑后的改造倒退行为会强化一部分减刑罪犯的虚伪品德。更可怕的是，他们带着虚伪品德刑满释放回到社会，还可能以虚伪品德欺骗社会，欺骗到一定程度就可能重新犯罪。

（三）减刑后改造倒退使少数已减刑罪犯藐视法律

犯罪是触犯刑法的行为，所以，罪犯在监狱服刑改造首先应该形成尊重法律、畏惧法律、信仰法律的观念甚至信念。但实际上，真正能达到这种水平的罪犯很少，减刑后出现改造倒退行为的罪犯，甚至还会藐视法律。

从表 4-6 选择 C 项的比例可以看出，没减刑罪犯有 12.7%、减刑罪犯有 14.5%、监狱警察有 27.9% 的人认为减刑后的改造倒退行为会使已减刑者藐视法律的严肃性。这个比例虽然不高，但是也能说明一定问题，尤其是监狱警察选此项的比例接近 30%，所以，减刑后改造倒退使少数已减刑的罪犯藐视法律，不可小觑。

再看表 4-7，监狱警察与两类罪犯都有极其显著的差异，监狱警察的平均分最高，这与表 4-6 三类被调查者中监狱警察选择 C 项的比例最高是一致的。此题平均分越高说明选择 C 项的比例越高。

表 4-6 罪犯和监狱警察对减刑后改造倒退会使减刑者藐视法律认知的比例（*N*=2317）

（单位：人数 / 人，百分比 /%）

问题	选项	没减刑罪犯		减刑罪犯		监狱警察	
		人数	百分比	人数	百分比	人数	百分比
52.减刑后的改造倒退行为是否会使已减刑者藐视法律的严肃性？	A. 不会	204	51.9	666	47.8	114	21.5
	B. 不确定	139	35.4	526	37.7	268	50.6
	C. 会	50	12.7	202	14.5	148	27.9
	合计	393	100	1394	100	530	100

表 4-7　罪犯和监狱警察关于减刑后改造倒退会使减刑者藐视法律的认知差异显著性

问题	角色分类	N	M	SD	角色分类		P
52. 减刑后的改造倒退行为是否会使已减刑者藐视法律的严肃性？	没减刑罪犯	393	1.6	0.7	监狱警察	没减刑罪犯	0.000
	减刑罪犯	1394	1.7	0.7			
	监狱警察	530	2.1	0.7		减刑罪犯	0.000
	合计	2317	1.7	0.7			

为何减刑后的改造倒退行为会使减刑者藐视法律的严肃性呢？有以下两种原因。

一是因为减刑的法律程序非常严格。减刑是对罪犯的刑事奖励，减刑的整个过程都要经过严肃的法律程序：刑法上明确规定了减刑的法条；监狱机关要对罪犯的改造表现经过严格考核后才能呈报减刑；最后法院要对监狱呈报的罪犯减刑严格审批。这一步步的法律程序显示了执法机关对罪犯减刑的依法严肃性，体现了法律的威严。然而，减刑后的罪犯出现改造倒退行为，岂不是在公然地向法律挑战吗？这些罪犯内心甚至可能会得意地想：监狱给我报减刑、法院批准我减刑，都是你们执法机关操作的。监狱干警之所以给我报减刑是认为我改造表现好，减刑是我积极改造应得的，这是等价交换。所以，减刑后我想休息了，不想再吃苦了，这是我的权利。只要我不再触犯刑法，谁也没有理由再给我加刑。看吧，这些减刑后改造倒退的罪犯把严肃的刑事奖励当成儿戏了，这岂不是对法律的藐视吗？

二是法律上对于减刑后改造倒退的罪犯没有撤销减刑的规定。因此，监狱无能力对待有这种思想的减刑后改造倒退的罪犯，监狱又不可能对刑期满了的罪犯不释放，监狱更没有较好的强制性措施能够威慑住这些罪犯。这些罪犯不怕严管、禁闭的处罚，反而把严管、禁闭当成疗养的机会，不劳动、不饿。如此等等，恰恰使这些减刑后改造倒退的罪犯藐视法律的严肃性。简言之，他们认为我减刑后改造倒退，法律能奈我何？

（四）减刑后改造倒退会强化一些减刑罪犯懒惰和无恒心的薄弱意志

本书第二章已经分析了减刑罪犯的意志薄弱是影响他们减刑后改造倒退

的重要原因之一，同样，减刑后的改造倒退行为会进一步强化这些罪犯更加懒惰和做事无恒心的薄弱意志。

从表4-8选择C项的比例可以看出，没减刑罪犯有19.1%、减刑罪犯20.2%、监狱警有35.8%的人认为减刑后的改造倒退行为会强化已减刑者懒惰和无恒心的薄弱意志，两类罪犯的比例接近，监狱警察的比例明显高于两类罪犯。

再看表4-9，监狱警察与两类罪犯都有极其显著的差异，监狱警察的平均分最高，这与表4-8三类被调查者中监狱警察选择C项的比例最高是一致的，此题平均分越高说明选择C项的比例越高。

两类罪犯和监狱警察选择C项的比例、平均分虽然不是很高，但是也能说明一定问题，即罪犯减刑后的改造倒退行为确实会强化一部分减刑者懒惰和无恒心的薄弱意志。

表4-8 罪犯和监狱警察关于减刑后改造倒退会强化减刑者
懒惰和无恒心薄弱意志的认知比例（N=2317）

（单位：人数/人，百分比/%）

问题	选项	没减刑罪犯		减刑罪犯		监狱警察	
		人数	百分比	人数	百分比	人数	百分比
53.减刑后的改造倒退行为是否会强化已减刑者懒惰和无恒心的薄弱意志？	A.不会	175	44.5	579	41.5	67	12.6
	B.不确定	143	36.4	534	38.3	273	51.5
	C.会	75	19.1	281	20.2	190	35.8
	合计	393	100	1394	100	530	100

表4-9 罪犯和监狱警察关于减刑后改造倒退会强化减刑者
懒惰和无恒心薄弱意志的认知差异显著性

问题	角色分类	N	M	SD	角色分类		P
53.减刑后的改造倒退行为是否会强化已减刑者懒惰心理和做事无恒心的薄弱意志？	没减刑罪犯	393	1.7	0.8	监狱警察	没减刑罪犯	0.000
	减刑罪犯	1394	1.8	0.8			
	监狱警察	530	2.2	0.7		减刑罪犯	0.000
	合计	2317	1.9	0.8			

为何减刑后的改造倒退行为会强化一部分减刑者懒惰和无恒心的薄弱意志？这是因为减刑后的改造倒退行为会使他们意志的自制性和坚韧性更差。懒惰是意志的自制性差，无恒心是意志的坚韧性差。意志的自制性差使他们不能克制自己争取再次减刑的劳累和辛苦引起的痛苦、压抑、烦躁等消极情绪；意志的坚韧性差使他们不想也不能一直坚持到下一次减刑或者坚持到服刑结束，去实现更长远的正确目标。例如，争取通过多次减刑更早地获得自由，与亲人团聚或者重新开始新的生活。相反，减刑后的改造倒退让他们感到不积极改造很舒服，不用事事都比别人做得好，不用劳心费力地每天绷紧神经挣高分，做一天和尚撞一天钟，把刑期混完出狱就行了。然而，即使是混完刑期出狱了，这种懒惰和无恒心的薄弱意志又如何能让他们重新适应社会、在社会上立足呢？一个刑满释放人员，一无经济来源，二无谋生本领；既害怕吃苦，又做事虎头蛇尾；既常常会有各种需要，又不能以合法手段满足自己的需要……当他们又不能克制自己的不合理需要时，很有可能还会以犯罪手段来满足自己的需要。可见，减刑后的改造倒退行为使一部分减刑者懒惰和无恒心的薄弱意志得到强化后为其重新犯罪埋下了隐患，这种恶果太可怕了。

二、减刑后改造倒退对罪犯群体的消极心理效果

罪犯减刑后的改造倒退行为不仅对减刑者个人会产生严重的恶果，而且对罪犯群体也会产生很严重的恶果。社会心理学的群体理论告诉我们，群体内的个人对群体、群体对个人都会通过模仿与服从、群体感染等相互发生影响。少数表现不好的罪犯得到减刑，使其他罪犯的不公平感中蕴含着否定情绪，这种情绪一定会相互感染、相互强化，产生与监狱管理相抵触的行为，在相互模仿中扩大消极影响。笔者根据到监狱调查的结果，总结了以下五个方面减刑后改造倒退对罪犯群体的消极心理效果。

（一）减刑后改造倒退会使其他罪犯质疑减刑的公正性引发不公平感

从表4–10第54题选择 C 项的比例可以看出，没减刑罪犯有 19.1%、减刑罪犯有 20.9%、监狱警察有 30.4% 的人认为减刑后的改造倒退行为会使其他罪犯质疑减刑的公正性。

从表 4–10 第 57 题选择 C 项的比例可以看出，没减刑罪犯有 21.1%、减刑罪犯有 22.7%、监狱警察有 39.2% 的人认为减刑后的改造倒退行为会使其他真诚改造的罪犯产生不公平感。

再看表 4–11 的两道题，监狱警察与两类罪犯都有极其显著的差异，监狱警察的平均分都是最高的，这与表 4–10 的两道题三类被调查者中监狱警察选择 C 项的比例最高是一致的，这两个题平均分越高说明选择 C 项的比例越高。

两类罪犯和监狱警察选择 C 项的比例、平均分虽然不是很高，但是也能说明一定问题，即罪犯减刑后的改造倒退行为会使其他罪犯质疑减刑的公正性，引起不公平感。

表 4–10　罪犯和监狱警察对减刑后改造倒退会使其他罪犯产生不公平感的认知比例（ N=2317 ）

（单位：人数 / 人，百分比 /%）

问题	选项	没减刑罪犯（N=393）		减刑罪犯（N=1394）		监狱警察（N=530）	
		人数	百分比	人数	百分比	人数	百分比
54.减刑后的改造倒退行为是否会使其他服刑人员质疑减刑的公正性？	A. 不会	169	43.0	587	42.1	109	20.6
	B. 不确定	149	37.9	516	37.0	260	49.1
	C. 会	75	19.1	291	20.9	161	30.4
57.减刑后的改造倒退行为是否会使其他真诚改造的服刑人员产生不公平感？	A. 不会	160	40.7	537	38.5	96	18.1
	B. 不确定	150	38.2	540	38.7	226	42.6
	C. 会	83	21.1	317	22.7	208	39.2

表 4–11　罪犯和监狱警察对减刑后改造倒退会使其他罪犯产生不公平感的认知差异显著性

问题	角色分类	N	M	SD	角色分类		P
54.减刑后的改造倒退行为是否会使其他服刑人员质疑减刑的公正性？	没减刑罪犯	393	1.8	0.8	监狱警察	没减刑罪犯	0.000
	减刑罪犯	1394	1.8	0.8			
	监狱警察	530	2.1	0.7		减刑罪犯	0.000
	合计	2317	1.9	0.8			

续表

问题	角色分类	N	M	SD	角色分类		P
57. 减刑后的改造倒退行为是否会使其他真诚改造的服刑人员产生不公平感?	没减刑罪犯	393	1.8	0.8	监狱警察	没减刑罪犯	0.000
	减刑罪犯	1394	1.8	0.8			
	监狱警察	530	2.2	0.7		减刑罪犯	0.000
	合计	2317	1.9	0.8			

　　为何罪犯减刑后的改造倒退行为会使其他罪犯质疑减刑的公正性,并引起不公平感呢? 这又会带来什么恶果呢? 这是因为人是在社会上生存的,不是像《鲁滨孙漂流记》的主人公那样一个人在孤岛上生存。在同一环境中的人们都会自然而然地与身边的其他人比较。罪犯减刑本是一件十分严肃的刑事奖励,但却被某些减刑罪犯以改造倒退行为而亵渎,这会引起其他罪犯的一些想法。

　　第一,没有获得减刑的罪犯或者认为自己减刑幅度太小的罪犯会认为监狱机关对减刑把关不严谨,给改造表现不好的罪犯呈报了减刑,或者给改造表现不好的罪犯呈报的减刑幅度比改造表现好的罪犯还大,这是不公平的。这些罪犯本来就有不同程度的不满情绪,而某些罪犯减刑后的改造倒退行为,就更加强化了没减刑罪犯或自认为减刑幅度小的罪犯心中的不公平感,对减刑的公正性产生怀疑。管理心理学的公平理论告诉我们,与同类人比较,自己的付出如果大于收获,就会产生不公平感。少数表现不好的罪犯得到减刑甚至减刑后改造倒退,就会引起其他罪犯的不服气并且产生不公平感。

　　第二,减刑后改造倒退的罪犯似乎是以自己获得减刑的成功向没有得到减刑或减刑幅度小于自己的竞争失败者示威,而这种示威恰好强化了竞争失败者心中的不满情绪。如果说他们原来对减刑的公正性有五分怀疑的想法,减刑罪犯的改造倒退行为就会使竞争失败的罪犯不满情绪更加强烈。按照心理学上情绪对认知的影响作用的理论,没减刑罪犯或者认为自己减刑幅度小的罪犯这种不满情绪会使他们怀疑减刑公正性的想法增加到八分或十分,继而上升为不公平感。这种不公平感如果不能及时被发现,或者不能及时得到监狱警察或心理咨询工作者的引导、矫正,其否定情绪持续下去就会导致这些罪犯的逆反心理或抗拒改造情绪,这种恶的诱发者便是减刑后改造倒退的罪犯。

（二）减刑后改造倒退会强化未减刑者因嫉恨减刑者引起攻击行为

本书第三章分析了没减刑罪犯对减刑罪犯的嫉妒会引起减刑罪犯的改造倒退行为，而本章又要分析减刑后罪犯的改造倒退行为更会强化没减刑罪犯的嫉妒心理，这种嫉妒心理带来的恶果会远远大于之前的嫉妒心理的消极后果。

从表 4-12 选择 C 项的比例可以看出，没减刑罪犯有 11.7%、减刑罪犯有 13.4%、监狱警察有 22.5% 的人认为减刑后的改造倒退行为会使未减刑者对减刑者产生嫉恨心理，排斥与他们交往。

再看表 4-13，监狱警察与两类罪犯都有极其显著的差异，监狱警察的平均分最高，这与表 4-12 三类被调查者中监狱警察选择 C 项的比例最高是一致的，此题平均分越高说明选择 C 项的比例越高。

表 4-12　罪犯和监狱警察关于减刑后改造倒退会使未减刑者
对减刑者排斥和嫉妒的认知比例（N=2317）

（单位：人数 / 人，百分比 /%）

问题	选项	没减刑罪犯		减刑罪犯		监狱警察	
		人数	百分比	人数	百分比	人数	百分比
55. 减刑后的改造倒退行为是否会使未减刑者对减刑者产生嫉恨心理，排斥与他们交往？	A. 不会	201	51.1	648	46.5	130	24.5
	B. 不确定	146	37.2	559	40.1	281	53.0
	C. 会	46	11.7	187	13.4	119	22.5
	合计	393	100	1394	100	530	100

表 4-13　罪犯和监狱警察关于减刑后改造倒退会使未减刑者
对减刑者嫉妒和排斥的认知差异显著性

问题	角色分类	N	M	SD	角色分类		P
55. 减刑后的改造倒退行为是否会使未减刑者对减刑者产生嫉恨心理，排斥与他们交往？	没减刑罪犯	393	1.6	0.7	监狱警察	没减刑罪犯	0.000
	减刑罪犯	1394	1.7	0.7			
	监狱警察	530	2.0	0.7		减刑罪犯	0.000
	合计	2317	1.7	0.7			

为何减刑后的改造倒退行为会使未减刑者对减刑者产生嫉恨心理，排斥与他们交往呢？这又会带来什么更严重的恶果呢？最严重的就是没减刑的罪犯在嫉妒心理支配下会对减刑后改造倒退的罪犯实施攻击行为。

心理学的研究证明，嫉妒是一把双刃剑，既有积极作用，也有消极作用。嫉妒的积极作用是嫉妒者奋起直追被嫉妒者，并努力超过被嫉妒者。嫉妒的消极作用就是嫉妒者不仅会对被嫉妒者实施造谣、诬陷等言语攻击，甚至还可能有伤害、杀人等更严重的行为攻击。因为情感具有主体不知原因、自己不能觉察、难以控制的内隐特性，嫉妒的内隐性更强，嫉妒极易使有此情感的人"稀里糊涂"地做出害人害己的蠢事。弗洛伊德说："嫉妒深深根植于无意识之中。"那些积极改造但没获得减刑、嫉妒心理极强的罪犯，由于害怕受到监规的惩罚，轻易不敢对减刑罪犯实施行为攻击，只能在言语上讽刺、挖苦。但是当减刑罪犯表现出改造倒退行为后，没减刑的罪犯就会这样想：既然你不能持久地表现好，为何当初不把减刑的名额让给我？让我早点儿出狱与家人团聚。他们越想心里越恨，于是嫉妒变成了嫉恨，铤而走险地对减刑后改造倒退的罪犯实施攻击性犯罪行为即伤害或杀人；或者在认为减刑无望、极度渴望自由的情况下而孤注一掷，越狱脱逃。

心理学研究证明，有嫉妒心理的人一般都具有自卑、心思不用到正事上却有闲心、心胸狭窄、愚蠢等心理特点。即自卑的人爱嫉妒，自信的人不嫉妒；闲人爱嫉妒，忙人不嫉妒；心胸狭窄的人爱嫉妒，心胸宽广的人不嫉妒；愚蠢的人爱嫉妒，聪明的人不嫉妒。还有研究证明，嫉妒心理持久的人就会形成嫉妒性格，有嫉妒性格的人容易焦虑、神经质等。有嫉妒心理的罪犯这些心理弱点会比没犯罪的人更严重，所以，他们在嫉妒心理支配下实施上述有害行为的可能性极大。这部分人在监狱罪犯中占的比例只是极少数，但是其潜在的又犯罪可能性很大，而且其攻击的对象既可能是获得减刑的罪犯，也可能是监区干警，甚至是监狱内其他不相干的工作人员或罪犯。可见，减刑后的改造倒退引起没减刑罪犯的嫉恨性攻击行为这一恶果很可怕。

（三）减刑后改造倒退的罪犯为其他罪犯树立了反面榜样

减刑的罪犯在减刑前和减刑时会成为没减刑罪犯的正面榜样，同样，他们减刑后的改造倒退也会成为其他罪犯的反面榜样。

从表 4-14 选择 C 项的比例可以看出，没减刑罪犯有 27.7%、减刑罪犯有 31.0%、监狱警察有 42.1% 的人认为减刑后的改造倒退行为为其他罪犯树立了反面榜样。

再看表 4-15，监狱警察与两类罪犯都有极其显著的差异，监狱警察的平均分最高，这与表 4-14 三类被调查者中监狱警察选择 C 项的比例最高是一致的，此题平均分越高说明选择 C 项的比例越高。

表 4-14　罪犯和监狱警察关于减刑后改造倒退为其他
罪犯树立了反面榜样的认知比例（N=2317）

（单位：人数 / 人，百分比 /%）

问题	选项	没减刑罪犯		减刑罪犯		监狱警察	
		人数	百分比	人数	百分比	人数	百分比
56. 减刑后的改造倒退行为是否为其他服刑人员树立了反面榜样?	A. 不会	163	41.5	519	37.2	80	15.1
	B. 不确定	121	30.8	443	31.8	227	42.8
	C. 会	109	27.7	432	31.0	223	42.1
	合计	393	100	1394	100	530	100

表 4-15　罪犯和监狱警察关于减刑后改造倒退为其他
罪犯树立了反面榜样的认知差异显著性

问题	角色分类	N	M	SD	角色分类		P
56. 减刑后的改造倒退行为是否为其他服刑人员树立了反面榜样?	没减刑罪犯	393	1.9	0.8	监狱警察	没减刑罪犯	0.000
	减刑罪犯	1394	1.9	0.8		减刑罪犯	0.000
	监狱警察	530	2.3	0.7			
	合计	2317	2.0	0.8			

为何减刑后的改造倒退行为会为其他罪犯树立反面榜样？这会带来什么恶果呢？这是因为罪犯身边的榜样最具体、最生动、对罪犯最有感染力。正面的榜样是如此，反面的榜样同样如此。笔者知道一个典型案例，江西省某监狱的一名罪犯，入监后一直不认罪，抗改气焰十分嚣张，公开拒绝在由死缓变为无期的减刑送达回执上签字。于是在全监区名声大噪，私下里南昌地区的落后犯人主动向他靠拢，很快结成了南昌地区的狱内犯人团伙，这个抗

改犯人自然成了犯人团伙头目。按照罪犯改造心理学的观点，狱内犯人团伙是恶性的非正式群体，是抗改的小群体。后来，严打来了，这个抗改气焰十分嚣张的犯人怕自己被执行死刑，正在关禁闭的他主动要求与管教干警谈话，认罪服法。监狱干警利用该犯的影响力，让他在全监区犯人面前现身说法，谈自己认罪服法的体会，很快在全监区掀起了一场轰轰烈烈的认罪服法热潮，效果空前良好。此案例中有影响力的这个犯人就是群体中有影响力的个人，他抗改时是其他罪犯反面的榜样，他认罪时又是其他罪犯正面的榜样。

根据社会心理学的理论，群体和群体中的个体是交互作用的，既有群体对个人的作用，也有个人对群体的作用。群体中有影响力的个人对群体的影响作用是很大的。这是群体的心理特征之一——模仿和服从决定的，即模仿榜样，服从权威。群体中有影响力的个人会通过他的言语和行为潜移默化地对群体中的其他人产生影响。减刑的罪犯即将获得减刑之前，劳动、学习、集体活动等很多方面表现积极，不仅改造分高，还常常会受到管教干警的表扬，也会明显地引起其他罪犯的注意，自然而然地成了其他罪犯的榜样。他们减刑后改造倒退，同样会成为其他罪犯的榜样，会引起以下消极后果。

第一，对于那些本来就不想积极改造的没减刑罪犯来说，他们会把这些减刑后改造倒退的罪犯当成反面榜样，他们认为"减刑者都怕苦怕累了，说明我们不多吃苦是对的"，这就使他们更加坚信混刑度日才是最聪明的服刑之路。这种心态如果在多数罪犯中蔓延开，后果不堪设想。

第二，对于同样具有减刑后放松改造心理却还没敢表现在行为上的罪犯来说，这些减刑后出现改造倒退行为的罪犯就更容易成为他们的反面榜样。这些罪犯会认为，减刑后改造倒退的罪犯比自己有胆量，既能争取到减刑，减刑后又敢耍大牌，公然让那些给他们呈报减刑的监狱干警丢面子。而自己本来在争取减刑的过程中也很累了，但是由于自己胆子小、顾虑多，因而减刑后不敢放松改造，怕让给自己呈报减刑的管教干警伤心、怕失去下次减刑的机会、怕亲人知道自己放松改造而失望……恰好这些减刑后有改造倒退行为的罪犯强化了自己也想放松改造的胆量。

从上面的分析可知，如果得不到管教干警的及时正确引导，罪犯减刑后改造倒退的行为会对其他罪犯产生辐射效应，会出现更多混刑度日的罪犯，会有更多的罪犯减刑后出现改造倒退行为，这种恶果是很可怕的。这不仅是因为群体心理特征中的群体感受、模仿和服从，还因为贪图享受是人的本能。不断地争取一次次的减刑是很辛苦的，而放松改造、混刑度日是很轻松的。再加上现在的监狱人本管理都很好，卫生条件好，吃、住、生病等日常生活监狱都负责管，有的家庭贫困的罪犯家里的生活条件还不如监狱，他们甚至不知道刑满出狱后自己如何生存。所以，不争取减刑早日重返社会正是他们内心所希望的。这部分罪犯虽然人数不太多，但影响很大，不可小觑。

（四）减刑后改造倒退使罪犯群体的改造风气虚伪化和罪犯角色意识淡化

从宏观角度讲，风气就是社会风气，它是指社会上或某个群体内在一定时期和一定范围内竞相效仿和传播流行的观念、爱好、习惯、传统、行为。它是社会经济、政治、文化、道德等概况的综合反映，同时也反映了一个民族的价值观念、风俗习惯、精神面貌。从微观角度讲，风气是群体中人际关系的一种氛围，监狱中的罪犯群体风气是监狱主流文化和监狱亚文化相互交织形成的群体氛围。监狱中罪犯群体的风气正气绝对占上风，这是因为监狱是执法机关，法律的威慑作用和监狱警察执法者角色的作用引领着监狱的主流文化，对罪犯的心理起到主导性的影响作用。但是也不可避免地会有不良风气充斥在罪犯群体中，因为监狱是消极社会成员的浓缩之地，罪犯群体是由犯罪被判刑的人组成的特殊群体，此群体内成员的心理素质比其他社会群体成员的心理素质都差。造成监狱中罪犯群体不良风气的重要因素就是监狱的亚文化，如罪犯的腐朽观念、"亚审美文化""亚道德文化"、罪犯暗语、罪犯特定的服刑心态，某些禁忌和仪式、监狱经验、监禁反应等。在监狱亚文化的各种表现形式中，减刑后的改造倒退行为是一种长期蔓延的消极服刑经验，它会使罪犯群体的改造风气虚伪化。

从表4-16选择C项的比例可以看出，没减刑罪犯有26.7%、减刑罪犯有21.0%、监狱警察有37.5%的人认为减刑后的改造倒退行为会使群体的改造风气虚伪化。

再看表4-17，监狱警察与两类罪犯都有极其显著的差异，监狱警察的平均分最高，这与表 4-16 三类被调查者中监狱警察选择 C 项的比例最高是一致的，此题平均分越高说明选择 C 项的人越多。

表 4-16　罪犯和监狱警察对减刑后改造倒退会使罪犯群体
改造风气虚伪化的认知比例（N=2317）

（单位：人数 / 人，百分比 /%）

问题	选项	没减刑罪犯		减刑罪犯		监狱警察	
		人数	百分比	人数	百分比	人数	百分比
58.减刑后的改造倒退行为是否会使群体的改造风气虚伪化？	A. 不会	174	44.3	576	41.3	86	16.2
	B. 不确定	114	29.0	525	37.7	245	46.2
	C. 会	105	26.7	293	21.0	199	37.5
	合计	393	100	1394	100	530	100

表 4-17　罪犯和监狱警察对减刑后改造倒退会使罪犯群体
改造风气虚伪化的认知差异显著性

问题	角色分类	N	M	SD	角色分类		P
58.减刑后的改造倒退行为是否会使群体的改造风气虚伪化？	没减刑罪犯	393	1.8	0.8	监狱警察	没减刑罪犯	0.000
	减刑罪犯	1394	1.8	0.8		减刑罪犯	0.000
	监狱警察	530	2.2	0.7			
	合计	2317	1.9	0.8			

为什么减刑后的改造倒退行为会使群体的改造风气虚伪化？这会带来什么恶果呢？这是因为在监狱主流文化占主导地位的监区，减刑的罪犯应该都是罪犯群体中备受关注的人，他们在一定程度上引领着罪犯群体风气，此时是正气占上风。但是当他们减刑后出现改造倒退，由于之前他们的榜样作用和影响力已经渗透到群体成员的心中，其言论和行动对群体成员的心理发挥着潜移默化的作用，所以只要他们减刑后的改造倒退行为没有受到惩罚，这些减刑的罪犯依旧会影响群体风气，使其他罪犯在潜移默化中学着他们而虚假改造。这样群体风气会逐渐地虚伪化，使罪犯群体的改造意识淡化，使群体中的个体罪犯角色意识淡化，即忘记或否认自己是一名罪犯，不遵守罪犯

的角色规范。这种风气如果在改造风气不正、歪风邪气占上风的监区，就会蔓延到监狱警察都很难控制的程度，很可怕。

（五）减刑后改造倒退的罪犯故意影响其他罪犯消极改造甚至抗改

有些罪犯虽然得到了减刑，但是由于某种原因却会故意消极改造甚至抗拒改造，打击积极改造者。

从表4-18选择C项的比例可以看出，没减刑罪犯有18.1%、减刑罪犯有14.6%、监狱警察有30.8%认为减刑后改造倒退的罪犯会故意影响其他人消极改造、抗改、打击积极改造者。

再看表4-19，监狱警察与两类罪犯都有极其显著的差异，监狱警察的平均分最高，这与表4-18三类被调查者中监狱警察选择C项的比例最高是一致的，因为此题平均分越高说明选择C项的比例越高。

表4-18　罪犯和监狱警察关于减刑后改造倒退者对积极改造者打击的认知比例（N=2317）

（单位：人数 / 人，百分比 /%）

问题	选项	没减刑罪犯		减刑罪犯		监狱警察	
		人数	百分比	人数	百分比	人数	百分比
59.减刑后改造倒退的服刑人员是否会故意影响其他人消极改造、抗改、打击积极改造者？	A. 不会	192	48.9	650	46.6	91	17.2
	B. 不确定	130	33.1	540	38.7	276	52.1
	C. 会	71	18.1	204	14.6	163	30.8
	合计	393	100	1394	100	530	100

表4-19　罪犯和监狱警察关于减刑后改造倒退者对积极
改造者打击的认知差异显著性

问题	角色分类	N	M	SD	角色分类		P
59.减刑后改造倒退的服刑人员是否会故意影响其他人消极改造、抗改、打击积极改造者？	没减刑罪犯	393	1.7	0.8	监狱警察	没减刑罪犯	0.000
	减刑罪犯	1394	1.7	0.7			
	监狱警察	530	2.1	0.7		减刑罪犯	0.000
	合计	2317	1.8	0.7			

　　为何减刑后改造倒退的罪犯会故意影响其他人消极改造、抗改、打击积极改造者？这会带来什么恶果呢？这主要是由以下两类罪犯的心理原因造成的。

　　第一，对自己减刑幅度不满意的罪犯。有些罪犯虽然也得到了减刑，但是他们对自己的减刑幅度不满意，认为自己应该比实际减刑的幅度更大，比如，他希望能减刑一年，而实际才给他减半年。本书第二章分析了影响罪犯减刑后改造倒退的主体原因之一就是罪犯感到实际减刑幅度小于自己内心对减刑幅度的期望，因而导致减刑后改造倒退。本章继续分析这类罪犯减刑后改造倒退为何会抗改，又会带来什么恶果。这类罪犯由于减刑幅度没有满足自己的需要，所以，他们并没有因为得到减刑而感激政府和监狱管教干警。相反，会认为监狱管教干警对自己有偏见才给自己呈报的减刑幅度小，于是，他们对管教干警心生不满，认为自己表现得再好管教干警也看不到，继而再无心积极改造。当他们改造松懈或者违反监规而管教干警依照监规对其惩罚时，更加强化了他们对管教干警的否定情绪，由原来的不满上升为强烈的恨，由原来一个积极改造者变成了抗改者。

　　第二，自制力差、虚荣心强的减刑后违纪罪犯。本课题调查的1394名减刑罪犯中违纪者占7%，人数不多，但影响很坏。这些罪犯之所以减刑后违纪，是因为他们本身对情绪的自我调控能力就较弱，能够得到减刑也是费了九牛二虎之力。当他们减刑后因意志薄弱而出现改造松懈，或者与其他犯人发生矛盾时在冲动之下动手打人，或者因家庭变故想脱逃回家时受到了监规惩罚，甚至因为减刑后违规使自己的处遇降低……对于惩罚他们不服气，感到自己在其他犯人和家人面前丢了面子，就对管教干警产生了对立情绪。但他们的好胜心还很强，想争取继续减刑挽回面子，于是，在凡是能得到高改造分的劳动或活动中与改造表现更好、能力更强的罪犯竞争，竞争失败后又对这些比自己强的罪犯怀恨在心，继而采取明里讽刺挖苦、暗里造谣诬陷甚至伤人的卑劣手段打击那些比自己强的积极改造者。这种消极后果十分恶劣，如果不得到及时制止并矫正其恶性心理，发展下去对此类罪犯本人和其他罪犯都将会带来更恶劣的后果，甚至影响改造秩序。

三、减刑后改造倒退对监狱管理造成的消极心理效果

罪犯减刑后的改造倒退行为不仅给减刑者本人、罪犯群体带来极坏的影响，更会严重影响监狱对罪犯的管理工作。加剧减刑者与其他人的矛盾、扰乱监狱的改造秩序、削弱法律的公正性和权威性。

（一）减刑后改造倒退会加大减刑者与其他人的矛盾

根据矛盾普遍性的哲学观点，凡是有人的地方，发生矛盾是经常的，监狱是人际矛盾更普遍、更尖锐的场所，罪犯减刑后的改造倒退行为也会加大减刑者与其他人的矛盾。这主要表现为三种矛盾：减刑者与没减刑者之间的矛盾、积极改造者与改造倒退者之间的矛盾、罪犯与监狱警察之间的矛盾。

从表4-20的三道题可以看出，监狱警察与两类罪犯都有极其显著的差异，监狱警察的三道题平均分都最高，这与表4-21这三道题中三类被调查者中监狱警察选择C项的比例都最高是一致的。监狱警察选择C项的比例和平均分高，说明他们认识到罪犯减刑后的改造倒退行为会引起监狱中矛盾加大的人比罪犯多。

表4-20 罪犯和监狱警察关于减刑后改造倒退会加大减刑者与
其他人矛盾的认知差异显著性

问题	角色分类	N	M	SD	角色分类		P
60.减刑后的改造倒退行为是否会加大减刑者与没有减刑者之间的矛盾？	没减刑罪犯	393	1.6	0.7	监狱警察	没减刑罪犯	0.000
	减刑罪犯	1394	1.6	0.7			
	监狱警察	530	2.0	0.6		减刑罪犯	0.000
	合计	2317	1.7	0.7			
61.减刑后的改造倒退行为是否会加大积极改造者与改造倒退者之间的矛盾？	没减刑罪犯	393	1.7	0.7	监狱警察	没减刑罪犯	0.000
	减刑罪犯	1394	1.7	0.7			
	监狱警察	530	2.1	0.7		减刑罪犯	0.000
	合计	2317	1.8	0.7			

续表

问题	角色分类	N	M	SD	角色分类		P
63. 减刑后的改造倒退行为是否会加剧犯人与监狱警察之间的矛盾?	没减刑罪犯	393	1.8	0.8	监狱警察	没减刑罪犯	0.000
	减刑罪犯	1394	1.8	0.7			
	监狱警察	530	2.2	0.7		减刑罪犯	0.000
	合计	2317	1.9	0.7			

表 4-21　罪犯和监狱警察关于减刑后改造倒退会加大减刑者与
其他人矛盾的认知比例（N=2317）

（单位：人数 / 人，百分比 /%）

问题	选项	没减刑罪犯（N=393）		减刑罪犯（N=1395）		监狱警察（N=530）	
		人数	百分比	人数	百分比	人数	百分比
60. 减刑后的改造倒退行为是否会加大减刑者与没有减刑者之间的矛盾?	A. 不会	195	49.6	701	50.3	118	22.3
	B. 不确定	141	35.9	507	36.4	313	59.1
	C. 会	57	14.5	186	13.3	99	18.7
61. 减刑后的改造倒退行为是否会加大积极改造者与改造倒退者之间的矛盾?	A. 不会	190	48.3	648	46.5	108	20.4
	B. 不确定	145	36.9	553	39.7	286	54.0
	C. 会	58	14.8	193	13.8	136	25.7
63. 减刑后的改造倒退行为是否会加剧犯人与监狱警察之间的矛盾?	A. 不会	165	42.0	543	39.0	87	16.4
	B. 不确定	149	37.9	582	41.8	270	50.9
	C. 会	79	20.1	269	19.3	173	32.6

1. 罪犯减刑后的改造倒退会加大减刑者与没减刑者之间的矛盾

从表 4-21 第 60 题选择 C 项的比例可以看出，没减刑罪犯有 14.5%、减刑罪犯有 13.3%、监狱警察有 18.7% 的人认为减刑后的改造倒退行为会加大减刑者与没减刑者之间的矛盾。而且表 4-20 中此题监狱警察与两类罪犯都有极其显著的差异。

为何减刑后的改造倒退会加大减刑者与没减刑者之间的矛盾？这会导致

什么恶果？前面已经详细分析了减刑后的改造倒退会强化未减刑者因嫉恨减刑者而引起攻击行为，这已经是两类罪犯很尖锐的矛盾了，所以，此处不再分析减刑者与没减刑者之间的矛盾。笔者之所以把这对矛盾写在此处，是为了全面总结减刑后改造倒退行为引起的各种矛盾，让读者有个集中概括的了解。

2. 罪犯减刑后的改造倒退会加大积极改造者与改造倒退者之间的矛盾

从表 4-21 第 61 题选择 C 项的比例可以看出，没减刑罪犯有 14.8%、减刑罪犯有 13.8%、监狱警察有 25.7% 认为减刑后的改造倒退行为会加大积极减刑者与改造倒退者之间的矛盾。而且表 4-20 中此题监狱警察与两类罪犯都有极其显著的差异。

为何罪犯减刑后的改造倒退会加大积极减刑者与改造倒退者之间的矛盾？这会导致什么恶果？这是因为减刑后仍然会积极改造的罪犯心理素质一定比减刑后改造倒退的罪犯心理素质好，尤其是自我调控能力。所以他们减刑后或许有短暂的休息而不放松改造，能坚持继续积极改造，因为他们害怕因为减刑后改造倒退而失去下次减刑的机会，他们更害怕其他罪犯超过自己而使自己失去下次减刑的机会。所以，对于那些减刑后改造倒退的罪犯，他们一方面有幸灾乐祸心理，另一方面也有鄙视心理。这构成了减刑后仍然积极改造的罪犯与减刑后改造倒退罪犯之间矛盾的一个方面。

矛盾的另一个方面是减刑后改造倒退的罪犯，他们本来就比减刑后仍然积极改造的罪犯自我调控能力差，他们无法与这些"常胜将军"竞争。所以，他们希望这些一直积极改造的罪犯不要那么强而显得自己弱，他们不仅嫉妒这些比自己有毅力的同改们，更恨他们为何样样都超过自己。正如前面阐述过的，自信的人不嫉妒，自卑的人才嫉妒，如果能赶上别人，就不嫉妒了。所以，嫉妒别人的人一定是自卑的。减刑后改造倒退的罪犯这种自卑心理使他们对减刑后仍然积极改造的罪犯真是羡慕、嫉妒、恨交织在一起。

当减刑后一直积极改造的罪犯对减刑后改造倒退的罪犯那种幸灾乐祸和鄙视心理流露出来并被对方发现后，就会加重二者之间的矛盾；同样当减刑后改造倒退的罪犯对减刑后仍然积极改造的罪犯那种羡慕、嫉妒、恨的心理表露出来并被对方发现，也会加重二者之间的矛盾。他们相互的抵触会更加强化双方的矛盾，甚至成为死敌。如果双方又各自有好友助威，就会造成这两类罪犯之间较大的人际圈矛盾，相互钩心斗角，使罪犯群体的人际关系经常处于紧张状态而扰乱正常的服刑改造生活。

3. 减刑后的改造倒退行为会加剧罪犯与监狱警察之间的矛盾

从表 4-21 第 63 题选择 C 项的比例可以看出，没减刑罪犯有 20.1%、减刑罪犯有 19.3%、监狱警察有 32.6% 认为减刑后的改造倒退行为会加剧罪犯与监狱警察之间的矛盾。而且表 4-20 中此题监狱警察与两类罪犯都有极其显著的差异。

为何减刑后的改造倒退行为会加剧罪犯与监狱警察之间的矛盾？这会导致什么恶果？这是因为从法律角度讲，监狱警察与罪犯之间本来就是矛盾对立的，即惩罚罪犯的执法者与受惩罚者之间的矛盾。但是这对矛盾体一方的前途和命运被另一方掌控着，小队、中队、大队或监区的管教干警直接掌控着自己管理的所有罪犯的前途和命运。凡是要获得减刑的罪犯都必须由管教干警呈报给监狱，再由监狱呈报给法院。

一般来说，一个执法公正、品德端正、知识丰富、管理水平较高的管教干警是能受到自己管辖区域内所有罪犯尊敬的。相反，一位执法不公、品德不端、知识缺乏、管理水平低的管教干警就不会被罪犯尊重，甚至会被罪犯仇视。尤其是当管教干警呈报的减刑罪犯减刑后改造倒退了，其他罪犯会认为这些管教干警呈报的减刑罪犯表现并不好，不应该减刑。即使是多年来我国所有的监狱都以计分考核的结果比较公开透明地给罪犯呈报减刑，也避免不了计分考核的缺陷带来的消极作用，更避免不了执法不公的管教干警在给罪犯安排计分高低不同的劳动岗位时掺杂的私心。这就会造成不同劳动岗位的罪犯计分不同带来的减刑先后的不同。所以，这是减刑后改造倒退会加剧罪犯与监狱警察之间矛盾的核心问题，此问题带来的后果是对管教干警有意见或者偏见的罪犯很难改变自己的看法。根据心理学认知与情感相互促进的观点，这些罪犯的偏激认知会使他们对管教干警产生对立情绪，而他们的对立情绪又会促使他们拒绝接受管教干警的管理与教育，如此恶性循环，这些罪犯将越陷越深，甚至发展为抗改分子。

即使是一个执法公正的管教干警没有识破伪装积极改造的罪犯真实动机而为其呈报了减刑，其减刑后改造倒退，也会被某些认知偏激没有得到减刑的罪犯误解，因而加大了这类罪犯与管教干警之间的矛盾。

（二）减刑后的改造倒退会扰乱监狱正常的改造秩序

一个监狱的改造秩序和管理制度是维护监狱作为国家机关有效运行的保障，是稳定罪犯改造情绪、保证对罪犯奖罚公平的核心和根本。稳定的监狱改造秩序和管理制度既对罪犯有绝对权威的威慑作用，又为维护罪犯的合法权利提供了保障。罪犯减刑后的改造倒退行为是否会扰乱监狱正常的改造秩序，是否会加剧减刑后改造倒退者与监狱管理制度之间的矛盾呢？前面分析的罪犯减刑后改造倒退的各种消极心理效果最终都会扰乱监狱正常的改造秩序，此处又重点强调此问题，是为了突出监狱改造秩序的重要性。下面的调查数据会提供更有力的实证依据。

从表4-22第62题选择C项的比例可以看出，没减刑罪犯有30.5%、减刑罪犯有26.3%、监狱警察有39.8%认为减刑后改造倒退行为会扰乱监狱正常的改造秩序。

从表4-22第65题选择C项的比例可以看出，没减刑罪犯有21.9%、减刑罪犯有19.2%、监狱警察有42.8%认为减刑后有改造倒退行为的罪犯会加剧他们与监狱管理制度之间的矛盾。

再看表4-23，这两道题监狱警察与两类罪犯都有极其显著的差异。监狱警察的平均分都最高，这与表4-22两道题中三类被调查者中监狱警察选择C项的比例都最高是一致的。监狱警察选择C项的比例和平均分说明了监狱改造秩序的重要性。

上面的几组数据比较有力地证明了罪犯减刑后的改造倒退行为确实会扰乱监狱正常的改造秩序，会加剧减刑后改造倒退者与监狱管理制度之间的矛盾。

表4-22　罪犯和监狱警察关于减刑后改造倒退对监狱改造秩序影响的认知比例（N=2317）

（单位：人数/人，百分比/%）

问题	选项	没减刑罪犯（N=393）		减刑罪犯（N=1395）		监狱警察（N=530）	
		人数	百分比	人数	百分比	人数	百分比
62.减刑后的改造倒退行为是否会扰乱监狱正常的改造秩序？	A.不会	151	38.4	525	37.7	85	16.0
	B.不确定	122	31.0	503	36.1	234	44.2
	C.会	120	30.5	366	26.3	211	39.8
65.减刑后有改造倒退行为的服刑人员是否会加剧他们与监管制度之间的矛盾？	A.不会	168	42.7	551	39.5	78	14.7
	B.不确定	139	35.4	575	41.2	225	42.5
	C.会	86	21.9	268	19.2	227	42.8

表4-23　罪犯和监狱警察关于减刑后改造倒退对监狱改造秩序影响的认知差异显著性

问题	角色分类	N	M	SD	角色分类		P
62.减刑后的改造倒退行为是否会扰乱监狱正常的改造秩序？	没减刑罪犯	393	1.9	0.8	监狱警察	没减刑罪犯	0.000
	减刑罪犯	1394	1.9	0.8			
	监狱警察	530	2.2	0.7		减刑罪犯	0.000
	合计	2317	2.0	0.8			
65.减刑后有改造倒退行为的服刑人员是否会加剧他们与监管制度之间的矛盾？	没减刑罪犯	393	1.8	0.8	监狱警察	没减刑罪犯	0.000
	减刑罪犯	1394	1.8	0.7			
	监狱警察	530	2.3	0.7		减刑罪犯	0.000
	合计	2317	1.9	0.8			

为什么减刑后的改造倒退行为会扰乱监狱正常的改造秩序，会加剧减刑后改造倒退者与监狱管理制度之间的矛盾？前面阐述了监狱改造秩序和管理制度的重要性，如果监狱改造秩序被扰乱，那就不是少数罪犯或监狱管教干

警的个人问题了，而是成了对监狱整体影响很大的全局性问题。减刑后改造倒退行为会引发其他罪犯的不公平感、强化未减刑者因嫉恨减刑者而引起攻击行为，会加大减刑者与其他人的矛盾。减刑后改造倒退者还成为其他罪犯的反面榜样，故意影响其他罪犯消极改造甚至抗改，使罪犯群体的改造风气虚伪化和罪犯角色意识淡化。这些减刑后改造倒退的消极心理效应集中起来，必然扩大了减刑后改造倒退行为的消极影响范围和严重程度，会使很多罪犯服刑情绪不稳，违反监规的事经常发生，这不恰恰是影响了监狱正常的改造秩序吗？

减刑后的改造倒退行为扰乱了监狱管理秩序，继而就会加剧减刑后改造倒退者与监狱管理制度之间的矛盾。因为监狱管理秩序与监狱管理制度二者之间是相互依存的，监狱管理制度是监狱管理秩序稳定运作的依据，监狱管理秩序是监狱管理制度在实际工作中的体现。所以，扰乱了监狱管理秩序，就等于向监狱管理制度挑战，就等于轻视甚至蔑视监狱管理制度，实际上就是加剧了减刑后改造倒退者与监狱管理制度之间的矛盾。这种消极后果是很严重的。

（三）减刑后的改造倒退削弱了法律的公正性和权威性

前面已经分析了减刑后改造倒退会使其他罪犯质疑减刑的公正性，引发不公平感，这种消极心理效果上升到法律层面就是削弱了法律的公正性和权威性。

从表4-24选择C项的比例可以看出，没减刑罪犯有19.8%、减刑罪犯有18.6%、监狱警察有33.8%认为减刑后的改造倒退行为会削弱法律的公正性和权威性。

再看表4-25，监狱警察与两类罪犯都有极其显著的差异，监狱警察的平均分最高，这与表4-24三类被调查者中监狱警察选择C项的比例最高是一致的。监狱警察选择C项的比例和平均分都最高，说明他们对减刑后的改造倒退行为会削弱法律的公正性和权威性这一问题重视的比例远远高于罪犯，这正体现了他们作为执法者角色的特色。

表 4-24　罪犯和监狱警察关于减刑后的改造倒退削弱了法律的
公正性和权威性的认知比例（N=2317）

（单位：人数/人，百分比/%）

问题	选项	没减刑罪犯		减刑罪犯		监狱警察	
		人数	百分比	人数	百分比	人数	百分比
64. 减刑后的改造倒退行为是否会削弱法律的公正性和权威性？	A. 不会	203	51.7	654	46.9	127	24.0
	B. 不确定	112	28.5	481	34.5	224	42.3
	C. 会	78	19.8	259	18.6	179	33.8
	合计	393	100	1394	100	530	100

表 4-25　罪犯和监狱警察关于减刑后的改造倒退削弱了法律的
公正性和权威性的认知差异显著性

问题	角色分类	N	M	SD	角色分类		P
64. 减刑后的改造倒退行为是否会削弱法律的公正性和权威性？	没减刑罪犯	393	1.7	0.8	监狱警察	没减刑罪犯	0.000
	减刑罪犯	1394	1.7	0.8			
	监狱警察	530	2.1	0.8		减刑罪犯	0.000
	合计	2317	1.8	0.8			

　　为什么减刑后的改造倒退行为会削弱法律的公正性和权威性？这会引起什么恶果？这是因为减刑是法律行为，从减刑的呈报到审批都经过了严格的法律程序。从个人角度讲，减刑后的罪犯出现改造倒退行为是不尊重法律或缺乏法律意识的表现。从法律社会地位的角度讲，作为执法机关的监狱中出现了减刑后改造倒退这种嘲弄法律的行为，毫不夸张地说，这就是削弱了法律的严肃性、公正性、权威性。法律的权威源自人民对法律的内心拥护和真诚信仰，对法律没有真诚信仰的人，怎么可能尊重法律？所以，罪犯减刑后的改造倒退行为造成的影响实际上就是亵渎了法律的严肃性、公正性、权威性。

　　从表 4-26 选择 C 项的比例可以看出，判刑 1 次的有 18.7%、判刑 2 次的有 13.2%、判刑 3 次及以上的有 28.8%，判刑 3 次及以上的减刑罪犯比例最高，将近 30%。再看表 4-27，判刑 2 次与判刑 3 次及以上的减刑罪犯有显著差异，判刑 3 次及以上的罪犯平均分最高，这与表 4-26 三类被调查者中判刑 3 次及以上的罪犯选择 C 项的比例最高是一致的。判刑 3 次及以上的罪犯历次服刑中都会遇到减刑后改造倒退的罪犯，包括他们自己也可能减刑后改造倒退，所以他们以自己的服刑经历证明了减刑后的改造倒退行为会削弱法律的公正性和权威性。

表 4-26　不同犯罪经历的减刑罪犯对减刑后改造倒退会削弱
法律的公正性和权威性的认知比例（N=1394）

（单位：人数 / 人，百分比 /%）

问题	选项	判刑 1 次		判刑 2 次		判刑 3 次及以上	
		人数	百分比	人数	百分比	人数	百分比
64. 减刑后的改造倒退行为是否会削弱法律的公正性和权威性？	A. 不会	563	46.4	70	54.3	21	40.4
	B. 不确定	423	34.9	42	32.6	16	30.8
	C. 会	227	18.7	17	13.2	15	28.8
	合计	1213	100	129	100	52	100

表 4-27　不同犯罪经历的减刑罪犯对减刑后改造倒退会削弱
法律的公正性和权威性的认知差异显著性

问题	犯罪经历	N	M	SD	判刑次数		P
64. 减刑后的改造倒退行为是否会削弱法律的公正性和权威性？	判刑 1 次	1213	1.7	0.8	判刑2次	判刑3次及以上	0.018
	判刑 2 次	129	1.6	0.7			
	判刑 3 次及以上	52	1.9	0.8			
	合计	1394	1.7	0.8			

本章以真实的实证数据和心理学理论依据全面总结分析了罪犯减刑后改造倒退的消极后果，尤其是深入分析了这些消极后果内在深层的消极心理效应。这些消极心理效应不仅与第二章、第三章影响罪犯减刑后改造倒退的主体原因、主体外原因紧密联系，而且足以引起监狱领导和监狱管教干警对罪犯减刑后改造倒退消极后果的重视。

第五章

不同年龄的罪犯减刑后
改造倒退的差异

年龄是影响一个人很多方面的重要因素，罪犯的犯罪、服刑、减刑后的改造倒退受年龄的影响也很严重。孔子说："三十而立，四十而不惑，五十而知天命，六十而耳顺，七十而从心所欲，不逾矩。"至圣先师总结的人生各年龄段的特点应该在一定程度上也基本符合中年和老年罪犯，但缺乏青年人的特点。

本章研究的不同年龄的减刑罪犯分为三个年龄段，即 18~29 岁的青年减刑罪犯、30~59 岁的中年减刑罪犯、60 岁及以上的老年减刑罪犯。其中 60 岁及以上的老年减刑罪犯中大专、大学本科、研究生文化程度的占 60.4%，所以本章分析的 60 岁及以上的老年减刑罪犯的特点也在一定程度上反映了文化水平较高的老年罪犯的特点。

从表 5-1 选择 A 项的比例可以看出，不同年龄的减刑罪犯对减刑后改造倒退行为种类的认知无显著差异，三个年龄段的减刑罪犯都在 75.7%~80.2%，即减刑后改造松懈是各年龄段绝大多数罪犯的共同看法。

表 5-1　不同年龄的减刑罪犯对减刑后改造倒退行为种类的认知比例差异（N=1394）

（单位：人数/人，百分比/%）

问题	选项	18~29 岁		30~59 岁		60 岁及以上	
		人数	百分比	人数	百分比	人数	百分比
32. 减刑后的服刑人员都会出现下面哪种情况？	A. 改造松懈	208	80.0	782	75.7	81	80.2
	B. 违反监规纪律	39	15.0	168	16.3	16	15.8
	C. 重新犯罪	13	5.0	83	8.0	4	4.0
	合计	260	100	1033	100	101	100

但是在罪犯减刑后改造倒退的时段上不同年龄的减刑罪犯有显著差异，从表5-2选择B项的比例可以看出，青年减刑罪犯有49.6%、中年减刑罪犯有44.6%、老年减刑罪犯有36.6%认为减刑后的罪犯释放前改造松懈，呈现了年龄越大比例越低的递减特点，说明年龄越大的减刑罪犯认为释放前改造松懈的减刑罪犯比例越低。

再看表5-3，青年减刑罪犯与老年减刑罪犯有显著差异，而且不同年龄的减刑罪犯的平均分随着年龄的增长呈现了递增的特点，即年龄越大平均分越高，这与年龄越大的减刑罪犯选择C项比例的人越高、选择A项和B项比例越低是一致的。

表5-2　不同年龄的减刑罪犯对减刑后改造倒退时段的认知比例差异（N=1394）

（单位：人数／人，百分比／%）

问题	选项	18~29 岁		30~59 岁		60 岁及以上	
		人数	百分比	人数	百分比	人数	百分比
31. 减刑后的服刑人员改造情况一般属于下面哪种？	A. 一周至一个月后改造松懈	31	11.9	105	10.2	9	8.9
	B. 释放前改造松懈	129	49.6	461	44.6	37	36.6
	C. 改造没有松懈和倒退	100	38.5	467	45.2	55	54.5
	合计	260	100	1033	100	101	100

表5-3　不同年龄的减刑罪犯对减刑后改造倒退时段的认知差异显著性

问题	年龄	N	M	SD	年龄		P
31. 减刑后的服刑人员改造情况一般属于下面哪种？	18~29 岁	260	2.3	0.7	18~29 岁	60 岁及以上	0.014
	30~59 岁	1033	2.4	0.7			
	60 岁及以上	101	2.5	0.7			
	合计	1394	2.3	0.7			

为什么年龄越大的减刑罪犯认为减刑后改造没有松懈的人越多，或者减刑的罪犯释放前改造倒退者越少呢？笔者认为，这是因为年龄越大的减刑罪犯精力越差、自制力越强、相对越成熟，所以减刑后改造倒退者越少；而越年轻的减刑罪犯精力越旺盛、自制力越弱、相对越不成熟，所以减刑后改造

倒退者越多。这是符合发展心理学各年龄段的心理规律的。看来各年龄段的减刑罪犯基本是根据自身情况和自己的真实想法回答此问题的。

一、影响不同年龄的减刑罪犯减刑后改造倒退的主体原因的差异

（一）不同年龄的减刑罪犯功利性改造动机导致减刑后改造倒退的差异

1. 不同年龄的减刑罪犯为了减刑而积极改造动机的差异

年龄越大的减刑罪犯为了减刑而积极改造的功利性动机越弱

从表5-4选择C项的比例可以看出，18~29岁青年减刑罪犯有55.4%、30~59岁中年减刑罪犯有50.1%、60岁及以上的老年减刑罪犯有45.5%认为积极改造是为了减刑、假释，呈现了年龄越大比例越低的递减特点。

从表5-5看出，18~29岁与30~59岁、与60岁及以上的减刑罪犯都有非常显著的差异，呈现了年龄越大平均分越低的递减特点。

表5-4 不同年龄的减刑罪犯功利性改造动机的比例差异（N=1394）

（单位：人数/人，百分比/%）

问题	选项	18～29岁		30～59岁		60岁及以上	
		人数	百分比	人数	百分比	人数	百分比
1.所有的服刑人员积极改造都是为了减刑、假释吗？	A.不是	17	6.5	156	15.1	19	18.8
	B.不全是	99	38.1	359	34.8	36	35.6
	C.是	144	55.4	518	50.1	46	45.5
	合计	260	100	1033	100	101	100

表5-5 不同年龄的减刑罪犯功利性改造动机的差异显著性

问题	年龄	N	M	SD	年龄		P
1.所有的服刑人员积极改造都是为了减刑、假释吗？	18~29岁	260	2.5	0.6	18~29岁	30~59岁	0.005
	30~59岁	1033	2.4	0.7			
	60岁及以上	101	2.3	0.8		60岁及以上	0.008
	合计	1394	2.4	0.7			

年龄越大的减刑罪犯选择 C 项的比例和平均分都越低的递减特点，说明减刑罪犯年龄越大为了减刑、假释而积极改造的功利性动机越不强烈。这是因为年龄越大的减刑罪犯越感到自己竞争的能力比青年和中年罪犯弱，他们竞争不过中青年罪犯。心理学研究证明，动机的产生需要两个条件，一个是需要必须达到主体清晰意识到的强度，另一个是满足需要的条件，而决定满足需要的条件包括主体自身条件和主体外条件。老年犯自身条件差，直接削弱了他们的功利性改造动机。

而减刑罪犯年纪越轻为了减刑而积极改造的功利性动机越强，这是因为他们自身的体力和精力都有优势，这种优势强化了他们为了减刑而积极改造的功利性改造动机，功利性改造动机必然导致年纪越轻的减刑罪犯减刑后改造倒退者越多。

2. 不同年龄的减刑罪犯减刑后改造积极性的差异

减刑后积极改造的动力，中年减刑罪犯最弱、老年减刑罪犯最强

从表 5-6 选择 A 项和 B 项比例的总和可以看出，18~29 岁的青年减刑罪犯有 57.7%、30~59 岁的中年减刑罪犯有 60.6%、60 岁及以上的老年减刑罪犯有 45.5%，可见，中年减刑罪犯减刑后改造积极性减弱的比例最高、青年减刑罪犯次之、老年罪犯最低。

再看表 5-7，中年减刑罪犯与老年减刑罪犯有显著差异，青年和中年减刑罪犯的平均分相同，二者的平均分都低于老年减刑罪犯。此题平均分越高说明罪犯减刑后积极改造的动力越大。

表 5-6　不同年龄的减刑罪犯减刑后改造积极性的比例差异（ N=1394 ）

（单位：人数 / 人，百分比 / %）

问题	选项	18~29 岁		30~59 岁		60 岁及以上	
		人数	百分比	人数	百分比	人数	百分比
33. 减刑后的服刑人员还有一如既往继续积极改造的动力吗?	A. 没动力	28	10.8	125	12.1	10	9.9
	B. 有动力但不大	122	46.9	501	48.5	36	35.6
	C. 有很大的动力	110	42.3	407	39.4	55	54.5
	合计	260	100	1033	100	101	100

表 5–7 不同年龄的减刑罪犯减刑后改造积极性的差异显著性

问题	年龄	N	M	SD	年龄		P
33. 减刑后的服刑人员还有一如既往继续积极改造的动力吗？	18~29 岁	260	2.3	0.7	30~59 岁	60 岁及以上	0.013
	30~59 岁	1033	2.3	0.7			
	60 岁及以上	101	2.4	0.7			
	合计	1394	2.3	0.7			

为什么青年和中年减刑罪犯减刑后积极改造的动力都低于老年减刑罪犯？笔者认为有四点原因。一是本课题调查的老年减刑罪犯中文化水平高者居多，这使他们的判断能力更强，知道此题选择 C 项是干警最希望的。二是老年减刑罪犯更成熟、更懂得趋利避害，这就决定了他们懂得在回答问题时选择对自己更有利的选项，甚至有一定的掩饰性。三是多数老年罪犯减刑后的积极改造动力应该是生存性改造动机，他们的年龄让他们为了能在监狱更好地生存必须表现积极。四是多数青年和中年减刑罪犯为了减刑而积极改造的功利性动机比老年减刑罪犯强（这在前面已经分析过），因而他们在等待下一次减刑的间歇期积极改造的动力必定减弱，减刑后出现改造松懈者比老年减刑罪犯多。

3. 不同年龄的罪犯减刑后真诚改造动机的差异

从表 5–8 选择 C 项的比例可以看出，青年减刑罪犯有 56.2%、中年减刑罪犯有 46.7%、老年减刑罪犯有 41.6%，呈现了年龄越大比例越低的递减特点。说明年龄越大的减刑罪犯真诚改造的动机越弱。

再看表 5–9 的平均分也呈现了年龄越大平均分越低的递减特点，此题平均分越低真诚改造的动机越弱。而且青年减刑罪犯与中年减刑罪犯、老年减刑罪犯都有非常显著的差异。年龄越大的减刑罪犯平均分越低，说明年龄越大的减刑罪犯真诚改造的动机越弱。

表5-8　不同年龄的减刑罪犯内心真诚改造的比例差异（N=1394）

（单位：人数/人，百分比/%）

问题	选项	18~29岁		30~59岁		60岁及以上	
		人数	百分比	人数	百分比	人数	百分比
3.得到减刑的人都是发自内心真诚地积极改造吗？	A.不是	17	6.5	105	10.2	15	14.9
	B.不全是	97	37.3	446	43.2	44	43.6
	C.是	146	56.2	482	46.7	42	41.6
	合计	260	100	1033	100	101	100

表5-9　不同年龄的减刑罪犯内心真诚改造的差异显著性

问题	年龄	N	M	SD	年龄	P
3.得到减刑的人都是发自内心真诚地积极改造吗？	18~29岁	260	2.5	0.6	18~29岁	30~59岁 0.004
	30~59岁	1033	2.4	0.7		
	60岁及以上	101	2.3	0.7		60岁及以上 0.003
	合计	1394	2.4	0.7		

第3题选择C项的比例和平均分都说明年龄越大的减刑罪犯真诚改造的动机越弱，其原因如下。

第一，年龄越轻的减刑罪犯自身的年龄、身体和心理条件都使他们对未来寄托着希望，而年龄越大的减刑罪犯自身的年龄、身体和心理条件都使他们不敢对未来抱太大的希望，尤其是老年罪犯已日薄西山。心理学研究证明，对未来的希望可以增强个体改变自己的勇气和决心，勇敢地面向新生活；而对未来失望，就会削弱个体改变自己的勇气和决心。

第二，年龄越大的减刑罪犯已有的观念越顽固、接受新事物的可塑性越差，支配他们犯罪的心理不会因为被判刑入狱而很快改变。尤其是多年形成的贪婪欲望和价值观，更不会因为在监狱服刑而很快消失，只是暂时压抑而已，需要慢慢改变。

第三，年龄越大的减刑罪犯心理越复杂、掩饰的能力越强，虽然他们表面上遵守监规纪律，但实际上其内心仍然保留着自己的观点、压抑着自己的欲望。

以上三点原因使年龄越大的减刑罪犯真诚改造的动机越弱。此观点是否与前面的老年减刑罪犯减刑后积极改造的动力最强相互矛盾呢？笔者认为，二者不矛盾，此处强调的是减刑后真诚的积极改造动机，而前面强调的是减刑后积极改造的动力。罪犯积极改造的动力很复杂，由多种动机支配。

第一类是表面的积极改造动机，包括生存性改造动机（温饱、安全、性）；功利性改造动机（为得到实惠，例如减刑、假释、好的处遇等）。这类积极改造动机靠外在激励获得，外在激励包括奖惩激励、物质激励、精神激励、刑事激励。

第二类是真诚的积极改造动机，包括赎罪动机、自尊动机、正确的自我实现动机、亲社会动机等精神性改造动机。这类积极改造动机靠内在激励获得，内在激励包括道德感激励、内疚感激励、补偿心理激励、赎罪感激励、自尊心激励、成就感激励、回报心理激励。

可见，即使有积极改造的动力，也不一定是真诚的积极改造动机。有些老年减刑罪犯就是如此，他们虽然减刑后积极改造的动力比青年和中年减刑罪犯都强，但却不全是真诚的积极改造动机强，相反，他们的真诚积极改造动机比青年和中年减刑罪犯弱。虽然如此，由于老年减刑罪犯中老奸巨猾者较多，他们不真诚的改造动机不一定表现在减刑后改造倒退的行为上。但是我们有了老年减刑罪犯不真诚改造动机者比青年和中年减刑罪犯多的实证数据，就可以在给老年罪犯减刑前注重对他们深层次改造动机的考察，避免他们不真诚的改造动机对青年和中年减刑罪犯产生潜移默化的消极影响。

（二）不同年龄的罪犯减刑后间歇性放松动机导致减刑后改造倒退的差异

1. 不同年龄的罪犯减刑后因骄傲自满心理导致改造倒退的差异

从表 5-10 选择 C 项的比例可以看出，青年减刑罪犯有 3.8%、中年减刑罪犯有 5.8%、老年减刑罪犯有 4.0% 认为因为减刑后有骄傲自满心理而放弃继续积极改造，中年减刑罪犯比例稍高。

再看表 5-11，青年减刑罪犯与中年减刑罪犯有显著差异，中年减刑罪犯的平均分高于青年减刑罪犯。此题平均分越高因骄傲自满心理导致减刑后改造倒退越明显。

表 5-10　不同年龄的罪犯减刑后因骄傲自满而改造倒退的比例差异（N=1394）

（单位：人数 / 人，百分比 / %）

问题	选项	18~29 岁		30~59 岁		60 岁及以上	
		人数	百分比	人数	百分比	人数	百分比
11.是否因为减刑后有骄傲自满心理而放弃继续积极改造?	A. 不是	222	85.4	807	78.1	79	78.2
	B. 不全是	28	10.8	166	16.1	18	17.8
	C. 是	10	3.8	60	5.8	4	4.0
	合计	260	100	1033	100	101	100

表 5-11　不同年龄的罪犯减刑后因骄傲自满而改造倒退的差异显著性

问题	年龄	N	M	SD	年龄		P
11.是否因为减刑后有骄傲自满心理而放弃继续积极改造?	18~29 岁	260	1.2	0.5			
	30~59 岁	1033	1.3	0.6	18 ~ 29 岁	30 ~ 59 岁	0.015
	60 岁及以上	101	1.3	0.5			
	合计	1394	1.3	0.5			

虽然第 11 题老年减刑罪犯的平均分与中年减刑罪犯相同，但老年减刑罪犯选择 C 项的比例低于中年减刑罪犯，可见，中年罪犯减刑后因骄傲自满心理使其改造倒退者稍多。这是因为中年减刑罪犯自身的身体和心理条件都比青年和老年减刑罪犯有绝对优势，他们在心理上比青年减刑罪犯成熟、经验丰富，身体比青年和老年减刑罪犯健壮。中年罪犯在服刑改造中两头冒尖，或者积极改造冒尖，或者反改造冒尖。减刑的中年罪犯自然是积极改造冒尖了，从表 5-12 看出，不同年龄的减刑罪犯减刑 4 次及以上的比例分别是：青年减刑罪犯有 1.5%、中年减刑罪犯有 16.1%、老年减刑罪犯有 14.9%，中年减刑罪犯减刑 4 次及以上的比例最高。以上原因决定了中年罪犯减刑后因为骄傲自满心理而导致改造倒退者稍多些。

表 5-12　不同年龄的减刑罪犯的减刑次数（*N*=1394）

（单位：人数 / 人，百分比 / %）

减刑次数	18~29 岁		30~59 岁		60 岁及以上	
	人数	百分比	人数	百分比	人数	百分比
减刑 1 次	188	72.3	494	47.8	46	45.5
减刑 2 次	45	17.3	229	22.2	20	19.8
减刑 3 次	23	8.8	144	13.9	20	19.8
减刑 4 次及以上	4	1.5	166	16.1	15	14.9
合计	260	100	1033	100	101	100

2. 不同年龄的减刑罪犯因减刑艰苦引起的身心疲惫而改造倒退的差异

从表 5-13 选择 C 项的比例可以看出，青年减刑罪犯有 4.6%、中年减刑罪犯有 7.1%、老年减刑罪犯有 5.0% 的人因为争取减刑的过程太辛苦而放弃继续积极改造。此题不同年龄的减刑罪犯无显著差异，但中年减刑罪犯选择 C 项的比例最高，说明中年减刑罪犯因为争取减刑的过程太辛苦而放弃继续积极改造的人相对稍多些。

表 5-13　不同年龄的减刑罪犯因减刑辛苦而不再积极改造的比例差异（*N*=1394）

（单位：人数 / 人，百分比 / %）

问题	选项	18~29 岁		30~59 岁		60 岁及以上	
		人数	百分比	人数	百分比	人数	百分比
10. 是否因为争取减刑的过程太辛苦而放弃继续积极改造？	A. 不是	196	75.4	729	70.6	75	74.3
	B. 不确定	52	20.0	231	22.4	21	20.8
	C. 是	12	4.6	73	7.1	5	5.0
	合计	260	100	1033	100	101	100

为何中年减刑罪犯因为争取减刑的过程太辛苦而放弃继续积极改造的人比青年和老年减刑罪犯多？其原因有以下三点。

第一，中年减刑罪犯自身的体力、精力都是最强的，获得减刑的机会也最多，从表 5-12 可以看出，中年罪犯减刑 4 次及以上的有 16.1%，是三个年龄段减刑罪犯中比例最高的。减刑次数多自然要比减刑次数少的罪犯付出的努力多，所以中年减刑罪犯感到争取减刑的过程太辛苦而放弃继续积极改造的人比另外两个年龄段减刑罪犯稍多些也是可以理解的。

第二，中年减刑罪犯的家庭负担最重，他们绝大多数人上有老、下有小，还担心婚姻出现危机。在监狱服刑让他们无法为亲人尽职尽责，使他们角色尽职与角色失职的矛盾心理最强烈，这加重了他们的心理负担。有人研究不同年龄的人幸福感的差别，最终得出的结论呈 U 形，中年人处于 U 形的最低端，即中年人的幸福感最低，这就是因为中年人肩负着事业和家庭的双重压力所致。在事业上中年人年富力强，是工作中的骨干力量；同样中年人也是家庭的顶梁柱。中年减刑罪犯家庭的心理负担重也强化了他们争取减刑过程太辛苦的感觉，因而少数人放弃继续积极改造而出现改造倒退。

第三，中年减刑罪犯的重刑犯相对较多。从表 5-14 看出，本课题调查的10 年以上刑期、无期、死缓的重刑犯在各年龄段的比例分别是：青年减刑罪犯有 61.5%、中年减刑罪犯有 78.4%、老年减刑罪犯有 93.1%。虽然老年减刑罪犯的重刑犯最多，但是由于老年减刑罪犯在监狱的劳动等各种活动中不是主力，况且老年减刑罪犯为了减刑的功利性改造动机没有青年和中年减刑罪犯强烈，所以刑期重也不会使他们心理压力太大。而中年减刑的重刑犯相对较多，为了减刑而积极改造的功利性改造动机者就必然会多，心理压力大者也会随之增多，感到争取减刑的过程太辛苦而放弃继续积极改造者也会增多。

表 5-14　不同年龄减刑罪犯的原判刑期（N=1394）

（单位：人数 / 人，百分比 /%）

原判刑期	18~29 岁		30~59 岁		60 岁及以上	
	人数	百分比	人数	百分比	人数	百分比
5 年以下	16	6.2	31	3.0	0	0.0
5 ~ 10 年以下	84	32.3	192	18.6	7	6.9
10 ~ 20 年	108	41.5	403	39.0	52	51.5
无期	34	13.1	237	22.9	30	29.7
死缓	18	6.9	170	16.5	12	11.9
合计	260	100	1033	100	101	100

（三）不同年龄的减刑罪犯因恶习难改导致减刑后改造倒退的差异

1. 不同年龄的减刑罪犯因不良习惯导致减刑后改造倒退的差异

从表 5-15 选择 C 项的比例可以看出，青年减刑罪犯有 10.8%、中年减刑罪犯有 11.3%、老年减刑罪犯有 5.0% 的人因为不良习惯还会"旧病复发"而违反监规。中年减刑罪犯比例最高，老年减刑罪犯比例最低。

再看表 5-16 的平均分，中年减刑罪犯最高，老年减刑罪犯最低，而且中年减刑罪犯与老年减刑罪犯有显著差异。此题平均分越低表明减刑后因不良习惯导致"旧病复发"而违反监规的人越少。

表 5-15　不同年龄的减刑罪犯因恶习难改而改造倒退的比例差异（N=1394）

（单位：人数 / 人，百分比 /%）

问题	选项	18~29 岁		30~59 岁		60 岁及以上	
		人数	百分比	人数	百分比	人数	百分比
12. 你做了很大努力才克制自己的不良习惯得到了减刑，但有时还会"旧病复发"而违反监规吗？	A. 不是	175	67.3	651	63.0	74	73.3
	B. 不全是	57	21.9	265	25.7	22	21.8
	C. 是	28	10.8	117	11.3	5	5.0
	合计	260	100	1033	100	101	100

表 5-16　不同年龄的减刑罪犯因恶习难改而改造倒退的差异显著性

问题	年龄	N	M	SD	年龄		P
12. 你做了很大努力才克制自己的不良习惯得到了减刑，但有时还会"旧病复发"而违反监规吗？	18~29 岁	260	1.4	0.7	30~59 岁	60 岁及以上	0.019
	30~59 岁	1033	1.5	0.7			
	60 岁及以上	101	1.3	0.6			
	合计	1394	1.5	0.7			

第 12 题选择 C 项的比例和平均分都是老年减刑罪犯最低，中年减刑罪犯最高，说明老年罪犯减刑后因不良习惯导致"旧病复发"而违反监规的人最少，而中年罪犯减刑后因不良习惯导致"旧病复发"而违反监规的人最多。具体原因分析如下。

（1）老年罪犯减刑后因不良习惯导致"旧病复发"而违反监规的人最少

第一，老年减刑罪犯的自身精力不足，使他们不敢太折腾，因而即使是有不良习惯的老年罪犯减刑后也会努力约束自己，不去违反监规。

第二，本课题调查的老年减刑罪犯中贪污受贿等职务犯罪的罪犯较多，大专、大学本科、研究生文化程度的老年减刑罪犯占60.4%，他们的自我约束能力较强，不良习惯较少，所以减刑后因不良习惯而违反监规的人自然比青年和中年减刑罪犯少。

（2）中年罪犯减刑后因不良习惯导致"旧病复发"而违反监规的人最多

这主要是因为中年减刑罪犯中累犯比例最高。从表5-17看出，本课题调查的判刑2次及以上的累犯在不同年龄的减刑罪犯中的比例分别是：青年减刑罪犯有6.5%、中年减刑罪犯有15.1%、老年减刑罪犯有8.0%。可见，中年减刑罪犯中的累犯比例最高。导致中年减刑累犯减刑后违规者相对较多的原因有以下三点。

表5-17　不同年龄减刑罪犯的犯罪经历（N=1394）

（单位：人数/人，百分比/%）

判刑次数	18~29岁		30~59岁		60岁及以上	
	人数	百分比	人数	百分比	人数	百分比
判刑1次	243	93.5	877	84.9	93	92.1
判刑2次	11	4.2	113	10.9	5	5.0
判刑3次及以上	6	2.3	43	4.2	3	3.0
合计	260	100	1033	100	101	100

第一，累犯的不良习惯极易使他们违反监规。从图5-1（a）可以看出，判刑次数越多的罪犯平均分越高，说明累犯童年的不良习惯明显比初犯严重。习惯也称为癖，癖具有有意性和无意性的特征。癖的有意性是忍不住，癖的无意性是不知不觉，中年的减刑累犯对自己的不良习惯克制不住，甚至会在遇到诱发性刺激时不知不觉地"旧病复发"，违反监规，导致减刑后改造倒退。

第二，累犯的法律意识淡漠使他们无视监规。笔者另一个课题调查得到的实证数据证明，重新犯罪者具有粗略肤浅的法律认识，但犯罪次数越多的罪犯自我否定性法律情感相对越轻、法律意志越薄弱、对法律的信任度越低。[①]从图5-1（b）可以看出，判刑次数越多的罪犯平均分越低，平均分越低法律意识越淡漠，说明累犯的法律意识淡漠，中年减刑累犯也会因此而违反监规，出现减刑后改造倒退。

第三，累犯冲动和暴力倾向的人格特征使他们难以自控。从图5-1（c）和图5-1（d）可以看出，判刑次数越多的罪犯平均分越高，证明累犯的冲动性和暴力倾向都明显高于初犯，这两种人格特征都是中年的减刑累犯极易违反监规的重要因素。

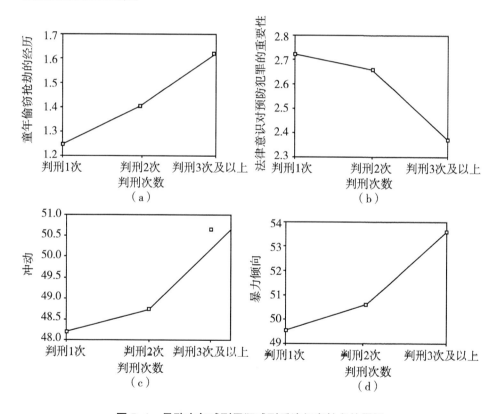

图 5-1　导致中年减刑累犯减刑后违规者较多的原因

① 张雅凤：《罪犯的罪行与危害社会心理恶性程度的相关性探索》，法律出版社 2016 年版，第 209 页。

2. 不同年龄的减刑罪犯积极改造是为了早日回归社会重操旧业的差异

表5–18 第 4 题不同年龄的减刑罪犯的回答无显著差异，但是从此题选择 C 项的比例，青年减刑罪犯有 10.0%、中年减刑罪犯有 10.2%、老年减刑罪犯有 8.9%。明显看出青年和中年减刑罪犯认为积极改造获得减刑是为了早日回归社会后重操旧业的人比老年减刑罪犯稍多。

表5–18 不同年龄的减刑罪犯对减刑是为了早日回归社会重操旧业的认知比例差异（N=1394）

（单位：人数 / 人，百分比 /%）

问题	选项	18~29 岁		30~59 岁		60 岁及以上	
		人数	百分比	人数	百分比	人数	百分比
4. 有些服刑人员积极改造获得减刑是为了早日回归社会后重操旧业吗？	A. 不是	154	59.2	634	61.4	56	55.4
	B. 不全是	80	30.8	294	28.5	36	35.6
	C. 是	26	10.0	105	10.2	9	8.9
	合计	260	100	1033	100	101	100

为什么青年和中年减刑罪犯认为积极改造获得减刑是为了早日回归社会后重操旧业的人比老年减刑罪犯多？其原因如下。

第一，青年减刑罪犯的年龄决定了其冲动性强。冲动性会使他们思虑不周，这就为他们回归社会后重操旧业埋下了隐患。虽然表 6–17 中青年减刑罪犯的累犯比例最低，但他们仅比老年减刑罪犯中的累犯低 1.5 个百分点，而他们的冲动性会使其人年龄少能量大。所以下面两个原因还会因为他们的冲动性而得到强化。

第二，青年和中年减刑罪犯中累犯的不良习惯。前面分析的中年减刑累犯因不良习惯导致违反监规的原因也都是青年和中年减刑罪犯回归社会重操旧业的原因，而积极改造是为了早日回归社会重操旧业的动机具有很强的危险性，所以青年和中年减刑罪犯中累犯的犯罪习惯顽固、法律意识淡漠、冲动和暴力倾向的人格特征对他们为了早日回归社会重操旧业的动机起了决定性作用。

第三，青年和中年减刑罪犯中累犯的犯罪思维和对未来生活的幻想性。从图 5–2 可以看出，判刑次数越多的罪犯平均分越高，说明判刑次数越多的罪犯犯罪思维越严重、对未来生活的幻想性越强。犯罪思维严重的罪犯唯利是图、自私自利、存在侥幸心理、胆大妄为、不择手段、虚假不诚、自律不严等。幻想性高容易使罪犯对自己的生活具有不切实际的空想，产生膨胀的需要，而自己的能力又无法以合理的手段满足这些需要，于是就以犯罪的手段满足，甚至重新犯罪。

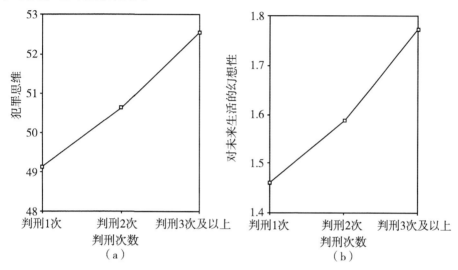

图 5-2　犯罪思维和对未来生活的幻想性与判刑次数的关系

（四）不同年龄的减刑罪犯因自我调控能力差导致减刑后改造倒退的差异

1. 不同年龄的减刑罪犯意志的自我调控能力差导致减刑后改造倒退的差异

（1）不同年龄的减刑罪犯对情绪的自我调控能力差导致减刑后改造倒退的差异。

老年减刑罪犯对情绪的自我调控能力比青年和中年减刑罪犯强

从表 5-19 第 14 题选择 C 项的比例可以看出，青年减刑罪犯有 6.9%、中年减刑罪犯有 7.9%、老年减刑罪犯有 3.0% 的人减刑后因无法控制自己的情绪而经常与人发生矛盾导致违反监规。而此题选择 A 项的比例却呈现年龄越大的减刑罪犯比例越高的递增特征。说明青年和中年减刑罪犯对情绪的自我调控能力明显比老年减刑罪犯差。

从表 5-19 第 19 题选择 B 项和 C 项的比例总和可以看出，青年减刑罪犯有 45.0%、中年减刑罪犯有 42.0%、老年减刑罪犯有 27.8% 的人与其他罪犯发生矛盾冲突时会使用暴力解决问题，呈现了年龄越大的减刑罪犯选择 B、C 项的比例越低的递减特征。而此题选择 A 项的比例却呈现年龄越大比例越高的递增特征。说明青年和中年减刑罪犯对情绪的自我调控能力明显比老年减刑罪犯差。

从表 5-19 第 23 题选择 A 项和 B 项的比例总和可以看出，青年减刑罪犯有 26.1%、中年减刑罪犯有 25.8%、老年减刑罪犯有 13.9% 的人因友谊观不理智而使情绪失控，呈现了年龄越大的减刑罪犯比例越低的递减特征。而此题选择 C 项的比例分别是：青年减刑罪犯有 73.8%、中年减刑罪犯有 74.2%、老年减刑罪犯有 86.1%，C 项比例呈现年龄越大的减刑罪犯比例越高的递增特征，说明青年和中年减刑罪犯对情绪的自我调控能力明显比老年减刑罪犯差。

从表 5-20 看出，以上三道题老年减刑罪犯与青年减刑罪犯、中年减刑罪犯都有显著差异或非常显著的差异。第 14 题和 19 题老年减刑罪犯的平均分最低，这两道题平均分越低表明对情绪的自我调控能力越强；而第 23 题老年减刑罪犯的平均分最高，此题平均分越高表明对情绪的自我调控能力越强。

表 5-19　不同年龄的减刑罪犯对情绪的自我调控能力的比例差异（ N=1394 ）

（单位：人数 / 人，百分比 /%）

问题	选项	18~29 岁（N=260）		30~59 岁（N=1033）		60 岁及以上（N=101）	
		人数	百分比	人数	百分比	人数	百分比
14. 你因为在悔罪、劳动、学习等很多方面表现好而得到减刑，却因为无法控制自己的情绪而经常与人发生矛盾导致违反监规吗？	A. 不是	172	66.2	702	68.0	80	79.2
	B. 不全是	70	26.9	249	24.1	18	17.8
	C. 是	18	6.9	82	7.9	3	3.0

问题	选项	18~29 岁（N=260）		30~59 岁（N=1033）		60 岁及以上（N=101）	
		人数	百分比	人数	百分比	人数	百分比
19. 当其他服刑人员与你发生矛盾冲突时，你是否会使用暴力解决问题？	A. 从未有过	143	55.0	599	58.0	73	72.3
	B. 偶尔会	100	38.5	383	37.1	25	24.8
	C. 总是这样	17	6.5	51	4.9	3	3.0
23. 甲的朋友被人打了，把甲叫去，甲不问青红皂白打了朋友的仇人，你如何评价甲的做法？	A. 很够朋友	19	7.3	84	8.1	1	1.0
	B. 可以理解	49	18.8	183	17.7	13	12.9
	C. 问明原因后和平解决	192	73.8	766	74.2	87	86.1

表 5-20　不同年龄的减刑罪犯对情绪的自我调控能力的差异显著性

问题	年龄	N	M	SD	年龄		P
14. 你因为在悔罪、劳动、学习等很多方面表现好而得到减刑，却因为无法控制自己的情绪而经常与人发生矛盾导致违反监规吗？	18~29 岁	260	1.4	0.6	60 岁及以上	18~29 岁	0.019
	30~59 岁	1033	1.4	0.6			
	60 岁及以上	101	1.2	0.5		30~59 岁	0.012
	合计	1394	1.4	0.6			
19. 当其他服刑人员与你发生矛盾冲突时，你是否会使用暴力解决问题？	18~29 岁	260	1.5	0.6	60 岁及以上	18~29 岁	0.003
	30~59 岁	1033	1.5	0.6			
	60 岁及以上	101	1.3	0.5		30~59 岁	0.008
	合计	1394	1.5	0.6			
23. 甲的朋友被人打了，把甲叫去，甲不问青红皂白打了朋友的仇人，你如何评价甲的做法？	18~29 岁	260	2.7	0.6	60 岁及以上	18~29 岁	0.009
	30~59 岁	1033	2.7	0.6			
	60 岁及以上	101	2.9	0.4		30~59 岁	0.003
	合计	1394	2.7	0.5			

　　以上第 14、19、23 三道题选择各项的比例和平均分都证明老年减刑罪犯对情绪的自我调控能力明显比青年和中年减刑罪犯强。即青年和中年减刑罪犯因

为对情绪的自我调控能力差而导致减刑后改造倒退的人明显比老年减刑罪犯多。

（2）不同年龄的减刑罪犯关于意志对释放后重新犯罪影响的认知差异

年纪越轻的减刑罪犯因自制力和分辨能力差而重新犯罪者比例越高。

不同年龄的减刑罪犯在表 5-21 选择 C 项的比例都是三个选项中比例最高的，从 C 项比例看出，青年减刑罪犯有 61.5%、中年减刑罪犯有 56.0%、老年减刑罪犯有 45.5% 认为减刑后的罪犯释放后重新犯罪是因为自制力和分辨能力差，呈现了年龄越大比例越低的递减特征。

再看表 5-22，青年减刑罪犯与老年减刑罪犯有显著差异，而且呈现出年龄越大的减刑罪犯平均分越低的递减特征。

第 27 题选择 C 项的比例和平均分都说明年龄越轻的减刑罪犯认为减刑的罪犯释放后重新犯罪是因为自制力和分辨能力差的人越多。实际上这反映了他们自己的情况，因为罪犯是根据自己的想法回答问题的，这在心理学上叫投射法，即"以己度人"。可见，年龄越轻的减刑罪犯释放后因为自制力和分辨能力差而重新犯罪的人越多。

表 5-21 不同年龄的减刑罪犯关于意志对释放后重新犯罪影响的认知比例差异（ N=1394 ）

（单位：人数 / 人，百分比 / %）

问题	选项	18~29 岁		30~59 岁		60 岁及以上	
		人数	百分比	人数	百分比	人数	百分比
27. 为什么有些多次减刑的服刑人员释放后重新犯罪，哪个选项是主要原因？	A. 积极改造的动机虚假	38	14.6	181	17.5	18	17.8
	B. 法律意识淡漠	62	23.8	274	26.5	37	36.6
	C. 自制力和分辨能力差	160	61.5	578	56.0	46	45.5
	合计	260	100	1033	100	101	100

表 5-22 不同年龄的减刑罪犯关于意志对释放后重新犯罪影响的认知差异显著性

问题	年龄	N	M	SD	年龄		P
27. 为什么有些多次减刑的服刑人员释放后重新犯罪，哪个选项是主要原因？	18~29 岁	260	2.5	0.7	18~29 岁	60 岁及以上	0.031
	30~59 岁	1033	2.4	0.8			
	60 岁及以上	101	2.3	0.7			
	合计	1394	2.4	0.8			

以上从情绪的自我调控能力、释放后因为自制力和分辨能力差而重新犯罪这两个方面分析了不同年龄的减刑罪犯意志的自我调控能力差导致改造倒退的差异，两方面都呈现了相同的结果，即青年和中年减刑罪犯明显比老年减刑罪犯意志的自我调控能力差。

2. 不同年龄的减刑罪犯因抗御诱惑和延迟满足能力差导致减刑后改造倒退的差异

（1）不同年龄的减刑罪犯抗御诱惑能力差导致减刑后改造倒退的差异

从表 5-23 选择 C 项的比例可以看出，青年减刑罪犯有 72.3%、中年减刑罪犯有 74.1%、老年减刑罪犯有 80.2% 的人选择了此项，呈现了年龄越大比例越高的递增特点。虽然第 25 题三个年龄段的减刑罪犯无显著差异，但是从图 5-3 可以看出，年龄越大的减刑罪犯平均分越高，也呈现了年龄越大分数越高的递增特点，说明年龄越大的减刑罪犯中抗御诱惑的能力强的人越多。

再看此题选择 A 项和 B 项比例的总和，青年减刑罪犯有 27.7%、中年减刑罪犯有 25.9%、老年减刑罪犯有 19.8%，呈现了年纪越轻比例越高的特点，即年纪越轻的减刑罪犯抗御诱惑的能力差的人越多。

表 5-23　不同年龄的减刑罪犯抗御诱惑的比例差异（N=1394）

（单位：人数 / 人，百分比 /%）

问题	选项	18~29 岁		30~59 岁		60 岁及以上	
		人数	百分比	人数	百分比	人数	百分比
25. 某人生活已经比较舒适，但别人想利用他的权力办私事，便给他大力送礼，他该怎么做？（抗御诱惑能力）	A. 欣然接受	21	8.1	90	8.7	4	4.0
	B. 拒绝不了就接受	51	19.6	178	17.2	16	15.8
	C. 坚决拒绝	188	72.3	765	74.1	81	80.2
	合计	260	100	1033	100	101	100

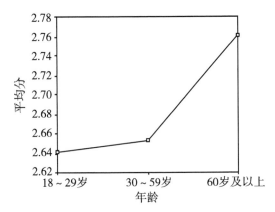

图 5-3　不同年龄的减刑罪犯回答第 25 题平均分

从第 25 题选择各项的比例和平均分可以看出，年龄越大的减刑罪犯抗御诱惑能力强的人越多，而年纪越轻的减刑罪犯抗御诱惑能力差的人越多。其原因有以下两点。

第一，不同年龄的减刑罪犯对问题的适合度造成的。第 25 题明显很适合贪污受贿等职务类罪犯回答，而这类罪犯多数是老年犯。本课题调查的贪污受贿等职务类减刑罪犯占老年减刑罪犯的 45.5%，他们接受了自己犯罪被判刑的教训，所以他们选择 C 项（坚决拒绝）的人多。而青年和中年减刑罪犯在以权谋私方面的甜头和遭受惩罚的体会不深，他们只能凭着自己的真实想法回答问题。这样看来，对此题来说，年龄越大的减刑罪犯抗御诱惑能力强的人越多是很正常的。

第二，不同年龄的减刑罪犯文化水平的差异造成的。虽然老年减刑罪犯犯罪时因抗御诱惑能力不强导致他们贪污、受贿等犯罪，但他们自身的文化素质普遍较高使他们比文化水平低的罪犯自我调控能力强。从表 5-24 看出，本课题调查的减刑罪犯大专、大学本科、研究生文化水平的分别占各年龄段减刑罪犯的比例是：青年减刑罪犯有 3.8%、中年减刑罪犯有 18.3%、老年减刑罪犯有 60.4%，呈现了年龄越大比例越高的递增特点。老年减刑罪犯中文化水平高者比青年和中年减刑罪犯多很多，这使他们被判刑入狱后醒悟和接受教训都很快，思维清晰，善于回答对自己有利的问题，可能还具有一定的掩饰性。而从表 5-24 看出，不同年龄的减刑罪犯中初中及以下文化水平的分别占各年龄段减刑罪犯的比例是：青年减刑罪犯有 75.8%、中年减刑罪犯有 62.6%、老年减刑罪犯有 32.7%，呈现了年龄越大比例越低的递减特点。青年和中年减刑罪犯中初中及以下低文化水平者比老年减刑罪犯多很多，这使他们回答问题时更直白，没有掩饰性。

心理学研究表明，文化水平高者比文化水平低者的抗御诱惑能力本来就强，因为文化水平高者丰富的文化知识使他们思维的广阔性、深刻性、灵活性、敏捷性、独立性、批判性更强，这种高水平的思维又会使他们的自我调控能力更强；而文化水平低者，思考问题狭窄、肤浅、迟钝、盲目受暗示，在关键时刻就会因自我调控不当而犯罪或者减刑后改造倒退。抗御诱惑能力是自我调控能力的一部分，青年和中年减刑罪犯多数人的文化层次偏低，就会使他们缺乏判断力，在行为选择过程中缺乏理性，导致他们抗御诱惑能力薄弱，当他们减刑后遇到物质奖励、好的处遇等利益而得不到时，就会因为抗御诱惑能力差或者不择手段去得到，或者出现减刑后改造倒退。

表 5-24　不同年龄的减刑罪犯的文化程度（N=1394）

（单位：人数 / 人，百分比 /%）

文化程度	18~29 岁		30~59 岁		60 岁及以上	
	人数	百分比	人数	百分比	人数	百分比
小学及以下	61	23.5	260	25.2	18	17.8
初中	136	52.3	387	37.5	15	14.9
高中或中专	53	20.4	197	19.1	7	6.9
大专	7	2.7	76	7.4	26	25.7
大学本科、研究生	3	1.1	113	10.9	35	34.7
合计	260	100	1033	100	101	100

（2）不同年龄的减刑罪犯延迟满足能力差导致减刑后改造倒退的差异

从表 5-25 选择 A 项和 B 项的比例总和可以看出，青年减刑罪犯有 48.4%、中年减刑罪犯有 52.8%、老年减刑罪犯有 66.3% 的人延迟满足的能力薄弱，呈现了年龄越大比例越高的递增特点；而此题选择 C 项的比例却呈现了年龄越大比例越低的递减特点。这都说明年龄越大的减刑罪犯延迟满足的能力越差。

再看表 5-26，老年减刑罪犯与青年减刑罪犯、中年减刑罪犯都有显著差异，老年减刑罪犯的平均分比青年和中年减刑罪犯都低，此题平均分越低表明延迟满足的能力越差，可见，老年减刑罪犯延迟满足的能力最差。

表 5-25　不同年龄的减刑罪犯延迟满足能力的比例差异（N=1394）

（单位：人数/人，百分比/%）

问题	选项	18~29 岁		30~59 岁		60 岁及以上	
		人数	百分比	人数	百分比	人数	百分比
26. 当你特别想得到某物，而且唾手可得，但有人告诉你，等一段时间除了得到此物之外，还会得到更多的奖励，你会怎样？（延迟满足能力）	A.不要别的奖励，马上就要此物	70	26.9	323	31.3	39	38.6
	B.等待更多的奖励，但很焦虑	56	21.5	222	21.5	28	27.7
	C.很耐心地等待更多的奖励	134	51.5	488	47.2	34	33.7
	合计	260	100	1033	100	101	100

表 5-26　不同年龄的减刑罪犯延迟满足能力的差异显著性

问题	年龄	N	M	SD	年龄		P
26. 当你特别想得到某物，而且唾手可得，但有人告诉你，等一段时间除了得到此物之外，还会得到更多的奖励，你会怎样？（延迟满足能力）	18~29 岁	260	2.2	0.9	60 岁及以上	18~29 岁	0.004
	30~59 岁	1033	2.2	0.9			
	60 岁及以上	101	2.0	0.9		30~59 岁	0.021
	合计	1394	2.2	0.9			

　　第 26 题选择各项的比例和平均分都说明年龄越大的减刑罪犯延迟满足的能力越差，这与第 25 题年龄越大的减刑罪犯抗御诱惑的能力越强恰恰相反，从图 5-3 和图 5-4 更能直观地看出二者的完全相反。

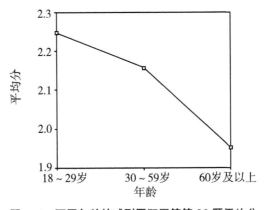

图 5-4　不同年龄的减刑罪犯回答第 26 题平均分

为何不同年龄的减刑罪犯抗御诱惑能力与延迟满足能力的规律完全相反呢？笔者认为有以下两点原因。

第一，这是不同年龄的减刑罪犯的年龄决定的。年龄越大的减刑罪犯越不想等待，老年犯尤其明显。因为在他们的有生之年里来日已经不多了，尤其是在监狱这种被囚禁的环境中，未来怎样他们不敢想象。所以他们不想延迟满足，而是想马上满足。

第二，这是不同年龄的减刑罪犯的刑期决定的。表 5-14 显示，本课题调查的 10 年以上刑期、无期、死缓的重刑犯在各年龄段的比例分别是：青年减刑罪犯有 61.5%、中年减刑罪犯有 78.4%、老年减刑罪犯有 93.1%，呈现了年龄越大重刑犯比例越高的递增特点。其中判处无期徒刑和死缓的罪犯比例分别是：青年减刑罪犯有 20.0%、中年减刑罪犯有 39.4%、老年减刑罪犯有 41.6%，也呈现了年龄越大判处无期徒刑和死缓的比例越高的递增特点。重刑犯服刑心理压力大，对未来悲观失望的情绪严重，即使有减刑的诱惑，但是对于获得自由的目标遥遥无期，他们也是望洋兴叹。管理心理学研究证明，目标太遥远对个体激励作用不大，所以，重刑犯一旦遇到可以满足自己某种需要的事物，就会刺激他们的此种需要更强烈，并想马上满足。就像饿了很久的人，遇到了食物，他会不顾一切地去得到食物并马上吃掉。为了立刻满足某种需要，减刑的重刑犯甚至会违反监规，导致减刑后改造倒退，就是因为他们延迟满足的能力差。

（五）不同年龄的减刑罪犯对挫折的正向心理承受能力差导致减刑后改造倒退的差异

青年和中年减刑罪犯对挫折的正向心理承受能力差者比老年减刑罪犯多。

从表 5-27 选择 C 项的比例可以看出，青年减刑罪犯有 7.7%、中年减刑罪犯有 8.1%、老年减刑罪犯有 4.0% 对挫折的理性或正向心理承受能力不强。可见，青年和中年减刑罪犯对挫折的理性心理承受能力不强的比例明显高于老年减刑罪犯。主要表现在挫折后缺乏正向自信和缺乏明确目标上。

表 5-27 不同年龄的减刑罪犯对挫折的正向心理承受能力的比例差异（N=1394）

（单位：人数／人，百分比／%）

问题	选项	18~29 岁		30~59 岁		60 岁及以上	
		人数	百分比	人数	百分比	人数	百分比
18. 你对挫折的理性心理承受能力是否很强？	A. 很强	99	38.1	362	35.0	41	40.6
	B. 一般	141	54.2	587	56.8	56	55.4
	C. 不强	20	7.7	84	8.1	4	4.0
	合计	260	100	1033	100	101	100

1. 不同年龄的减刑罪犯挫折后缺乏正向自信的差异

青年和中年减刑罪犯挫折后缺乏正向自信者比老年减刑罪犯多

从表 5-28 选择 A 项的比例可以看出，青年减刑罪犯有 66.5%、中年减刑罪犯有 66.9%、老年减刑罪犯有 77.2% 挫折后有正向自信，青年和中年减刑罪犯差别极小，老年减刑罪犯明显高于青年和中年减刑罪犯。而从此题选择 C 项的比例可以看出，青年减刑罪犯有 6.9%、中年减刑罪犯有 9.1%、老年减刑罪犯有 2.0% 挫折后缺乏正向自信，可见，青年和中年减刑罪犯挫折后缺乏正向自信的比例明显高于老年减刑罪犯。

再看表 5-29，老年减刑罪犯与青年减刑罪犯、与中年减刑罪犯都有显著差异，青年和中年减刑罪犯平均分相同，老年减刑罪犯的平均分低于青年和中年减刑罪犯，此题平均分越低表明挫折后正向自信越强，这与三类被调查者中老年减刑罪犯选择 A 项的比例最高是一致的。

表 5-28 不同年龄的减刑罪犯缺乏正向自信的比例差异（N=1394）

（单位：人数／人，百分比／%）

问题	选项	18~29 岁		30~59 岁		60 岁及以上	
		人数	百分比	人数	百分比	人数	百分比
16. 你认为自己做事持之以恒、有自信吗？	A. 是	173	66.5	691	66.9	78	77.2
	B. 不确定	69	26.5	248	24.0	21	20.8
	C. 不是	18	6.9	94	9.1	2	2.0
	合计	260	100	1033	100	101	100

表 5-29　不同年龄的减刑罪犯缺乏正向自信的差异显著性

问题	年龄	N	M	SD	年龄		P
16. 你认为自己做事持之以恒、有自信吗？	18~29 岁	260	1.4	0.6	60 岁及以上	18~29 岁	0.036
	30~59 岁	1033	1.4	0.7			
	60 岁及以上	101	1.2	0.5		30~59 岁	0.008
	合计	1394	1.4	0.6			

2. 不同年龄的减刑罪犯挫折后缺乏明确目标的差异

虽然表 5-30 选择 A 项的不同年龄的减刑罪犯比例都较高，在 70.3%~79.2%，但从选择 C 项的比例可以看出，青年减刑罪犯有 3.8%、中年减刑罪犯有 6.0%、老年减刑罪犯有 4.0% 挫折后无明确目标，中年减刑罪犯选择 C 项的比例最高。虽然人数不多，但也能说明有极少数减刑罪犯做事没有明确目标。

再看表 5-31，青年减刑罪犯与中年减刑罪犯有非常显著的差异，青年减刑罪犯平均分最高，此题平均分越高代表做事缺乏明确目标的人越多。当然，三个年龄段的减刑罪犯平均分都不高，最高的中年减刑罪犯也只有 1.4 分，只能说明他们做事比较缺乏明确目标。

表 5-30　不同年龄的减刑罪犯挫折后具有明确目标的比例差异（N=1394）

（单位：人数 / 人，百分比 /%）

问题	选项	18~29 岁		30~59 岁		60 岁及以上	
		人数	百分比	人数	百分比	人数	百分比
15. 你认为自己做事目标明确吗？	A. 是	206	79.2	726	70.3	76	75.2
	B. 不确定	44	16.9	245	23.7	21	20.8
	C. 不是	10	3.8	62	6.0	4	4.0
	合计	260	100	1033	100	101	100

表 5-31　不同年龄的减刑罪犯挫折后具有明确目标的差异显著性

问题	年龄	N	M	SD	年龄		P
15. 你认为自己做事目标明确吗?	18~29 岁	260	1.2	0.5	18~29 岁	30~59 岁	0.005
	30~59 岁	1033	1.4	0.6			
	60 岁以上	101	1.3	0.5			
	合计	1394	1.3	0.6			

根据第 18、16、15 题的数据可以得出, 青年和中年减刑罪犯对挫折的正向心理承受力差者比老年减刑罪犯相对多, 主要表现在缺乏正向自信和缺乏明确目标上。究其原因, 主要还是因为本课题调查的青年和中年减刑罪犯没有老年减刑罪犯的文化水平高。关于文化水平对罪犯减刑后改造倒退的影响前面已经详细分析, 此处不再赘述。

(六) 不同年龄的减刑罪犯减刑的内心期望值大于实际减刑幅度导致减刑后改造倒退的差异

1. 不同年龄的减刑罪犯对减刑幅度不能满足自己需要的差异

从表 5-32 选择 C 项的比例可以看出, 青年减刑罪犯有 24.2%、中年减刑罪犯有 28.8%、老年减刑罪犯有 14.9% 对自己的减刑结果不满意, 青年和中年减刑罪犯的比例明显高于老年减刑罪犯。

再看表 5-33, 中年减刑罪犯与老年减刑罪犯有非常显著的差异, 平均分从高到低的排序是中年、青年、老年, 中年减刑罪犯的平均分最高, 此题平均分越高对自己的减刑结果不满意者越多。

表 5-32　不同年龄的减刑罪犯减刑的内心期望值与实际减刑幅度的认知比例差异(N=1394)

(单位: 人数 / 人, 百分比 /%)

问题	选项	18~29 岁		30~59 岁		60 岁及以上	
		人数	百分比	人数	百分比	人数	百分比
28. 多数服刑人员对自己的减刑结果是否满意?	A. 满意	86	33.1	291	28.2	37	36.6
	B. 不确定	111	42.7	444	43.0	49	48.5
	C. 不满意	63	24.2	298	28.8	15	14.9
	合计	260	100	1033	100	101	100

表 5-33　不同年龄的减刑罪犯减刑的内心期望值与实际减刑幅度的认知差异显著性

问题	年龄	N	M	SD	年龄		P
28. 多数服刑人员对自己的减刑结果是否满意？	18~29 岁	260	1.9	0.8	30~59 岁	60 岁及以上	0.004
	30~59 岁	1033	2.0	0.8			
	60 岁及以上	101	1.8	0.7			
	合计	1394	2.0	0.8			

2. 不同年龄的减刑罪犯关于减刑幅度小于内心期望导致减刑后改造倒退的差异

中年减刑罪犯在减刑幅度小于自己期望时不会再积极改造者最多

不同年龄的减刑罪犯第 30 题平均分无显著差异，但是选择各项的比例还是有差距的，从表 5-34 选择 C 项的比例可以看出，青年减刑罪犯有 6.9%、中年减刑罪犯有 10.4%、老年减刑罪犯有 5.0% 在减刑幅度小于自己内心期望时不会再积极改造，中年减刑罪犯的比例明显高于青年和老年减刑罪犯。

表 5-34　不同年龄的减刑罪犯关于减刑幅度小于自己期望对
改造积极性影响的比例差异（N=1394）

（单位：人数 / 人，百分比 / %）

问题	选项	18~29 岁		30~59 岁		60 岁及以上	
		人数	百分比	人数	百分比	人数	百分比
30. 监狱干警、其他服刑人员的评价或得到的减刑幅度小于你的期望，你会继续积极改造吗？	A. 会	187	71.9	694	67.2	71	70.3
	B. 不确定	55	21.2	232	22.5	25	24.8
	C. 不会	18	6.9	107	10.4	5	5.0
	合计	260	100	1033	100	101	100

从第 28 题和第 30 题的数据可以看出，不同年龄的减刑罪犯关于减刑的内心期望值与实际减刑幅度的差异，在减刑幅度小于内心的期望、不能满足自己的需要时，青年和中年减刑罪犯对自己的减刑结果不满意者稍多；中年减刑罪犯不会再积极改造者最多。这两个方面的原因如下。

第一，青年和中年减刑罪犯的功利性改造动机本来就强，这在前面已经分析过，此处不再赘述。第二，中年减刑罪犯除了功利性改造动机强之外，他们中的累犯也是最多的。累犯意志的两极性突出，即正确意志薄弱、错误意志顽固，这使他们易于适应又易于恶变。由于他们不是第一次服刑，所以他们对监规纪律熟悉，在功利性改造动机支配下能很快地积极适应监狱改造，并得到减刑。然而，一旦减刑的幅度小于他们的期望，中年减刑罪犯中的累犯就不会再积极改造，而是消极适应，出现减刑后改造倒退行为。

二、主体外原因对不同年龄的罪犯减刑后改造倒退的影响差异

（一）监狱因素对不同年龄的减刑罪犯减刑后改造倒退影响的差异

1. 不同年龄的减刑罪犯关于监狱对罪犯减刑评估标准表面化的认知差异

从表5-35第35题选择A项的比例可以看出，青年减刑罪犯有8.8%、中年减刑罪犯有10.5%、老年减刑罪犯有3.0%认为减过刑的大多数罪犯的内心改造质量差，老年减刑罪犯的比例明显低于青年和中年减刑罪犯。

而从此题选择C项的比例可以看出，青年减刑罪犯有36.9%、中年减刑罪犯有40.9%、老年减刑罪犯有48.5%认为减过刑的大多数罪犯的内心改造质量很好，呈现了年龄越大比例越高的递增特点。把A项和C项的比例做比较后得出的结论是：青年和中年减刑罪犯认为减过刑的大多数罪犯的内心改造质量差的相对多些；而老年减刑罪犯认为减过刑的大多数罪犯的内心改造质量很好的较多。

再看表5-36第35题，老年减刑罪犯与青年减刑罪犯、与中年减刑罪犯都有显著差异，青年和中年减刑罪犯平均分相同，都低于老年减刑罪犯，老年减刑罪犯的平均分最高，此题平均分越高说明认为减刑罪犯的内心改造质量好的人越多。

从表5-35第37题选择A项的比例可以看出，青年减刑罪犯有26.9%、中年减刑罪犯有29.3%、老年减刑罪犯有33.7%认为监狱机关对罪犯改造表现的评估侧重于表面的行为。呈现了年龄越大比例越高的递增特点。此题选择A项的不同年龄的减刑罪犯之间无显著差异。

从表 5-35 第 38 题选择 C 项的比例可以看出，青年减刑罪犯有 13.5%、中年减刑罪犯有 16.1%、老年减刑罪犯有 13.9% 认为罪犯减刑后出现改造倒退的主要原因之一是监狱机关对减刑的评估不科学。中年减刑罪犯比例最高，即中年减刑罪犯中认为罪犯减刑后出现改造倒退的主要原因之一是监狱机关对减刑的评估不科学的人相对多些。此题不同年龄的减刑罪犯之间无显著差异。

表 5-35　不同年龄的减刑罪犯关于监狱对罪犯减刑评估标准
表面化的认知比例差异（N=1394）

（单位：人数 / 人，百分比 /%）

问题	选项	18~29 岁（N=260）		30~59 岁（N=1033）		60 岁及以上（N=101）	
		人数	百分比	人数	百分比	人数	百分比
35. 你认为减过刑的大多数服刑人员其内心的改造质量怎样？	A. 差	23	8.8	108	10.5	3	3.0
	B. 一般	141	54.2	502	48.6	49	48.5
	C. 很好	96	36.9	423	40.9	49	48.5
37. 监狱机关对服刑人员改造表现的评估侧重于哪方面？	A. 侧重于表面的行为	70	26.9	303	29.3	34	33.7
	B. 侧重于真实的内心	63	24.2	233	22.6	23	22.8
	C. 侧重于内外结合	127	48.8	497	48.1	44	43.6
38. 服刑人员减刑后出现改造倒退的主要原因之一是监狱机关对减刑的评估不科学吗？	A. 不是	90	34.6	379	36.7	23	22.8
	B. 不全是	135	51.9	488	47.2	64	63.4
	C. 是	35	13.5	166	16.1	14	13.9

表 5-36　不同年龄的减刑罪犯关于监狱对罪犯减刑评估标准表面化的认知差异显著性

问题	年龄	N	M	SD	年龄		P
35. 你认为减过刑的大多数服刑人员其内心的改造质量怎样？	18~29 岁	260	2.3	0.6	60 岁及以上	18~29 岁	0.019
	30~59 岁	1033	2.3	0.6			
	60 岁及以上	101	2.5	0.6		30~59 岁	0.024
	合计	1394	2.3	0.6			

根据第 35、37、38 题的数据可以得出，三个年龄段的多数减刑罪犯认为大多数减刑罪犯内心的改造质量是好的，少数人认为大多数减刑罪犯内心的改造质量是差的，青年和中年减刑罪犯认为大多数减刑罪犯内心改造质量差的人数相对多些，而老年减刑罪犯认为大多数减刑罪犯内心改造质量很好的人相对多些。为何会有这种结论？笔者认为，回答问题的是减刑罪犯，他们不可能否定自己，一定认为自己内心的改造质量是好的人比较多，所以出现上述结果是很正常的。

但是与上面的结论矛盾的是，年龄越大的减刑罪犯认为监狱机关对罪犯改造表现的评估侧重于表面行为评估的人数越多；中年减刑罪犯中认为罪犯减刑后出现改造倒退的主要原因之一是监狱机关对减刑的评估不科学的人相对多些。笔者认为，有以下理由证明后面的问题与前面的问题之间矛盾是可以理解的。第一，对监狱机关的评价不同于对自己的评价，罪犯不用顾虑评价低了会委屈自己，因而各年龄段的减刑罪犯应该是按照自己在减刑中的真实体会和想法评价监狱机关的。第二，年龄越大的减刑罪犯看问题应该比年轻的减刑罪犯越全面，所以，年龄越大的减刑罪犯认为监狱对罪犯改造质量评估表面化的人数越多是值得参考的。第三，中年减刑罪犯是改造中的骨干力量，更是减刑罪犯中的主力军，他们减刑的人数和次数都是最多的，所以他们关于监狱对罪犯改造质量评估表面化的评价以及关于监狱机关对减刑的评估不科学是罪犯减刑后改造倒退的主要原因之一的评价是值得参考的。第四，本课题调查的老年减刑罪犯多数是文化水平较高的，他们思考问题比较严谨，减刑人数也不少，因此他们关于监狱对罪犯改造质量评估表面化的评价更是值得参考的。

2. 不同年龄的减刑罪犯关于监狱按监区分配减刑名额的不合理性的认知差异

第 39 题不同年龄的减刑罪犯无显著差异，但是选择各项的比例是有差异的。从表 5-37 选择 C 项的比例可以看出，青年减刑罪犯有 25.4%、中年减刑罪犯 32.3%、老年减刑罪犯有 34.7% 认为监狱以各监区平均分配的方法给罪犯呈报减刑是不合理的，呈现了年龄越大比例越高的递增特点，图 5-5 也呈现了年龄越大平均分越高的递增特点。可见，年龄越大的减刑罪犯中认为监狱以各监区平均分配的方法给罪犯呈报减刑不合理的人越多。

年龄越大的减刑罪犯考虑问题应该越全面，他们有的人可能亲身经历过或耳闻目睹了身边的狱友本来应该减刑的时候却因为本监区分配的名额少而不能减刑的遗憾和心理失衡的感受，所以，他们对监狱以各监区平均分配的方法给罪犯呈报减刑是不合理的评价有参考价值。

表5-37　不同年龄的罪犯对监狱按监区分配减刑名额的不合理性的认知比例差异（N=1394）

（单位：人数／人，百分比／%）

问题	选项	18~29 岁		30~59 岁		60 岁及以上	
		人数	百分比	人数	百分比	人数	百分比
39. 监狱以各监区平均分配的方法给服刑人员呈报减刑是否合理？	A. 合理	92	35.4	331	32.0	27	26.7
	B. 不知道	102	39.2	368	35.6	39	38.6
	C. 不合理	66	25.4	334	32.3	35	34.7
	合计	260	100	1033	100	101	100

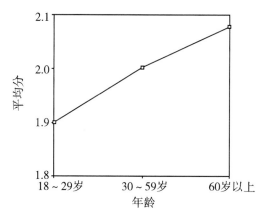

图 5-5　不同年龄减刑罪犯回答第 39 题平均分

3. 不同年龄的减刑罪犯关于监狱改造风气对减刑后罪犯影响的认知差异

（1）监狱改造风气不正对不同年龄减刑罪犯改造倒退的影响差异

不同年龄的减刑罪犯第 40 题无显著差异，但是所选各项的比例有差异。从表 5-38 选择 B 项和 C 项的比例总和可以看出，青年减刑罪犯有 55.8%、中年减刑罪犯有 60.3%、老年减刑罪犯有 66.3% 发现改造表现不如自己的罪犯也得到了减刑使自己内心不服气，呈现了年龄越大比例越高的递增特点。

图 5–6 也呈现了年龄越大平均分越高的递增特点，此题平均分越高说明对不该减刑的罪犯得到减刑内心不服气的人越多。

表 5–38　不同年龄的罪犯对监狱改造风气正不压邪的认知比例差异（*N*=1394）

（单位：人数 / 人，百分比 /%）

问题	选项	18~29 岁		30~59 岁		60 岁及以上	
		人数	百分比	人数	百分比	人数	百分比
40. 你积极改造得到减刑或正在努力争取减刑，却发现改造表现不如你的服刑人员也得到了减刑，此时你会有何想法和行为？	A. 无所谓	115	44.2	410	39.7	34	33.7
	B. 内心不服气，但行为不表现	117	45.0	498	48.2	57	56.4
	C. 内心不服气，行为消极	28	10.8	125	12.1	10	9.9
	合计	260	100	1033	100	101	100

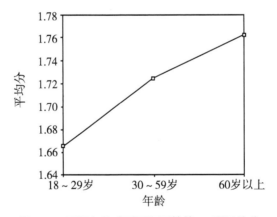

图 5–6　不同年龄减刑罪犯回答第 40 题平均分

第 40 题选择 B、C 两项的比例总和和平均分都说明，让不该减刑的罪犯得到减刑这种监狱改造风气不正让年龄越大的减刑罪犯不服气的人越多，但是同样是内心不服气，有的人不表现在行为上，有的人却表现出消极行为，这就是选择 B 项和 C 项的区别。

第一，此题选择 B 项的比例分别是：青年减刑罪犯有 45.0%、中年减刑罪犯有 48.2%、老年减刑罪犯有 56.4%，呈现了年龄越大比例越高的递增特征。

这一特征体现年龄越大心理越成熟、越隐蔽的特点，年龄越大的减刑罪犯虽然对不该减刑的罪犯得到减刑内心有不服气的情绪，但是他们不表现在行为上，正说明他们内心的隐蔽性，实际上他们内心的不满一定会找到合适的机会发泄出来，这为更严重的消极后果埋下了隐患。

第二，此题选择 C 项的比例分别是：青年减刑罪犯有 10.8%、中年减刑罪犯有 12.1%、老年减刑罪犯有 9.9% 对不该减刑的罪犯得到减刑不仅内心不服气，还表现出消极行为。青年和中年减刑罪犯的比例高于老年减刑罪犯，中年减刑罪犯比例最高。这是因为青年和中年减刑罪犯认为自身的体力和年龄都有优势，而改造不如自己的罪犯却先于自己得到了减刑，这是很不公平的。于是这些认为自己改造表现好的罪犯自然心中不服气，加上他们自我调控情绪的能力较差，就会表现出消极行为，导致减刑后改造倒退。而老年减刑罪犯之所以比青年和中年减刑罪犯对不该减刑的罪犯得到减刑内心不服气又表现出消极行为的人稍少些，是因为老年减刑犯自身的体力和年龄都没有了优势，加上他们对情绪的自我调控能力比青年和中年减刑罪犯强些，即使内心不服气，也能够控制自己，尽量不表现出消极行为。这表现了老年减刑罪犯隐蔽性较强的特点。

（2）不同年龄的减刑罪犯关于监狱干警对关系犯照顾性减刑的司法腐败的认知差异

表 5-39 第 42 题不同年龄的减刑罪犯的平均分无显著差异，但是所选各项的比例有差异。从表 5-39 选择 B 项的比例可以看出，青年减刑罪犯有 44.2%、中年减刑罪犯有 45.0%、老年减刑罪犯有 47.5% 因为监狱干警给改造不如自己的关系犯照顾性减刑而怀疑减刑的严肃性，呈现了年龄越大比例越高的递增特征。

从此题选择 C 项的比例可以看出，青年减刑罪犯有 18.8%、中年减刑罪犯有 20.4%、老年减刑罪犯有 22.8% 因为监狱干警给改造不如自己的关系犯照顾性减刑而削弱了自己的改造积极性，呈现了年龄越大比例越高的递增特征。图 5-7 也呈现了年龄越大平均分越高的递增特点。

第 42 题选择 B、C 两项的比例和平均分都呈现了年龄越大的减刑罪犯因为监狱干警给改造表现不好的关系犯照顾性减刑而怀疑减刑的严肃性并削弱了自己改造积极性的人越多，这是因为年龄越大的减刑罪犯比年轻罪犯对社会腐败了解得越多的原因，尤其是老年减刑罪犯中因自身腐败而犯罪的罪犯较多，他们深知腐败的可恶性，所以他们现在从角色换位的角度对监狱警察的司法腐败更是深恶痛绝。年龄越大的减刑罪犯因此而削弱了自己的改造积极性，导致减刑后改造倒退。

表5-39　不同年龄的减刑罪犯关于监狱干警对关系犯照顾性减刑的认知比例差异（N=1394）

（单位：人数/人，百分比/%）

问题	选项	18~29岁		30~59岁		60岁及以上	
		人数	百分比	人数	百分比	人数	百分比
42.当你靠自己的真诚改造得到过减刑，或正在努力争取继续减刑，却发现改造表现不如自己的服刑人员因为某种关系也得到了减刑时，你会有何想法？	A. 无所谓	96	36.9	357	34.6	30	29.7
	B. 怀疑减刑的严肃性	115	44.2	465	45.0	48	47.5
	C. 削弱了改造积极性	49	18.8	211	20.4	23	22.8
	合计	260	100	1033	100	101	100

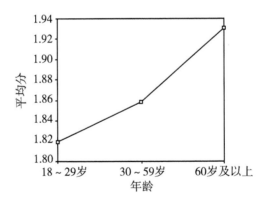

图5-7　不同年龄的减刑罪犯回答第42题的平均分

4. 不同年龄的减刑罪犯因监狱劳动强度太大感到疲劳而改造倒退的差异

从表5-40选择C项的比例可以看出，青年减刑罪犯有15.0%、中年减刑罪犯有12.9%、老年减刑罪犯有5.9%因为监狱劳动强度较大、劳动安全保护措施差感到疲劳而难以长期坚持积极改造，甚至出现减刑后的改造倒退行为，呈现了年龄越大比例越低的递减特征。

再看表 5–41，老年减刑罪犯与青年减刑罪犯、与中年减刑罪犯都有显著差异，也呈现了年龄越大平均分越低的递减特征。此题平均分越低说明因为监狱劳动强度较大、劳动安全保护措施差感到疲劳而出现减刑后改造倒退行为的人越少。而青年和中年减刑罪犯比老年减刑罪犯的平均分都高。

表 5–40　不同年龄的减刑罪犯因监狱劳动强度大感到疲劳而改造倒退的比例差异（ N=1394 ）

（单位：人数／人，百分比／%）

问题	选项	18~29 岁		30~59 岁		60 岁及以上	
		人数	百分比	人数	百分比	人数	百分比
45. 在监狱封闭的环境中劳动是否因为劳动强度较大、劳动安全保护措施差使你感到疲劳而难以长期坚持积极改造，甚至出现减刑后的改造倒退行为？	A. 不是	101	38.8	404	39.1	49	48.5
	B. 不全是	120	46.2	496	48.0	46	45.5
	C. 完全是	39	15.0	133	12.9	6	5.9
	合计	260	100	1033	100	101	100

表 5–41　不同年龄的减刑罪犯因监狱劳动强度大感到疲劳而改造倒退的差异显著性

问题	年龄	N	M	SD	年龄		P
45. 在监狱封闭的环境中劳动是否因为劳动强度较大、劳动安全保护措施差使你感到疲劳而难以长期坚持积极改造，甚至出现减刑后的改造倒退行为？	18~29 岁	260	1.8	0.7	60 岁及以上	18~29 岁	0.018
	30~59 岁	1033	1.7	0.7			
	60 岁及以上	101	1.6	0.6		30~59 岁	0.020
	合计	1394	1.7	0.7			

第 45 题不同年龄减刑罪犯选择 C 项的比例和平均分都说明年龄越大的减刑罪犯因监狱劳动强度大感到疲劳而难以长期坚持积极改造，甚至出现减刑后的改造倒退行为的人数越少，而年纪越轻的减刑罪犯却因此出现改造倒退的人越多。在本章前面分析影响罪犯减刑后改造倒退的主体原因"不同年龄的减刑罪犯因减刑艰苦引起的身心疲惫而改造倒退的差异"时已经分析了中年减刑罪犯因减刑艰苦引起了身心疲惫而改造倒退者偏多的原因。此处中年减刑罪犯的原因与前面的原因相同，只是此处青年减刑罪犯因监

狱劳动强度大感到疲劳而难以长期坚持积极改造，甚至出现减刑后的改造倒退行为的比例比中年减刑罪犯还高，所以，此处再补充青年和中年减刑罪犯共同具有的其他原因。

第一，有些青年和中年减刑罪犯的自我调控能力较差。前面已经分析，青年和中年减刑罪犯的自我调控能力普遍比老年减刑罪犯差，这些人在付出较大的努力获得减刑后，面对监狱强度较大的劳动时，难以克制自己本来就有的好逸恶劳的懒惰习惯，缺乏意志的坚韧性而难以持久地坚持积极改造，就出现减刑后改造倒退行为。

第二，有些青年和中年减刑罪犯对挫折的正向心理承受能力较弱。前面已经分析，青年和中年减刑罪犯对挫折的正向心理承受力普遍比老年减刑罪犯弱，这些人在付出较大的努力后获得减刑，面对监狱强度较大的劳动产生了较强的挫折感，认为自己无法胜任了，被劳动疲惫的烦躁、焦虑、痛苦等否定情绪笼罩着，因而难以持久地坚持积极改造，出现减刑后改造倒退行为。

第三，监狱的劳动种类和劳动强度的原因。以上两点是青年和中年减刑罪犯因监狱艰苦的劳动引起了身心疲惫而改造倒退者偏多的主体原因。然而，不可忽视的是，引起青年和中年减刑罪犯疲劳感重而改造倒退者明显比老年减刑罪犯多的原因中还有监狱的劳动种类和劳动强度。一般来说，由于青年和中年罪犯自身的体力、精力、领悟能力、反应的灵活性都比老年罪犯强得多，所以，监狱重要的劳动岗位基本都安排青年和中年罪犯，这既能保质保量地完成监狱的生产任务，也能更好地体现出青年和中年罪犯的自身价值。但同时也在无形中增加了青年和中年罪犯的心理压力，人类的经验和心理学研究证明，越被重视的人承担的责任也越大，心理压力也越大。又由于青年和中年罪犯争取减刑的功利心理更强，为了减刑他们会更加努力，劳动是获得改造高分、争取减刑的主要项目，因而有些青年和中年减刑罪犯就会感到监狱强度较大的劳动更累，继而难以坚持，导致减刑后改造倒退。

（二）罪犯家庭因素对不同年龄的减刑罪犯减刑后改造倒退影响的差异

1. 年龄越大的减刑罪犯积极改造获得减刑的动力与亲人关心的关系越密切

不同年龄的减刑罪犯第47题无显著差异，但是所选各项的比例有差异。

从表 5-42 选择 C 项的比例可以看出，青年减刑罪犯有 66.9%、中年减刑罪犯有 68.3%、老年减刑罪犯有 72.3% 能有改造的动力甚至得到减刑与亲人的关心有密切关系，呈现了年龄越大比例越高的递增特点。

表 5-42　不同年龄的减刑罪犯家庭对减刑后改造倒退影响的比例差异（N=1394）

（单位：人数 / 人，百分比 /%）

问题	选项	18~29 岁		30~59 岁		60 岁及以上	
		人数	百分比	人数	百分比	人数	百分比
47. 你能有改造的动力甚至得到减刑，与亲人的关心有密切关系吗？	A. 没有关系	36	13.8	122	11.8	16	15.8
	B. 关系一般	50	19.2	205	19.8	12	11.9
	C. 关系密切	174	66.9	706	68.3	73	72.3
	合计	260	100	1033	100	101	100

第 47 题选择 C 项的比例说明，年龄越大的减刑罪犯积极改造获得减刑的动力与亲人关心的关系越密切，这是由不同年龄的减刑罪犯婚姻状况的差异造成的。从表 5-43 看出，已婚减刑罪犯的百分比分别是：青年减刑罪犯有 7.7%、中年减刑罪犯有 48.5%、老年减刑罪犯有 84.2%，呈现了年龄越大比例越高的递增特点，即年龄越大的减刑罪犯已婚者越多。说明年龄越大的减刑罪犯其婚姻越稳定，稳定的婚姻对这些罪犯积极改造甚至获得减刑是很重要的支持动力。尤其是老年减刑罪犯已婚者竟达到了 84.2%，这与本课题调查的老年减刑罪犯多数是贪污、受贿类职务犯罪者较多有关，这类罪犯的配偶一般较少与入狱服刑的罪犯离婚，所以，此类罪犯的婚姻稳定者较多，他们积极改造甚至得到减刑与亲人的关心有密切关系的也最多。

表 5-43　不同年龄的减刑罪犯的婚姻状况（N=1394）

（单位：人数 / 人，百分比 /%）

婚姻状况	18~29 岁		30~59 岁		60 岁以上	
	人数	百分比	人数	百分比	人数	百分比
未婚或丧偶	234	90.0	370	35.8	3	3.0
离婚	6	2.3	162	15.7	13	12.9
已婚	20	7.7	501	48.5	85	84.2
合计	260	100	1033	100	101	100

2. 中年减刑罪犯家庭出现变故对其减刑后改造倒退的影响很大的略多

不同年龄的减刑罪犯第48题无显著差异，但是所选各项的比例有差异。从表5-44第48题选择C项的比例可以看出，青年减刑罪犯有36.9%、中年减刑罪犯有38.4%、老年减刑罪犯有34.7%减刑后家庭出现了变故会直接对他继续积极改造影响很大，在三个年龄段比例差别不大的情况下中年减刑罪犯的比例略高于青年和老年减刑罪犯。

表5-44 不同年龄的减刑罪犯减刑后家庭变故对其改造倒退的影响比例差异（N=1394）

（单位：人数/人，百分比/%）

问题	选项	18~29岁		30~59岁		60岁及以上	
		人数	百分比	人数	百分比	人数	百分比
48.你积极改造有了成绩甚至得到减刑后家庭出现了变故，是否会直接影响你继续积极改造？	A.没有影响	60	23.1	282	27.3	32	31.7
	B.影响一般	104	40.0	354	34.3	34	33.7
	C.影响很大	96	36.9	397	38.4	35	34.7
	合计	260	100	1033	100	101	100

第48题选择C项的比例说明，在三个年龄段差别不大的情况下中年罪犯减刑后家庭出现变故直接对其继续积极改造的影响稍大些。因为中年罪犯的家庭负担最重，他们上有老、下有小，又最担忧婚姻出现危机，所以，家庭的变故对中年罪犯减刑后的改造积极性影响很大者稍多些，调节不好就会导致减刑后改造倒退。例如，罪犯由于惦记亲人而出现下列行为：因情绪焦虑、低落而无心改造，劳动中魂不守舍而出现生产事故，由于情绪烦躁极易与其他犯人发生矛盾冲突、动手打人而被处罚等减刑后改造倒退行为。

三、不同年龄的减刑罪犯对减刑后改造倒退消极后果的认知差异

（一）不同年龄的减刑罪犯关于减刑后改造倒退对减刑者自身消极心理效果的认知差异

不同年龄的减刑罪犯在"减刑后改造倒退会强化减刑者的功利心理和虚伪品德""会使减刑者藐视法律""会强化减刑者懒惰和无恒心的薄弱意志"

等减刑后改造倒退对减刑者本身带来的消极心理效果上都没有显著差异，比例差异也不大，所以在此不赘述。仅在减刑后改造倒退使已减刑罪犯不思进取的认知上有显著差异，具体分析如下。

从表5-45选择C项的比例可以看出，青年减刑罪犯有40.0%、中年减刑罪犯有35.0%、老年减刑罪犯有43.6%认为减刑后的罪犯一旦产生松懈和倒退心理会使他不思进取，中年减刑罪犯的比例相对最低。

再看表5-46，中年减刑罪犯与老年减刑罪犯有显著差异，中年减刑罪犯的平均分最低，这与三类被调查者中中年减刑罪犯选择C项的比例最低是一致的。此题平均分越高说明减刑后的改造倒退使其不思进取的人越多。

表5-45　不同年龄的减刑罪犯关于减刑后改造倒退对减刑者本人
消极影响的认知比例差异（N=1394）

（单位：人数/人，百分比/%）

问题	选项	18~29岁		30~59岁		60岁及以上	
		人数	百分比	人数	百分比	人数	百分比
50.减刑后的服刑人员一旦产生松懈和倒退心理会对他的改造有何影响？	A.没有影响	61	23.5	245	23.7	13	12.9
	B.强制自己改造	95	36.5	426	41.2	44	43.6
	C.不思进取	104	40.0	362	35.0	44	43.6
	合计	260	100	1033	100	101	100

表5-46　不同年龄的减刑罪犯关于减刑后改造倒退对减刑者本人
消极影响的认知差异显著性

问题	年龄	N	M	SD	年龄		P
50.减刑后的服刑人员一旦产生松懈和倒退心理会对他的改造有何影响？	18~29岁	260	2.2	0.8	30~59岁	60岁及以上	0.014
	30~59岁	1033	2.1	0.8			
	60岁及以上	101	2.3	0.7			
	合计	1394	2.1	0.8			

从第50题选择C项的比例和平均分可以看出，三个年龄段的减刑罪犯减刑后的改造倒退会使他本人不思进取的比例都超过了30%，都不算太少，

所以不可小觑。但本章研究的是不同年龄减刑罪犯的差异，其差异表现在：减刑后的改造倒退会使他本人不思进取者中年减刑罪犯最少、青年减刑罪犯居第二位、老年减刑罪犯最多，为何如此？笔者认为，有以下三个原因。

第一，减刑后的改造倒退会使他本人不思进取者中年减刑罪犯相对最少，是因为多数中年减刑罪犯家中老幼妇孺对他们的期盼、他们本人的身体、精力的充沛、很强的功利性减刑动机都不允许他们不思进取，必须咬紧牙关硬挺下去，争取下一次减刑。而且监狱管教干警在劳动岗位、集体活动上对中年减刑罪犯寄托的期望和信任具有更大的激励作用。所以，主客观因素都让减刑后的改造倒退会使他本人不思进取者中中年减刑罪犯最少。

第二，青年减刑罪犯减刑后的改造倒退会使本人不思进取者居第二位，即比中年减刑罪犯多、比老年减刑罪犯少，这是因为青年减刑罪犯的体力、精力、意志都不如中年减刑罪犯强；青年减刑罪犯多数人尚未结婚、更无子女需要他们惦记、他们的父母都是中年人，这样他们对家庭的牵挂和责任都不如中年减刑罪犯那么强烈，他们不用为了家人而强迫自己积极改造；而且监狱管教干警在劳动岗位、集体活动上对青年减刑罪犯寄托的期望不如对中年减刑罪犯那么强。所以，主客观因素都让青年减刑罪犯减刑后的改造倒退会使他本人不思进取者比中年减刑罪犯多。

第三，老年减刑罪犯减刑后的改造倒退会使他本人不思进取者最多，这是因为老年减刑罪犯本身的身体、精力都是最弱的；他们多数人上无父母、下无幼年子女需要他们牵挂，这样使他们对家庭的惦记和责任较轻，他们也不用为了家人而强迫自己积极改造；更重要的是，监狱管教干警在劳动岗位、集体活动上对老年减刑罪犯寄托的期望较弱。所以，主客观因素都让老年减刑罪犯减刑后的改造倒退会使他本人不思进取者最多，他们一旦减刑后出现改造倒退行为就会放纵自己不思进取的心理，甚至自暴自弃。这与前面分析的老年减刑罪犯对情绪的自我调控能力、对挫折的正向心理承受能力都比青年和中年减刑罪犯强的人多表面看是矛盾的，其实不矛盾。前面分析的对情绪的自我调控能力、对挫折的正向心理承受能力是能力，而此处分析的是主体需要或主观意愿，即减刑后是否还想继续进取。心理学理论告诉我们，需要是心理活动的原动力，它决定主体心理活动的方向和性质，能力用到何处由需要决定。老年减刑罪犯不想继续进取了，就是没有继续进取的需要了，所以不想把对情绪的自我调控能力和对挫折的正向心理承受能力用到继续进取上，这很符合心理学的规律。

（二）不同年龄的减刑罪犯关于减刑后改造倒退对群体的消极心理效果的认知差异

不同年龄的减刑罪犯在"减刑后改造倒退为其他罪犯树立了负面榜样""改造倒退者故意影响其他罪犯消极改造"等关于减刑后改造倒退对罪犯群体的消极心理效果的认知上都无显著差异，比例差异也不大，所以不再分析。只对下面三个方面有显著差异的问题做具体分析。

1. 不同年龄的减刑罪犯关于减刑后改造倒退会使其他罪犯质疑减刑公正性的认知差异

从表 5-47 选择 C 项的比例可以看出，青年减刑罪犯有 16.5%、中年减刑罪犯有 22.5%、老年减刑罪犯有 15.8% 认为减刑后的改造倒退行为会使其他罪犯质疑减刑的公正性。中年减刑罪犯的比例最高。

再看表 5-48，青年减刑罪犯与中年减刑罪犯有显著差异，青年减刑罪犯和老年减刑罪犯的平均分相同，二者的平均分都略低于中年减刑罪犯，中年减刑罪犯的平均分最高。

表 5-47　不同年龄的减刑罪犯关于减刑后改造倒退会使其他
罪犯质疑减刑公正性的认知比例差异（N=1394）

（单位：人数 / 人，百分比 /％）

问题	选项	18~29 岁		30~59 岁		60 岁及以上	
		人数	百分比	人数	百分比	人数	百分比
54. 减刑后的改造倒退行为是否会使其他服刑人员质疑减刑的公正性？	A. 不会	125	48.1	421	40.8	41	40.6
	B. 不确定	92	35.4	380	36.8	44	43.6
	C. 会	43	16.5	232	22.5	16	15.8
	合计	260	100	1033	100	101	100

表 5-48　不同年龄的减刑罪犯关于减刑后改造倒退会使其他
罪犯质疑减刑的公正性的认知差异显著性

问题	年龄	N	M	SD	年龄		P
54.减刑后的改造倒退行为是否会使其他服刑人员质疑减刑的公正性?	18~29 岁	260	1.7	0.7	18~29 岁	30~59 岁	0.013
	30~59 岁	1033	1.8	0.8			
	60 岁及以上	101	1.7	0.7			
	合计	1394	1.8	0.8			

第 54 题选择 C 项的比例和平均分都说明，中年减刑罪犯认为减刑后的改造倒退行为会使其他罪犯质疑减刑公正性的人数最多，这有以下两点原因。

第一，中年减刑罪犯处于减刑最多的年龄段，他们从自己减刑的切身体会中得知减刑的不容易，然而有的人却以减刑后的改造倒退行为向其他罪犯暗示减刑者不都是改造最好的，因而减刑后的改造倒退间接证明减刑不都是公正的。这使中年减刑罪犯质疑减刑公正性的人数最多。

第二，中年减刑罪犯自身的优势强化了他们的自尊，他们非常希望在其他罪犯眼里减刑者都是非常公正地获得了减刑，而有的人却以减刑后的改造倒退行为给减刑者脸上抹了黑，所以，中年减刑罪犯为了维护自己的尊严，对减刑后的改造倒退行为持排斥态度，认为这是减刑不公正的体现，而自己对此行为的排斥恰好证明自己的减刑是公正的。

2. 不同年龄的减刑罪犯关于减刑后改造倒退会使未减刑者对减刑者产生嫉妒的认知差异

从表 5-49 选择 C 项的比例可以看出，青年减刑罪犯有 9.6%、中年减刑罪犯有 14.3%、老年减刑罪犯有 13.9% 认为减刑后的改造倒退行为会使未减刑者对减刑者产生嫉恨心理，并排斥与他们交往，选此项的中年和老年减刑罪犯的比例明显高于青年减刑罪犯。

再看表 5-50，青年减刑罪犯与中年减刑罪犯有显著差异，中年和老年减刑罪犯的平均分相同，都高于青年减刑罪犯。此题平均分越高说明认为减刑后的改造倒退行为会使未减刑者对减刑者产生嫉恨心理的人越多。

表 5-49　不同年龄的减刑罪犯关于减刑后改造倒退会使未减刑者
对减刑者产生嫉妒的认知比例差异（N=1394）

（单位：人数 / 人，百分比 /%）

问题	选项	18~29 岁		30~59 岁		60 岁及以上	
		人数	百分比	人数	百分比	人数	百分比
55. 减刑后的改造倒退行为是否会使未减刑者对减刑者产生嫉恨心理，排斥与他们交往？	A. 不会	134	51.5	471	45.6	43	42.6
	B. 不确定	101	38.8	414	40.1	44	43.6
	C. 会	25	9.6	148	14.3	14	13.9
	合计	260	100	1033	100	101	100

表 5-50　不同年龄的减刑罪犯关于减刑后改造倒退会使未减刑者
对减刑者产生嫉妒的认知差异显著性

问题	年龄	N	M	SD	年龄		P
55. 减刑后的改造倒退行为是否会使未减刑者对减刑者产生嫉恨心理，排斥与他们交往？	18~29 岁	260	1.6	0.7	18~29 岁	30~59 岁	0.028
	30~59 岁	1033	1.7	0.7			
	60 岁及以上	101	1.7	0.7			
	合计	1394	1.7	0.7			

第 55 题选择 C 项的比例和平均分都说明中年和老年减刑罪犯认为减刑后的改造倒退行为会使未减刑者对减刑者产生嫉恨心理并排斥与他们交往的人明显比青年减刑罪犯多。这是因为中年和老年减刑罪犯普遍比青年减刑罪犯的减刑次数多，他们对嫉妒与被人嫉妒的体会比青年减刑罪犯更深刻。从表 5-12 看出，不同年龄阶段的减刑罪犯减刑 1 次的比例分别是：青年减刑罪犯有 72.3%、中年减刑罪犯有 47.8%、老年减刑罪犯有 45.5%，呈现了年龄越大比例越低的递减特征。但是不同年龄阶段的减刑罪犯减刑 2 次及以上的比例分别是：青年减刑罪犯有 27.7%、中年减刑罪犯有 52.2%、老年减刑罪犯有 54.5%，呈现了年龄越大比例越高的递增特征。可见，中年和老年减刑罪犯普遍比青年减刑罪犯的减刑次数多，他们在多次减刑中切身体会到减刑后的改造倒退会使未减刑者对减刑者产生嫉恨心理，并排斥与他们交往。

3. 不同年龄的减刑罪犯关于减刑后改造倒退会使罪犯群体的改造风气虚伪化的认知差异

从表 5-51 选择 C 项的比例可以看出，青年减刑罪犯有 16.9%、中年减刑罪犯有 22.6%、老年减刑罪犯有 15.8% 认为减刑后的改造倒退行为会使群体的改造风气虚伪化，中年减刑罪犯的比例最高。

再看 5-52，青年减刑罪犯与中年减刑罪犯有显著差异，青年和老年减刑罪犯的平均分相同，二者的平均分都低于中年减刑罪犯。此题平均分越高说明认为减刑后改造倒退会使罪犯群体的改造风气虚伪化的人越多。

表 5-51　不同年龄的减刑罪犯关于减刑后改造倒退会使罪犯
群体改造风气虚伪化的认知比例（N=1394）

（单位：人数 / 人，百分比 /%）

问题	选项	18~29 岁		30~59 岁		60 岁及以上	
		人数	百分比	人数	百分比	人数	百分比
58. 减刑后的改造倒退行为是否会使群体的改造风气虚伪化？	A. 不会	121	46.5	411	39.8	44	43.6
	B. 不确定	95	36.5	389	37.7	41	40.6
	C. 会	44	16.9	233	22.6	16	15.8
	合计	260	100	1033	100	101	100

表 5-52　不同年龄的减刑罪犯关于减刑后改造倒退会使罪犯
群体的改造风气虚伪化的认知差异显著性

问题	年龄	N	M	SD	年龄		P
58. 减刑后的改造倒退行为是否会使群体的改造风气虚伪化？	18~29 岁	260	1.7	0.7	18~29 岁	30~59 岁	0.019
	30~59 岁	1033	1.8	0.8			
	60 岁及以上	101	1.7	0.7			
	合计	1394	1.8	0.8			

第 58 题选择 C 项的比例和平均分都说明中年减刑罪犯认为减刑后改造倒退会使罪犯群体的改造风气虚伪化者比青年和老年减刑罪犯多，这是因为绝大多数中年减刑罪犯都是罪犯群体中的骨干力量，例如，犯人积极委员会成员、犯人班组长、犯人劳动产品质检员等，协助监狱管教干警做管理其他犯人的工作，中年减刑罪犯深知犯人群体风气的重要，所以他们认为减刑后改造倒退会

使罪犯群体的改造风气虚伪化的人相对最多，这是很正常的。

（三）不同年龄的减刑罪犯关于减刑后改造倒退对监狱管理造成的消极心理效果的认知差异

不同年龄的减刑罪犯关于减刑后改造倒退对监狱管理造成的消极心理效果中的"减刑后改造倒退会加大减刑者与其他的人矛盾""减刑后改造倒退会扰乱监狱正常的改造秩序""减刑后改造倒退削弱了法律的公正性和权威性"三大方面都无显著差异，但是有的问题选择比例差别比较大，值得分析。

1. 不同年龄的减刑罪犯关于减刑后改造倒退会加大减刑者与其他人矛盾的认知差异

（1）不同年龄的减刑罪犯对减刑后改造倒退会加大减刑者与没减刑者矛盾的认知差异

从表5–53第60题选择C项的比例可以看出，青年减刑罪犯有11.5%、中年减刑罪犯有14.1%、老年减刑罪犯有9.9%认为减刑后的改造倒退行为会加大减刑者与没减刑者之间的矛盾，中年减刑罪犯选此项的比例比青年和老年减刑罪犯都高。

表5–53　不同年龄的减刑罪犯关于减刑后改造倒退会加大减刑者与
其他人矛盾的认知比例差异（*N*=1394）

（单位：人数 / 人，百分比 /%）

问题	选项	18~29 岁（*N*=260）		30~59 岁（*N*=1033）		60 岁及以上（*N*=101）	
		人数	百分比	人数	百分比	人数	百分比
60. 减刑后的改造倒退行为是否会加大减刑者与没减刑者之间的矛盾？	A. 不会	136	52.3	509	49.3	56	55.4
	B. 不确定	94	36.2	378	36.6	35	34.7
	C. 会	30	11.5	146	14.1	10	9.9
63. 减刑后的改造倒退行为是否会加剧犯人与监狱警察之间的矛盾？	A. 不会	103	39.6	399	38.6	41	40.6
	B. 不确定	109	41.9	426	41.2	47	46.5
	C. 会	48	18.5	208	20.1	13	12.9

（2）不同年龄的减刑罪犯对减刑后改造倒退会加剧罪犯与监狱警察之间矛盾的认知差异

从表5-53第63题选择C项的比例可以看出，青年减刑罪犯有18.5%、中年减刑罪犯有20.1%、老年减刑罪犯有12.9%认为减刑后的改造倒退行为会加剧罪犯与监狱警察之间的矛盾，中年减刑罪犯的比例比青年和老年减刑罪犯都高。

2. 不同年龄的减刑罪犯对减刑后改造倒退会扰乱监狱正常的改造秩序的认知差异

从表5-54第65题选择C项的比例可以看出，青年减刑罪犯有16.9%、中年减刑罪犯有20.2%、老年减刑罪犯有14.9%认为减刑后的改造倒退会扰乱监狱正常的改造秩序，中年减刑罪犯持此种观点的比例比青年和老年减刑罪犯的比例都高。

表5-54　不同年龄的减刑罪犯关于减刑后改造倒退对监狱管理造成
消极心理效果的认知比例差异（N=1394）

（单位：人数/人，百分比/%）

问题	选项	18~29岁		30~59岁		60岁及以上	
		人数	百分比	人数	百分比	人数	百分比
65.减刑后有改造倒退行为的服刑人员是否会加剧他们与监管制度之间的矛盾？	A.不会	114	43.8	395	38.2	42	41.6
	B.不确定	102	39.2	429	41.5	44	43.6
	C.会	44	16.9	209	20.2	15	14.9
	合计	260	100	1033	100	101	100

3. 不同年龄的减刑罪犯对减刑后的改造倒退削弱了法律的公正性和权威性的认知差异

从表5-55第64题选择C项的比例可以看出，青年减刑罪犯有16.2%、中年减刑罪犯有19.4%、老年减刑罪犯有16.8%认为减刑后的改造倒退削弱了法律的公正性和权威性，中年减刑罪犯选此项的比例比青年和老年减刑罪犯的比例都高，青年和老年减刑罪犯选此项的比例差异极小。

表 5-55　不同年龄的减刑罪犯关于减刑后改造倒退会削弱法律的
公正性和权威性的认知比例差异（N=1394）

（单位：人数 / 人，百分比 /％）

问题	选项	18~29 岁		30~59 岁		60 岁及以上	
		人数	百分比	人数	百分比	人数	百分比
64. 减刑后的改造倒退行为是否会削弱法律的公正性和权威性？	A. 不会	129	49.6	472	45.7	53	52.5
	B. 不确定	89	34.2	361	34.9	31	30.7
	C. 会	42	16.2	200	19.4	17	16.8
	合计	260	100	1033	100	101	100

从上面第 60、63、65、64 题选择 C 项的比例可以看出，不同年龄的减刑罪犯关于减刑后的改造倒退会加大减刑者与未减刑者的矛盾、会加剧罪犯与监狱警察之间的矛盾、会扰乱监狱正常的改造秩序、削弱法律的公正性和权威性这些方面的差异中，都显示了持这种观点的中年减刑罪犯比青年和老年减刑罪犯的比例高，说明中年减刑罪犯认为减刑后的改造倒退对监狱管理造成消极心理效果的比例高。笔者认为，这是中年减刑罪犯中协助管教干警做犯人管理工作的人较多、在罪犯群体中的地位和作用决定的，他们接触的罪犯相对广泛些，而且绝大多数中年减刑罪犯在罪犯群体中处于主导地位，发挥着引领作用，可以决定罪犯群体的改造风气，因此，他们会从更宽泛的角度认识减刑后改造倒退对监狱管理带来的消极心理效果的严重性。

四、不同年龄的减刑罪犯关于减刑后改造倒退对策的认知差异

（一）不同年龄的减刑罪犯关于减刑后改造倒退的法律对策的认知差异

不同年龄的减刑罪犯关于"对减刑后改造倒退者适当限制减刑或延长减刑的间隔期""对服刑的最佳时限""对不同原因导致减刑后改造倒退的罪犯在法律的惩罚度上区别对待"等对策的认知上无显著差异，比例差异也不大，此处不再赘述。笔者只对以下三条法律对策的认知上有显著差异的问题做具体分析。

1. 不同年龄的减刑罪犯对减刑后改造倒退者取消减刑的认知差异

从表 5-56 选择 A 项的比例可以看出，青年减刑罪犯有 52.3%、中年减刑

罪犯有 44.2%、老年减刑罪犯有 39.6% 认为对减刑后改造倒退者不应该取消本次减刑，呈现了年龄越大比例越低的递减特征。

从表 5-56 选择 B 项的比例可以看出，青年减刑罪犯有 33.8%、中年减刑罪犯有 37.8%、老年减刑罪犯有 38.6% 认为对减刑后改造倒退者应该取消本次减去的一半刑期，三个年龄段的减刑罪犯虽然差别不大，却呈现了年龄越大比例越高的递增特征。

从表 5-56 选择 C 项的比例可以看出，青年减刑罪犯有 13.8%、中年减刑罪犯有 17.3%、老年减刑罪犯有 20.8% 认为对减刑后改造倒退者应该取消本次减去的全部刑期，呈现了年龄越大比例越高的递增特征。

再从表 5-57 第 67 题可以看出，青年减刑罪犯与中年减刑罪犯、与老年减刑罪犯都有显著差异，年龄越大的减刑罪犯平均分越高。此题平均分越高表明对减刑后改造倒退者取消减去刑期的认同者越多。

把表 5-56 和表 5-57 第 67 题的四项数据综合起来可以得出这样的结论：年龄越大的减刑罪犯对减刑后改造倒退者不取消减刑的认同者越少，而对减刑后改造倒退者应该取消本次减去的一半刑期和取消全部刑期的认同者年龄越大的减刑罪犯越多。笔者认为，这是因为年龄越大的减刑罪犯心理上越成熟。不论是从法律的角度考虑，还是依靠积累的人生经验，年龄越大的减刑罪犯越能认识到对减刑后的改造倒退行为应当采取法律上的惩罚对策。

表 5-56 不同年龄的罪犯对减刑后改造倒退者取消减刑的认知比例差异（N=1394）

（单位：人数 / 人，百分比 / %）

问题	选项	18~29 岁		30~59 岁		60 岁及以上	
		人数	百分比	人数	百分比	人数	百分比
67. 对于减刑后屡次违反监规、出现改造倒退行为的服刑人员是否应该取消本次减刑？取消多长时间合适？	A. 不应该取消本次减刑	136	52.3	457	44.2	40	39.6
	B. 应该取消本次减去的一半刑期	88	33.8	390	37.8	39	38.6
	C. 应该取消本次减去的全部刑期	36	13.8	179	17.3	21	20.8
	D. 不确定	0	0.0	7	0.7	1	1.0
	合计	260	100	1033	100	101	100

表 5-57　不同年龄的罪犯对减刑后改造倒退者取消减刑的认知差异显著性

问题	年龄	N	M	SD	年龄		P
67. 对于减刑后屡次违反监规、出现改造倒退行为的服刑人员是否应该取消本次减刑？取消多长时间合适？	18~29 岁	260	1.6	0.7	18~29 岁	30~59 岁	0.014
	30~59 岁	1033	1.7	0.8			
	60 岁及以上	101	1.8	0.8		60 岁及以上	0.015
	合计	1394	1.7	0.8			

2. 不同年龄的减刑罪犯对于减刑后改造倒退者适当延长刑期的认知差异

从表 5-58 选择 A 项的比例可以看出，青年减刑罪犯有 62.3%、中年减刑罪犯有 53.4%、老年减刑罪犯有 52.5% 认为对于减刑后出现改造倒退行为的罪犯不应该延长刑期，呈现了年龄越大比例越低的递减特征。

从表 5-58 选择 B 项的比例可以看出，青年减刑罪犯有 26.2%、中年减刑罪犯有 33.1%、老年减刑罪犯有 31.7% 认为对于减刑后改造倒退的罪犯应该把本次减去的一半刑期延长。中年减刑罪犯比例相对最高。

从表 5-58 选择 C 项的比例可以看出，青年减刑罪犯有 11.5%、中年减刑罪犯有 12.0%、老年减刑罪犯有 12.9% 认为对于减刑后改造倒退的罪犯应该把本次减去的全部刑期延长。呈现了年龄越大比例越高的递增特点。

从表 5-59 可以看出，青年减刑罪犯与中年减刑罪犯有显著差异，呈现了年龄越大平均分越高的递增特征，此题平均分越高说明对于减刑后改造倒退者延长刑期的认同者越多。

表 5-58　不同年龄的减刑罪犯对减刑后改造倒退者延长刑期的认知比例差异（N=1394）

（单位：人数 / 人，百分比 /%）

问题	选项	18~29 岁		30~59 岁		60 岁及以上	
		人数	百分比	人数	百分比	人数	百分比
68. 对于减刑后出现改造倒退行为的服刑人员是否应该延长刑期、延长多长时间合适？	A. 不应该延长刑期	162	62.3	552	53.4	53	52.5
	B. 应该把本次减去的一半刑期延长	68	26.2	342	33.1	32	31.7
	C. 应该把本次减去的全部刑期延长	30	11.5	124	12.0	13	12.9
	D. 不确定	0	0.0	15	1.5	3	3.0
	合计	260	100	1033	100	101	100

表 5-59　不同年龄的减刑罪犯对减刑后改造倒退者延长刑期的认知差异显著性

问题	年龄	N	M	SD	年龄		P
68. 对于减刑后出现改造倒退行为的服刑人员是否应该延长刑期、延长多长时间合适？	18~29 岁	260	1.5	0.7	18~29 岁	30~59 岁	0.018
	30~59 岁	1033	1.6	0.8			
	60 岁及以上	101	1.7	0.8			
	合计	1394	1.6	0.7			

把表 5-58 和 5-59 第 68 题的四项数据综合起来可以得出这样的结论：年龄越大的减刑罪犯对于减刑后改造倒退者延长刑期这一对策认同的人越多，这是因为年龄越大的减刑罪犯心理上越成熟，他们对法律的严肃性理解得更透彻。

3. 从不同年龄的减刑罪犯刑罚心理的差异看他们对适当缩短重刑犯的刑期会避免减刑后改造倒退的认知差异

从表 5-60 第 92 题选择 C 项的比例可以看出，青年减刑罪犯有 64.2%、中年减刑罪犯有 68.2%、老年减刑罪犯有 79.2% 在监狱服刑期间深刻体验到了被刑罚惩罚、失去自由的痛苦，呈现了年龄越大选 C 项的比例越高的递增特点。

从表 5-60 第 93 题选择 C 项的比例可以看出，青年减刑罪犯有 59.6%、中年减刑罪犯有 59.4%、老年减刑罪犯有 67.3% 能从刑罚惩罚中接受人生失败的教训、避免重新犯罪，青年和中年减刑罪犯的差别极小，老年减刑罪犯选此项的比例明显高于青年和中年减刑罪犯。

从表 5-61 第 92 题可以看出，老年减刑罪犯与青年减刑罪犯有非常显著的差异、与中年减刑罪犯有显著差异，呈现了年龄越大平均分越高的递增特点，此题平均分越高说明在监狱服刑期间体验到被刑罚惩罚、失去自由的痛苦越深刻。

从表 5-61 第 93 题可以看出，青年减刑罪犯与老年减刑罪犯有显著差异，呈现了年龄越大平均分越高的递增特点，此题平均分越高说明罪犯能从刑罚惩罚中接受人生失败的教训、避免重新犯罪的体会越深刻。

表 5-60　不同年龄的减刑罪犯承受刑罚心理的比例差异（N=1394）

（单位：人数／人，百分比／%）

问题	选项	18~29 岁（N=260）		30~59 岁（N=1033）		60 岁以上（N=101）	
		人数	百分比	人数	百分比	人数	百分比
92. 在监狱服刑期间你是否深刻体验到了被刑罚惩罚、失去自由的痛苦？	A. 不痛苦	34	13.1	125	12.1	6	5.9
	B. 有点儿痛苦	59	22.7	197	19.1	14	13.9
	C. 很痛苦	167	64.2	704	68.2	80	79.2
	D. 不确定	0	0.0	7	0.7	1	1.0
93. 刑罚惩罚能使你接受人生失败的教训、避免重新犯罪吗？	A. 不能	45	17.3	143	13.8	7	6.9
	B. 不确定	60	23.1	276	26.7	26	25.7
	C. 能	155	59.6	614	59.4	68	67.3

表 5-61　不同年龄的减刑罪犯承受刑罚心理的差异显著性

问题	年龄	N	M	SD	年龄		P
92. 在监狱服刑期间你是否深刻体验到了被刑罚惩罚、失去自由的痛苦？	18~29 岁	260	2.5	0.7	60 岁及以上	18~29 岁	0.003
	30~59 岁	1033	2.6	0.7		30~59 岁	0.015
	60 岁及以上	101	2.8	0.6			
	合计	1394	2.6	0.7			
93. 刑罚惩罚能使你接受人生失败的教训、避免重新犯罪吗？	18~29 岁	260	2.4	0.8	18~29 岁	60 岁及以上	0.034
	30~59 岁	1033	2.5	0.7			
	60 岁及以上	101	2.6	0.6			
	合计	1394	2.5	0.7			

　　把表 5-60 和表 5-61 第 92、93 题的四项数据综合起来可以得出这样的结论：年龄越大的减刑罪犯在监狱服刑期间体验到被刑罚惩罚、失去自由的痛苦越深刻；年龄越大的减刑罪犯能从刑罚惩罚中接受人生失败的教训、避免重新犯罪的体会越深刻。笔者认为，这主要有以下两点原因。

　　第一，年龄越大的减刑罪犯中重刑犯越多。从表 5-14 可以看出，本课题调查的减刑罪犯中被判处 10 年以上有期刑期、无期徒刑、死缓的重刑犯在各年龄段的比例分别是：18~29 岁的青年减刑罪犯有 61.5%、30~59 岁的中年减刑罪犯有 78.4%、60 岁及以上的老年减刑罪犯有 93.1%。可见，年龄越大的减刑罪犯中重刑犯越多。重刑犯在服刑期间具有积极适应和消极适应的双重适应心理，能够获得减刑的罪犯一定是积极适应心理占主导地位。因而他们接受刑罚惩罚的痛苦和人生失败教训的体会最深刻。

第二，年龄越大的减刑罪犯中已服刑时间在 10~15 年者越多。从表 5-62 可以看出，三个年龄段的减刑罪犯已服刑时间在 10~15 年的比例分别是：青年减刑罪犯有 2.3%、中年减刑罪犯有 27.5%、老年减刑罪犯有 29.7%。可见，年龄越大的减刑罪犯服刑时间长的人比例越高，他们已经由服刑初期的心理不适应到服刑中期的心理适应，由情绪不稳定到情绪稳定，在监狱长期的服刑生活中深刻体验到了被刑罚惩罚、失去自由的痛苦，接受了自己人生失败的教训，形成了比较稳定的正向心理。

表 5-62　不同年龄的减刑罪犯的已服刑期（N=1394）

（单位：人数／人，百分比／%）

已服刑期	18~29 岁		30~59 岁		60 岁及以上	
	人数	百分比	人数	百分比	人数	百分比
1～2 年以下	5	1.9	7	0.7	0	0.0
2～5 年以下	125	48.1	329	31.8	19	18.8
5～10 年以下	124	47.7	413	40.0	52	51.5
10～15 年	6	2.3	284	27.5	30	29.7
合计	260	100	1033	100	101	100

根据年龄越大的减刑罪犯承受刑罚的痛苦越深刻、从刑罚惩罚中接受人生失败教训的体会越深刻的理由，笔者认为，在刑罚的法律对策上可以考虑适当缩短老年减刑犯中重刑犯的刑期，这样会避免他们减刑后改造倒退。加上本课题调查的老年减刑罪犯中大专、大学本科、研究生文化程度的共占 60.4%，文化水平高使他们比文化水平低的罪犯认识问题有深度和广度，能够正确理解刑罚惩罚的意义。适当缩短他们的刑期即在法院定罪量刑时对认罪

态度好、社会危害性不大的 60 岁及以上的老年犯罪者适当轻判，并在判决书上写清楚对他们的刑罚是宽大的，这样他们会对法官尤其是对国家的法律产生感激之情，这对他们入狱后真诚悔罪会有很大的激励作用，更有利于减少他们减刑后的改造倒退行为。

（二）不同年龄的减刑罪犯关于减刑后改造倒退的监狱管理对策的认知差异

不同年龄的减刑罪犯在"靠监狱严明的纪律和惩罚措施避免减刑后改造倒退""以灵活多样的非刑事奖励调动再无减刑机会的罪犯改造积极性避免减刑后改造倒退""加强减刑罪犯亲人的支持避免减刑后改造倒退""靠罪犯集体的力量避免减刑后改造倒退""对罪犯减刑的考核要把服刑表现与其危害社会心理的恶性程度相结合"这些对策的认知上无显著差异，比例差异也不大，此处不再赘述。只在"提高对减刑罪犯内心改造质量评估水平避免减刑后改造倒退"的部分对策、"提高监狱干警的心理素质避免罪犯减刑后改造倒退"对策的认知上有显著差异，下面具体分析。

1. 不同年龄的减刑罪犯关于提高对减刑罪犯内心改造质量评估水平的认知差异

不同年龄的减刑罪犯在对罪犯认知水平的评估、对罪犯需要和改造动机的评估、对罪犯品德的评估等对罪犯内心改造质量评估对策的认知上无显著差异，笔者只对"准确评估罪犯自我调控能力避免减刑后改造倒退""全面评估罪犯的心理与行为避免减刑后改造倒退"这两个有显著差异的对策做以下分析。

（1）不同年龄的减刑罪犯对准确评估罪犯自我调控能力避免减刑后改造倒退的认知差异

从表 5-63 选择 A 项的比例可以看出，青年减刑罪犯有 15.8%、中年减刑罪犯有 21.7%、老年减刑罪犯有 20.8% 认为准确评估罪犯的自我调控能力不能避免减刑后的改造倒退行为，青年减刑罪犯的比例明显低于中年和老年减刑罪犯。

从表 5-63 选择 C 项的比例可以看出，青年减刑罪犯有 37.3%、中年减刑罪犯有 32.2%、老年减刑罪犯有 31.7% 认为准确评估罪犯的自我调控能力能避免减刑后的改造倒退行为，呈现了年龄越大的减刑罪犯比例越低的递减特征。

从表 5-64 可以看出，青年减刑罪犯与中年减刑罪犯有显著差异，青年减刑罪犯的平均分高于中年减刑罪犯与老年减刑罪犯，中年减刑罪犯与老年减刑罪犯平均分相同。此题平均分越高说明认为准确评估罪犯的自我调控能力能避免减刑后改造倒退行为的比例越高。

表 5-63　不同年龄的减刑罪犯对准确评估罪犯自我调控能力
避免改造倒退的认知比例差异（N=1394）

（单位：人数 / 人，百分比 / %）

问题	选项	18~29 岁		30~59 岁		60 岁及以上	
		人数	百分比	人数	百分比	人数	百分比
72. 准确评估服刑人员的自我调控能力能否避免减刑后的改造倒退行为？	A. 不能	41	15.8	224	21.7	21	20.8
	B. 不确定	122	46.9	476	46.1	48	47.5
	C. 能	97	37.3	333	32.2	32	31.7
	合计	260	100	1033	100	101	100

表 5-64　不同年龄的减刑罪犯对准确评估罪犯自我调控能力
避免改造倒退的认知差异显著性

问题	年龄	N	M	SD	年龄		P
72. 准确评估服刑人员的自我调控能力能否避免减刑后的改造倒退行为？	18~29 岁	260	2.2	0.7	18~29 岁	30~59 岁	0.028
	30~59 岁	1033	2.1	0.7			
	60 岁及以上	101	2.1	0.7			
	合计	1394	2.1	0.7			

根据表 5-63 选择 A 项和 C 项的比例、表 5-64 的平均分，可以把第 72 题概括出如下结论：青年减刑罪犯认为准确评估罪犯的自我调控能力能避免减刑后改造倒退的人最多。从表 5-17 可以看出，三个年龄段的减刑罪犯判刑 1 次的比例分别是：青年减刑罪犯有 93.5%、中年减刑罪犯有

84.9%、老年减刑罪犯有 92.1%；三个年龄段的减刑罪犯判刑 2 次和 3 次及以上的比例总和分别是：青年减刑罪犯有 6.5%、中年减刑罪犯有 15.1%、老年减刑罪犯有 8.0%。可见，青年减刑罪犯中初犯比例最高、累犯比例最低，这是他们认为准确评估罪犯的自我调控能力能避免减刑后改造倒退的人比例最高的原因。自我调控能力差是导致累犯重新犯罪的重要原因，而青年减刑罪犯中累犯最少，使他们多数人相信自我调控能力的重要，监狱机关如果准确评估每个减刑罪犯的自我调控能力，就能使正向自我调控能力强的罪犯获得减刑，因而会避免减刑后改造倒退。此处强调的是正向自我调控能力，因为自我调控能力有正向和反向之分，本书第七章在"准确评估罪犯的自我调控能力避免减刑后改造倒退的重要性"部分详细阐述了自我调控能力的性质。

（2）不同年龄的减刑罪犯对准确地全面评估罪犯的心理与行为避免减刑后改造倒退的认知差异

从表 5-65 选择 C 项的比例可以看出，青年减刑罪犯有 62.7%、中年减刑罪犯有 62.2%、老年减刑罪犯有 69.3% 认为准确地全面评估罪犯的心理和行为能避免减刑后改造倒退。青年和中年减刑罪犯选择 C 项的比例差别极小，老年减刑罪犯选择 C 项的比例高于青年和中年减刑罪犯的比例。

再看表 5-66，中年减刑罪犯与老年减刑罪犯有显著差异，老年减刑罪犯的平均分高于青年和中年减刑罪犯的平均分，青年和中年减刑罪犯的平均分相同。此题平均分越高说明对准确地全面评估罪犯的心理和行为能避免减刑后改造倒退对策的比例越高。

根据第 95 题选择 C 项的比例和平均分，可以得出如下结论：在三个年龄段的减刑罪犯对准确地全面评估罪犯的心理和行为能避免减刑后改造倒退认同的比例都不小的情况下，老年减刑罪犯认同的比例最高，这一是因为老年减刑罪犯比青年和中年减刑罪犯心理更成熟；二是因为本课题调查的老年减刑罪犯文化水平偏高者较多，理解问题较全面。

表 5-65　不同年龄的减刑罪犯对全面评估罪犯的心理与行为
避免改造倒退的认知比例差异（*N*=1394）

（单位：人数 / 人，百分比 / %）

问题	选项	18~29 岁		30~59 岁		60 岁及以上	
		人数	百分比	人数	百分比	人数	百分比
95.怎样对服刑人员的改造质量进行准确的评估才能避免减刑后的改造倒退行为？	A.行为的评估	30	11.5	137	13.3	6	5.9
	B.心理的评估	66	25.4	245	23.7	23	22.8
	C.心理和行为都评估	163	62.7	643	62.2	70	69.3
	D.不确定	1	0.4	8	0.8	2	2.0
	合计	260	100	1033	100	101	100

表 5-66　不同年龄的减刑罪犯对全面评估罪犯的心理与行为
避免改造倒退的认知差异显著性

问题	年龄	*N*	*M*	*SD*	年龄		*P*
95.怎样对服刑人员的改造质量进行准确的评估才能避免减刑后的改造倒退行为？	18~29 岁	260	2.5	0.7	30~59 岁	60 岁及以上	0.025
	30~59 岁	1033	2.5	0.7			
	60 岁及以上	101	2.7	0.6			
	合计	1394	2.5	0.7			

2. 不同年龄的减刑罪犯关于提高监狱干警的执法水平避免罪犯减刑后改造倒退的认知差异

从表 5-67 第 86 题选择 C 项的比例可以看出，青年减刑罪犯有 49.2%、中年减刑罪犯有 55.6%、老年减刑罪犯有 61.4% 认为提高监狱干警的公平执法水平能避免罪犯减刑后的改造倒退行为，呈现了年龄越大的减刑罪犯选 C 项的比例越高的递增特点。

再看表 5-68 第 86 题，青年减刑罪犯与老年减刑罪犯有显著差异，呈现了年龄越大平均分越高的递增特点，此题平均分越高说明认为提高监狱干警的公平执法水平能避免罪犯减刑后改造倒退的比例越高。

从表 5-67 第 87 题选择 C 项的比例可以看出，青年减刑罪犯有 50.8%、中年减刑罪犯有 59.3%、老年减刑罪犯有 64.4% 认为监狱干警以人本理念理解罪犯的情绪变化能激励罪犯持续地积极改造，呈现了年龄越大的减刑罪犯选 C 项比例越高的递增特点。

再看表 5-68 第 87 题，青年减刑罪犯与老年减刑罪犯有显著差异，呈现了年龄越大平均分越高的递增特点，此题平均分越高说明认为监狱干警以人本理念理解罪犯的情绪变化能激励罪犯持续积极改造的人越多。

表 5-67 不同年龄的减刑罪犯对提高干警执法水平避免罪犯减刑后
改造倒退的认知比例差异（N=1394）

（单位：人数 / 人，百分比 /%）

问题	选项	18~29 岁（N=260）		30~59 岁（N=1033）		60 岁及以上（N=101）	
		人数	百分比	人数	百分比	人数	百分比
86. 提高监狱干警的公平执法水平能否避免服刑人员减刑后的改造倒退行为？	A. 不能	42	16.2	150	14.5	8	7.9
	B. 不确定	90	34.6	309	29.9	31	30.7
	C. 能	128	49.2	574	55.6	62	61.4
87. 监狱干警以人本理念理解服刑人员的情绪变化能否激励其持续的积极改造？	A. 不能	35	13.5	137	13.3	6	5.9
	B. 不确定	93	35.8	283	27.4	30	29.7
	C. 能	132	50.8	613	59.3	65	64.4

表 5-68 不同年龄的减刑罪犯对提高干警执法水平避免罪犯减刑后
改造倒退的认知差异显著性

问题	年龄	N	M	SD	年龄		P
86. 提高监狱干警的公平执法水平能否避免服刑人员减刑后的改造倒退行为？	18~29 岁	260	2.3	0.7	18~29 岁	60 岁及以上	0.017
	30~59 岁	1033	2.4	0.7			
	60 岁及以上	101	2.5	0.6			
	合计	1394	2.4	0.7			
87. 监狱干警以人本理念理解服刑人员的情绪变化能否激励其持续的积极改造？	18~29 岁	260	2.4	0.7	18~29 岁	60 岁及以上	0.011
	30~59 岁	1033	2.5	0.7			
	60 岁及以上	101	2.6	0.6			
	合计	1394	2.5	0.7			

根据表 5-67、表 5-68 第 86 题和 87 题选择 C 项的比例、平均分，可以这样总结两道题的结论：年龄越大的减刑罪犯认为提高监狱干警的公平执法水平能避免罪犯减刑后改造倒退的人越多、认为监狱干警以人本理念理解罪

犯的情绪变化能激励罪犯持续积极改造的人越多。笔者认为，这是因为年龄越大的减刑罪犯心理越成熟。

（三）不同年龄的减刑罪犯关于减刑后改造倒退的心理学对策的认知差异

不同年龄的减刑罪犯在培养减刑罪犯的法律信仰、对减刑前后的罪犯强化罪犯角色意识、提高减刑罪犯对挫折的正向心理承受力等提高减刑后改造倒退者心理素质的对策认知上都无显著差异，只在以下三条心理学对策上有显著差异，下面做具体分析。

1. 不同年龄的减刑罪犯对让减刑罪犯树立正确目标避免改造倒退的心理学对策的认知差异

从表 5-69 选择 B 项的比例可以看出，青年减刑罪犯有 38.8%、中年减刑罪犯有 43.9%、老年减刑罪犯有 41.6% 认为减刑更深刻的意义是学会选择正确目标，青年减刑罪犯选 B 项的比例明显低于中年和老年减刑罪犯。

而此题选择 C 项的比例却是青年减刑罪犯最高，青年减刑罪犯有 53.5%、中年减刑罪犯有 43.6%、老年减刑罪犯有 41.6% 认为减刑更深刻的意义是磨炼自己的意志，呈现了年龄越大选 C 项比例越低的递减特点。

再从表 5-70 可以看出，青年减刑罪犯与中年减刑罪犯、与老年减刑罪犯都有非常显著的差异，呈现了年龄越大平均分越低的递减特点。此题平均分越高说明认为减刑能磨炼意志的人越多，青年减刑罪犯的平均分最高，这与他们选择 C 项的比例最多是一致的。

表 5-69　不同年龄的减刑罪犯对树立正确的目标避免改造倒退的认知比例差异（N=1394）

（单位：人数 / 人，百分比 /%）

问题	选项	18~29 岁		30~59 岁		60 岁及以上	
		人数	百分比	人数	百分比	人数	百分比
7. 你认为减刑除了让自己得到实际利益外，还有下面哪种更深刻的意义？	A. 没有其他意义	20	7.7	130	12.6	17	16.8
	B. 学会选择正确目标	101	38.8	453	43.9	42	41.6
	C. 磨炼自己的意志	139	53.5	450	43.6	42	41.6
	合计	260	100	1033	100	101	100

表 5-70　不同年龄的减刑罪犯对树立正确的目标避免改造倒退的认知差异显著性

问题	年龄	N	M	SD	年龄		P
7. 你认为减刑除了让自己得到实际利益外，还有下面哪种更深刻的意义？	18~29 岁	260	2.5	0.6	18~29 岁	30~59 岁	0.002
	30~59 岁	1033	2.3	0.7			
	60 岁及以上	101	2.2	0.7		60 岁及以上	0.008
	合计	1394	2.3	0.7			

从表 5-69、5-70 选择 B、C 两项的比例和平均分，可以对第 7 题得出这样的结论：青年减刑罪犯对选择正确目标避免减刑后改造倒退的心理学对策重要性的认知明显不如中年和老年减刑罪犯更清晰，而青年减刑罪犯认为减刑对于磨炼意志更重要的比例明显高于中年和老年减刑罪犯。笔者认为，这与不同年龄的减刑罪犯对情绪的自我调控能力有密切关系。前面分析了不同年龄的减刑罪犯对情绪的自我调控能力的数据已经证明，青年和中年减刑罪犯对情绪的自我调控能力明显比老年减刑罪犯差，尤其是青年减刑罪犯最差。所以，他们认为积极改造努力争取减刑的过程中最有深刻意义的是磨炼了意志。而青年减刑罪犯对减刑可以让自己学会选择正确目标避免改造倒退的心理学对策的重要性认知不够明确，这与他们年轻、缺乏人生经验有关，他们没能认识到犯罪被判刑最关键的是人生目标的迷失，选择正确的人生目标才是最重要的。而中年和老年减刑罪犯由于人生经验比青年减刑罪犯丰富，所以他们认为减刑最深刻的意义是选择人生的正确目标的比例明显比青年减刑罪犯高。

2. 不同年龄的减刑罪犯对培养减刑罪犯正向意志避免改造倒退的认知差异

从表 5-71 选择 A 项和 B 项的比例总和可以看出，青年减刑罪犯有 84.6%、中年减刑罪犯有 87.3%、老年减刑罪犯有 96.0% 认为一个性格暴躁冲动的人不能或较难变得性格温和有耐性，呈现了年龄越大持这种观点的罪犯比例越高的递增特点。

再看此题选择 C 项的比例，青年减刑罪犯有 15.4%、中年减刑罪犯有 12.7%、老年减刑罪犯有 4.0% 认为一个性格暴躁冲动的人较容易变得性格温和有耐性，呈现了年龄越大持这种观点的罪犯比例越低的递减特点。

从表 5-72 可以看出，青年减刑罪犯与老年减刑罪犯有显著差异，呈现了年龄越大平均分越低的递减特点。此题平均分越高说明认为改变暴躁冲动的性格较容易的比例越高。青年减刑罪犯的平均分最高，这与他们选择 C 项的比例最高是一致的。

表 5-71　不同年龄的减刑罪犯对培养正向意志避免改造倒退的认知比例差异（N=1394）

（单位：人数 / 人，百分比 /%）

问题	选项	18~29 岁		30~59 岁		60 岁及以上	
		人数	百分比	人数	百分比	人数	百分比
20. 一个性格暴躁冲动的人，让他编织毛衣、雕刻、剪纸，能使他性格变得温和有耐性吗？	A. 不能	44	16.9	182	17.6	20	19.8
	B. 有可能，但很难	176	67.7	720	69.7	77	76.2
	C. 较容易	40	15.4	131	12.7	4	4.0
	合计	260	100	1033	100	101	100

表 5-72　不同年龄的减刑罪犯对培养正向意志避免改造倒退的认知差异显著性

问题	年龄	N	M	SD	年龄		P
20. 一个性格暴躁冲动的人，让他编织毛衣、雕刻、剪纸，能使他性格变得温和有耐性吗？	18~29 岁	260	2.0	0.6			
	30~59 岁	1033	1.9	0.5	18~29 岁	60 岁及以上	0.026
	60 岁及以上	101	1.8	0.5			
	合计	1394	1.9	0.5			

第 20 题是想通过改变暴躁冲动的性格来培养正向意志，因为只有正向意志坚强的人才可能改变暴躁冲动的性格。根据表 5-71、5-72 选择各项的比例和平均分可以对第 20 题得出如下结论：年龄越大的减刑罪犯认为培养正向意志难度大的比例越高，而年纪越轻的减刑罪犯却认为培养正向意志较容易的比例越高。笔者认为，这是因为年龄越大的减刑罪犯根据自己的人生经验认为改变暴躁冲动的性格是较难的，而年纪越轻的减刑罪犯却缺乏此种人生经验，所以他们认为改变暴躁冲动的性格较容易。人格心理学理论告诉我们，个体的性格一旦形成就很稳固，是较难改变的，因为性格是先天气质与后天影响的"合金"，先天气质与遗传密切相关，很难改变；后天的影响也一定是时间较长或刺激很强才能使人形成某种性格。所以，不论是先天基础还是后天影响都使性格较难改变。

3. 不同年龄的减刑罪犯对调动减刑罪犯正向自信的内在激励避免改造倒退的认知差异

从表 5-73 选择 C 项的比例可以看出，青年减刑罪犯有 47.7%、中年减刑罪犯有 50.5%、老年减刑罪犯有 66.3% 认为调动减刑者的自尊、自信等自我激励能避免减刑后改造倒退，呈现了年龄越大比例越高的递增特点。

再看表 5-74，老年减刑罪犯与青年减刑罪犯、与中年减刑罪犯都有非常显著的差异，老年减刑罪犯平均分高于青年和中年减刑罪犯，青年和中年减刑罪犯平均分相同。此题平均分越高说明认为调动自尊、自信能避免减刑后改造倒退的比例越高，老年减刑罪犯的平均分最高，这与他们选择 C 项的比例最高是一致的。

表 5-73　不同年龄的减刑罪犯对培养正向自信避免改造倒退的认知比例差异（N=1394）

（单位：人数 / 人，百分比 / %）

问题	选项	18~29 岁		30~59 岁		60 岁及以上	
		人数	百分比	人数	百分比	人数	百分比
84. 调动减刑者的自尊、自信等自我激励能否避免减刑后的改造倒退行为？	A. 不能	36	13.8	163	15.8	8	7.9
	B. 不确定	100	38.5	348	33.7	26	25.7
	C. 能	124	47.7	522	50.5	67	66.3
	合计	260	100	1033	100	101	100

表 5-74　不同年龄的减刑罪犯对培养正向自信避免改造倒退的认知差异显著性

问题	年龄	N	M	SD	年龄		P
84. 调动减刑者的自尊、自信等自我激励能否避免减刑后的改造倒退行为？	18~29 岁	260	2.3	0.7	60 岁及以上	18~29 岁	0.004
	30~59 岁	1033	2.3	0.7			
	60 岁及以上	101	2.6	0.6		30~59 岁	0.002
	合计	1394	2.4	0.7			

根据表 5-73、5-74 选择 C 项的比例和平均分可以对第 84 题得出如下结论：年龄越大的减刑罪犯认为调动减刑者的自尊、自信等自我激励能避免

减刑后改造倒退行为的人越多。这是因为年龄越大的减刑罪犯的人生经验使他们更相信自尊、自信等自我激励的作用，尤其是本课题调查的老年减刑罪犯中大专、大学本科、研究生文化水平的占 60.4%，这本身就使他们的自尊、自信比文化水平低的罪犯强，加上他们入狱前的人生经历使他们深刻体会到了自尊、自信才是对自己最根本的激励，这种内在激励力量持久、稳定。

本章根据调查的实证数据、心理学理论、监狱实践经验详细总结分析了不同年龄的减刑罪犯减刑后改造倒退的主体原因和主体外原因的差异、对减刑后改造倒退的消极心理效果、改造对策的认知差异，这些差异不仅仅反映了不同年龄减刑罪犯的差异，在一定程度上也可以代表所有不同年龄罪犯的心理差异。本章对监狱管教干警了解不同年龄的罪犯心理并采取有针对性的改造对策具有较大的参考价值。当然，本章的数据全部是调查的不同年龄减刑罪犯的数据，与没减刑罪犯在认知上是会有差异的，但对数据分析的理论依据是有共性参考价值的。

第六章

不同刑期的罪犯减刑后改造倒退的差异

罪犯的原判刑期是直接影响他们减刑后改造倒退的重要因素之一，并且原判刑期与罪犯的已服刑期、剩余刑期、减刑次数、处遇级别都有较密切的关系，分析不同刑期的罪犯减刑后改造倒退的差异，为分析与之密切相关的其他类型的罪犯减刑后改造倒退的心理奠定了基础。所以，本章非常重要。

本章把减刑罪犯的原判刑期分为五个刑期段：5 年以下刑期、5 ~ 10 年以下刑期、10 ~ 20 年刑期、无期、死缓，根据这五个刑期段研究不同刑期的减刑罪犯减刑后改造倒退的差异。

从表 6-1 可以看出，五个刑期段的减刑罪犯选择 A 项的比例都是最高的（71.5% ~ 84.5%），说明不同刑期的绝大多数减刑罪犯都认为减刑后的罪犯出现改造松懈的行为最多，这是减刑后改造倒退最普遍的行为。

表 6-1　不同刑期的减刑罪犯对减刑后改造倒退行为类型的认知比例差异（*N*=1394）

（单位：人数 / 人，百分比 /%）

问题	原判刑期 选项	5 年以下		5 ~ 10 年以下		10 ~ 20 年		无期		死缓	
		人数	百分比	人数	百分比	人数	百分比	人数	百分比	人数	百分比
32.减刑后的服刑人员都会出现下面哪种情况?	A. 改造松懈	35	74.5	239	84.5	426	75.7	228	75.7	143	71.5
	B. 违反监规纪律	8	17.0	25	8.8	100	17.8	56	18.6	34	17.0
	C. 重新犯罪	4	8.5	19	6.7	37	6.6	17	5.6	23	11.5
	合计	47	100	283	100	563	100	301	100	200	100

从表 6-2 可以看出，5 ～ 10 年以下刑期的减刑罪犯与 10 ～ 20 年刑期的减刑罪犯有显著差异、与死缓的减刑罪犯有极其显著的差异。5 ～ 10 年以下刑期的减刑罪犯平均分最低，这与他们选择 A 项的比例最高是一致的，此题平均分越低说明认为减刑后出现改造松懈的比例越高。

表 6-2　不同刑期的减刑罪犯对减刑后改造倒退行为类型的认知差异显著性

问题	原判刑期	N	M	SD	原判刑期		P
32.减刑后的服刑人员都会出现下面哪种情况？	5 年以下	47	1.34	0.64	5 ～ 10 年以下	10 ～ 20 年	0.046
	5 ～ 10 年以下	283	1.22	0.56			
	10 ～ 20 年	563	1.31	0.59			
	无期	301	1.30	0.57			
	死缓	200	1.40	0.69		死缓	0.001
	合计	1394	1.30	0.60			

表 6-1 选择 C 项的比例和表 6-2 的平均分都证明，在五个刑期段的减刑罪犯都认为减刑后出现改造松懈的人最多的情况下，5 ～ 10 年以下刑期的减刑罪犯有此种看法的比例最高，其原因有以下两点。

第一，原判 5 ～ 10 年以下刑期的减刑罪犯中累犯最多。从表 6-3 看出，不同刑期的减刑罪犯中判刑 2 次和判刑 3 次及以上的比例总和分别是：5 年以下刑期的减刑罪犯有 8.5%、5 ～ 10 年以下刑期的减刑罪犯有 15.5%、10 ～ 20 年刑期的减刑罪犯有 13.3%、无期的减刑罪犯有 12.3%、死缓的减刑罪犯有 10.5%。可见，5 ～ 10 年以下刑期的减刑罪犯中累犯的比例最高。累犯历次服刑的经验使他们深刻体会到减刑后改造松懈是最划算的事，既不会受到监规的惩罚，更不会影响下一次减刑，还能使自己得到短时间的休息，所以，5 ～ 10 年以下刑期的减刑罪犯中由于累犯多而选择"减刑后改造松懈"的人最多。

第二，原判 5～10 年以下刑期的减刑罪犯中剩余刑期 1～5 年以下的最多。从表 6-3 看出，不同刑期的减刑罪犯中剩余刑期在 1～5 年以下的比例分别是：原判 5 年以下刑期的减刑罪犯有 25.5%、5～10 年以下刑期的减刑罪犯有 72.8%、10～20 年刑期的减刑罪犯有 49.2%、无期的减刑罪犯有 22.9%、死缓的减刑罪犯有 14.0%。可见，原判 5～10 年以下刑期的减刑罪犯比例最高，而且远远高于其他刑期的减刑罪犯。剩余刑期 1～5 年以下虽然还有减刑的机会，但是多数人没有获得多次减刑的机会了，所以他们比那些 10 年以上刑期、无期、死缓的重刑犯努力争取多次减刑的心理压力要小得多，因而他们多数人减刑后也不会出现较严重的改造倒退行为，那么，改造松懈就成为他们的最佳选择。

表 6-3　不同刑期的减刑罪犯判刑次数和剩余刑期（N=1394）

（单位：人数 / 人，百分比 /%）

刑罚情况 / 区分 \ 原判刑期		5 年以下（N=47）		5～10 年以下（N=283）		10～20 年（N=563）		无期（N=301）		死缓（N=200）	
		人数	百分比	人数	百分比	人数	百分比	人数	百分比	人数	百分比
判刑次数	判刑 1 次	43	91.5	239	84.5	488	86.7	264	87.7	179	89.5
	判刑 2 次	3	6.4	32	11.3	53	9.4	26	8.6	15	7.5
	判刑 3 次及以上	1	2.1	12	4.2	22	3.9	11	3.7	6	3
剩余刑期	1 年以下	35	74.5	72	25.4	42	7.5	7	2.3	1	0.5
	1～5 年以下	12	25.5	206	72.8	277	49.2	69	22.9	28	14.0
	5～10 年以下	0	0.0	5	1.8	229	40.7	94	31.2	64	32.0
	10～15 年以下	0	0.0	0	0.0	14	2.5	73	24.3	48	24.0
	15 年以上	0	0.0	0	0.0	1	0.2	58	19.3	59	29.5

一、影响不同刑期的减刑罪犯减刑后改造倒退的主体原因的差异

（一）不同刑期的减刑罪犯功利性改造动机导致减刑后改造倒退的差异

1. 不同刑期的减刑罪犯为了减刑而积极改造动机的差异

5 ～ 10 年以下刑期的减刑罪犯为了减刑而积极改造的比例最高，死缓的减刑罪犯此类人数比例最低。

从表 6-4 第 2 题选择 C 项的比例可以看出，五个刑期段的减刑罪犯选择 C 项的比例都是最高的（51.0% ～ 62.2%），说明有半数以上的不同刑期的减刑罪犯认为减刑、假释是使罪犯积极改造最重要的无可取代的激励手段。5 ～ 10 年以下刑期的减刑罪犯选择 C 项的比例最高，死缓的减刑罪犯选择 C 项的比例最低。

再看表 6-5 第 2 题，5 ～ 10 年以下刑期的减刑罪犯与死缓的减刑罪犯有显著差异，5 ～ 10 年以下刑期的减刑罪犯的平均分最高，这与他们选择 C 项的比例最高是一致的；死缓的减刑罪犯平均分最低，这与他们选择 C 项的比例最低是一致的。此题平均分越高说明认为减刑、假释是使罪犯积极改造最重要的无可取代的激励手段的人比例越高。

从表 6-4 第 6 题选择 A 项的比例可以看出，五个刑期段的减刑罪犯选择 A 项的比例都是最高的（62.0% ～ 70.7%），说明大多数不同刑期的减刑罪犯积极改造是为了减刑而不是为了得到好的处遇。选择 A 项比例最高的是 5 ～ 10 年以下刑期的减刑罪犯，死缓的减刑罪犯选择 A 项比例最低。

再看表 6-5 第 6 题，5 ～ 10 年以下刑期的减刑罪犯与死缓的减刑罪犯有显著差异，5 ～ 10 年以下刑期的减刑罪犯平均分最低，这与他们选择 A 项的比例最高是一致的；死缓的减刑罪犯平均分最高，这与他们选择 A 项的比例最低而选择 C 项的比例最高是一致的。此题平均分越低说明积极改造是为了减刑而不是为了得到好的处遇的人比例越高。

表 6-4　不同刑期的减刑罪犯功利性改造动机的认知比例差异（ N=1394 ）

（单位：人数 / 人，百分比 /%）

问题	原判刑期 选项	5 年以下 （ N=47 ）		5 ~ 10 年以下 （ N=283 ）		10 ~ 20 年 （ N=563 ）		无期 （ N=301 ）		死缓 （ N=200 ）	
		人数	百分比	人数	百分比	人数	百分比	人数	百分比	人数	百分比
2. 减刑、假释是使服刑人员积极改造最重要的无可取代的激励手段吗？	A. 不是	4	8.5	23	8.1	66	11.7	29	9.6	22	11.0
	B. 不全是	15	31.9	84	29.7	174	30.9	87	28.9	76	38.0
	C. 是	28	59.6	176	62.2	323	57.4	185	61.5	102	51.0
6. 你积极改造不是为了减刑而是为了得到好的处遇吗？	A. 不是	30	63.8	200	70.7	378	67.1	205	68.1	124	62.0
	B. 不全是	14	29.8	61	21.6	140	24.9	65	21.6	53	26.5
	C. 是	3	6.4	22	7.8	45	8.0	31	10.3	23	11.5

表 6-5　不同刑期的减刑罪犯功利性改造动机的认知差异显著性

问题	原判刑期	N	M	SD	原判刑期		P
2. 减刑、假释是使服刑人员积极改造最重要的无可取代的激励手段吗？	5 年以下	47	2.51	0.66	5 ~ 10 年以下	死缓	0.024
	5 ~ 10 年以下	283	2.54	0.64			
	10 ~ 20 年	563	2.46	0.70			
	无期	301	2.52	0.67			
	死缓	200	2.40	0.68			
6. 你积极改造不是为了减刑而是为了得到好的处遇吗？	5 年以下	47	1.43	0.62	5 ~ 10 年以下	死缓	0.039
	5 ~ 10 年以下	283	1.37	0.62			
	10 ~ 20 年	563	1.41	0.63			
	无期	301	1.42	0.67			
	死缓	200	1.50	0.69			

根据表 6-4、表 6-5 两道题选择的比例和平均分可以得出这样的结论：
多数罪犯积极改造最重要的动机都是为了减刑，相比较而言，5 ~ 10 年以下

刑期的减刑罪犯为了减刑而积极改造的动机比其他刑期的减刑罪犯比例高，死缓的减刑罪犯为了减刑而积极改造的动机比其他刑期的减刑罪犯比例低。笔者认为，其原因是由刑期决定的，具体分析如下。

第一，5～10年以下刑期的减刑罪犯为了减刑而积极改造的动机比其他刑期的减刑罪犯强，这是由他们的刑期决定的。他们的刑期不是最短，也不是最长，属于中等刑期。中等刑期的罪犯服刑的心理压力比5年以下刑期的轻刑犯重些，却比10年以上刑期、无期、死缓的重刑犯轻很多，所以他们服刑初期的心理不适应期也不长，最多经过半年左右就会进入服刑中期的心理适应期。由于他们的服刑心理压力比轻刑犯重而比重刑犯轻，这恰好有利于他们适应监狱生活后比轻刑犯更有时间踏实地改造，又比重刑犯心理轻松。况且前面已经分析，5～10年以下刑期的减刑罪犯中剩余刑期1～5年以下的占72.8%，远远超过其他刑期的减刑罪犯，可见，他们没有更多的减刑机会了，因而他们不会像重刑犯那样因为强制自己争取多次减刑而产生很大的心理压力，这样他们可以比较轻松地争取有限的机会减刑。正因为他们再获得减刑的机会比重刑犯少，所以他们会十分珍惜这有限的机会，他们为很快就能获得自由的目标积极改造的动机无比强烈。管理心理学研究证明，目标越近对实现目标的人激励作用越大，人们实现目标的动机就越强烈。这恰好为5～10年以下刑期的减刑罪犯为了减刑而积极改造的动机比其他刑期的减刑罪犯强提供了理论依据。这是否与前面分析的5～10年以下刑期的减刑罪犯减刑后改造松懈的人最多相矛盾呢？笔者认为，二者并不矛盾，减刑后改造松懈是所有罪犯减刑后最常见的行为，而且不会受到惩罚，所有刑期的减刑罪犯出现这种行为都是正常的，5～10年以下刑期的减刑罪犯也不例外。但是，这并不影响他们为了减刑而积极改造的动机强烈，经过减刑后不受惩罚的改造松懈的短暂休息，为争取下一次减刑养精蓄锐。

第二，死缓的减刑罪犯为了减刑而积极改造的动机比其他刑期的减刑罪犯弱，这也是由他们的刑期决定的。死缓犯对监狱生活的心理适应过程经历了服刑前两年、服刑两年后、释放前两年这三个阶段。其中前两个阶段是使死缓犯为了减刑而积极改造的动机比其他刑期的减刑罪犯弱的主要原因。

　　第一阶段，死缓犯服刑前两年使他们为了减刑而积极改造的动机比其他刑期的减刑罪犯弱有以下两种心理特征。

　　一是对死刑的恐惧和强烈的求生欲望。死缓犯还处在死刑缓期两年执行期间即服刑两年以下，他们的心理还处在等待死刑的惊恐状态中，面对着手铐、脚镣、冰冷的铁窗、阴森的高墙，他们感到一种无形的后怕。此时他们虽然知道死缓意味着表现好了就不执行死刑了，但是他们还是担心自己一旦不小心再犯错了就会被执行死刑，心里万分恐慌。我的学生胡海芸为了写毕业论文《死缓犯对监狱生活的心理适应过程及改造对策》[①]调查了 100 名死缓犯，在回答"服刑前两年里，你对两年后将要执行的死刑是否感到恐惧"的问题时，死缓犯中选择"非常恐惧"的有 13%、选择"比较恐惧"的有 39%、选择"不恐惧"的有 26%、选择"没感觉"的有22%。可见，对死刑非常恐惧和比较恐惧的占了 52%。死缓犯会经常计算自己的刑期，想着还剩多久才能放下死缓的包袱，什么时候才能免去对执行死刑的担忧。有些死缓犯会在日历上计数，有些死缓犯干脆直接在墙壁或地面上做标记，以时刻提醒自己要继续坚持，绝对不能触及生命死亡线。本课题调查的五个刑期段的减刑罪犯中已服刑期 1 ～ 2 年以下的原判刑期的比例分别是：原判 5 年以下刑期的有 4.3%、原判 5 ～ 10 年以下刑期的有2.5%、原判 10 ～ 20 年刑期的有 0.2%、原判无期的 0%、原判死缓的有 1.0%，比例都很低。死缓犯只有 1.0%，这 1.0% 的人就是还没有度过缓期执行死刑期限的人，他们与其他刑期的罪犯虽然服刑时间都相同，但却有本质的区别，就是生与死的区别。所以尽管死缓犯只有 1.0%，也会影响他们回答问题的比例，即这 1.0% 的死缓犯此时最迫切的心情是尽快由死缓变为无期的这种减刑，而绝不会有心情去思考争取减刑早日获得自由。

　　二是严重的刑期焦虑。由于对未来的迷茫和不确定，使死缓犯对前途十分悲观，整天心事重重，内心焦虑。当被问及怎样看待漫长的刑期时，死缓

---

　　① 　胡海芸：《死缓犯对监狱生活的心理适应过程及改造对策》。本文获得中央司法警官学院 2011 届本科优秀毕业论文，这一届的本科优秀毕业论文的奖项没分档次，全部是优秀论文。指导教师：张雅凤。

犯中有 48% 的人选择了"极度焦虑，不知道将在监狱里待多久，还能不能活着出去"；23% 的人选择了"有些焦虑，不知道能不能适应监狱的生活"；29% 的人选择了"不焦虑或麻木"。可见，大部分死缓犯在服刑前两年里以较严重的焦虑为主，即使是不焦虑的那少部分人，实际上也是麻木的。所以，几乎所有的死缓犯在服刑前两年里绝不会有心情去思考争取减刑早日获得自由。

以上死缓犯对死刑的恐惧和强烈的求生欲望、严重的刑期焦虑这两种心理是死缓的减刑罪犯为了减刑而积极改造的动机比其他刑期的减刑罪犯弱的第一种原因。

第二阶段，死缓犯服刑两年后使他们为了减刑而积极改造动机比其他刑期的减刑罪犯弱有以下两种心理特征。

一是严重的悲观绝望心理。服刑两年后，死缓犯中的一部分人因为获得了新生，从中看到了希望，心中对政府充满感激，感到政府又给了自己一次重生的机会，不断激励自己努力改造，积极的改造动机占据着主导地位。但是也有一部分人虽然死刑被免除，却对漫长的服刑生活不抱希望，即严重的悲观绝望心理。整天混刑度日，不思进取，把监狱当成有吃有喝的避难所。死缓犯距离获得自由的目标太遥远，管理心理学研究证明，目标太遥远对人没有诱惑和激励作用，人们对模糊不清的目标是不会寄托期望的，死缓犯正是如此。

二是对服刑生活消极适应的监狱人格。长期的服刑生活很容易对死缓犯造成一些消极效应，即在一部分人中形成以卑微、屈从为主的监狱人格。他们每天按照监狱为其提供的"格式化"生活方式约束自己的行为，凡事都唯命是从，在干警面前谨小慎微、唯唯诺诺，过度贬低了自我价值。在回答"服刑两年后死缓犯顺从性调查"的问题时，死缓犯中有 54% 的人选择了"完全是这样"，有 37% 的人选择了"不完全这样，我敢抗拒一些不合理的命令"，有 9% 的人选择了"从来没有，我想干什么就干什么"。在回答"服刑两年后你是否完全失去了自己的独立人格"的问题时，死缓犯中有 41% 的人选择了"是的，我觉得自己像个机器人"，有 36% 的人选择了"不是，我依然对未来抱有希望"，有 23% 的人选择了"没感觉"。从死缓犯对这两个问题选择的比例看出，有 54% 和 41% 即半数左右的死缓犯形成了监狱人格，变得非常顺从，失去了原有的个性。监狱人格使部分死缓犯麻木和消极抵触心理深藏不露，削弱他们的积极改造动机。

以上死缓犯严重的悲观绝望心理和监狱人格成了他们服刑两年后为了减刑而积极改造的动机比其他刑期的减刑罪犯弱的第二种原因。

2. 不同刑期的减刑罪犯减刑后改造积极性的差异

5 ～ 10 年以下刑期的减刑罪犯减刑后继续积极改造的动力最大，10 年以上刑期、无期、死缓的重刑期减刑罪犯刑期越重减刑后继续积极改造的动力越小。

从表 6-6 选择 A 项的比例可以看出，5 年以下刑期的有 27.7%、5 ～ 10 年以下刑期的有 18.0%、10 ～ 20 年刑期的有 28.6%、无期的有 37.2%、死缓的有 40.0% 认为罪犯积极改造如果得不到减刑，就不会继续积极改造。可见，10 年以下刑期的减刑罪犯比 10 以上刑期、无期、死缓的减刑罪犯选择 A 项的比例都低，而且 10 年以上刑期、无期、死缓的重刑期减刑罪犯呈现了刑期越重比例越高的递增特点。5 ～ 10 年以下刑期的减刑罪犯比例最低，死缓的减刑罪犯比例最高。而此题选择 C 项的比例恰好与选择 A 项的比例相反，5 ～ 10 年以下刑期的减刑罪犯比例最高占 35.3%，10 年以上刑期、无期、死缓的重刑期减刑罪犯呈现了刑期越重比例越低的递减特点。

再看表 6-7，5 ～ 10 年以下刑期的减刑罪犯与 5 年以下刑期的减刑罪犯有显著差异、与其他三个重刑期的减刑罪犯都有极其显著的差异；10 ～ 20 年刑期的减刑罪犯与无期的减刑罪犯有显著差异、与死缓的减刑罪犯有非常显著的差异。5 ～ 10 年以下刑期的减刑罪犯平均分最高，死缓的减刑罪犯平均分最低，而且 10 年以上刑期、无期、死缓的重刑期减刑罪犯呈现了刑期越重平均分越低的递减特点，这与他们刑期越重选择 A 项的比例越高是一致的。

表 6-6　不同刑期的减刑罪犯减刑后改造积极性的比例差异（ *N*=1394 ）

（单位：人数 / 人，百分比 /%）

问题	原判刑期 选项	5 年以下		5 ~ 10 年以下		10 ~ 20 年		无期		死缓	
		人数	百分比	人数	百分比	人数	百分比	人数	百分比	人数	百分比
34.服刑人员积极改造如果得不到减刑还会继续积极改造吗？	A.不会	13	27.7	51	18.0	161	28.6	112	37.2	80	40.0
	B.不确定	25	53.2	132	46.6	265	47.1	129	42.9	84	42.0
	C.会	9	19.1	100	35.3	137	24.3	60	19.9	36	18.0
	合计	47	100	283	100	563	100	301	100	200	100

表 6-7　不同刑期的减刑罪犯减刑后改造积极性的差异显著性

问题	原判刑期	*N*	*M*	*SD*	原判刑期		*P*
34.服刑人员积极改造如果得不到减刑还会继续积极改造吗？	5 年以下	47	1.91	0.69	5 ~ 10 年以下	5 年以下	0.024
	5 ~ 10 年以下	283	2.17	0.71		10 ~ 20 年	0.000
	10 ~ 20 年	563	1.96	0.73		无期	0.000
	无期	301	1.83	0.74		死缓	0.000
	死缓	200	1.78	0.73	10 ~ 20 年	无期	0.012
	合计	1394	1.95	0.74		死缓	0.003

表 6-6、表 6-7 第 34 题的选择比例和平均分都说明 5 ~ 10 年以下刑期的减刑罪犯减刑后继续积极改造的动力最大，10 年以上刑期、无期、死缓的重刑期减刑罪犯刑期越重减刑后继续积极改造的动力越小。所以，需要特殊分析的就是 5~10 年以下刑期的减刑罪犯减刑后继续积极改造的动力最大的原因。

表 6-4、表 6-5 两道题的数据已经证明，5 ~ 10 年以下刑期的减刑罪犯为了减刑而积极改造的动机比其他刑期的减刑罪犯强，表 6-6、表 6-7 的

数据又呈现同样的特征，即 5 ～ 10 年以下刑期的减刑罪犯减刑后继续积极改造的动力也比其他刑期的罪犯强。此处的原因与表 6-4、表 6-5 相同，所以，不再赘述。此处需要明确的是，表 6-4、表 6-5 的第 2 题和第 6 题强调的是为了减刑而积极改造的动机，是功利性改造动机；而表 6-6、表 6-7第 34 题强调的是减刑后继续积极改造的动机，没有强调动机的性质。那么，不同刑期的减刑罪犯减刑后继续积极改造动机的差异究竟是功利性的动机还是真诚的改造动机呢？表 6-8、表 6-9 将揭晓此问题的答案。

3. 不同刑期的减刑罪犯减刑后真诚改造动机的差异

5 ～ 10 年以下刑期的减刑罪犯减刑后真诚积极改造动机的比例比其他刑期的减刑罪犯都高。

从表 6-8 选择 C 项的比例可以看出，不同刑期的减刑罪犯比例都比较高（44.7% ～ 53.4%），5 年以下刑期的减刑罪犯比例最低，5 ～ 10 年以下刑期的减刑罪犯比例最高。

再看表 6-9，5 ～ 10 年以下刑期的减刑罪犯与无期的减刑罪犯、与死缓的减刑罪犯都有显著差异，5 ～ 10 年以下刑期的减刑罪犯平均分最高，死缓的减刑罪犯平均分最低，无期的减刑罪犯与死缓的减刑罪犯平均分相差极小。此题平均分越高说明减刑后内心真诚改造的动机越强。

表 6-8 不同刑期的减刑罪犯内心真诚改造的比例差异（N=1394）

（单位：人数 / 人，百分比 /%）

问题	原判刑期 / 选项	5 年以下		5 ～ 10 年以下		10 ～ 20 年		无期		死缓	
		人数	百分比	人数	百分比	人数	百分比	人数	百分比	人数	百分比
3. 得到减刑的人都是发自内心真诚地积极改造吗？	A. 不是	2	4.3	19	6.7	50	8.9	37	12.3	29	14.5
	B. 不全是	24	51.1	113	39.9	246	43.7	125	41.5	79	39.5
	C. 是	21	44.7	151	53.4	267	47.4	139	46.2	92	46.0
	合计	47	100	283	100	563	100	301	100	200	100

表 6-9　不同刑期的减刑罪犯内心真诚改造的差异显著性

问题	原判刑期	N	M	SD	原判刑期		P
3. 得到减刑的人都是发自内心真诚地积极改造吗?	5 年以下	47	2.40	0.58	5～10 年以下	无期	0.019
	5～10 年以下	283	2.47	0.62			
	10～20 年	563	2.39	0.64		死缓	0.013
	无期	301	2.34	0.69			
	死缓	200	2.32	0.71			
	合计	1394	2.38	0.66			

表 6-8、6-9 选择 C 项的比例和平均分都证明 5～10 年以下刑期的减刑罪犯减刑后内心具有真诚积极改造动机的比例比其他刑期的减刑罪犯都高，其原因如下。

5～10 年以下刑期的减刑罪犯减刑后内心具有真诚积极改造动机的人比例最高，其原因前面已经分析过，即这个刑期段的罪犯比 5 年以下的轻刑期罪犯有更多的时间接受监狱机关的教育，又没有重刑犯的服刑心理压力大，他们经过努力获得减刑后，迫切地希望继续得到减刑。前面的数据证明，5～10 年以下刑期的减刑罪犯为了减刑而积极改造的功利性改造动机者比例最高，此处的数据又证明他们内心具有真诚积极改造动机的人也比例最高。

那么，前面的功利性改造动机和此处的发自内心的真诚改造动机是否矛盾呢？这关键要看罪犯回答问题时如何理解"真诚改造"的含义了。如果他们把"真诚改造"理解为没有欺骗，就是真心想早日获得自由而积极改造，那么，"真诚改造"就带有为了减刑而积极改造的功利性质；相反，如果罪犯理解的"真诚改造"是为了赎罪而改造，那么"真诚改造"就等同于"悔罪或赎罪"。笔者认为，多数罪犯理解的"真诚改造"应该是前者，即带有功利性的发自内心的积极改造，或者是为了减刑，或者是为了对自己有其他好处的事而积极改造。这样看来，5～10 年以下刑期的减刑罪犯减刑后发自内心真诚积极改造的改造动机者比例最高，与前面他们为了减刑而积极改造的功利性改造动机者比例最高是一致的。同一类人在回答同是改造动机的问题前后一致才符合人的心理活动规律，由于本课题对参加测试的罪犯不需要写真实姓名，所以在这两道问题上他们没有必要掩饰。况且测试罪犯改造动机的问题都是从他评的角度提问的，不是直接问罪犯本人的，他们不会有防御心理，他们选择的答案实际上是他们真实想法的投射，因而回答是真实的。

（二）不同刑期的罪犯减刑后间歇性放松动机导致减刑后改造倒退的差异

1. 不同刑期的减刑罪犯因骄傲自满心理而减刑后改造倒退的差异

刑期最轻的 5 年以下刑期和刑期最重的死缓的少数减刑罪犯减刑后因骄傲自满心理而放弃继续积极改造，即出现改造倒退的人明显比其他刑期的减刑罪犯比例最高。

从表 6-10 选择 A 项的比例可以看出，不同刑期的减刑罪犯比例都比较高（68.1% ~ 89.0%），说明绝大多数不同刑期的减刑罪犯没有因为减刑后骄傲自满而导致减刑后改造倒退。

但是从表 6-10 选择 C 项的比例可以看出，不同刑期的减刑罪犯的比例分别是：5 年以下刑期的有 8.5%、5 ~ 10 年以下刑期的有 2.5%、10 ~ 20 年刑期的有 5.2%、无期的有 4.7%、死缓的有 10.0%，呈现了两头高、中间低的 U 形特征，即刑期最轻的 5 年以下刑期和刑期最重的死缓的减刑罪犯比例高，而介于这二者之间三个刑期段的减刑罪犯比例明显低于刑期最轻和刑期最重的两个刑期段的减刑罪犯。

再看表 6-11，5 年以下刑期与 5 ~ 10 年以下刑期有非常显著的差异、与 10 ~ 20 年刑期的减刑罪犯有显著差异；5 ~ 10 年以下刑期与 10 ~ 20 年刑期有非常显著的差异，与无期、死缓的减刑罪犯都有极其显著的差异；10 ~ 20 年刑期与死缓的减刑罪犯有极其显著的差异。平均分也呈现了两头高中间低的 U 形特征，即刑期最轻的 5 年以下刑期和刑期最重的死缓的减刑罪犯平均分高，而介于这二者之间三个刑期段的减刑罪犯平均分明显低于刑期最轻和刑期最重的两个刑期段的减刑罪犯。

表 6-10   不同刑期的减刑罪犯减刑后因骄傲自满而改造倒退的比例差异（N=1394）

（单位：人数 / 人，百分比 / %）

问题	原判刑期＼选项	5 年以下		5 ~ 10 年以下		10 ~ 20 年		无期		死缓	
		人数	百分比	人数	百分比	人数	百分比	人数	百分比	人数	百分比
11. 是否因为减刑后有骄傲自满心理而放弃继续积极改造？	A. 不是	32	68.1	252	89.0	457	81.2	225	74.8	142	71.0
	B. 不全是	11	23.4	24	8.5	77	13.7	62	20.6	38	19.0
	C. 是	4	8.5	7	2.5	29	5.2	14	4.7	20	10.0
	合计	47	100	283	100	563	100	301	100	200	100

表 6-11   不同刑期的减刑罪犯减刑后因骄傲自满而改造倒退的差异显著性

问题	原判刑期	N	M	SD	原判刑期		P
11. 是否因为减刑后有骄傲自满心理而放弃继续积极改造？	5 年以下	47	1.40	0.65	5 年以下	5 ~ 10 年以下	0.002
	5 ~ 10 年以下	283	1.13	0.41		10 ~ 20 年	0.045
	10 ~ 20 年	563	1.24	0.53	5 ~ 10 年以下	10 ~ 20 年	0.007
	无期	301	1.30	0.55		无期	0.000
	死缓	200	1.39	0.66		死缓	0.000
	合计	1394	1.26	0.55	10 ~ 20 年	死缓	0.001

根据表 6-10、6-11 选择 C 项的比例和平均分可以得出这样的结论：刑期最轻的 5 年以下刑期和刑期最重的死缓的少数减刑罪犯减刑后因骄傲自满心理而放弃继续积极改造，即出现改造倒退的人明显比其他刑期的减刑罪犯比例高，其原因如下。

第一，5 年以下刑期的少数减刑罪犯减刑后因骄傲自满心理而放弃继续积极改造是因为他们剩余的刑期不多了，可以松口气了。表 6-3 中本课题调查的不同刑期的减刑罪犯剩余刑期 1 年以下的比例分别是：原判 5 年以下刑期的有 74.5%、原判 5 ~ 10 年以下刑期的有 25.4%、原判 10 ~ 20 年刑期的有 7.5%、原判无期的有 2.3%、原判死缓的有 0.5%。可见，原判 5 年以下刑期的减刑罪犯剩余刑期 1 年以下的比例最高，所以，原判 5 年以下刑期的少数减刑罪犯减刑后因骄傲自满而放弃继续积极改造就有理由了，他们为自己能在本来就不长的刑期中得到减刑知足了，加上他们剩余的刑期不足 1 年，应该再没有减刑的机会了，放松继续积极改造也心安理得了。

第二，死缓的少数减刑罪犯减刑后因骄傲自满心理而放弃继续积极改造是因为他们的减刑次数太多了。从表 6-12 可以看出，本课题调查的不同刑期的减刑罪犯减刑 4 次及以上的比例分别是：10 ～ 20 年刑期的有 8.0%、无期的有 24.9%、死缓的有 32.5%。可见，死缓的减刑罪犯比例最高，所以死缓犯减刑后因骄傲自满而放弃继续积极改造的人比其他刑期的减刑罪犯都多。

表 6-12　不同刑期的减刑罪犯的减刑次数（N=1394）

（单位：人数 / 人，百分比 / %）

原判刑期 减刑次数	5 年以下		5 ～ 10 年以下		10 ～ 20 年		无期		死缓	
	人数	百分比	人数	百分比	人数	百分比	人数	百分比	人数	百分比
减刑 1 次	47	100	252	89.0	313	55.6	64	21.3	52	26.0
减刑 2 次	0	0.0	31	11.0	132	23.4	89	29.6	42	21.0
减刑 3 次	0	0.0	0	0.0	73	13.0	73	24.3	41	20.5
减刑 4 次及以上	0	0.0	0	0.0	45	8.0	75	24.9	65	32.5
合计	47	100	283	100	563	100	301	100	200	100

2. 不同刑期的减刑罪犯因减刑艰苦引起身心疲惫而减刑后改造倒退的差异

少数刑期越重的减刑罪犯因为争取减刑的过程太辛苦而放弃继续积极改造的人越多。

从表 6-13 选择 A 项的比例可以看出，不同刑期的减刑罪犯选择此项的比例都在 63.0% ～ 77.7%，说明大多数不同刑期的减刑罪犯不会因为减刑的过程太辛苦而放弃继续积极改造。

但是，再看表 6-13 选择 C 项的比例，虽然五个刑期段的减刑罪犯都很少，在 2.1% ～ 9.3%，除了死缓的减刑罪犯略低于无期的减刑罪犯外，其他刑期的减刑罪犯呈现了刑期越重比例越高的递增特点，即刑期越重的减刑罪犯因为争取减刑的过程太辛苦而放弃继续积极改造的人数相对比例越高。

从表6-14看出，无期的减刑罪犯与5～10年以下的减刑罪犯有显著差异；死缓的减刑罪犯除了与无期的减刑罪犯无显著差异外，与其他三个刑期段的减刑罪犯都有显著差异或非常显著的差异。呈现了刑期越重平均分越高的递增特点，此题平均分越高说明因为减刑的过程太辛苦而放弃继续积极改造的人比例越高。

表6-13　不同刑期的罪犯因减刑辛苦而不再积极改造的比例差异（N=1394）

（单位：人数/人，百分比/%）

问题	原判刑期 选项	5年以下		5～10 年以下		10～ 20年		无期		死缓	
		人数	百分比	人数	百分比	人数	百分比	人数	百分比	人数	百分比
10. 是否因为争取减刑的过程太辛苦而放弃继续积极改造？	A. 不是	36	76.6	220	77.7	398	70.7	220	73.1	126	63.0
	B. 不确定	10	21.3	51	18.0	133	23.6	53	17.6	57	28.5
	C. 是	1	2.1	12	4.2	32	5.7	28	9.3	17	8.5
	合计	47	100	283	100	563	100	301	100	200	100

表6-14　不同刑期的减刑罪犯因减刑辛苦而不再积极改造的差异显著性

问题	原判刑期	N	M	SD	原判刑期		P
10. 是否因为争取减刑的过程太辛苦而放弃继续积极改造？	5年以下	47	1.26	0.5	无期	5～10 年以下	0.049
	5～10年以下	283	1.27	0.5			
	10～20年	563	1.35	0.6	死缓	5年以下	0.039
	无期	301	1.36	0.6		5～10年以下	0.001
	死缓	200	1.46	0.6		10～20年	0.032
	合计	1394	1.35	0.6			

表6-13、6-14的数据证明，少数刑期越重的减刑罪犯因为争取减刑的过程太辛苦而放弃继续积极改造的人相对比例越高。刑期越重的多数减刑的罪犯面对减刑的机会，就算是强迫自己积极改造，也绝不会轻易放弃减刑的机会。但是，当他们实在感到身心疲惫无力支撑着坚持下去时，少数人就会

放弃继续积极改造而出现改造倒退。这很符合人的生理和心理规律，表6-15和表6-16的数据证明了这一规律。

从表6-15看出，不同刑期的减刑罪犯选择B项和C项比例的总和分别是：5年以下刑期的有76.6%、5～10年以下刑期的有78.4%、10～20年刑期的有76.9%、无期的有80.4%、死缓的有84.0%，除了5～10年以下刑期的比例略高于10～20年刑期的比例之外，基本呈现了刑期越重比例越高的递增特点。

再看表6-16，10～20年的减刑罪犯与死缓的减刑罪犯有显著差异，除了5～10年以下刑期的减刑罪犯平均分略高于10～20年刑期和无期的减刑罪犯外，其他刑期的减刑罪犯呈现了刑期越重平均分越高的递增特点，其原因如下。

第一，从表6-12看出，刑期越重的减刑罪犯减刑次数越多，一次次地减刑使他们感到身心疲惫，刑期越重的减刑罪犯认为这是符合个体身心规律的正常现象的人比例越高。

第二，5～10年以下刑期的减刑罪犯之所以平均分略高于10～20年刑期和无期的减刑罪犯，这与前面分析的他们为了减刑而积极改造的功利性改造动机强的人比例最高是一致的，所以他们认为减刑后身心疲惫出现改造倒退是符合个体身心规律的正常现象的人相对比例较高。

表6-15 不同刑期的减刑罪犯对减刑后改造倒退是否符合个体
身心规律的认知比例差异（N=1394）

（单位：人数/人，百分比/%）

问题	原判刑期 / 选项	5年以下		5～10年以下		10～20年		无期		死缓	
		人数	百分比	人数	百分比	人数	百分比	人数	百分比	人数	百分比
66.你认为减刑后出现改造倒退行为是否属于可以理解的符合个体身心规律的正常现象？	A. 不正常，不可以理解	11	23.4	61	21.6	130	23.1	59	19.6	32	16.0
	B. 不正常，但可以理解	25	53.2	132	46.6	291	51.7	168	55.8	105	52.5
	C. 正常，可以理解	11	23.4	90	31.8	142	25.2	74	24.6	63	31.5
	合计	47	100	283	100	563	100	301	100	200	100

表 6-16 不同刑期的减刑罪犯对减刑后改造倒退是否符合身心规律的认知差异显著性

问题	原判刑期	N	M	SD	原判刑期		P
66. 你认为减刑后出现改造倒退行为是否属于可以理解的符合个体身心规律的正常现象？	5 年以下	47	2.00	0.69	10 ~ 20 年	死缓	0.019
	5 ~ 10 年以下	283	2.10	0.72			
	10 ~ 20 年	563	2.02	0.70			
	无期	301	2.05	0.66			
	死缓	200	2.16	0.67			
	合计	1394	2.06	0.69			

（三）不同刑期的减刑罪犯因恶习难改导致减刑后改造倒退的差异

1. 不同刑期的减刑罪犯因恶习难改而减刑后改造倒退的差异

死缓的减刑罪犯减刑后因不良习惯而违反监规的人比其他刑期的减刑罪犯比例高。

从表 6-17 选择 C 项的比例可以看出，五个刑期段的减刑罪犯比例都较低（8.5% ~ 18%），无期以下刑期的减刑罪犯比例差别不大，都在 8.5% ~ 9.9%，只有死缓的减刑罪犯比例明显高于其他刑期的减刑罪犯，有 18%，说明死缓的减刑罪犯减刑后因不良习惯而违反监规的人比其他刑期的减刑罪犯比例高。

再看表 6-18，死缓的减刑罪犯除了与 5 年以下刑期的减刑罪犯无显著差异外，与其他三个刑期段的减刑罪犯都有显著差异或非常显著的差异，死缓的减刑罪犯平均分最高，这与他们选择 C 项的比例最高是一致的。

死缓的减刑罪犯减刑后因不良习惯而违反监规的人比其他刑期的减刑罪犯比例高，这主要是由他们的刑期最重决定的。本课题调查的死缓犯没有限制减刑的，不用终身囚禁在监狱。那么，死缓犯由死缓变为无期、再由无期变为有期徒刑，然后再经过多次减刑，最少要在监狱里度过十四五年，十四五年要时刻绷紧神经不触犯监规是很难做到的。所以，死缓的减刑罪犯减刑后因不良习惯而违反监规的人比其他刑期的减刑罪犯比例高也属于正常现象。本课题调查的不同刑期的减刑罪犯减刑后违纪的比例分别是：5 年以下刑期的有 4.2%、5 ~ 10 年以下刑期的有 6.0%、10 ~ 20 年刑期的有 7.9%、无期的有 7.0%、死缓的有 7.0%，10 年以上刑期的重刑期罪犯减刑后违纪的比例高于 10 年以下刑期的减刑罪犯。可见，刑期重的罪犯违纪的比例高是正常的。

表 6-17　不同刑期的减刑罪犯因恶习难改而改造倒退的比例差异（N=1394）

（单位：人数 / 人，百分比 /％）

问题	原判刑期 选项	5 年以下		5 ~ 10 年以下		10 ~ 20 年		无期		死缓	
		人数	百分比	人数	百分比	人数	百分比	人数	百分比	人数	百分比
12. 你做了很大努力克制自己的不良习惯得到减刑，但有时还会"旧病复发"而违反监规吗？	A. 不是	31	66.0	189	66.8	380	67.5	186	61.8	114	57.0
	B. 不全是	12	25.5	66	23.3	128	22.7	88	29.2	50	25.0
	C. 是	4	8.5	28	9.9	55	9.8	27	9.0	36	18.0
	合计	47	100	283	100	563	100	301	100	200	100

表 6-18　不同刑期的减刑罪犯因恶习难改而改造倒退的差异显著性

问题	原判刑期	N	M	SD	原判刑期		P
12. 你做了很大努力才克制自己的不良习惯得到了减刑，但有时还会"旧病复发"而违反监规吗？	5 年以下	47	1.43	0.65	死缓	5 ~ 10 年以下	0.004
	5 ~ 10 年以下	283	1.43	0.67			
	10 ~ 20 年	563	1.42	0.66		10 ~ 20 年	0.001
	无期	301	1.47	0.66			
	死缓	200	1.61	0.78		无期	0.026
	合计	1394	1.46	0.68			

2. 不同刑期的减刑罪犯认为积极改造获得减刑是为了回归社会后重操旧业的差异

其他刑期的减刑罪犯认为积极改造获得减刑是为了回归社会后重操旧业的人都比 5 年以下刑期的减刑罪犯比例高。

表 6-19 第 4 题不同刑期段无显著差异，但是所选各项比例有差异。从表 6-19 选择 C 项的比例可以看出，5 年以下刑期的有 4.3%、5 ~ 10 年以

下刑期的有 12.7%、10 ~ 20 年刑期的有 8.2%、无期的有 10.0%、死缓的有
13.0%，除了 5 年以下刑期的减刑罪犯比例明显低外，其他刑期的减刑罪犯
比例都比较接近。说明其他刑期的减刑罪犯积极改造获得减刑是为了回归
社会后重操旧业的人都比 5 年以下刑期的减刑罪犯多。

表 6-19　不同刑期的减刑罪犯积极改造是为了早日回归社会
重操旧业的认知比例差异（N=1394）

（单位：人数 / 人，百分比 /%）

问题	原判刑期 选项	5 年以下		5 ~ 10 年以下		10~20 年		无期		死缓	
		人数	百分比	人数	百分比	人数	百分比	人数	百分比	人数	百分比
4.有些服刑人员积极改造获得减刑是为了早日回归社会后重操旧业吗？	A. 不是	30	63.8	176	62.2	341	60.6	178	59.1	119	59.5
	B. 不全是	15	31.9	71	25.1	176	31.3	93	30.9	55	27.5
	C. 是	2	4.3	36	12.7	46	8.2	30	10.0	26	13.0
	合计	47	100	283	100	563	100	301	100	200	100

其他刑期的减刑罪犯认为积极改造获得减刑是为了回归社会后重操旧业
的人都比 5 年以下刑期的减刑罪犯比例高的原因如下。

第一，10 年以上刑期、无期、死缓的减刑罪犯是因为服刑时间长而产生
抵触情绪。表 6-19 第 4 题虽然不是罪犯自评，但是根据心理测验的规律，
回答问题者一般是把自己的想法投射到回答的问题上，重刑犯也是如此，他
们有 8.2% ~ 13.0% 的人认为积极改造获得减刑的罪犯是为了回归社会后重操
旧业，尤其是死缓犯比例占 13.0%，是所有减刑罪犯中最高的。可见，服刑
时间太长不一定全是积极作用。当然，表 6-3 中重刑犯的累犯比例较高也是
他们认为积极改造获得减刑的罪犯是为了回归社会后重操旧业的重要原因。

第二，5 ~ 10 年以下刑期的减刑罪犯认为积极改造获得减刑的罪犯是
为了回归社会后重操旧业的人比例第二高，这主要与他们中的累犯较多有
关。从表 6-3 看出，本课题调查的不同刑期的减刑罪犯中判刑 2 次和判刑
3 次及以上的比例总和分别是：5 年以下刑期的有 8.5%、5 ~ 10 年以下刑
期的有 15.5%、10 ~ 20 年刑期的有 13.3%、无期的有 12.3%、死缓的有

10.5%。呈现了中间高两头低的特征，即 5 ～ 10 年以下刑期的减刑罪犯中累犯比例最高，其次是 10 ～ 20 年刑期。积极改造获得减刑是为了回归社会后重操旧业这是他们的惯性心理和行为，所以 5 ～ 10 年以下刑期的减刑罪犯认为积极改造获得减刑的罪犯是为了回归社会后重操旧业的人相对较多也就不足为奇了。

（四）不同刑期的减刑罪犯因自我调控能力差导致减刑后改造倒退的差异

1. 意志的自我调控能力差不同刑期的减刑罪犯导致减刑后改造倒退的差异

（1）不同刑期的减刑罪犯对情绪的自我调控能力差导致减刑后改造倒退的差异

5 年以下刑期、无期、死缓的减刑罪犯对情绪的自我调控能力差者比例较高。

从表 6-20 第 14 题选择 C 项的比例可以看出，不同刑期的减刑罪犯分别是：5 年以下刑期的有 12.8%、5 ～ 10 年以下刑期的有 3.9%、10 ～ 20 年刑期的有 6.7%、无期的有 9.6%、死缓的有 9.5%。呈现了两头高中间低的 U 形特征，5 年以下刑期、无期、死缓的减刑罪犯对情绪的自我调控能力差者比例相对较高。

再看表 6-21 第 14 题，5 ～ 10 年以下刑期与无期、与死缓的减刑罪犯都有非常显著的差异；10 ～ 20 年刑期与死缓的减刑罪犯有显著差异。5 ～ 10 年以下刑期和 10 ～ 20 年刑期的减刑罪犯的平均分明显低于 5 年以下刑期、无期、死缓的减刑罪犯的平均分。此题平均分越高说明对情绪的自我调控能力越差。可见，5 年以下刑期、无期、死缓的减刑罪犯对情绪的自我调控能力差者比例较高。

从表 6-20 第 19 题可以看出，不同刑期的减刑罪犯选择 B 项和 C 项的比例总和分别是：5 年以下刑期的有 44.7%、5 ～ 10 年以下刑期的有 36.0%、10 ～ 20 年刑期的有 37.6%、无期的有 48.2%、死缓的有 49.5%。呈现了两头高中间低的 U 形特征，5 年以下刑期、无期、死缓的减刑罪犯对情绪的自我调控能力差者比例相对较高。

再看表 6-21 第 19 题，5 ~ 10 年以下刑期与无期、与死缓的减刑罪犯都有非常显著或极其显著的差异；10 ~ 20 年刑期与无期、与死缓的减刑罪犯都有显著差异或极其显著的差异。5 ~ 10 年以下刑期、10 ~ 20 年刑期的减刑罪犯平均分都低于 5 年以下刑期、无期、死缓的减刑罪犯的平均分。此题平均分越高说明对情绪的自我调控能力差的比例越高。可见，5 年以下刑期、无期、死缓的减刑罪犯对情绪的自我调控能力差者比例较高。

从表 6-20 第 23 题可以看出，不同刑期的减刑罪犯选择 A 项和 B 项的比例总和分别是：5 年以下刑期的有 31.9%、5 ~ 10 年以下刑期的有 18.4%、10 ~ 20 年刑期的有 25.3%、无期的有 25.6%、死缓的有 31.5%。呈现了两头高中间低的 U 形特征，5 年以下刑期和死缓的减刑罪犯对情绪的自我调控能力差者比例相对较高。

再看表 6-21 第 23 题，5 ~ 10 年以下刑期的减刑罪犯与 10 ~ 20 年刑期的减刑罪犯有显著差异、与死缓的减刑罪犯有非常显著的差异。5 ~ 10 年以下刑期的减刑罪犯的平均分最高、5 年以下刑期和死缓的减刑罪犯平均分最低，此题平均分越低说明友谊观越不理智、对情绪的自我调控能力差的比例越高。可见，5 年以下刑期和死缓的减刑罪犯友谊观不理智、对情绪的自我调控能力差者比例相对较高。

表 6-20　不同刑期的减刑罪犯对情绪的自我调控能力差导致改造倒退的比例差异（ N=1394 ）

（单位：人数 / 人，百分比 /%）

问题	原判刑期 选项	5 年以下（N=47）		5 ~ 10 年以下（N=283）		10 ~ 20 年（N=563）		无期（N=301）		死缓（N=200）	
		人数	百分比	人数	百分比	人数	百分比	人数	百分比	人数	百分比
14. 你减刑后因为无法控制自己的情绪经常与人发生矛盾而违反监规吗？	A. 不是	32	68.1	209	73.9	394	70.0	196	65.1	123	61.5
	B. 不全是	9	19.1	63	22.3	131	23.3	76	25.2	58	29.0
	C. 是	6	12.8	11	3.9	38	6.7	29	9.6	19	9.5

续表

问题	原判刑期 选项	5年以下（N=47）		5~10年以下（N=283）		10~20年（N=563）		无期（N=301）		死缓（N=200）	
		人数	百分比	人数	百分比	人数	百分比	人数	百分比	人数	百分比
19. 当其他服刑人员与你发生矛盾冲突时，你是否会使用暴力解决问题？	A. 从未有过	26	55.3	181	64.0	351	62.3	156	51.8	101	50.5
	B. 偶尔会	20	42.6	96	33.9	181	32.1	131	43.5	80	40.0
	C. 总是这样	1	2.1	6	2.1	31	5.5	14	4.7	19	9.5
23. 甲的朋友被人打了，把甲叫去，甲不问青红皂白打了朋友的仇人，你如何评价甲的做法？	A. 很够朋友	4	8.5	15	5.3	46	8.2	21	7.0	18	9.0
	B. 可以理解	11	23.4	37	13.1	96	17.1	56	18.6	45	22.5
	C. 问明原因和平解决	32	68.1	231	81.6	421	74.8	224	74.4	137	68.5

表6-21　不同刑期的减刑罪犯对情绪的自我调控能力差
导致改造倒退的差异显著性（N=1394）

问题	原判刑期	N	M	SD	原判刑期		P
14. 你因为在悔罪、劳动、学习等很多方面表现好而得到减刑，却因为无法控制自己的情绪而经常与人发生矛盾导致违反监规吗？	5年以下	47	1.45	0.72	5~10年以下	无期	0.005
	5~10年以下	283	1.30	0.54		死缓	0.002
	10~20年	563	1.37	0.61			
	无期	301	1.45	0.66	10~20年	死缓	0.028
	死缓	200	1.48	0.66			

续表

问题	原判刑期	N	M	SD	原判刑期		P
19. 当其他服刑人员与你发生矛盾冲突时，你是否会使用暴力解决问题？	5年以下	47	1.47	0.55	5～10年以下	无期	0.003
	5～10年以下	283	1.38	0.53		死缓	0.000
	10～20年	563	1.43	0.60	10～20年	无期	0.022
	无期	301	1.53	0.59		死缓	0.001
	死缓	200	1.59	0.66			
23. 甲的朋友被人打了，把甲叫去，甲不问青红皂白打了朋友的仇人，你如何评价甲的做法？	5年以下	47	2.60	0.65	5～10年以下	10～20年	0.028
	5～10年以下	283	2.76	0.54			
	10～20年	563	2.67	0.62		死缓	0.003
	无期	301	2.67	0.60			
	死缓	200	2.60	0.65			

根据表6-20和6-21第14、19、23题的6组数据可以得出这样的结论：不同刑期的减刑罪犯呈现了刑期最轻的5年以下刑期和刑期最重的无期、死缓的减刑罪犯对情绪的自我调控能力差者比例相对较高。这个结果与笔者的一个国家课题"罪犯的罪行与危害社会心理恶性程度的相关性探索"的研究结果基本一致。虽然那个课题研究的是不同刑期罪犯的人格特征，不是减刑罪犯的人格特征，但是相同刑期的减刑罪犯与没减刑的罪犯在人格特征上是有共性的。刑期最轻的5年以下刑期和刑期最重的无期、死缓的减刑罪犯对情绪的自我调控能力差者比例相对较高的原因如下。

第一，5年以下刑期的减刑罪犯的冲动性较强。笔者在《罪犯的罪行与危害社会心理恶性程度的相关性探索》一书中用COPA-PI（中国罪犯心理评估系统个性分测验）测试不同刑期的罪犯结果证明，刑期越轻的罪犯冲动性强者越多。5年以下刑期的罪犯"冲动性"平均分最高，55~64分较高分段和65分以上高分段，5年以下刑期的罪犯占25.4%、5～10年以下刑期的罪犯占22.6%、10～20年刑期的罪犯占21.2%、无期的罪犯占16.1%、死缓罪犯占19.4%，除了死缓罪犯比无期罪犯比例高出3.3个百分点之外，基本呈现了刑期越轻的罪犯比例越高的趋势，说明刑期越轻的罪犯冲动性强的人比例越高。

第二，无期、死缓的减刑罪犯中情感暴力罪者多。从表6-22看出，本课题调查的不同刑期的减刑罪犯中情感暴力罪（在消极否定情感支配下伤害、杀人等犯罪）的比例分别是：5年以下刑期的有12.8%、5～10年以下刑期的有15.5%、10～20年刑期的有11.4%、无期的有36.5%、死缓的有57.0%，死缓的比例最高，无期的比例次高。笔者在《罪犯的罪行与危害社会心理恶性程度的相关性探索》一书中用COPA-PI测试不同刑期的罪犯结果证明，死缓犯的暴力倾向65分以上高分的比例最高，占10.1%。说明死缓犯中暴力倾向很强的人比其他刑期的罪犯多。暴力倾向很强的人从来不安分守己，而是恃强霸道，报复欲望很强，渴望刺激和冒险，喜欢寻衅滋事，惹是生非，争强好胜，胆大妄为，与人冲突时绝不会退让，易走极端，解决分歧时崇尚暴力，斤斤计较，气量狭小，睚眦必报，富有反抗精神，不易屈服。具有暴力倾向的人具有特质愤怒的人格特质。特质愤怒（trait anger）是一种持久而稳定的人格特质，包括在愤怒的频率、持续时间和强度上稳定的个体差异。高特质愤怒的个体在敌意情境下会表现出更多的行为攻击倾向。[1]

死缓犯中暴力倾向很强的人较多是很容易理解的，因为死缓犯中多数是因杀人罪而被判死缓的罪犯，死缓的减刑罪犯中这些暴力倾向很强的人极易在遇到负性刺激时违反监规而导致减刑后改造倒退，甚至被释放后重新犯罪。

表6-22 不同刑期的减刑罪犯的罪类（N=1394）

（单位：人数/人，百分比/%）

罪类＼原判刑期	5年以下		5～10年以下		10～20年		无期		死缓	
	人数	百分比	人数	百分比	人数	百分比	人数	百分比	人数	百分比
盗窃罪	11	23.4	40	14.1	58	10.3	18	6.0	2	1.0
抢劫罪	4	8.5	44	15.5	93	16.5	65	21.6	30	15.0

---

[1] 杨丽珠、杜文轩、沈悦：《特质愤怒与反应性攻击的综合认知模型述评》，载《心理科学进展》2011年第9期。

续表

罪类＼原判刑期	5 年以下		5 ~ 10 年以下		10 ~ 20 年		无期		死缓	
	人数	百分比	人数	百分比	人数	百分比	人数	百分比	人数	百分比
诈骗罪	8	17.0	29	10.2	122	21.7	13	4.3	3	1.5
毒品罪	4	8.5	32	11.3	41	7.3	34	11.3	23	11.5
贪污受贿罪	0	0.0	21	7.4	104	18.5	29	9.6	12	6.0
财欲其他罪	3	6.4	25	8.8	22	3.9	7	2.3	2	1.0
情感暴力罪	6	12.8	44	15.5	64	11.4	110	36.5	114	57.0
淫欲罪	5	10.6	26	9.2	10	1.8	3	1.0	3	1.5
数罪并罚	3	6.4	11	3.9	46	8.2	21	7.0	11	5.5
其他罪	3	6.4	11	3.9	3	0.5	1	0.3	0	0.0
合计	47	100	283	100	563	100	301	100	200	100

（2）不同刑期的减刑罪犯整体性意志薄弱导致减刑后改造倒退的差异

5 年以下刑期的减刑罪犯整体性意志薄弱的人最多。

从表6-23看出，不同刑期的减刑罪犯选择 C 项的比例分别是：5 年以下刑期的有 25.5%、5 ~ 10 年以下刑期的有 13.1%、10 ~ 20 年刑期的有 15.8%、无期的有 16.6%、死缓的有 16.5%。可见，5 年以下刑期的减刑罪犯比例最高，说明他们的整体性意志薄弱的人比例最高。

再看表6-24，5 年以下刑期与 5 ~ 10 年以下刑期的减刑罪犯有显著差异，5 年以下刑期的平均分最高，5 ~ 10 年以下刑期的平均分最低，此题平均分越高说明整体性意志薄弱的比例越高。5 年以下刑期的减刑罪犯平均分最高，说明他们的整体性意志薄弱的比例最高。

表 6-23　不同刑期的减刑罪犯整体性意志薄弱导致改造倒退的比例差异（*N*=1394）

（单位：人数 / 人，百分比 /％）

问题	原判刑期 选项	5 年以下		5 ～ 10 年以下		10 ～ 20 年		无期		死缓	
		人数	百分比	人数	百分比	人数	百分比	人数	百分比	人数	百分比
17. 改造中获得奖励尤其是减刑后出现松懈或倒退现象的服刑人员是因为意志薄弱吗？	A. 不是	15	31.9	132	46.6	231	41.0	133	44.2	82	41.0
	B. 不确定	20	42.6	114	40.3	243	43.2	118	39.2	85	42.5
	C. 是	12	25.5	37	13.1	89	15.8	50	16.6	33	16.5
	合计	47	100	283	100	563	100	301	100	200	100

表 6-24　不同刑期的减刑罪犯整体性意志薄弱导致改造倒退的差异显著性

问题	原判刑期	*N*	*M*	*SD*	原判刑期		*P*
17. 改造中获得奖励尤其是减刑后出现松懈或倒退现象的服刑人员是因为意志薄弱吗？	5 年以下	47	1.94	0.8	5 年以下	5 ～ 10 年以下	0.016
	5 ～ 10 年以下	283	1.66	0.7			
	10 ～ 20 年	563	1.75	0.7			
	无期	301	1.72	0.7			
	死缓	200	1.76	0.7			
	合计	1394	1.73	0.7			

表 6-23 和 6-24 的数据证明，5 年以下刑期的减刑罪犯选择 C 项的比例和平均分都最高，5 ～ 10 年以下刑期的减刑罪犯选择 C 项的比例和平均分都最低，说明 5 年以下刑期的减刑罪犯整体性意志薄弱的人比例最高，而 5 ～ 10 年以下刑期的减刑罪犯整体性意志薄弱的人比例最低，其原因如下。

第一，5 年以下刑期的减刑罪犯整体性意志薄弱的比例最高，这是因为刑期最轻的 5 年以下刑期的减刑罪犯冲动性强的最多，这在前面已经分析过。他们遇到诱惑性或负性刺激时控制不住自己的情绪，从表 6-22 中看出，本课题调查的 5 年以下刑期的减刑罪犯中犯盗窃罪的比例最高，盗窃犯唯利是图心理最突出，当他们遇到随手可得的财物时难以控制自己的物质欲望，冲动性强让他们作案，但冲动性强会给他们带来麻烦，即由于他们获得不义之财的心情迫切，就顾不得周密计划了，因而作案后获得的财物比那些刑期重的盗窃犯少得多，这也是他们被判刑期轻的原因。而那些刑期重的盗窃犯都是有预谋、有选择目标地作案，不是冲动作案，所以他们犯罪所得的不义之财更多，这也是他们被判重刑的原因。

第二，5～10年以下刑期的减刑罪犯整体性意志薄弱的比例最低，有两种原因。一是这个刑期段不短也不长，更有利于他们适应监狱的服刑改造生活、形成正向意志，又不会像重刑犯那样悲观绝望。二是本课题调查的5～10年以下刑期的减刑罪犯中累犯最多，累犯的双重人格很突出。双重人格是指同一个人身上同时存在完全对立的两种人格特征。一方面，他们因为正确意志薄弱、错误意志顽固而重新犯罪；另一方面，由于他们服刑经验丰富，所以他们对监狱的监规纪律、劳动、人际交往环境等服刑生活适应得很快，在监狱里成为八面玲珑的"三开人物"，即他们在监狱干警面前吃得开，在积极改造的犯人面前吃得开，在落后甚至抗拒改造的犯人面前也吃得开。这需要很强的意志来调节，可见，5～10年以下刑期的减刑罪犯整体性意志薄弱的人比例最低就是由他们中的那部分累犯的双重人格决定的。

（3）不同刑期的减刑罪犯关于意志对释放后重新犯罪影响的认知差异

5～10年以下刑期的减刑罪犯认为自制力和分辨能力差是减刑罪犯被释放后重新犯罪的主要原因的比例最高。

从表6-25看出，不同刑期的减刑罪犯选择C项的比例都是最高的，各刑期段的比例分别是：5年以下刑期的有53.2%、5～10年以下刑期的有65.4%、10～20年刑期的有54.7%、无期的有54.2%、死缓的有51.5%。看来各刑期段半数以上的减刑罪犯都认为自制力和分辨能力差是有些多次减刑的罪犯被释放后重新犯罪的主要原因。其中，5～10年以下刑期的减刑罪犯有65.4%，明显高于其他刑期段的减刑罪犯，这是他们中的累犯重新犯罪的切身体会。

再看表6-26，5～10年以下刑期的减刑罪犯与10～20年刑期、与无期、与死缓的减刑罪犯都有非常显著的差异。5～10年以下刑期的减刑罪犯平均分明显高于其他刑期的减刑罪犯，这与他们选择C项的比例最高是一致的。此题的平均分越高说明自制力和分辨能力差的人比例越高。

表6-25和表6-26的数据显示，5～10年以下刑期的减刑罪犯选择C项的比例和平均分都是最高的，证明他们中认为自制力和分辨能力差是有些减刑的罪犯被释放后重新犯罪的主要原因的比例最高。其原因很简单，本课题调查的这个刑期段的减刑罪犯中累犯最多，这些人是根据自己重新犯罪的切身体会回答此问题的，很真实。笔者也认为，自制力和分辨能力差确实是多数累犯重新犯罪的主要原因，即使是有了法律意识，即使在服刑期间多次获得减刑的刑满释放人员，在遇到诱惑或生活所迫时也难以克制自己的欲望而重新犯罪，这是减刑后最严重、性质最恶劣的改造倒退行为，是对减刑的极大否定和讽刺。

表6-25　不同刑期的减刑罪犯关于意志对重新犯罪影响的认知比例差异（N=1394）

（单位：人数/人，百分比/%）

问题	原判刑期 选项	5年以下		5～10年以下		10～20年		无期		死缓	
		人数	百分比	人数	百分比	人数	百分比	人数	百分比	人数	百分比
27.为什么有些多次减刑的服刑人员被释放后重新犯罪，以下哪种是主要原因？	A.积极改造动机虚假	6	12.8	36	12.7	105	18.7	54	17.9	36	18.0
	B.法律意识淡漠	16	34.0	62	21.9	150	26.6	84	27.9	61	30.5
	C.自制力和分辨能力差	25	53.2	185	65.4	308	54.7	163	54.2	103	51.5
	合计	47	100	283	100	563	100	301	100	200	100

表 6-26　不同刑期的减刑罪犯关于意志对重新犯罪影响的认知差异显著性

问题	原判刑期	N	M	SD	原判刑期		P
27. 为什么有些多次减刑的服刑人员被释放后重新犯罪，以下哪种是主要原因？	5 年以下	47	2.40	0.71	5 ~ 10 年以下	10 ~ 20 年	0.003
	5 ~ 10 年以下	283	2.53	0.71			
	10 ~ 20 年	563	2.36	0.78		无期	0.009
	无期	301	2.36	0.77			
	死缓	200	2.34	0.77		死缓	0.006
	合计	1394	2.39	0.76			

2. 不同刑期的减刑罪犯抗御诱惑和延迟满足能力差导致改造倒退的差异

（1）不同刑期的减刑罪犯抗御诱惑能力差导致改造倒退的差异

5 年以下刑期的减刑罪犯抗御诱惑能力差的人比例最高，5 ~ 10 年以下刑期的减刑罪犯抗御诱惑能力差的人比例最低。

从表 6-27 不同刑期的减刑罪犯选择 A 项和 B 项的比例总和可以看出，5 年以下刑期的有 34.0%、5 ~ 10 年以下刑期的有 21.5%、10 ~ 20 年刑期的有 25.0%、无期的有 28.9%、死缓的有 27.5% 抗御诱惑能力很差或较差。可见，5 年以下刑期的减刑罪犯选择 A、B 两项比例的总和最高，说明他们中抗御诱惑能力很差或较差的人最多；5 ~ 10 年以下刑期的减刑罪犯选择 A、B 两项比例的总和最低，说明他们中抗御诱惑能力很差或较差的人比例最低。

从表 6-27 不同刑期的减刑罪犯选择 C 项的比例可以看出，5 年以下刑期的有 66.0%、5 ~ 10 年以下刑期的有 78.4%、10 ~ 20 年刑期的有 75.0%、无期的有 71.1%、死缓的有 72.5%。可见，5 年以下刑期的减刑罪犯比例最低，说明他们中抗御诱惑能力强的人比例最低；5 ~ 10 年以下刑期的减刑罪犯比例最高，说明他们中抗御诱惑能力强的人比例最高。

再看表 6-28，5 ~ 10 年以下刑期与无期的减刑罪犯有显著差异，5 年以下刑期的减刑罪犯平均分最低，这与他们选择 A、B 两项比例的总和最高、选择 C 项比例最低是一致的；5 ~ 10 年以下刑期的减刑罪犯平均分最高，这与他们的选择 A、B 两项比例的总和最低、选择 C 项的比例最高是一致的。此题平均分越低说明抗御诱惑的能力越差。

表 6-27　不同刑期的减刑罪犯抗御诱惑能力的比例差异（N=1394）

（单位：人数 / 人，百分比 /%）

问题	原判刑期 / 选项	5年以下		5～10年以下		10～20年		无期		死缓	
		人数	百分比	人数	百分比	人数	百分比	人数	百分比	人数	百分比
25. 某人生活已经比较舒适，但别人想利用他的权力办私事，便给他大力送礼，他该怎么做？	A. 欣然接受	4	8.5	19	6.7	39	6.9	32	10.6	21	10.5
	B. 拒绝不了就接受	12	25.5	42	14.8	102	18.1	55	18.3	34	17.0
	C. 坚决拒绝	31	66.0	222	78.4	422	75.0	214	71.1	145	72.5
	合计	47	100	283	100	563	100	301	100	200	100

表 6-28　不同刑期的减刑罪犯抗御诱惑能力的差异显著性

问题	原判刑期	N	M	SD	原判刑期		P
25. 某人生活已经比较舒适，但别人想利用他的权力办私事，便给他大力送礼，他该怎么做？	5年以下	47	2.57	0.65	5～10年以下	无期	0.029
	5～10年以下	283	2.72	0.58			
	10～20年	563	2.68	0.60			
	无期	301	2.60	0.67			
	死缓	200	2.62	0.67			
	合计	1394	2.66	0.62			

根据表 6-27、表 6-28 所选各项的比例和平均分可以得出这样的结论：5 年以下刑期的减刑罪犯抗御诱惑能力差的人比例最高，5～10 年以下刑期的减刑罪犯抗御诱惑能力差的人比例最低。这与前面分析的不同刑期的减刑罪犯对情绪的自我调控能力差、整体性意志薄弱的结果是一致的。其原因前面已经分析，此处不再赘述。

（2）不同刑期的减刑罪犯延迟满足能力差导致减刑后改造倒退的差异

刑期越重的减刑罪犯延迟满足能力差的比例越高。

从表 6-29 选择 A 项的比例可以看出，不同刑期的减刑罪犯选择的比例分别是：5 年以下刑期的有 23.4%、5 ～ 10 年以下刑期的有 26.5%、10 ～ 20 年刑期的有 30.9%、无期的有 34.2%、死缓的有 34.5%。呈现了刑期越重的减刑罪犯比例越高的递增特点，说明刑期越重的减刑罪犯延迟满足能力差的比例越高。

而此题选择 C 项的比例却完全相反，不同刑期的减刑罪犯选择 C 项的比例分别是：5 年以下刑期的有 59.6%、5 ～ 10 年以下刑期的有 54.1%、10 ～ 20 年刑期的有 45.3%、无期的有 45.2%、死缓的有 42.0%。呈现刑期越重比例越低的递减特点，说明刑期越重的减刑罪犯延迟满足能力强的比例越少。

再看表 6-30，5 年以下刑期与死缓的减刑罪犯有显著差异，5 ～ 10 年以下刑期与 10 年以上刑期、无期、死缓都有显著差异，五个刑期段罪犯的平均分呈现了刑期越重平均分越低的递减特征，这与他们选择 C 项的比例特征是一致的，此题平均分越低说明延迟满足的能力越差。

表 6-29　不同刑期的减刑罪犯延迟满足能力的比例差异（N=1394）

（单位：人数／人，百分比／%）

问题	原判刑期 / 选项	5 年以下		5 ～ 10 年以下		10 ～ 20 年		无期		死缓	
		人数	百分比	人数	百分比	人数	百分比	人数	百分比	人数	百分比
26. 当你特别想得到某物，而且唾手可得，但有人告诉你，等一段时间除了得到此物之外，还会得到更多的奖励，你会怎样？	A. 不要别的奖励，马上就要此物	11	23.4	75	26.5	174	30.9	103	34.2	69	34.5
	B. 等待更多的奖励但很焦虑	8	17.0	55	19.4	134	23.8	62	20.6	47	23.5
	C. 很耐心地等待更多的奖励	28	59.6	153	54.1	255	45.3	136	45.2	84	42.0
	合计	47	100	283	100	563	100	301	100	200	100

表 6-30 不同刑期的减刑罪犯延迟满足能力的差异显著性

问题	原判刑期	N	M	SD	原判刑期		P
26. 当你特别想得到某物，而且唾手可得，但有人告诉你，等一段时间除了得到此物之外，还会得到更多的奖励，你会怎样？	5 年以下	47	2.36	0.85	5 年以下	死缓	0.042
	5 ~ 10 年以下	283	2.28	0.86	5 ~ 10 年以下	10 ~ 20 年	0.037
	10 ~ 20 年	563	2.14	0.86			
	无期	301	2.11	0.89		无期	0.021
	死缓	200	2.08	0.87			
	合计	1394	2.16	0.87		死缓	0.012

表 6-29、6-30 所选各项比例和平均分已经证明，刑期越重的减刑罪犯延迟满足能力差的人比例越高，其原因如下。

第一，刑期越重的减刑罪犯延迟满足能力差的比例越高与他们的年龄有关。从表 6-31 看出，30 ~ 59 岁的中年减刑罪犯呈现了年龄越大刑期越重的递增特点；60 岁及以上的老年减刑罪犯除了死缓比无期的比例低之外，也呈现了年龄越大刑期越重的递增特点。可见，年龄越大的减刑罪犯刑期越重，在本书第五章中"不同年龄的减刑罪犯延迟满足能力差异致减刑后改造倒退的差异"上已有数据证明年龄越大的减刑罪犯延迟满足能力越差，笔者已经明确阐述了原因，年龄越大的减刑罪犯其年龄不允许他们等待。此处，年龄越大的减刑罪犯刑期重的比例越高，延迟满足能力差的比例也越高，原因与第五章的同一问题相同，此处不再赘述。

表 6-31 不同刑期的减刑罪犯的年龄（N=1394）

（单位：人数 / 人，百分比 /%）

原判刑期 年龄	5 年以下		5 ~ 10 年以下		10 ~ 20 年		无期		死缓	
	人数	百分比	人数	百分比	人数	百分比	人数	百分比	人数	百分比
18 ~ 29 岁	16	34.0	84	29.7	108	19.2	34	11.3	18	9.0
30 ~ 59 岁	31	66.0	192	67.8	403	71.6	237	78.7	170	85.0
60 岁及以上	0	0.0	7	2.5	52	9.2	30	10.0	12	6.0
合计	47	100	283	100	563	100	301	100	200	100

第二，刑期越重的减刑罪犯延迟满足能力差的比例越高是由他们的刑期决定的。刑期越重的减刑罪犯在漫长的刑期中很多需要都受到了压抑，包括食物、情感等某些合理的需要也无法满足。根据条件反射的原理，刺激消失后反射就会逐渐消退，需要压抑久了会逐渐淡化。但是条件反射原理还证明，条件反射消退后遇到适宜的刺激还会复发，而且复发后比原来的强度更大，因为压抑不等于消失，消退也不等于消失。所以，当刑期越重的减刑罪犯遇到自己特别想得到的东西而且唾手可得时，他们压抑很久的欲望又被唤醒了，他们一定是立刻就想得到，绝不延迟满足，这就是刑期越重的减刑罪犯延迟满足能力差的比例越高的原因。

（五）不同刑期的减刑罪犯对挫折的正向心理承受能力差导致减刑后改造倒退的差异

在五个刑期段的减刑罪犯对挫折的正向心理承受能力差得都不多的情况下，无期和死缓的减刑罪犯对挫折的正向心理承受能力差的比例相对高些。

从表6-32选择C项的比例可以看出，不同刑期的减刑罪犯的比例分别是：5年以下刑期的有4.3%、5 ~ 10年以下刑期的有8.1%、10 ~ 20年刑期的有6.2%、无期的有10.0%、死缓的有9.0%对挫折的心理承受能力不强。

表6-32　不同刑期的减刑罪犯对挫折的正向心理承受能力的比例差异（N=1394）

（单位：人数/人，百分比/%）

问题	原判刑期 选项	5年以下		5 ~ 10年以下		10 ~ 20年		无期		死缓	
		人数	百分比	人数	百分比	人数	百分比	人数	百分比	人数	百分比
18.你对挫折的理性心理承受能力是否很强？	A.很强	21	44.7	108	38.2	216	38.4	105	34.9	52	26.0
	B.一般	24	51.1	152	53.7	312	55.4	166	55.1	130	65.0
	C.不强	2	4.3	23	8.1	35	6.2	30	10.0	18	9.0
	合计	47	100	283	100	563	100	301	100	200	100

再看表 6-33，死缓的减刑罪犯除了与无期的减刑罪犯无显著差异外，与 5 年以下刑期、与 5～10 年以下刑期、与 10～20 年刑期三个刑期段的减刑罪犯都有显著差异或非常显著差异，死缓的减刑罪犯平均分最高，次高的是无期的减刑罪犯，5 年以下刑期的减刑罪犯平均分最低。此题平均分越高说明对挫折的正向心理承受能力越差。

表 6-33　不同刑期的减刑罪犯对挫折的正向心理承受能力的差异显著性

问题	原判刑期	N	M	SD	原判刑期		P
18. 你对挫折的理性心理承受能力是否很强？	5 年以下	47	1.60	0.58	死缓	5 年以下	0.016
	5～10 年以下	283	1.70	0.61		5～10 年以下	0.018
	10～20 年	563	1.68	0.59			
	无期	301	1.75	0.62		10～20 年	0.002
	死缓	200	1.83	0.57			
	合计	1394	1.72	0.60			

表 6-32、表 6-33 选择 C 项的比例和平均分证明，虽然五个刑期段的减刑罪犯对挫折的正向心理承受能力差得都不多，但是相比之下无期和死缓的减刑罪犯对挫折的正向心理承受能力差的相对比例最高。

1. 不同刑期的减刑罪犯遇到挫折后缺乏正向自信导致减刑后改造倒退的差异

刑期越重的减刑罪犯遇到挫折后缺乏正向自信的比例越高。

从表 6-34 不同刑期的减刑罪犯选择 C 项的比例为：5 年以下刑期的有 2.1%、5～10 年以下刑期的有 5.3%、10～20 年刑期的有 8.2%、无期的有 9.6%、死缓的有 11.5%。五个刑期段的减刑罪犯虽然比例都不高，却呈现了刑期越重比例越高的递增特征。说明刑期越重的减刑罪犯遇到挫折后缺乏正向自信的比例越高。

再看表 6-35，5 年以下刑期与无期、与死缓的减刑罪犯都有显著差异，5～10 年以下刑期与 10～20 年刑期的减刑罪犯有显著差异、与无期的减刑罪犯有非常显著的差异、与死缓的减刑罪犯有极其显著的差异。五个刑期段的减刑罪犯虽然平均分都不高，却呈现了刑期越重平均分越高的递增特征。此题平均分越高说明越缺乏正向自信，刑期越重的减刑罪犯遇到挫折后缺乏正向自信的比例越高。

第16题选择C项的比例和平均分都证明，刑期越重的减刑罪犯遇到挫折后缺乏正向自信的越多。

表6-34　不同刑期的减刑罪犯遇到挫折后正向自信的比例差异（N=1394）

（单位：人数／人，百分比／%）

问题	原判刑期 选项	5年以下		5～10 年以下		10～ 20年		无期		死缓	
		人数	百分比	人数	百分比	人数	百分比	人数	百分比	人数	百分比
16.你认为自己做事持之以恒、有自信吗？	A.是	36	76.6	211	74.6	378	67.1	193	64.1	124	62.0
	B.不确定	10	21.3	57	20.1	139	24.7	79	26.2	53	26.5
	C.不是	1	2.1	15	5.3	46	8.2	29	9.6	23	11.5
	合计	47	100	283	100	563	100	301	100	200	100

表6-35　不同刑期的减刑罪犯遇到挫折后正向自信的差异显著性

问题	原判刑期	N	M	SD	原判刑期		P
16.你认为自己做事持之以恒、有自信吗？	5年以下	47	1.26	0.49	5年以下	无期	0.045
	5～10年以下	283	1.31	0.57		死缓	0.020
	10～20年	563	1.41	0.64	5～10年以下	10～20年	0.026
	无期	301	1.46	0.66		无期	0.005
	死缓	200	1.50	0.69		死缓	0.001
	合计	1394	1.41	0.64			

2.不同刑期的减刑罪犯遇到挫折后缺乏明确目标导致减刑后改造倒退的差异

无期和死缓的减刑罪犯遇到挫折后缺乏明确目标的人比其他刑期的减刑罪犯比例高。

从表 6-36 选择 C 项的比例可以看出，5 年以下刑期的有 2.1%、5 ~ 10 年以下刑期的有 3.5%、10 ~ 20 年刑期的有 5.0%、无期的有 7.6%、死缓的有 7.0%，五个刑期段的减刑罪犯虽然比例都较低，除了死缓比无期的比例略低外却呈现了刑期越重比例越高的递增特征，总体上呈现了 10 年以上刑期、无期、死缓的重刑期减刑罪犯比 10 年以下刑期的中等刑期和轻刑期减刑罪犯的比例高，尤其是无期和死缓的减刑罪犯比例明显高于其他刑期的减刑罪犯。说明刑期越重的减刑罪犯做事目标不明确的相对比例越高。

再看表 6-37，5 ~ 10 年以下刑期的减刑罪犯与无期的减刑罪犯有极其显著的差异、与死缓的减刑罪犯有显著差异，10 ~ 20 年刑期的减刑罪犯与无期的减刑罪犯有显著差异。5 ~ 10 年以下的减刑罪犯平均分最低，无期的减刑罪犯平均分最高，总体上 10 年以上刑期、无期和死缓的重刑期减刑罪犯比 10 年以下刑期的中等刑期和轻刑期减刑罪犯的平均分高，尤其是无期和死缓的减刑罪犯平均分明显高于其他刑期的减刑罪犯，此题平均分越高说明越缺乏明确目标。

第 15 题选择 C 项的比例和平均分都证明了无期和死缓的减刑罪犯遇到挫折后缺乏明确目标的人比其他刑期的减刑罪犯比例高。

表 6-36　不同刑期的减刑罪犯遇到挫折后缺乏明确目标的比例差异（N=1394）

（单位：人数 / 人，百分比 /％）

问题	原判刑期\选项	5 年以下		5 ~ 10 年以下		10 ~ 20 年		无期		死缓	
		人数	百分比	人数	百分比	人数	百分比	人数	百分比	人数	百分比
15. 你认为自己做事目标明确吗？	A. 是	35	74.5	224	79.2	412	73.2	198	65.8	139	69.5
	B. 不确定	11	23.4	49	17.3	123	21.8	80	26.6	47	23.5
	C. 不是	1	2.1	10	3.5	28	5.0	23	7.6	14	7.0
	合计	47	100	283	100	563	100	301	100	200	100

表 6-37　不同刑期的减刑罪犯遇到挫折后缺乏明确目标的差异显著性

问题	原判刑期	N	M	SD	原判刑期		P
15. 你认为自己做事目标明确吗?	5 年以下	47	1.28	0.50	5 ～ 10 年以下	无期	0.000
	5 ～ 10 年以下	283	1.24	0.51			
	10 ～ 20 年	563	1.32	0.56		死缓	0.013
	无期	301	1.42	0.63			
	死缓	200	1.38	0.61	10 ～ 20 年	无期	0.014
	合计	1394	1.33	0.58			

根据表 6-32 至表 6-37 这 6 个表格中 3 道题的数据可以得出这样的结论: 在不同刑期的减刑罪犯正向心理承受能力差的比例都不高的情况下, 相比较而言无期和死缓的减刑罪犯对挫折的正向心理承受力差、遇到挫折后缺乏正向自信和缺乏明确目标的人明显比其他刑期的减刑罪犯比例高。笔者认为, 这是由无期和死缓的减刑罪犯刑期太重造成的。管理心理学的目标管理理论证明, 在朝向目标努力的过程中, 人们距离目标越远目标的激励作用越小, 如果在实现目标的过程中又遇到挫折, 为实现目标而努力的人对挫折的正向心理承受能力差, 就更加削弱了目标的激励作用。无期和死缓的减刑罪犯就是如此, 他们刑期太重, 距离完全获得自由的目标太遥远, 虽然一次次获得减刑让他们看到了希望, 但是他们当中一些心理素质差的人还是对未来希望渺茫、悲观绝望, 对挫折的正向心理承受能力很差, 缺乏正向自信和明确目标, 这样极易使他们减刑后再遇到挫折时出现改造倒退行为。

（六）不同刑期的减刑罪犯减刑的内心期望值大于实际减刑幅度导致减刑后改造倒退的差异

1. 不同刑期的减刑罪犯对减刑幅度不满意导致减刑后改造倒退的差异

5 年以下刑期、无期、死缓的减刑罪犯对自己的减刑结果不满意或感到委屈者比例相对较高。

从表 6-38 第 28 题不同刑期的减刑罪犯选择 C 项的比例可以看出, 5 年以下刑期的有 25.5%、5 ～ 10 年以下刑期的有 18.4%、10 ～ 20 年刑期的有25.4%、无期的有33.6%、死缓的有34.0%的人对自己的减刑结果不满意。呈现出无期和死缓的减刑罪犯不满意的比例明显高于20年以下刑期三个刑期段的减刑罪犯的比例。说明无期和死缓的减刑罪犯对自己的减刑结果不满意的比例最高。

再看表6-39第28题，5～10年以下刑期与10～20年刑期有显著差异，与无期、与死缓都有极其显著的差异；10～20年刑期与无期有非常显著的差异。10年以上刑期、无期、死缓的重刑期减刑罪犯平均分高于10年以下刑期的减刑罪犯，尤其是无期、死缓的减刑罪犯平均分明显高于其他刑期的减刑罪犯，此题平均分越高说明对自己的减刑结果不满意的人越多。

从表6-38第29题不同刑期的减刑罪犯选择A项的比例可以看出，5年以下刑期的有27.7%、5～10年以下刑期的有17.0%、10～20年刑期的有22.0%、无期的有27.2%、死缓的有30.0%的人认为自己的减刑幅度与自己积极改造努力的程度不相符，多数时候小于自己的努力，感到委屈。比例基本呈现了两头高中间低的U形特征，5年以下刑期、无期、死缓的比例明显比中间两个刑期段的高。

表6-38　不同刑期的减刑罪犯减刑的内心期望值与实际减刑幅度的比例差异（N=1394）

（单位：人数/人，百分比/%）

问题	原判刑期 选项	5年以下 （N=47）		5～10 年以下 （N=283）		10–20年 （N=563）		无期 （N=301）		死缓 （N=200）	
		人数	百分比	人数	百分比	人数	百分比	人数	百分比	人数	百分比
28. 多数服刑人员对自己的减刑结果是否满意？	A. 满意	16	34.0	99	35.0	171	30.4	74	24.6	54	27.0
	B. 不确定	19	40.4	132	46.6	249	44.2	126	41.9	78	39.0
	C. 不满意	12	25.5	52	18.4	143	25.4	101	33.6	68	34.0
29. 你的减刑幅度与你自己积极改造努力的程度是否相符？	A. 多数时候小于我的努力，委屈	13	27.7	48	17.0	124	22.0	82	27.2	60	30.0
	B. 差不多	29	61.7	188	66.4	380	67.5	185	61.5	115	57.5
	C. 多数时候大于我的努力，喜悦	5	10.6	47	16.6	59	10.5	34	11.3	25	12.5

再看表 6-39 第 29 题，5 ~ 10 年以下刑期与 10 ~ 20 年刑期、与无期、与死缓的减刑罪犯都有非常显著的差异。5 ~ 10 年以下刑期的平均分最高，5 年以下刑期、无期、死缓的平均分基本相同，都是最低。此题平均分越低说明对自己的减刑结果不满意、委屈的人比例越高。

表 6-39　不同刑期的减刑罪犯减刑的内心期望值与实际减刑幅度的差异显著性

问题	原判刑期	N	M	SD	原判刑期		P
28. 多数服刑人员对自己的减刑结果是否满意?	5 年以下	47	1.91	0.78	5 ~ 10 年以下	10 ~ 20 年	0.033
	5 ~ 10 年以下	283	1.83	0.71		无期	0.000
	10 ~ 20 年	563	1.95	0.75		死缓	0.001
	无期	301	2.09	0.76	10 ~ 20 年	无期	0.009
	死缓	200	2.07	0.78			
29. 你的减刑幅度与你自己积极改造努力的程度是否相符?	5 年以下	47	1.83	0.60	5 ~ 10 年以下	10 ~ 20 年	0.009
	5 ~ 10 年以下	283	2.00	0.58			
	10 ~ 20 年	563	1.88	0.56		无期	0.001
	无期	301	1.84	0.60			
	死缓	200	1.83	0.63		死缓	0.002

根据表 6-38、表 6-39 的数据分析可以得出这样的结论：5 年以下刑期、无期、死缓的减刑罪犯对自己的减刑结果不满意甚至感到委屈的比例相对更高，其主体外原因请看后面"计分考核对不同刑期的减刑罪犯改造心理的消极影响"。此处主要分析轻刑犯和重刑犯的主体因素对减刑结果不满意的影响，具体原因如下。

第一，5 年以下刑期的减刑罪犯对自己的减刑结果不满意甚至感到委屈的相对更多的主体原因是，他们的刑期太短、改造质量较差、不能更客观地评价自己。当然不可否认的是，法律上给轻刑犯减刑幅度小引起了他们的不公平感，不公平感强化了他们对减刑结果不满意的否定情绪，否定情绪又使他们对减刑结果的认知更加偏激。即否定情绪与偏激认知二者相互强化。

第二，无期、死缓的减刑罪犯对自己的减刑结果不满意甚至感到委屈的比例相对更高是由他们服刑、减刑的心理疲惫造成的。请看下面对减刑幅度不满意影响改造积极性的详细分析。

2. 不同刑期的减刑罪犯对减刑幅度不满意影响改造积极性的差异

10 年以上刑期、无期、死缓的重刑期减刑罪犯由于对自己的减刑幅度不满意而不会继续积极改造的明显比 10 年以下刑期的减刑罪犯比例高。

从表 6-40 不同刑期的减刑罪犯选择 C 项的比例可以看出，5 年以下刑期的有 6.4%、5 ~ 10 年以下刑期的有 6.4%、10 ~ 20 年刑期的有 8.5%、无期的有 10.3%、死缓的有 15.0%。除了 10 年以下刑期的两个刑期段的比例相同外，呈现了刑期越重比例越高的递增特点，10 年以上刑期、无期、死缓的重刑期减刑罪犯的比例明显高于 10 年以下刑期的减刑罪犯。

表 6-40　不同刑期的减刑罪犯对自己减刑幅度不满意影响改造积极性的比例差异(*N*=1394)

（单位：人数 / 人，百分比 /%）

问题	原判刑期\选项	5 年以下		5 ~ 10 年以下		10 ~ 20 年		无期		死缓	
		人数	百分比	人数	百分比	人数	百分比	人数	百分比	人数	百分比
30.监狱干警、其他服刑人员的评价或你的减刑幅度小于你的期望，你会继续积极改造吗？	A. 会	32	68.1	220	77.7	374	66.4	205	68.1	121	60.5
	B. 不确定	12	25.5	45	15.9	141	25.0	65	21.6	49	24.5
	C. 不会	3	6.4	18	6.4	48	8.5	31	10.3	30	15.0
	合计	47	100	283	100	563	100	301	100	200	100

再看表 6-41，5 ~ 10 年以下刑期与 10 ~ 20 年刑期和死缓的减刑罪犯都有极其显著的差异、与无期的减刑罪犯有显著差异；死缓的减刑罪犯与

10 ~ 20 年刑期、与无期的减刑罪犯有显著差异。10 年以上刑期、无期、死缓的重刑期减刑罪犯的平均分明显高于 10 年以下刑期的减刑罪犯。此题平均分越高说明由于对自己的减刑幅度不满意而不会继续积极改造的人比例越高。

表 6-41　不同刑期的减刑罪犯对自己减刑幅度不满意影响改造积极性的差异显著性

问题	原判刑期	N	M	SD	原判刑期		P
30.监狱干警、其他服刑人员的评价或你的减刑幅度小于你的期望，你会继续积极改造吗？	5 年以下	47	1.38	0.61	5 ~ 10 年以下	10 ~ 20 年	0.005
	5 ~ 10 年以下	283	1.29	0.58		无期	0.012
	10 ~ 20 年	563	1.42	0.64		死缓	0.000
	无期	301	1.42	0.67	死缓	10 ~ 20 年	0.021
	死缓	200	1.55	0.74			
	合计	1394	1.41	0.65		无期	0.039

根据表 6-40、表 6-41 选择 C 项的比例和平均分可以得出这样的结论：10 年以上刑期、无期、死缓的重刑期减刑罪犯由于对自己的减刑幅度不满意而不会继续积极改造的人明显比 10 年以下刑期的减刑罪犯比例高。其原因如下。

第一，这是由重刑期的减刑罪犯服刑时间长而产生的厌倦情绪造成的。日复一日、年复一年，漫长的监狱服刑生活，使他们不能与家人团聚、对未来的生活十分迷茫，还要强迫自己不能放过减刑的机会，这让他们感到心力疲惫，更多的是产生不愉快的否定情绪。心理学研究证明，否定情绪会使认知也带上灰色的阴影，因而他们中的意志薄弱者对自己的减刑幅度不满意就会放弃继续积极改造，出现减刑后的改造倒退行为。

第二，这是由重刑期的减刑罪犯减刑次数多而对减刑的麻木心理造成的。从表 6-12 看出，本课题调查的不同刑期的减刑罪犯减刑 4 次及以上的比例分别是：10 年以下刑期的为 0、10 ~ 20 年刑期的有 8.0%、无期的有 24.9%、死缓的有 32.5%。多次减刑使重刑犯对减刑已经没有了惊喜感，却使他们对减刑幅度的期望值越来越高，所以时间长了他们就会对自己的减刑幅度不满意，并因此放弃继续积极改造，出现减刑后的改造倒退行为。

二、主体外原因对不同刑期的减刑罪犯减刑后改造倒退的影响差异

（一）监狱因素对不同刑期的罪犯减刑后改造倒退的影响差异

1. 减刑评估标准表面化——计分考核对不同刑期的减刑罪犯减刑后改造倒退影响的差异

（1）不同刑期的减刑罪犯关于监狱对罪犯减刑评估标准的缺陷导致罪犯减刑后改造倒退的认知差异

第一，不同刑期的减刑罪犯关于监狱机关对罪犯改造表现的评估标准是否公正客观的认知差异。

从表 6-42 第 36 题不同刑期的减刑罪犯选择 A 项的比例可以看出，5 年以下刑期的有 23.4%、5 ～ 10 年以下刑期的有 13.8%、10 ～ 20 年刑期的有 17.4%、无期的有 20.3%、死缓的有 20.5% 的人认为，监狱机关对罪犯改造表现的评估标准不够公正和客观。A 项比例呈现了两头高中间低的 U 形特征，即刑期最轻的 5 年以下刑期和刑期最重的无期、死缓的减刑罪犯比例明显高于 5 ～ 10 年以下刑期、10 ～ 20 年刑期的中间两个刑期段减刑罪犯的比例。

再看表 6-43 第 36 题，5 ～ 10 年以下刑期的减刑罪犯与 10 ～ 20 年刑期的减刑罪犯有非常显著的差异、与无期和死缓的减刑罪犯都有极其显著的差异。5 ～ 10 年以下刑期的减刑罪犯平均分最高，死缓的减刑罪犯平均分最低，其次是无期和 5 年以下刑期的减刑罪犯。此题平均分越低说明认为监狱机关对罪犯改造表现的评估标准不够公正和客观的人比例越高。

根据第 36 题选择 A 项的比例和平均分得出结论：无期、死缓、5 年以下刑期的减刑罪犯认为监狱机关对罪犯改造表现的评估标准不够公正和客观的比例相对较高。

表 6-42　不同刑期的减刑罪犯关于监狱对罪犯减刑评估标准
是否公正客观的认知比例差异（N=1394）

（单位：人数／人，百分比／%）

问题	原判刑期 \ 选项	5 年以下		5～10 年以下		10～20 年		无期		死缓	
		人数	百分比	人数	百分比	人数	百分比	人数	百分比	人数	百分比
36. 监狱机关对服刑人员改造表现的评估标准怎样？	A. 不够公正和客观	11	23.4	39	13.8	98	17.4	61	20.3	41	20.5
	B. 比较公正和客观	24	51.1	157	55.5	345	61.3	179	59.5	123	61.5
	C. 非常公正和客观	12	25.5	87	30.7	120	21.3	61	20.3	36	18.0
	合计	47	100	283	100	563	100	301	100	200	100

表 6-43　不同刑期的减刑罪犯关于监狱对罪犯减刑评估标准
是否公正客观的认知差异显著性

问题	原判刑期	N	M	SD	原判刑期		P
36. 监狱机关对服刑人员改造表现的评估标准怎样？	5 年以下	47	2.02	0.71	5～10 年以下	10～20 年	0.005
	5～10 年以下	283	2.17	0.65		无期	0.001
	10～20 年	563	2.04	0.62			
	无期	301	2.00	0.64		死缓	0.001
	死缓	200	1.98	0.62			
	合计	1394	2.05	0.64			

第二，不同刑期的减刑罪犯关于监狱对罪犯改造表现的评估是否注重表面化的认知差异。

从表 6-44 第 37 题不同刑期的减刑罪犯选择 A 项的比例可以看出，5 年以下刑期的有 27.7%、5～10 年以下刑期的有 24.4%、10～20 年刑期的有 29.5%、无期的有 30.6%、死缓的有 33.5% 的人认为，监狱机关对罪犯改造表现的评估侧重于表面行为。无期、死缓的减刑罪犯选择 A 项的比例明显高于其他刑期的减刑罪犯。

再看表 6-45 第 37 题，5 ~ 10 年以下刑期的减刑罪犯与无期的减刑罪犯有显著差异、与死缓的减刑罪犯有非常显著的差异，5 ~ 10 年以下刑期的减刑罪犯平均分最高，死缓的减刑罪犯平均分最低，无期的减刑罪犯平均分次低。此题平均分越低说明认为监狱机关对罪犯改造表现的评估侧重于表面行为的人比例越高。

根据第 37 题选择 A 项的比例和平均分得出结论：无期、死缓的减刑罪犯认为监狱机关对罪犯改造表现的评估侧重于表面行为的比例相对较高。

表 6-44　不同刑期的减刑罪犯对监狱关于罪犯减刑评估标准表面化的认知比例（N=1394）

（单位：人数 / 人，百分比 / %）

问题	原判刑期　选项	5 年以下		5 ~ 10 年以下		10 ~ 20 年		无期		死缓	
		人数	百分比	人数	百分比	人数	百分比	人数	百分比	人数	百分比
37. 监狱机关对服刑人员改造表现的评估侧重于哪方面？	A. 侧重于表面的行为	13	27.7	69	24.4	166	29.5	92	30.6	67	33.5
	B. 侧重于真实的内心	11	23.4	58	20.5	124	22.0	72	23.9	54	27.0
	C. 侧重于内外结合	23	48.9	156	55.1	273	48.5	137	45.5	79	39.5
	合计	47	100	283	100	563	100	301	100	200	100

表 6-45　不同刑期的减刑罪犯关于监狱对罪犯减刑评估标准表面化的认知差异显著性

问题	原判刑期	N	M	SD	原判刑期		P
37. 监狱机关对服刑人员改造表现的评估侧重于哪方面？	5 年以下	47	2.21	0.86	5 ~ 10 年以下	无期	0.026
	5 ~ 10 年以下	283	2.31	0.84			
	10 ~ 20 年	563	2.19	0.86			
	无期	301	2.15	0.86		死缓	0.002
	死缓	200	2.06	0.85			
	合计	1394	2.19	0.86			

第三，不同刑期的减刑罪犯关于监狱机关对减刑的评估不科学是罪犯减刑后改造倒退的主要原因之一的认知差异。

从表 6–46 第 38 题不同刑期的减刑罪犯选择 C 项的比例可以看出，5 年以下刑期的有 21.3%、5 ～ 10 年以下刑期的有 14.8%、10 ～ 20 年刑期的有 11.9%、无期的有 17.9%、死缓的有 21.0% 的人认为，罪犯减刑后改造倒退的主要原因之一是监狱机关对减刑的评估不科学。选择 C 项的比例呈现了两头高中间低的 U 形特征，即刑期最轻的 5 年以下刑期和刑期最重的死缓的减刑罪犯比例明显高于其他刑期的减刑罪犯比例。

再看表 6–47 第 38 题，5 年以下刑期的减刑罪犯与 5 ～ 10 年以下刑期、与 10 ～ 20 年刑期的减刑罪犯都有显著差异；死缓的减刑罪犯与 5 ～ 10 年以下刑期、与 10 ～ 20 年刑期的减刑罪犯都有显著差异。平均分呈现了两头高中间低的 U 形特征，即刑期最轻的 5 年以下刑期的减刑罪犯和刑期最重的死缓的减刑罪犯的平均分明显高于其他刑期的减刑罪犯。

根据第 38 题选择 C 项的比例和平均分得出结论：5 年以下刑期和死缓的减刑罪犯认为监狱机关对减刑的评估不科学是罪犯减刑后改造倒退的主要原因之一的相对比例较高。

表 6–46　不同刑期的减刑罪犯关于监狱对减刑的评估不科学是罪犯
改造倒退主要原因的认知比例（N=1394）

（单位：人数 / 人，百分比 /%）

问题	原判刑期 选项	5 年以下		5 ～ 10 年以下		10 ～ 20 年		无期		死缓	
		人数	百分比	人数	百分比	人数	百分比	人数	百分比	人数	百分比
38. 服刑人员减刑后改造倒退的主要原因之一是监狱机关对减刑的评估不科学吗？	A. 不是	11	23.4	113	39.9	197	35.0	106	35.2	65	32.5
	B. 不全是	26	55.3	128	45.2	299	53.1	141	46.8	93	46.5
	C. 是	10	21.3	42	14.8	67	11.9	54	17.9	42	21.0
	合计	47	100	283	100	563	100	301	100	200	100

表6-47 不同刑期的减刑罪犯关于监狱对减刑的评估不科学是
罪犯改造倒退主要原因的认知差异显著性

问题	原判刑期	N	M	SD	原判刑期		P
38. 服刑人员减刑后出现改造倒退的主要原因之一是监狱机关对减刑的评估不科学吗？	5年以下	47	1.98	0.68	5年以下	5～10年以下	0.033
	5～10年以下	283	1.75	0.70		10～20年	0.043
	10～20年	563	1.77	0.65	死缓	5～10年以下	0.031
	无期	301	1.83	0.71		10～20年	0.039
	死缓	200	1.89	0.72			
	合计	1394	1.80	0.68			

根据表6-42至表6-47这3道题6组数据的分析可以得出这样的结论：第一，5年以下刑期、无期、死缓的减刑罪犯认为监狱机关对罪犯改造表现的评估标准不够公正和客观的比例相对较高。第二，无期、死缓的减刑罪犯认为监狱机关对罪犯改造表现的评估侧重于表面行为的比例相对较高。第三，5年以下刑期和死缓的减刑罪犯认为监狱机关对减刑的评估不科学是罪犯减刑后改造倒退的主要原因之一的比例相对较高。其共同的主体外原因是监狱对罪犯的计分考核带来的消极影响，请看下面监狱的计分考核对轻刑犯和重刑犯改造心理的消极影响。

（2）监狱的计分考核对轻刑犯改造心理的消极影响[1]

笔者的学生龙晓伟对贵州某监狱部分罪犯进行了调查，发现被判决5年以下有期徒刑的轻刑犯对计分考核的态度是以消极的心理为主。在监狱中轻刑犯获得加分减刑的机会很少，所以他们中部分人会产生消极心理和不良行为，主要表现在以下几方面。

第一，计分考核使轻刑犯的改造意识更淡漠。监狱对罪犯考评有一个考评周期，之后对轻刑犯来说实际上就没有真正的评分时间，等考验期结束，离释放时间就不远了。尤其是一两年以下刑期的轻刑犯积分时间就更短，这不仅造成了监狱干警对他们的计分考核不够重视，而且使轻刑犯产生"堕落

---

[1] 龙晓伟：《计分考核对不同类型罪犯改造心理的消极影响及对策——以贵州和云南的部分监狱为例》。本文获中央司法警官学院2015届本科优秀毕业论文一等奖。本文指导教师：张雅凤。

感"，并且认为自己和那些能得减刑分的重刑犯不同，对短期服刑时间持随意态度，没有真正意识到自己是一名罪犯，没有真正发自内心地悔罪。因而，轻刑犯在改造过程中很容易消极改造，只求过得去和"大错不犯、小错不断"的倾向就会凸显出来，改造意识淡化。

笔者的学生龙晓伟通过对 10 名轻刑犯的访谈发现，他们都认为自己的刑期不长、得分减刑的机会不多，因此不用付出辛苦去积极改造，这是导致轻刑犯缺乏罪犯角色意识的原因之一。此外，龙晓伟在观察中发现，部分轻刑犯对待车间的工作态度不是很认真。如在一个生产皮鞋的车间里，按规定每人每天要完成 100 只鞋底的粘合任务，一整天只有少部分轻刑犯完成了任务，多数轻刑犯都剩 1 ～ 5 只鞋底没粘完。然而重刑犯基本超额完成任务。由此可见，轻刑犯对计分考核办法抱着无所谓的态度，更加淡化了改造意识。

第二，计分考核使轻刑犯偷懒耍滑的心理更强。笔者的学生龙晓伟记录了他和管教干警设计好的对 5 名负责修剪花草的轻刑犯的观察过程，如果当天上午他们能完成任务，每人可以加 0.5 分（这个分数与重刑犯相比是很低的）。"一开始干警带队过去分配任务，8 点开始干活，此时这 5 名罪犯特别认真，也很老实和卖力。干警走后，我在阳台上观察发现，他们中有 2 人不到 20 分钟就开始东张西望了，时而停下来挠挠身上。过了 5 分钟后，另外 3 名罪犯也开始巡视四周，发现没有干警，也开始休息，不停地玩剪刀，时而又坐下来挠挠身上，两个小时很快过去了，本来只要 1 小时 30 分就能修好的花草，结果到 10 点 10 分才完成，用了两个多小时。中间我两次故意大声咳嗽让他们知道我在观察他们，在那两次提醒时他们开始努力干活，装着一副很卖力的样子，也不敢东张西望。"后来龙晓伟分别找这 5 名轻刑犯聊天，其中 3 人认为这分数太低，对减刑根本起不了什么作用；另外 2 名罪犯认为自己不能太老实了，其他罪犯休息他们也应该休息，况且没有干警在现场监督，更不用真诚卖力干活，因为自己刑期短，对分数又无所谓。由此可以看出，在有狱警监督时轻刑犯积极表现，争相立功，当无干警监督时，他们就消极怠工，懒惰成风，这是因为他们害怕自己不好好干活会受到干警的惩罚，并不是计分考核的诱惑。他们认为自己不能和重刑犯相比，重刑犯加分多，并且重刑犯知道分数的重要性。而分数对于轻刑犯来说不是很重要，因为轻刑犯减刑机会不多，所以，他们对计分考核持无所谓心理，计分考核对轻刑犯的激励作用很弱，却使他们的偷懒耍滑心理更强。

第三，计分考核中轻刑犯因得低分而产生消极对抗心理。根据贵州监狱对罪犯考评制度第16条规定："监狱对罪犯考评实行日记载、周公示、月公布、综合评审。"[1] 表6-48是在一周计分考核公示后笔者的学生龙晓伟用自编问卷对50名轻刑犯测试后的统计情况。

表6-48　轻刑犯对一周计分考核公式的态度

（单位：人数／人，百分比／%）

问题	选项	人数	百分比
监狱对服刑人员的改造表现一周公示改造分数时你会产生什么情绪？	A. 和重刑犯相比，对一周公示的分数非常不满	25	50
	B. 对自己的分数满意，认为自己的得分很客观	6	12
	C. 认为是自己不够认真完成任务，所以得分不高	5	10
	D. 认为干警给分不客观	14	28
	合计	50	100

由表6-48可知，选择A项的轻刑犯占50%，说明他们对这周自己得的分数感到非常不满，原因是他们把自己加分的幅度和重刑犯对比后感到自己得分过低而产生不平衡感和不满情绪；并且认为靠得分来获得行政奖励和减刑是很难的，几乎不抱希望，认为自己只有老老实实地待完这一两年刑期了。这说明所调查的50%的轻刑犯有消极服刑心理。因此可以说，计分考核制在对待轻刑犯和重刑犯上存在不合理性，是导致两者之间攀比并使轻刑犯产生消极情绪的主要原因。由表6-48选择A、D两项的总和占78%可以看出，监狱计分考核制度和监狱干警的操作不当是引起轻刑犯消极对抗心理的根源。即使是获得减刑的轻刑犯，由于减刑幅度很小，他们也不感到高兴，却会在减刑后改造松懈，明显地表现出对计分考核的不在乎。

---

[1]　贵州省监狱管理局文件（内部文件），2013年1月17日。

（3）监狱的计分考核对重刑犯改造心理的消极影响[①]

第一，计分考核使重刑犯产生了过重的心理压力。笔者的学生龙晓伟对30名重刑犯分别进行调查访谈，其中21人很重视计分考核，努力表现好，争取更多的分数，但是很怕犯错被扣分，对失分很看重；另外有6名重刑犯对分数看得很重，但是对失分表现一般看重；还有3名重刑犯对分数无所谓。由此看出，多数重刑犯受计分考核影响严重。因为服刑生活中重刑犯主要是通过获得高分而得到减刑的，因此视分数为最后一根救命稻草。他们也幻想大赦、特赦、改判，但这种机会极少，根本不可能实现，因此他们还是得老老实实地把精力放在争取分数上。计分考核成了一把枷锁，重刑犯从入狱开始就被其锁住，在漫长的服刑生活中似乎一切都为了加分，但是每个月获得的分数是有限的，因而使一些劳动能力差的重刑犯感到压抑、困惑，甚至陷入绝望之中。他们认为计分考核这把枷锁牢牢地把他们套死，套得他们喘不过气来，服刑心理压力极大。

第二，计分考核的考验期较长使重刑犯普遍产生厌烦和消极心理。我国各省监狱管理局对重刑犯的考验期都比较长，使得重刑犯对计分考核制十分反感。贵州监狱罪犯考评奖罚办法第5条规定："死刑缓期两年执行、无期徒刑的罪犯考评积分周期为十八个月以上；剩余刑期十年以上有期徒刑的罪犯考评积分周期为十二个月以上。"[②] 江苏省监狱管理局规定被判处有期徒刑的罪犯减刑起始时间是：不满五年有期徒刑的，应当执行一年以上方可减刑；五年以上不满十年有期徒刑的，应当执行一年六个月以上方可减刑；十年以上有期徒刑的，执行二年以上方可减刑。[③] 由此得知，重刑犯需要较长的考验期才能得到加分的权利，在这漫长的考验期内有部分重刑犯坚持不了，急功近利的他们会反感计分考核制。

第三，计分考核使重刑犯形成了监狱人格。加分减刑的效果需要长时间积累，要坚持经常性地积极改造，需要付出很多辛苦，这使一些性格过于死

---

① 龙晓伟：《计分考核对不同类型罪犯改造心理的消极影响及对策——以贵州和云南的部分监狱为例》。本文获中央司法警官学院2015届本科优秀毕业论文一等奖。本文指导教师：张雅凤。

② 贵州监狱罪犯考评奖罚办法（内部文件），2013年1月17日。

③ 江苏省关于罪犯减刑的规定（内部文件），2017年。

板的重刑犯在一切为了加分的服刑压力下，渐渐地形成了一种无奈的消极适应，甚至监狱人格。由于刑期长，所以这些重刑犯不管改造表现如何，注定要在监狱内度过漫长的岁月。由于减刑间隔的时间较长使重刑犯消极对待计分考核。根据《贵州监狱罪犯考评奖罚办法》第15条规定："监狱对罪犯考评的内容包括认罪悔罪，遵守监规，接受教育和参加劳动。"[1] 而目前我国监狱的大部分重刑犯只有通过劳动来获得分数才能得到减刑，因此漫长的服刑岁月中，许多重刑犯为了获得分数而拼命地劳动。而减刑的间隔时间又较长，两次减刑之间一般间隔在一年以上。江苏省监狱管理局文件规定：被判处不满十年有期徒刑的罪犯，两次减刑间隔时间不得少于一年；被判处十年以上有期徒刑的罪犯，两次减刑间隔时间不得少于一年六个月；减刑间隔时间不得低于上次减刑减去的刑期。[2] 减刑间隔的时间较长使许多重刑犯消极对待计分考核，即许多重刑犯缺乏活力，整天循规蹈矩，行为死板，像机器人一样，无改造积极性和创造性。他们为了获得加分减刑，已经习惯了对监规纪律和监狱干警唯命是从，因而没有了自尊和自信，渐渐地形成了监狱人格。并且重刑犯与即将被释放的轻刑犯比较时，会产生强烈的自卑感，过分地贬低自己，认为自己不仅是一名罪犯，还是一个没有生活能力的人，是一个一无是处的社会渣滓。

第四，计分考核的不公正使重刑犯产生对执法者的仇视情感。表6-49是研究人员对120名重刑犯做的调查数据。从表6-49看出，选择A项即认为百分考核制度非常合理、感到满意的罪犯只占10.0%；选择B项即认为事务犯得分较高、一般罪犯得分较低，计分考核不能很好地衡量改造状况的罪犯占46.7%；选择C项即认为在日常改造中干警的主观因素太大，考核结果不客观的占40.0%；选择D项即认为应当废除百分考核制度的罪犯有3.3%。从B、C两项合计占86.7%可以看出，绝大多数重刑犯对百分考核制度做出的是否定评价。更为严重的是，还有选择D项的3.3%的罪犯竟然认为应当废除百分考核制度。B、C、D三项的百分比合计90%，这难道不足以说明监

---

① 贵州省监狱管理局文件（内部文件），2013年1月17日。

② 江苏省关于罪犯减刑的规定（内部文件），2017年。

狱对罪犯的百分考核制度存在多么大的弊病吗？

表 6-49　重刑犯对百分考核制度的评价 [1]

（单位：人数 / 人，百分比 /%）

问题	选项	人数	百分比
你认为监狱对罪犯的百分考核制度怎样？	A. 百分考核制度非常合理，满意	12	10.0
	B. 事务犯得分较高，一般罪犯得分较低，不能客观衡量改造状况	56	46.7
	C. 干警的主观因素太大，考核结果不客观	48	40.0
	D. 应当废除百分考核制度	4	3.3
	合　计	120	100

　　表 6-49 的数据让我们想到，重刑犯对计分考核不公平的现象很可能会产生极端的认识、抱怨、偏执、痛恨、敌视管教干警的否定情绪。同样是对计分考核的不满，与轻刑犯不同的是，重刑犯在长期的服刑生活中感受到的计分考核的不公正使他们痛苦、愤怒的情感压抑很久了，而且这种否定情绪非常稳定，甚至到了偏执的程度，随时都有爆发狱内恶性案件的可能。而轻刑犯就不至于如此，由于他们服刑时间较短，这些否定情绪不会压抑太久就出狱了。

　　罪犯的计分考核制最关键的一步是基层干警的真实记载，那是计分考核的第一份表格，因此很关键、很重要。根据《贵州监狱罪犯考评奖罚办法》第 3 条规定："对罪犯的考评奖罚应当坚持依法、公开、公平、公正；分级管理与分级考评相结合；现实改造表现与一贯改造表现相结合；教育管理与劳动改造相结合；警察直接考核与集体评议相结合；宽严相济和实事求是的原则。" [2] 但是现实生活中许多人情往来、不同的性格爱好，使得部分监狱警察没有严格做到给每一名罪犯客观的分数。对罪犯百分考核"一言堂"的做法助长了监狱工作的不正之风，甚至产生监狱干警的腐败 [3]。因此，那些没有得到特殊照顾或者认为计分考核不公正的重刑犯就会对管

---

①　曲伶俐、杨晓静、张伟伟等：《现代监狱行刑研究》，山东大学出版社 2007 年版，第 186-187 页。

②　贵州监狱罪犯考评奖罚办法（内部文件），2013 年 1 月 17 日。

③　曲伶俐、杨晓静、张传伟：《现代监狱行刑研究》，山东大学出版社 2007 年版，第 186-187 页。

教干警产生愤怒和仇视的情感，严重的甚至会导致对管教干警或者得到高分的犯人报复的暴力犯罪。

第五，计分考核使一些重刑犯丢弃了自己良好的兴趣和爱好。笔者的学生龙晓伟对重刑犯和轻刑犯各自的爱好进行观察，很明显地发现重刑犯在各种娱乐活动中要远远少于轻刑犯，而且大部分重刑犯初入狱时都很积极表现自己的长处，却随着一次次计分考核的继续使他们的表现欲渐渐削弱了。由此可知，在长期的服刑生活中，再有个性的罪犯也会被消磨得没有了自己的特征。这是因为罪犯计分考核使重刑犯要无数次面对分数的诱惑，为了加分数获得减刑，必须想方设法地努力劳动，却把在入监前健康的兴趣爱好慢慢地遗忘了。这很可惜，因为良好的兴趣爱好是一个人生活乐趣和心理健康的重要源泉，也会由此增加幸福感，而罪犯计分考核使一些重刑犯丢弃了自己良好的兴趣和爱好，这是此项制度的重要缺陷之一。

以上关于监狱的计分考核对轻刑犯和重刑犯心理的消极影响，可以为表6-42至表6-47的6组数据得出的结论找到原因，这些原因也是一些轻刑犯和重刑犯减刑后改造倒退的原因。

2. 监狱改造风气对不同刑期的罪犯减刑后改造倒退影响的差异

（1）监狱改造风气不正对不同刑期的减刑罪犯影响的差异

不同刑期的减刑罪犯在"真诚改造得到减刑却被落后罪犯讽刺打击而导致违反监规的改造行为"的认知上无显著差异，对"改造不好的犯人得到减刑"的认知上有显著差异，分析如下。

从表6-50不同刑期的减刑罪犯选择 B 项的比例可以看出，5 年以下刑期的有 46.8%、5 ～ 10 年以下刑期的有 42.0%、10 ～ 20 年刑期的有 48.7%、无期的有 51.2%、死缓的有 51.5% 的人积极改造得到减刑或正努力争取减刑，却发现改造表现不如自己的人也得到了减刑，自己会内心不服气但不表现出消极行为。可见，在五个刑期段都比例不低的情况下，无期、死缓的减刑罪犯选择 B 项的比例明显高于其他刑期的减刑罪犯。

从表6-50不同刑期的减刑罪犯选择 C 项的比例可以看出，5 年以下刑期的有 14.9%、5 ～ 10 年以下刑期的有 9.2%、10 ～ 20 年刑期的有 11.2%、无期的有 12.0%、死缓的有 15.5% 的人积极改造得到减刑或正努力争取减刑，却发现改造表现不如自己的人也得到了减刑，自己不仅内心不服气还会表现出消极行为。呈现了两头高中间低的 U 形特征，即刑期最轻的 5 年以下刑期的减刑罪犯和刑期最重的死缓的减刑罪犯的比例高于中间刑期的减刑罪犯。

再看表 6–51，5 ~ 10 年以下刑期的减刑罪犯与 10 ~ 20 年刑期的减刑罪犯有显著差异、与无期的减刑罪犯有非常显著的差异、与死缓的减刑罪犯有极其显著的差异。10 ~ 20 年刑期的减刑罪犯与死缓的减刑罪犯有显著差异。五个刑期段的减刑罪犯平均分从高到低的排序是：死缓、5 年以下刑期、无期、10 ~ 20 年刑期、5 ~ 10 年以下刑期。可见，5 ~ 10 年以下刑期的减刑罪犯平均分最低，这与他们选择 B 项和 C 项的比例最低是一致的；死缓的减刑罪犯平均分最高、这与他们选择 B 项和 C 项的比例最高是一致的。5 年以下刑期的减刑罪犯平均分第二高。此题平均分越高说明因为改造表现不如自己的罪犯得到减刑而引起的不满情绪甚至消极行为的人比例越高。

表 6–50　不同刑期的减刑罪犯对监狱改造风气不正影响改造倒退的认知比例（*N*=1394）

（单位：人数 / 人，百分比 /%）

问题	原判刑期 选项	5 年以下		5 ~ 10 年以下		10 ~ 20 年		无期		死缓	
		人数	百分比	人数	百分比	人数	百分比	人数	百分比	人数	百分比
40.你积极改造得到减刑或正努力争取减刑，却发现改造表现不如你的人也得到了减刑，此时你会有何想法和行为？	A. 无所谓	18	38.3	138	48.8	226	40.1	111	36.9	66	33.0
	B. 内心不服气但行为不表现	22	46.8	119	42.0	274	48.7	154	51.2	103	51.5
	C. 内心不服气行为消极	7	14.9	26	9.2	63	11.2	36	12.0	31	15.5
	合计	47	100	283	100	563	100	301	100	200	100

表 6-51 不同刑期的减刑罪犯对监狱改造风气不正影响改造倒退的认知差异显著性

问题	原判刑期	N	M	SD	原判刑期		P
40. 你积极改造得到减刑或正在努力争取减刑，却发现改造表现不如你的服刑人员也得到了减刑，此时你会有何想法和行为？	5 年以下	47	1.77	0.70	5 ~ 10 年以下	10 ~ 20 年	0.027
	5 ~ 10 年以下	283	1.60	0.65		无期	0.007
	10 ~ 20 年	563	1.71	0.66		死缓	0.000
	无期	301	1.75	0.65			
	死缓	200	1.83	0.68	10 ~ 20 年	死缓	0.035
	合计	1394	1.72	0.66			

根据表 6-50 选择 C 项的比例和表 6-51 的平均分可以得出这样的结论：因为改造表现不如自己的罪犯得到减刑而引起的不满情绪甚至消极行为的人在死缓和 5 年以下刑期的减刑罪犯中比例最高，而在 5 ~ 10 年以下刑期的减刑罪犯中比例最少。其原因如下。

第一，死缓和 5 年以下刑期的减刑罪犯中因为改造表现不如自己的罪犯得到减刑而引起的不满情绪甚至消极行为的比例最高，其原因与上面分析的"监狱计分考核对轻刑犯和重刑犯心理的消极影响"密切相关，此处不再赘述。带着这种消极情绪，死缓和 5 年以下刑期的减刑罪犯很容易出现减刑后的改造松懈。

第二，5 ~ 10 年以下刑期的减刑罪犯中因为改造表现不如自己的罪犯得到减刑而引起的不满情绪甚至消极行为的比例最低，这是因为本课题调查的 5 ~ 10 年以下刑期的减刑罪犯中累犯相对比例最高，这在表 6-3 已有数据证明，累犯丰富的服刑经验和双重人格使他们很会掩饰自己的真实想法，他们不会轻易对监狱的消极方面做出否定评价，因而对改造表现不如自己的罪犯得到减刑而引起的不满情绪甚至消极行为的比例最低，其实这是不真实的。

（2）监狱干警给关系犯的照顾性减刑对不同刑期的减刑罪犯改造倒退的影响差异

从表 6-52 选择 C 项的比例由高到低的排序看出，无期有 25.9%、5 年以下刑期有 25.5%、死缓有 19.5%、10 ~ 20 年刑期有 18.3%、5 ~ 10 年以下刑期有 18.0% 的人会因为改造表现不如自己的关系犯得到减刑而削弱自己的改造积极性。

再看表 6-53，5 ~ 10 年以下刑期与 10 ~ 20 年刑期的减刑罪犯有非常显著的差异、与无期的减刑罪犯有极其显著的差异、与死缓的减刑罪犯有显著差异，10 ~ 20 年刑期与无期的减刑罪犯有显著差异。五个刑期段的减刑罪犯平均分从高到低的排序是：无期、5 年以下刑期、10 ~ 20 年刑期与死缓平均分相同，5 ~ 10 年以下刑期。此题平均分越高说明因改造不如自己的关系犯得到减刑而削弱自己的改造积极性的人比例越高。

表 6-52　不同刑期的减刑罪犯对监狱干警给关系犯照顾性减刑的认知比例（ N=1394 ）

（单位：人数 / 人，百分比 / %）

问题	原判刑期 / 选项	5 年以下		5 ~ 10 年以下		10 ~ 20 年		无期		死缓	
		人数	百分比	人数	百分比	人数	百分比	人数	百分比	人数	百分比
42. 当你靠自己的真诚改造得到减刑，或在争取继续减刑，却发现表现不如自己的人因为某种关系也得到了减刑时，你会有何想法？	A. 无所谓	16	34.0	133	47.0	180	32.0	87	28.9	67	33.5
	B. 怀疑减刑的严肃性	19	40.4	99	35.0	280	49.7	136	45.2	94	47.0
	C. 削弱了改造积极性	12	25.5	51	18.0	103	18.3	78	25.9	39	19.5
	合计	47	100	283	100	563	100	301	100	200	100

表 6-53　不同刑期的减刑罪犯对监狱干警给关系犯照顾性减刑的认知差异显著性

问题	原判刑期	N	M	SD	原判刑期		P
42. 当你靠自己的真诚改造得到减刑，或正在努力争取继续减刑，却发现改造表现不如自己的服刑人员因为某种关系也得到了减刑时，你会有何想法？	5 年以下	47	1.91	0.78	5 ~ 10 年以下	10 ~ 20 年	0.004
	5 ~ 10 年以下	283	1.71	0.75		无期	0.000
	10 ~ 20 年	563	1.86	0.70			
	无期	301	1.97	0.74		死缓	0.025
	死缓	200	1.86	0.72			
	合计	1394	1.86	0.73	10 ~ 20 年	无期	0.039

从表 6-52 选择 C 项的比例和 6-53 平均分可以得出这样的结论：无期和 5 年以下刑期的减刑罪犯选择 C 项的比例和平均分都明显高于其他刑期的减刑罪犯，说明他们因改造不如自己的关系犯得到减刑而削弱自己的改造积极性的相对比例最高；而 5～10 年以下刑期的减刑罪犯选择 C 项的比例和平均分都是最低的，说明他们因改造不如自己的关系犯得到减刑而削弱自己的改造积极性的相对比例最低。其原因如下。

第一，无期和 5 年以下刑期的减刑罪犯因改造不如自己的关系犯得到减刑而削弱自己的改造积极性的相对比例最高，其原因与前面分析的"监狱计分考核对轻刑犯和重刑犯心理的消极影响"密切相关，此处不再赘述。

但是为何此问题上死缓犯选择 C 项的比例和平均分都低于无期？笔者认为，一是也许与死缓的减刑罪犯对执法者的感恩心理有关，所以他们对与监狱警察有关的关系犯减刑不太反感；二是死缓的减刑犯中还有个别已服刑刑期不满两年的，还没过死缓期，他们非常谨慎，涉及与监狱警察有关的关系犯减刑的问题不敢随便回答。

第二，5～10 年以下刑期的减刑罪犯因改造不如自己的关系犯得到减刑而削弱自己的改造积极性的相对比例最低，与他们的刑期有关，这在前面已经分析过。他们的刑期使他们服刑心理压力不大、否定情绪不强，只要努力就能获得减刑，因而肯定情绪占主导地位，所以即使是个别的关系犯得到减刑，也不会影响 5～10 年以下刑期的多数减刑罪犯的改造情绪。

3. 不同刑期的减刑罪犯因监狱劳动强度太大或服刑时间过长而减刑后改造倒退的差异

从表 6-54 第 45 题选择 C 项的比例可以看出，5 年以下刑期和 5～10 年以下刑期的都有 10.6%、10～20 年刑期和无期的都有 12.3%、死缓的有 18.5% 的减刑罪犯在监狱封闭的环境中劳动会因为劳动强度较大、劳动安全保护措施差感到疲劳，难以长期坚持积极改造而出现减刑后的改造倒退行为。五个刑期段基本上呈现了 10 年以下刑期、10 年以上刑期和无期、死缓的减刑罪犯刑期越重比例越高的递增特点。可见，刑期越重的减刑罪犯因监狱劳动的疲劳感越重，而导致减刑后改造倒退的人比例越高。

再看表 6-55 第 45 题，5～10 年以下刑期与 10 年以上刑期有非常显著的差异、与无期有显著差异、与死缓有极其显著的差异；死缓除了与 5～10 年以下刑期有极其显著的差异外，还与 10～20 年刑期、与无期有显著差异。

5～10 年以下刑期的减刑罪犯平均分最低，死缓的减刑罪犯平均分最高，其他刑期的减刑罪犯平均分差别不大。此题平均分越高说明因监狱劳动的疲劳感越重而导致减刑后改造倒退的人比例越高。

从表 6-54 第 46 题选择 C 项的比例可以看出，5 年以下刑期的有17.0%、5～10 年以下刑期的有 10.6%、10～20 年刑期的有 12.6%、无期的有 15.0%、死缓的有 16.0% 的人因为服刑时间过长感到身心疲惫而减刑后倒退。呈现了两头高中间低的 U 形特征，即刑期最轻的 5 年以下刑期和刑期最重的无期、死缓的减刑罪犯比例高于中间刑期段的减刑罪犯。

再看表 6-55 第 46 题，5～10 年以下刑期与 5 年以下刑期有显著差异、与死缓有极其显著的差异；死缓除了与 5～10 年以下刑期有极其显著的差异外，还与 10～20 年刑期有非常显著的差异。5～10 年以下刑期的减刑罪犯平均分最低，5 年以下刑期和死缓的减刑罪犯平均分基本相同都最高。平均分也呈现了两头高中间低的 U 形特征，即刑期最轻的 5 年以下刑期和刑期最重的死缓的减刑罪犯平均分高于中间刑期段的减刑罪犯，这与他们选择 C 项的比例情况基本相同。此题平均分越高说明因服刑时间长感到身心疲惫而减刑后倒退的人比例越高。

表 6-54　不同刑期的减刑罪犯因监狱劳动强度太大或服刑时间过长而改造倒退的比例差异（N=1394）

（单位：人数 / 人，百分比 /%）

问题	原判刑期 选项	5 年以下（N=47）		5～10 年以下（N=283）		10～20 年（N=563）		无期（N=301）		死缓（N=200）	
		人数	百分比	人数	百分比	人数	百分比	人数	百分比	人数	百分比
45. 在监狱封闭的环境中劳动是否因为劳动强度较大、劳动安全保护措施差使你感到疲劳难以长期坚持积极改造而出现减刑后的改造倒退行为？	A. 不是	17	36.2	141	49.8	215	38.2	117	38.9	64	32.0
	B. 不全是	25	53.2	112	39.6	279	49.6	147	48.8	99	49.5
	C. 完全是	5	10.6	30	10.6	69	12.3	37	12.3	37	18.5

续表

问题	原判刑期 选项	5年以下 （N=47）		5～10 年以下 （N=283）		10～ 20年 （N=563）		无期 （N=301）		死缓 （N=200）	
		人数	百分比	人数	百分比	人数	百分比	人数	百分比	人数	百分比
46. 是否因为服刑时间过长使你感到身心疲惫而难以长期坚持积极改造，减刑后倒退？	A. 不是	15	31.9	135	47.7	254	45.1	127	42.2	65	32.5
	B. 不全是	24	51.1	118	41.7	238	42.3	129	42.9	103	51.5
	C. 完全是	8	17.0	30	10.6	71	12.6	45	15.0	32	16.0

表 6-55　不同刑期的减刑罪犯因监狱劳动强度太大或服刑时间过长而
改造倒退的差异显著性

问题	原判刑期	N	M	SD	原判刑期		P
45. 在监狱封闭的环境中劳动是否因为劳动强度较大、劳动安全保护措施差使你感到疲劳而难以长期坚持积极改造，甚至出现减刑后的改造倒退行为？	5年以下	47	1.74	0.64	5～10 年以下	10～ 20年	0.007
	5～10年以下	283	1.61	0.67		无期	0.023
	10～20年	563	1.74	0.66		死缓	0.000
	无期	301	1.73	0.67	死缓	10～ 20年	0.024
	死缓	200	1.87	0.70			
	合计	1394	1.73	0.67		无期	0.032
46. 是否因为服刑时间过长使你感到身心疲惫而难以长期坚持积极改造，减刑后倒退？	5年以下	47	1.85	0.69	5～10 年以下	5年以下	0.040
	5～10年以下	283	1.63	0.67		死缓	0.001
	10～20年	563	1.67	0.69			
	无期	301	1.73	0.71	死缓	10～ 20年	0.005
	死缓	200	1.84	0.68			
	合计	1394	1.71	0.69			

根据表6-54、表6-55第45、46题的数据分析可以得出这样的结论：因为监狱的劳动疲劳感重以及服刑时间过长而出现减刑后改造倒退的不同刑期的减刑罪犯呈现了两头高中间低的U形特征，即刑期最轻的5年以下刑期和刑期最重的死缓、无期的减刑罪犯比例明显比其他刑期的减刑罪犯高。而且从表6-15、表6-16第66题的数据得知，死缓和无期的减刑罪犯认为减刑后出现改造倒退行为是属于可以理解的符合个体身心规律的正常现象的比例也比其他刑期的减刑罪犯高。其原因如下。

第一，死缓和无期的减刑罪犯因为监狱的劳动疲劳感重以及服刑时间过长而出现改造倒退的比例高，并且认为减刑后出现改造倒退行为是属于可以理解的符合个体身心规律的正常现象的比例高，这是正常的。一是因为死缓和无期的减刑罪犯本来刑期就重，他们有这样的身心体验是正常的。二是他们的时间错觉加重了其疲劳感。心理学研究证明，人对时间的知觉会因为自身情绪的影响而产生错觉，例如"光阴似箭"或"度日如年"。死缓、无期的减刑罪犯严重的服刑心理压力和对未来的悲观绝望情绪加重了他们的疲劳感，使他们感到监狱的服刑生活度日如年。这样，他们减刑后不思进取、改造倒退是必然的。

第二，5年以下刑期的减刑罪犯因为监狱的劳动疲劳感重以及服刑时间过长而出现改造倒退的人多，这就不可思议了。5年以下刑期是刑期最轻的，他们为何会对监狱劳动有疲劳感和服刑时间长的厌倦感？笔者认为，一是因为这些轻刑犯完全是靠表面的虚假积极改造行为获得了减刑，而内心真诚的改造质量差，心理上的注意力完全放在如何以虚假的积极改造行为骗取减刑，这就加重了他们对监狱劳动的疲劳感和服刑生活的厌烦感。二是由他们的时间错觉造成的，轻刑犯本来刑期不长，他们如果在真诚的积极改造动机和轻松的情绪支配下，会感到监狱的服刑生活过得很快，产生"光阴似箭"的错觉。但是如果他们在虚假的积极改造动机和厌烦的情绪支配下，就会感到监狱的服刑生活过得很慢，即使是刑期很短，也会产生"度日如年"的错觉。况且从表6-15、表6-16第66题的数据看出，5年以下刑期的减刑罪犯选择B、

C 两项比例的总和及平均分都是最低的，而他们此题选择 A 项的比例却最高，说明他们认为减刑后出现改造倒退行为是不可以理解的、不正常的人比例最高。其实他们这种反应才是不正常的，这些轻刑犯之所以这样回答，是因为他们的积极改造是虚假的，虚假的动机需要掩饰和伪装，而掩饰和伪装是很累的，所以本来刑期最轻的他们却与刑期最重的死缓、无期的减刑罪犯一样因为监狱劳动的疲劳感重、服刑时间长感到身心疲惫，而导致减刑后改造倒退。这充分证明了这部分轻刑犯是靠虚假的积极改造行为获得减刑的，所以他们减刑后出现改造倒退是必然的。

（二）罪犯家庭因素对不同刑期的罪犯减刑后改造倒退的影响差异

测试罪犯的家庭对其积极改造以及减刑后改造倒退影响的是第47、48题，不同刑期的减刑罪犯这两道题的平均分无显著差异，但所选各项的比例差异明显，有必要分析。

从表 6-56 第 47 题选择 C 项的比例可以看出，5 年以下刑期的有 72.3%、5 ～ 10 年以下刑期的有 70.3%、10 ～ 20 年刑期的有 67.5%、无期的有 68.8%、死缓的有 66.5%，五个刑期段的减刑罪犯比例都不低，都在 66.5% ～ 72.3%，说明所有刑期的大多数罪犯积极改造甚至得到减刑的动力都与亲人的关心有密切关系。但是 10 年以上刑期的重刑期减刑罪犯的比例明显低于 10 年以下刑期的减刑罪犯，说明重刑期的减刑罪犯积极改造甚至得到减刑的动力与亲人关心的密切程度不如 10 年以下刑期的减刑罪犯。

从表 6-56 第 48 题选择 C 项的比例可以看出，5 年以下刑期的有 29.8%、5 ～ 10 年以下刑期的有 35.3%、10 ～ 20 年刑期的有 36.9%、无期的有 40.2%、死缓的有 42.5% 的人减刑后家庭出现了变故，对其继续积极改造有很大的直接影响。五个刑期段呈现了刑期越重比例越高的递增特点，说明刑期越重的减刑罪犯的家庭变故对其减刑后改造倒退的直接影响越严重。

表 6-56　不同刑期的减刑罪犯的家庭对其减刑后改造倒退的影响比例（ *N*=1394 ）

（单位：人数 / 人，百分比 /%）

问题	原判刑期 选项	5 年以下 （ *N*=47 ）		5 ~ 10 年以下 （ *N*=283 ）		10 ~ 20 年 （ *N*=563 ）		无期 （ *N*=301 ）		死缓 （ *N*=200 ）	
		人数	百分比	人数	百分比	人数	百分比	人数	百分比	人数	百分比
47. 你能有改造的动力甚至得到减刑，与亲人的关心有密切关系吗？	A. 没有关系	6	12.8	23	8.1	79	14.0	44	14.6	22	11.0
	B. 关系一般	7	14.9	61	21.6	104	18.5	50	16.6	45	22.5
	C. 关系密切	34	72.3	199	70.3	380	67.5	207	68.8	133	66.5
48. 你积极改造有了成绩甚至得到减刑后家庭出现了变故，是否会直接影响你继续积极改造？	A. 没有影响	13	276	81	28.6	72	23.9	72	23.9	54	27.0
	B. 影响一般	20	42.6	102	36.0	108	35.9	108	35.9	61	30.5
	C. 影响很大	14	29.8	100	35.3	121	40.2	121	40.2	85	42.5

根据表 6-56 第 47、48 两道题的数据可以得出如下结论：重刑期的减刑罪犯积极改造甚至得到减刑的动力与亲人关心的密切程度不如 10 年以下刑期的减刑罪犯；刑期越重的减刑罪犯的家庭变故对其减刑后的改造倒退的直接影响越严重。这两道题的结论表面看似乎很矛盾，一般来说，罪犯的积极改造甚至获得减刑与家庭的关系越密切，减刑后他们家庭的变故就会对其改造倒退影响越大。而本课题调查得到的数据却是一些重刑犯的积极改造甚至获得减刑与家庭的关系不密切，但减刑后家庭的变故对其改造倒退影响却很大。如何理解这种矛盾呢？笔者认为，这与这些减刑罪犯的婚姻状况密切相关。

从表 6-57 不同刑期的减刑罪犯未婚或丧偶的比例可以看出，死缓的有52.0%，比例最高，其次是 5 年以下刑期的，有 46.8%。再看表 6.57 不同刑期的减刑罪犯的年龄，刑期越重的减刑罪犯中年人的比例越高，10 年以上刑期、无期、死缓的重刑期减刑罪犯中 60 岁以上的老年人比例明显比 10 年以下刑期的高。所以，死缓的减刑罪犯中应该多数是丧偶的，而 5 年以下刑期的减刑罪犯中应该多数是未婚的。从表6–57 不同刑期的减刑罪犯已婚的比例看出，无期、死缓的减刑罪犯中已婚的比例明显偏低。

正因为死缓的减刑罪犯丧偶者比例最高，所以他们的积极改造甚至得到减刑与亲人关心的密切程度不如其他刑期的减刑罪犯；而丧偶时对他们的打击又是最大的，这种家庭变故对他们减刑后的继续积极改造影响很大甚至出现改造倒退也是可以理解的。因为对于年龄较大的人来说，子女都各自结婚有了自己的小家，子女的情感更多的是集中在自己配偶和孩子身上，对自己父母的关心减少了很多，而对于年龄较大的人来说，家庭的温暖更多地是来自配偶，在监狱服刑的罪犯更是如此。无期、死缓的减刑罪犯中已婚的比例明显偏低就使他们缺乏配偶给予的温暖。

表 6–57　不同刑期的减刑罪犯年龄和婚姻状况的比例（ N=1394 ）

（单位：人数 / 人，百分比 /％）

人口学情况	原判刑期 区分	5 年以下（N=47）		5 ～ 10 年以下（N=283）		10 ～ 20 年（N=563）		无期（N=301）		死缓（N=200）	
		人数	百分比	人数	百分比	人数	百分比	人数	百分比	人数	百分比
年龄	18 ～ 29 岁	16	34.0	84	29.7	108	19.2	34	11.3	18	9.0
	30 ～ 59 岁	31	66.0	192	67.8	403	71.6	237	78.7	170	85.0
	60 岁以上	0	0.0	7	2.5	52	9.2	30	10.0	12	6.0
婚姻状况	未婚或丧偶	22	46.8	128	45.2	222	39.4	131	43.5	104	52.0
	离婚	6	12.8	34	12.0	61	10.8	55	18.3	25	12.5
	已婚	19	40.4	121	42.8	280	49.7	115	38.2	71	35.5

三、不同刑期的减刑罪犯对减刑后改造倒退消极后果的认知差异

不同刑期的减刑罪犯关于减刑后改造倒退对减刑者自身消极心理效果的

认知平均分都无显著差异，所选各项比例差异也不大，因此没有必要分析。

（一）不同刑期的减刑罪犯关于减刑后改造倒退对罪犯群体的消极心理效果的认知差异

不同刑期的减刑罪犯关于"减刑后改造倒退会使未减刑者对减刑者产生消极嫉妒""减刑后改造倒退会使罪犯群体的改造风气虚伪化"的认知上无显著差异，所选各项比例差异也不大，只在以下三方面有显著差异，具体分析如下。

1. 不同刑期的减刑罪犯关于减刑后改造倒退会使其他罪犯质疑减刑的公正性的认知差异

从表 6-58 不同刑期的减刑罪犯选择 C 项的比例可以看出，5 年以下刑期和 5 ~ 10 年以下刑期的都有 17.0%、10 ~ 20 年刑期的有 18.1%、无期的有 27.2%、死缓的有 25.5% 的减刑罪犯认为，减刑后的改造倒退行为会使其他罪犯质疑减刑的公正性。除了 5 年以下刑期和 5 ~ 10 年以下刑期的比例相同之外，基本呈现了刑期越重比例越高的递增特征。

再看表 6-59，5 ~ 10 年以下刑期的减刑罪犯与无期、与死缓的减刑罪犯都有极其显著的差异，10 ~ 20 年刑期的减刑罪犯与无期、与死缓都有非常显著的差异，5 ~ 10 年以下刑期的平均分最低，无期和死缓的平均分差别极小，都是最高。此题平均分越高，说明认为减刑后的改造倒退行为会使其他罪犯质疑减刑公正性的人比例越高。

表 6-58　不同刑期的减刑罪犯关于减刑后改造倒退会使
其他罪犯质疑减刑公正性的认知比例（N=1394）

（单位：人数 / 人，百分比 /%）

问题	原判刑期\选项	5 年以下		5 ~ 10 年以下		10 ~ 20 年		无期		死缓	
		人数	百分比	人数	百分比	人数	百分比	人数	百分比	人数	百分比
54.减刑后的改造倒退行为是否会使其他服刑人员质疑减刑的公正性？	A. 不会	16	34.0	141	49.8	243	43.2	116	38.5	71	35.5
	B. 不确定	23	48.9	94	33.2	218	38.7	103	34.2	78	39.0
	C. 会	8	17.0	48	17.0	102	18.1	82	27.2	51	25.5
	合计	47	100	283	100	563	100	301	100	200	100

表 6-59　不同刑期的减刑罪犯关于减刑后改造倒退会使其他
罪犯质疑减刑公正性的认知差异显著性

问题	原判刑期	N	M	SD	原判刑期		P
54.减刑后的改造倒退行为是否会使其他服刑人员质疑减刑的公正性?	5 年以下	47	1.83	0.70	5 ~ 10 年以下	无期	0.001
	5 ~ 10 年以下	283	1.67	0.75		死缓	0.001
	10 ~ 20 年	563	1.75	0.74			
	无期	301	1.89	0.80	10 ~ 20 年	无期	0.012
	死缓	200	1.90	0.78		死缓	0.016
	合计	1394	1.79	0.76			

根据表 6-58、表 6-59 的数据可以得出如下结论:无期、死缓的减刑罪犯认为减刑后的改造倒退行为会使其他罪犯质疑减刑公正性的比例最高。其原因为:一是无期、死缓的减刑罪犯服刑时间最长,他们对监狱中罪犯减刑的阴暗面耳闻目睹得较多;二是无期、死缓的减刑罪犯在长时间的服刑期间学习的法律知识和形成的法律意识,应该比服刑时间短的减刑罪犯多而且掌握得牢固,他们深知减刑是要经过严肃的法律程序的。基于这两点原因,所以无期、死缓的减刑罪犯认为,减刑后的改造倒退行为会使其他罪犯质疑减刑公正性的比例最高。

2. 不同刑期的减刑罪犯关于减刑后改造倒退的罪犯为其他罪犯树立了反面榜样的认知差异

从表 6-60 选择 C 项的比例可以看出,5 年以下刑期的有 34.0%、5 ~ 10 年以下刑期和 10 ~ 20 年刑期都有 28.6%、无期的有 33.6%、死缓的有 36.5% 的减刑罪犯认为,减刑后的改造倒退行为会为其他罪犯树立反面榜样。呈现了两头高中间低的 U 形特征,即刑期最轻的 5 年以下刑期和刑期最重的死缓的减刑罪犯比例明显高于中间刑期的减刑罪犯。

再看表 6-61,5 ~ 10 年以下刑期与死缓有显著差异,5 ~ 10 年以下刑期的平均分最低,5 年以下刑期和死缓的平均分差别极小,都是最高,平均分也呈现了两头高中间低的 U 形特征。此题平均分越高,说明认为减刑后的改造倒退行为会为其他罪犯树立反面榜样的人比例越高。

表 6-60　不同刑期的减刑罪犯关于减刑后改造倒退者为其他
罪犯树立了反面榜样的认知比例（*N*=1394）

（单位：人数 / 人，百分比 / %）

问题	原判刑期 选项	5 年以下		5 ~ 10 年以下		10 ~ 20 年		无期		死缓	
		人数	百分比	人数	百分比	人数	百分比	人数	百分比	人数	百分比
56.减刑后的 改造倒退行为 是否为其他服 刑人员树立了 反面榜样？	A. 不会	15	31.9	118	41.7	211	37.5	108	35.9	67	33.5
	B. 不确定	16	34.0	84	29.7	191	33.9	92	30.6	60	30.0
	C. 会	16	34.0	81	28.6	161	28.6	101	33.6	73	36.5
	合计	47	100	283	100	563	100	301	100	200	100

表 6-61　不同刑期的减刑罪犯关于减刑后改造倒退者为其他
罪犯树立了反面榜样的认知差异显著性

问题	原判刑期	*N*	*M*	*SD*	原判刑期		*P*
56. 减刑后 的改造倒退 行为是否为 其他服刑人 员树立了反 面榜样？	5 年以下	47	2.02	0.82			
	5 ~ 10 年以下	283	1.87	0.83			
	10 ~ 20 年	563	1.91	0.81	5 ~ 10 年以下	死缓	0.035
	无期	301	1.98	0.83			
	死缓	200	2.03	0.84			
	合计	1394	1.94	0.82			

根据表 6-60 选择 C 项的比例、表 6-61 的平均分都呈现了两头高中间低的 U 形特征，即刑期最轻的 5 年以下刑期和刑期最重的死缓的减刑罪犯明显高于中间刑期的减刑罪犯，说明 5 年以下刑期和死缓的减刑罪犯认为，减刑后的改造倒退行为会为其他罪犯树立反面榜样的比例比其他刑期的减刑罪犯高。其原因如下。

第一，5 年以下刑期的减刑罪犯认为，减刑后的改造倒退行为会为其他罪犯树立反面榜样的比例比其他刑期的减刑罪犯高，这是由他们的年龄决定的。从前面的表 6-57 可以看出，不同刑期的减刑罪犯中 18 ~ 29 岁青年罪犯的比例分别是：5 年以下刑期的有 34.0%、5 ~ 10 年以下刑期的有 29.7%、10 ~ 20 年刑期的有 19.2%、无期的有 11.3%、死缓的有 9%，呈现了刑期越重比例越低的递减特征。可见，5 年以下刑期的减刑罪犯中青年罪犯最多。发展心理学研究的青年人下面的两个特点在此问题上起了重要作用。

一是青年人容易羡慕、信任、崇拜榜样，这已经被古今中外的历史和影视作品充分证明，所以很多监狱把弃恶从善、被释放后为社会做出较大贡献的回头浪子请回监狱为服刑的罪犯现身说法，收到的正面教育效果相当好。这些回头浪子与服刑中的罪犯是同类人，他们能做到，正在服刑的人相信自己也能做到。同样，罪犯身边的榜样最具体、最生动、最有说服力，青年罪犯把减刑罪犯作为自己的榜样，即使自己心中的榜样减刑后改造倒退，也不会改变榜样在青年罪犯心目中的地位。

二是青年人不够成熟、认识问题容易简单和偏激，青年罪犯尤其严重，他们不会全面地理解和思考那些心目中的榜样减刑后改造倒退的复杂原因和消极后果，还会把这些已经落后的榜样当成反面榜样，有些青年罪犯可能会想着自己减刑后也像这些榜样一样，歇口气，放松一下，因而出现减刑后改造倒退是极可能的。

第二，死缓的减刑罪犯认为减刑后的改造倒退行为会为其他罪犯树立反面榜样的比例比其他刑期的减刑罪犯高，这是由他们对减刑的重视造成的。因为从死缓减为无期，对他们来说是经历了生死关的，他们十分珍惜这次减刑，在他们心中减刑是很严肃的事，可以保住性命，因此减刑者也容易被其他罪犯羡慕，成为其他罪犯的榜样。于是他们再由无期减为有期徒刑以及后面一次次地再减刑都被他们同样重视，在他们看来，减刑后的改造倒退者也同样会成为其他罪犯的反面榜样。

3. 不同刑期的减刑罪犯关于减刑后改造倒退者故意影响其他罪犯消极改造的认知差异

从表 6-62 不同刑期的减刑罪犯选择 C 项的比例可以看出，5 年以下刑期的有 8.5%、5 ~ 10 年以下刑期的有 13.1%、10 ~ 20 年刑期的有 12.8%、无期的有 18.6%、死缓的有 17.5% 的人认为，减刑后改造倒退的罪犯会故意影响其他人消极改造、抗改、打击积极改造者。无期、死缓的比例明显高于其他刑期。

再看表 6-63，5 ～ 10 年以下刑期与无期有显著差异，5 ～ 10 年以下刑期的减刑罪犯平均分最低，无期、死缓的减刑罪犯平均分基本相同，都最高。此题平均分越高，说明认为减刑后改造倒退的罪犯会故意影响其他人消极改造、抗改、打击积极改造者的比例越高。

无期、死缓的减刑罪犯认为减刑后改造倒退的罪犯会故意影响其他人消极改造、抗改、打击积极改造者的比例比其他刑期高，这是因为他们服刑时间长、耳闻目睹此类事件的比例高，此处不再赘述分析。

表 6-62　不同刑期的减刑罪犯关于减刑后改造倒退者故意影响其他
罪犯消极改造的认知比例（ N=1394 ）

（单位：人数 / 人，百分比 /%）

问题	原判刑期 选项	5 年以下		5 ～ 10 年以下		10 ～ 20 年		无期		死缓	
		人数	百分比	人数	百分比	人数	百分比	人数	百分比	人数	百分比
59. 减刑后改造倒退的服刑人员是否会故意影响其他人消极改造、抗改、打击积极改造者？	A. 不会	19	40.4	152	53.7	245	43.5	139	46.2	95	47.5
	B. 不确定	24	51.1	94	33.2	246	43.7	106	35.2	70	35.0
	C. 会	4	8.5	37	13.1	72	12.8	56	18.6	35	17.5
	合计	47	100	283	100	563	100	301	100	200	100

表 6-63　不同刑期的减刑罪犯关于减刑后改造倒退者故意影响其他
罪犯消极改造的认知差异显著性

问题	原判刑期	N	M	SD	原判刑期		P
59. 减刑后改造倒退的服刑人员是否会故意影响其他人消极改造、抗改、打击积极改造者？	5 年以下	47	1.68	0.63			
	5 ～ 10 年以下	283	1.59	0.71			
	10 ～ 20 年	563	1.69	0.69	5 ～ 10 年以下	无期	0.027
	无期	301	1.72	0.76			
	死缓	200	1.70	0.75			
	合计	1394	1.68	0.71			

（二）不同刑期的减刑罪犯关于减刑后改造倒退对监狱管理造成消极心理效果的认知差异

1. 不同刑期的减刑罪犯关于减刑后改造倒退会加大罪犯与监狱警察矛盾的认知差异

不同刑期的减刑罪犯关于减刑后改造倒退会加大减刑者与其他人矛盾中，在"会加大减刑者与没有减刑者之间的矛盾""会加大积极改造者与改造倒退者之间的矛盾"认知上都无显著差异，只在"减刑后的改造倒退行为会加剧犯人与监狱警察之间的矛盾"认知上有显著差异，下面具体分析。

从表 6-64 不同刑期的减刑罪犯选择 C 项的比例可以看出，5 年以下刑期的有 14.9%、5 ～ 10 年以下刑期的有 16.6%、10 ～ 20 年刑期的有 19.9%、无期的有 20.6%、死缓的有 20.5% 的人认为，减刑后的改造倒退行为会加剧犯人与监狱警察之间的矛盾。呈现了刑期越重比例越高的递增特点，而且 10 年以上刑期、无期、死缓的重刑期减刑罪犯的比例明显高于 10 年以下刑期的减刑罪犯。说明刑期越重的减刑罪犯认为减刑后的改造倒退行为会加剧犯人与监狱警察之间矛盾的比例越高，重刑期的减刑罪犯尤其突出。

再看表 6-65，5 ～ 10 年以下刑期与 10 ～ 20 年刑期、与无期的减刑罪犯都有显著差异，10 年以上刑期、无期、死缓的重刑期减刑罪犯的平均分高于 10 年以下刑期减刑罪犯的平均分。此题平均分越高，说明认为减刑后的改造倒退行为会加剧犯人与监狱警察之间矛盾的人比例越高。

表 6-64　不同刑期的减刑罪犯关于减刑后改造倒退会加大犯人与
监狱警察之间矛盾的认知比例（N=1394）

（单位：人数 / 人，百分比 /%）

问题	原判刑期 选项	5 年以下		5 ～ 10 年以下		10 ～ 20 年		无期		死缓	
		人数	百分比	人数	百分比	人数	百分比	人数	百分比	人数	百分比
63. 减刑后的改造倒退行为是否会加剧犯人与监狱警察之间的矛盾？	A. 不会	18	38.3	128	45.2	213	37.8	104	34.6	80	40.0
	B. 不确定	22	46.8	108	38.2	238	42.3	135	44.9	79	39.5
	C. 会	7	14.9	47	16.6	112	19.9	62	20.6	41	20.5
	合计	47	100	283	100	563	100	301	100	200	100

表 6-65　不同刑期的减刑罪犯关于减刑后改造倒退会加大犯人与
监狱警察矛盾的认知差异显著性

问题	原判刑期	N	M	SD	原判刑期		P
63.减刑后的改造倒退行为是否会加剧犯人与监狱警察之间的矛盾？	5 年以下	47	1.77	0.70	5 ~ 10 年以下	10 ~ 20 年	0.047
	5 ~ 10 年以下	283	1.71	0.73			
	10 ~ 20 年	563	1.82	0.74			
	无期	301	1.86	0.73		无期	0.016
	死缓	200	1.81	0.75			
	合计	1394	1.80	0.74			

根据表 6-64 选择 C 项的比例和 6-65 的平均分可以得出如下结论：10 年以上刑期、无期、死缓的重刑期减刑罪犯认为减刑后的改造倒退行为会加剧犯人与监狱警察之间矛盾的比例明显比 10 年以下刑期的减刑罪犯高，这是由 10 年以上刑期、无期、死缓的重刑期减刑罪犯服刑时间长决定的。因为给犯人呈报减刑是监狱警察依据计分考核的结果亲手操作的，包括计分考核的全过程也都要监狱管教干警把关，对于每个犯人的分数积累管教干警心中是非常清楚的，最终给哪些犯人呈报减刑的决定权由管教干警掌握。那些没有得到减刑的犯人自然会对监狱警察心怀不满，所以，减刑后的改造倒退行为不仅给监狱警察脸上抹了黑，更重要的是会加剧没得到减刑的犯人与监狱警察之间的矛盾。10 年以上刑期、无期、死缓的重刑期减刑罪犯服刑时间长，他们耳闻目睹甚至亲身经历了减刑后改造倒退行为加剧了犯人与监狱警察之间矛盾的事实，所以他们认为减刑后的改造倒退行为会加剧犯人与监狱警察之间矛盾的比例明显比 10 年以下刑期的减刑罪犯高，实属正常。

2. 不同刑期的减刑罪犯对减刑后的改造倒退会扰乱监狱正常改造秩序的认知差异

从表 6-66 选择 C 项的比例可以看出，5 年以下刑期的有 14.9%、5 ~ 10 年以下刑期的有 26.1%、10 ~ 20 年刑期的有 26.8%、无期的有 29.6%、死缓的有 22.5% 的人认为，减刑后的改造倒退行为会扰乱监狱正常的改造秩序。无期以下的减刑罪犯呈现了刑期越重比例越高的递增特征，但死缓的比例仅高于 5 年以下刑期，属于第二低。

再看表 6-67，无期与死缓的减刑罪犯有非常显著的差异，无期的平均分最高，死缓与 5 年以下刑期的平均分相同，都最低。此题平均分越高，说明认为减刑后的改造倒退行为会扰乱监狱正常改造秩序的比例越高。

根据表 6-66、表 6-67 的数据可知，无期的减刑罪犯选择 C 项的比例和平均分都最高，说明他们认为减刑后的改造倒退行为会扰乱监狱正常改造秩序的比例最高，这是由他们服刑时间长的经历决定的。服刑时间长使他们耳闻目睹了减刑后改造倒退扰乱监狱正常改造秩序的现象。但是为何死缓的减刑罪犯选择 C 项的比例和平均分都较低、而他们此题选择 A 项的比例最高呢？从表 6-66 选择 A 项的比例可以看出，5 年以下刑期的有 36.2%、5 ~ 10 年以下刑期的有 39.9%、10 ~ 20 年刑期的有 37.1%、无期的有 32.6%、死缓的有 44.0% 的人认为，减刑后的改造倒退行为不会扰乱监狱正常改造秩序，死缓的减刑罪犯选择 A 项的比例明显高于其他刑期的减刑罪犯。笔者认为，这是因为死缓的减刑罪犯经历了由死缓减为无期这一生死关而使他们对减刑非常重视，这在前面已经分析过，此处不再赘述。也许在死缓的减刑罪犯看来，减刑都是经过严格的法律程序的，多数减刑者是经得起考验的，少数人减刑后改造倒退的行为不会扰乱监狱改造秩序。而无期的减刑罪犯没有从死缓减为无期这一经历，所以认为减刑后的改造倒退行为会扰乱监狱正常改造秩序的比例最高。

表 6-66　不同刑期的减刑罪犯关于减刑后改造倒退会扰乱监狱
正常的改造秩序的认知比例（N=1394）

（单位：人数 / 人，百分比 /%）

问题	原判刑期 / 选项	5 年以下		5 ~ 10 年以下		10 ~ 20 年		无期		死缓	
		人数	百分比	人数	百分比	人数	百分比	人数	百分比	人数	百分比
62. 减刑后的改造倒退行为是否会扰乱监狱正常的改造秩序？	A. 不会	17	36.2	113	39.9	209	37.1	98	32.6	88	44.0
	B. 不确定	23	48.9	96	33.9	203	36.1	114	37.9	67	33.5
	C. 会	7	14.9	74	26.1	151	26.8	89	29.6	45	22.5
	合计	47	100	283	100	563	100	301	100	200	100

表 6-67 不同刑期的减刑罪犯关于减刑后改造倒退会扰乱监狱
正常的改造秩序的认知差异显著性

问题	原判刑期	N	M	SD	原判刑期		P
62. 减刑后的改造倒退行为是否会扰乱监狱正常的改造秩序?	5 年以下	47	1.79	0.69	无期	死缓	0.010
	5 ~ 10 年以下	283	1.86	0.80			
	10 ~ 20 年	563	1.90	0.79			
	无期	301	1.97	0.79			
	死缓	200	1.79	0.79			
	合计	1394	1.86	0.77			

3. 不同刑期的减刑罪犯对减刑后改造倒退者会加剧他们与监管制度之间矛盾的认知差异

从表 6-68 选择 C 项的比例可以看出，5 年以下刑期的有 8.5%、5 ~ 10 年以下刑期的有 16.3%、10 ~ 20 年刑期的有 17.8%、无期的有 24.6%、死缓的有 22.0% 的人认为，减刑后有改造倒退行为的罪犯会加剧他们与监管制度之间的矛盾。除了死缓的比例低于无期外，基本呈现了刑期越重比例越高的递增特征，无期和死缓的减刑罪犯比例明显高于其他刑期的减刑罪犯。

再看表 6-69，5 ~ 10 年以下刑期与 10 ~ 20 年刑期、与死缓都有非常显著的差异、与无期有极其显著的差异。10 年以上刑期、无期、死缓的减刑罪犯平均分明显高于 10 年以下刑期减刑罪犯的平均分，5 ~ 10 年以下刑期的平均分最低，无期和死缓的平均分差别很小，都最高。此题平均分越高，说明认为减刑后改造倒退的罪犯会加剧他们与监管制度之间矛盾的人比例越高。

表 6-68　不同刑期的减刑罪犯对减刑后改造倒退者会加剧他们与
监管制度之间矛盾的认知比例（N=1394）

（单位：人数 / 人，百分比 /%）

问题	原判刑期 / 选项	5 年以下（N=47）		5 ~ 10 年以下（N=283）		10 ~ 20 年（N=563）		无期（N=301）		死缓（N=200）	
		人数	百分比	人数	百分比	人数	百分比	人数	百分比	人数	百分比
65.减刑后有改造倒退行为的服刑人员是否会加剧他们与监管制度之间的矛盾？	A.不会	16	34.0	140	49.5	207	36.8	113	37.5	75	37.5
	B.不确定	27	57.4	97	34.3	256	45.5	114	37.9	81	40.5
	C.会	4	8.5	46	16.3	100	17.8	74	24.6	44	22.0
	合计	47	100	283	100	563	100	301	100	200	100

表 6-69　不同刑期的减刑罪犯对减刑后改造倒退者会加剧他们与
监管制度之间矛盾的认知差异显著性

问题	原判刑期	N	M	SD	原判刑期		P
65.减刑后有改造倒退行为的服刑人员是否会加剧他们与监管制度之间的矛盾？	5 年以下	47	1.74	0.61	5 ~ 10 年以下	10 ~ 20 年	0.008
	5 ~ 10 年以下	283	1.67	0.74			
	10 ~ 20 年	563	1.81	0.71		无期	0.001
	无期	301	1.87	0.78			
	死缓	200	1.85	0.76		死缓	0.009
	合计	1394	1.79	0.72			

根据表 6-68、6-69 的数据可以得出结论，无期和死缓的减刑罪犯认为减刑后有改造倒退行为的罪犯会加剧他们与监管制度之间矛盾的比例最高，这是由他们服刑时间长的经历决定的，他们比刑期短的罪犯更明白减刑不是一般的奖励，而是直接受监狱管理制度的制约也直接影响监狱管理制度，减刑是罪犯的命根子，牵一发而动全身。所以，减刑后改造倒退的罪犯会加剧他们与监管制度之间的矛盾，这是毋庸置疑的。

（三）不同刑期的减刑罪犯关于减刑后改造倒退会削弱法律的公正性与权威性的认知差异

从表6-70选择C项的比例可以看出，5年以下刑期的有8.5%、5～10年以下刑期的有14.5%、10～20年刑期的有16.7%、无期的有23.3%、死缓的有25.0%的人认为，减刑后的改造倒退行为会削弱法律的公正性和权威性，呈现了刑期越重比例越高的递增特点。无期、死缓选择C项的比例明显高于其他刑期。说明刑期越重的减刑罪犯认为减刑后的改造倒退行为会削弱法律的公正性和权威性的比例越高，无期、死缓的减刑罪犯尤其突出。

再看表6-71,5～10年以下刑期与10～20年刑期、与死缓都有显著差异，与无期有极其显著的差异。5～10年以下刑期的减刑罪犯平均分最低，10年以上刑期、无期、死缓的减刑罪犯平均分明显高于10年以下刑期的减刑罪犯，无期的平均分最高，其次是死缓的。此题平均分越高，说明认为减刑后的改造倒退行为会削弱法律的公正性和权威性的人比例越高，无期、死缓的减刑罪犯尤其突出。

可见，无期、死缓的减刑罪犯认为减刑后的改造倒退行为会削弱法律的公正性和权威性的比例明显比其他刑期高，这是因为他们服刑时间长接受法律教育的正面效果，对减刑的严肃性比刑期轻的减刑罪犯更重视。

表6-70　不同刑期的减刑罪犯关于减刑后改造倒退会削弱法律的公正性与权威性的认知比例（N=1394）

（单位：人数/人，百分比/%）

问题	原判刑期 选项	5年以下		5～10 年以下		10～ 20年		无期		死缓	
		人数	百分比	人数	百分比	人数	百分比	人数	百分比	人数	百分比
64.减刑后的改造倒退行为是否会削弱法律的公正性和权威性？	A.不会	20	42.6	156	55.1	253	44.9	127	42.2	98	49.0
	B.不确定	23	48.9	86	30.4	216	38.4	104	34.6	52	26.0
	C.会	4	8.5	41	14.5	94	16.7	70	23.3	50	25.0
	合计	47	100	283	100	563	100	301	100	200	100

表 6-71　不同刑期的减刑罪犯关于减刑后改造倒退会削弱法律的
公正性与权威性的认知差异显著性

问题	原判刑期	N	M	SD	原判刑期		P
64. 减刑后的改造倒退行为是否会削弱法律的公正性和权威性?	5 年以下	47	1.66	0.64		10 ~ 20 年	0.025
	5 ~ 10 年以下	283	1.59	0.73	5 ~ 10 年以下		
	10 ~ 20 年	563	1.72	0.73		无期	0.001
	无期	301	1.81	0.79			
	死缓	200	1.76	0.83		死缓	0.017
	合计	1394	1.72	0.76			

四、不同刑期的减刑罪犯关于减刑后改造倒退对策的认知差异

（一）不同刑期的减刑罪犯关于减刑后改造倒退的法律对策的认知差异

不同刑期的减刑罪犯关于"对减刑后改造倒退者取消减刑""对减刑后改造倒退者适当限制减刑或延长减刑间隔期""对不同的减刑后改造倒退者在法律惩罚度上区别对待"这三种法律对策的认知上无显著差异，所选各项比例差别也不大，所以没有必要分析。笔者仅对有显著差异的以下两种法律对策进行分析。

1. 不同刑期的减刑罪犯对减刑后改造倒退者适当延长刑期或加刑的认知差异

从表 6-72 不同刑期的减刑罪犯选择 A 项的比例可以看出，五个刑期段的减刑罪犯在 51.5% ~ 68.1%，5 年以下刑期的比例最高，死缓的比例最低，除了 10 ~ 20 年刑期的比例低于无期的比例，其他刑期的减刑罪犯呈现了刑期越重比例越低的递减特征。A 项是五个刑期段的减刑罪犯在此题中选择比例最高的，看来有半数以上的减刑罪犯不同意对减刑后改造倒退者延长刑期。

从表 6-72 选择 B 项的比例可以看出，5 年以下刑期的有 27.7%、5 ~ 10 年以下刑期的有 26.5%、10 ~ 20 年刑期的有 34.5%、无期的有 30.2%、死缓的有 34.5% 的人认为，对减刑后改造倒退者应该把本次减去的一半刑期延

长，10 年以上刑期、无期、死缓的重刑期减刑罪犯选择 B 项的比例明显高于
10 年以下刑期的减刑罪犯。

从表 6-72 选择 C 项的比例可以看出，5 年以下刑期的有 4.3%、5 ～ 10
年以下刑期的有 13.1%、10 ～ 20 年刑期的有 11.9%、无期的有 12.3%、死缓
的有 12.0% 的人认为，对减刑后改造倒退者应该把本次减去的全部刑期延长。
除了 5 年以下刑期的比例明显低之外，其他刑期的减刑罪犯选择 C 项的比例
差别不大。

从表 6-72 选择 B、C 两项比例的总和可以看出，从 5 年以下刑期到死
缓的比例分别是 32%、39.6%、46.4%、42.5%、46.5%，都超过了 30%，而且
10 年以上刑期、无期、死缓的比例明显高于 10 年以下刑期的减刑罪犯的比例。

再看表 6-73，5 年以下刑期与 10 ～ 20 年刑期、与无期、与死缓都有显
著差异，平均分呈现了刑期越重平均分越高的递增特征。此题平均分越高，
说明认为对于减刑后改造倒退的罪犯应该延长刑期的人比例越高。

表 6-72　不同刑期的减刑罪犯对减刑后改造倒退者延长刑期的认知比例（N=1394）

（单位：人数 / 人，百分比 /%）

问题	原判刑期 选项	5 年以下		5 ～ 10 年以下		10 ～ 20 年		无期		死缓	
		人数	百分比	人数	百分比	人数	百分比	人数	百分比	人数	百分比
68. 对于减刑后出现改造倒退行为的服刑人员是否应该延长刑期、延长多长时间合适？	A. 不应该延长刑期	32	68.1	168	59.4	298	52.9	166	55.1	103	51.5
	B. 应该把本次减去的一半刑期延长	13	27.7	75	26.5	194	34.5	91	30.2	69	34.5
	C. 应该把本次减去的全部刑期延长	2	4.3	37	13.1	67	11.9	37	12.3	24	12.0
	D. 不确定	0	0.0	3	1.1	4	0.7	7	2.3	4	2.0
	合计	47	100	283	100	563	100	301	100	200	100

表 6-73　不同刑期的减刑罪犯对减刑后改造倒退者延长刑期的认知差异显著性

问题	原判刑期	N	M	SD	原判刑期		P
68. 对于减刑后出现改造倒退行为的服刑人员是否应该延长刑期、延长多长时间合适?	5 年以下	47	1.36	0.57	10 ~ 20 年		0.033
	5 ~ 10 年以下	283	1.56	0.76		5 年以下	
	10 ~ 20 年	563	1.60	0.72			无期	0.029
	无期	301	1.62	0.79			
	死缓	200	1.65	0.77	死缓		0.019
	合计	1394	1.60	0.75			

根据表 6-72、表 6-73 的数据可以得出如下结论: 重刑期的减刑罪犯认为,对减刑后改造倒退的罪犯应该把本次减去的一半刑期或全部刑期延长的比例明显高于 10 年以下刑期的减刑罪犯,这能反映出这部分减刑罪犯尊重法律的心理。笔者认为,这是因为刑期重的减刑罪犯服刑时间长、减刑次数多、在监狱接受的法律教育相对深刻,深知减刑的严肃性。所以,他们对减刑后改造倒退者延长一定刑期的对策认同者相对比例较高。

2. 不同刑期的减刑罪犯对适当缩短重刑犯刑期会避免减刑后改造倒退的认知差异

(1)从不同刑期的减刑罪犯承受刑罚心理看他们对适当缩短重刑犯的刑期会避免减刑后改造倒退的认知差异

从表 6-74 第 92 题不同刑期的减刑罪犯选择 C 项的比例可以看出,5 年以下刑期的有 63.8%、5 ~ 10 年以下刑期的有 69.3%、10 ~ 20 年刑期的有 66.8%、无期的有 69.4%、死缓的有 70.0% 的人在监狱服刑期间深刻体验到了被刑罚惩罚、失去自由很痛苦,五个刑期段的减刑罪犯都在 63.8% ~ 70.0%,看来绝大多数减刑罪犯都体验到了刑罚惩罚、失去自由很痛苦。除了 5 ~ 10 年以下刑期的比例高于 10 ~ 20 年刑期的比例外,基本呈现了刑期越重比例越高的递增特征。5 年以下刑期的比例最低,死缓犯的比例最高。说明 5 年以下刑期的减刑罪犯从刑罚惩罚中体验到痛苦的人比例最低、而死缓的减刑罪犯从刑罚惩罚中体验到痛苦的人比例最高。

从表6-74第93题不同刑期的减刑罪犯选择C项的比例可以看出，5年以下刑期的有57.4%、5～10年以下刑期的有63.3%、10～20年刑期的有61.8%、无期的有60.1%、死缓的有51.0%的人能从刑罚惩罚中接受人生失败的教训、避免重新犯罪。呈现了两头低中间高的倒U形特征，即刑期最轻的5年以下刑期和刑期最重的死缓的减刑罪犯比例明显低于中间三个刑期段的减刑罪犯。死缓的比例最低，5年以下刑期的比例次低。此题比例越低说明从刑罚惩罚中接受人生失败的教训、避免重新犯罪的人比例越低。

再看表6-75第93题，死缓与5～10年以下刑期、与无期都有显著差异，与10～20年刑期有非常显著的差异，平均分呈现了两头低中间高的倒U形特征，即刑期最轻的5年以下刑期和刑期最重的死缓的减刑罪犯平均分明显低于中间三个刑期段的减刑罪犯，死缓的平均分最低，5年以下刑期的平均分次低。此题平均分越低，说明从刑罚惩罚中接受人生失败的教训、避免重新犯罪的人比例越低。

表6-74　不同刑期的减刑罪犯承受刑罚心理的比例差异（N=1394）

（单位：人数/人，百分比/%）

问题	原判刑期\选项	5年以下（N=47）人数	百分比	5～10年以下（N=283）人数	百分比	10～20年（N=563）人数	百分比	无期（N=301）人数	百分比	死缓（N=200）人数	百分比
92. 在监狱服刑期间你是否深刻体验到了被刑罚惩罚、失去自由的痛苦？	A. 不痛苦	5	10.6	24	8.5	72	12.8	37	12.3	27	13.5
	B. 有点儿痛苦	12	25.5	60	21.2	112	19.9	54	17.9	32	16.0
	C. 很痛苦	30	63.8	196	69.3	376	66.8	209	69.4	140	70.0
	D. 不确定	0	0.0	3	1.1	3	0.5	1	0.3	1	0.5
93. 刑罚惩罚能使你接受人生失败的教训、避免重新犯罪吗？	A. 不能	8	17.0	41	14.5	70	12.4	37	12.3	39	19.5
	B. 不确定	12	25.5	63	22.3	145	25.8	83	27.6	59	29.5
	C 能	27	57.4	179	63.3	348	61.8	181	60.1	102	51.0

表 6-75　不同刑期的减刑罪犯承受刑罚心理的差异显著性

问题	原判刑期	N	M	SD	原判刑期		P
93. 刑罚惩罚能使你接受人生失败的教训、避免重新犯罪吗？	5 年以下	47	2.40	0.77	死缓	5 ~ 10 年以下	0.010
	5 ~ 10 年以下	283	2.49	0.74			
	10 ~ 20 年	563	2.49	0.71		10 ~ 20 年	0.003
	无期	301	2.48	0.71			
	死缓	200	2.32	0.78		无期	0.014
	合计	1394	2.46	0.73			

　　根据表 6-74、表 6-75 的三组数据可以得出如下结论：5 年以下刑期的减刑罪犯从刑罚惩罚中体验到很痛苦的比例最低，他们从刑罚惩罚中接受人生失败的教训、避免重新犯罪的比例也最低。而死缓的减刑罪犯从刑罚惩罚中体验到很痛苦的比例最高，但他们从刑罚惩罚中接受人生失败的教训、避免重新犯罪的比例却最低。在分析这两种刑期的减刑罪犯上述结果的具体原因之前，先分析罪犯痛苦的特点和作用。罪犯改造心理学研究证明，刑罚惩罚是一种强制性、剥夺性、抑制性刺激，会使罪犯产生痛苦心理。痛苦是一种否定性的情感体验。罪犯的痛苦有消极和积极之分。罪犯的消极痛苦是指因被强迫劳动改造而产生的痛苦；因失去人身自由而产生的痛苦；因思家恋亲而产生的痛苦；因与他犯交往发生矛盾纠纷而产生的痛苦。罪犯积极的痛苦是指经过改造后会把消极痛苦变成积极痛苦，主要有与被害人的角色换位而产生的内疚痛苦；对社会、被害人、亲人的内疚而产生的痛苦；对自己的罪行自我悔恨而产生的痛苦。痛苦的作用也有消极和积极之分，罪犯的痛苦对其改造能起到阻碍或推动作用，因为"痛苦作为一种动机力量，驱使人去应付和改变导致痛苦的因素，以至于改善人的处境"①。罪犯的消极痛苦会使他们以不合理的方式解除痛苦，例如，抗拒改造或脱逃。罪犯的积极痛苦会促使他们深刻地内疚和反省自己的罪行，以积极改造的行为去解除痛苦。5 年以下刑期和死缓的减刑罪犯从刑罚惩罚

---

　　① 孟昭兰主编：《情绪心理学》，北京大学出版社 2005 年版，第 156 页。

中产生的痛苦有积极的也有消极的，但是这两种刑期的减刑罪犯中从刑罚惩罚中接受人生失败的教训、避免重新犯罪的比例都最低，而那些不能从刑罚惩罚中接受人生失败的教训、避免重新犯罪的减刑罪犯就是没有积极痛苦，全是消极痛苦，这些罪犯痛苦的作用也都是消极的，没有积极的。其具体原因分析如下。

第一，5 年以下刑期的减刑罪犯从刑罚惩罚中体验到很痛苦的比例最低，他们从刑罚惩罚中接受人生失败的教训、避免重新犯罪的比例也最低，所以，轻刑犯重新犯罪的比例最高。在笔者的国家课题《罪犯的罪行与危害社会心理恶性程度的相关性探索》一书中有很多方面涉及 5 年以下刑期的轻刑犯与危害社会心理密切相关的因素。5 年以下刑期的罪犯虽然刑期轻，但危害社会心理却不轻，即他们的罪行（刑期）与危害社会心理成反比。这种研究结果支持了本课题此处得出的"5 年以下刑期的减刑罪犯从刑罚惩罚中体验到很痛苦的比例最低，他们从刑罚惩罚中接受人生失败的教训、避免重新犯罪的比例也最低"的结论。这有以下三种原因。

一是因为刑法上对轻刑犯的刑罚剥夺度不够。刑法上只注重罪与刑相适应，忽视了恶与刑相适应，这使轻刑犯的刑期与改造期不适应，刑罚对轻刑犯的剥夺度不够。由于不少轻刑犯没有深刻地体验到刑罚惩罚的痛苦，也就不足以引起他们对自己罪行的深刻内疚和反省以及为解除痛苦而积极改造。况且由于轻刑犯刑期短，所以他们的犯罪心理和恶习不能在短时间内得到改造，更无法形成稳固的适应社会的良好心理和行为习惯。这样使一些主观恶习很深、认罪差、改造态度不端正的轻刑犯，因罪行不重、刑期短在监狱无法得到切实有效的改造便刑满释放，这就为他们重新犯罪埋下了隐患。由于监狱是刑罚执行机关，所以法律上对轻刑犯的刑罚剥夺度不够，直接体现在监狱机关的改造工作中，这就反映出了下面将要论述的监狱机关对轻刑犯的改造重视不够的问题上。

二是监狱机关对轻刑犯的改造重视不够。监狱对轻刑犯的改造不重视，致使轻刑犯虽然混完刑期但犯罪心理依然如故，甚至由于少数监狱对轻刑犯的分押、分管、分教不够，使部分轻刑犯由犯罪的单面手变成多面手，这为他们重新犯罪留下了隐患。此外，监狱对轻刑犯的技术教育与训练不够。由于轻刑犯的刑期较短，所以多数监狱把轻刑犯安排在零散分散无技术的劳动工种上，使轻刑犯无法学到一技之长，也就无法为刑满释放后在社会上谋生做好技能上的准备，最后会因缺少劳动技能而无法适应社会。同时这也使轻刑犯没有机会参与技术竞争、缺乏技术竞争的经验。所以当他们面对市场经济中社会的就业压力和激烈竞争时，就会因无法参与和不敢参与社会竞争而更加自暴自弃，因而使本来就不多的就业机会也因此而丧失。当他们就业无门、无法取得生活来源、无法满足最基本的生理需要时，就会重操旧业，这也是导致他们重新犯罪不可忽视的因素。

三是法律上及监狱对轻刑犯的刑事奖励重视不够，使轻刑犯由于激励的匮乏而缺乏改造动力，导致改造不深刻。法律上对轻刑犯的减刑、假释等刑事奖励幅度较小，监狱在执行这一法律规定时明显地表现出对轻刑犯的轻视。这种客观上的轻视引起了轻刑犯主观上的放弃，他们很少愿意为那一点幅度较小的刑事奖励去吃苦受累，努力地改造，因而也就不能从根本上深刻、彻底地改造犯罪心理及犯罪恶习，就不能获得或不能巩固已经获得的适应社会的良好心理、本领技能、行为习惯，这又为他们重新犯罪埋下了隐患。

第二，死缓的减刑罪犯从刑罚惩罚中体验到很痛苦的比例最高，但他们从刑罚惩罚中接受人生失败的教训、避免重新犯罪的比例却最低。这说明死缓的减刑罪犯承受刑罚产生的痛苦更多的是消极痛苦，消极痛苦只能使他们在漫长的刑期中苦闷、悲观绝望，即使有些人获得了减刑，也是为了早日获得自由而强制自己做出积极改造的行为，尤其是劳动表现好就能得高分而获得减刑，其实他们内心压抑的痛苦只有他们自己清楚，是否真正从内心悔罪也只有他们自己清楚。

（2）根据不同刑期的减刑罪犯对服刑最佳时限的认知差异制定最合适的刑罚时限

从表6-76选择A项的比例可以看出，五个刑期段的减刑罪犯此项比例在32%～66%，除了无期略低于死缓外，基本呈现了刑期越重比例越低的递减特征，刑期越轻的减刑罪犯认为在监狱服刑最长应为5年以下时间的越多，这样既能使自己接受教训又能避免服刑过长产生心理麻木。笔者认为这不可能实施，因为服刑 5 年以下时间太短了。

从表 6-76 选择 B 项的比例可以看出，五个刑期段的减刑罪犯此项比例在 21.3% ~ 57.8%，除了无期高于死缓外，无期及以下的四个刑期段基本呈现了刑期越重比例越高的递增特征，刑期越重的减刑罪犯认为在监狱服刑最长应为以 5 ~ 10 年以下时间的比例越高，这样既能使自己接受教训又能避免服刑过长产生心理麻木。看来，5 ~ 10 年以下应该是最佳服刑时间。

再看表 6-77，无期和死缓的减刑罪犯分别与 5 年以下刑期、5 ~ 10 年以下刑期、10 ~ 20 年刑期的减刑罪犯有非常显著的差异或极其显著的差异，除了 10 年以下刑期的两个刑期段平均分相同外，呈现了刑期越重平均分越高的递增特征。此题平均分越高，说明认为在监狱服刑时间应该是既能使自己接受教训，又能避免服刑过长产生心理麻木时间段的人比例越高。无期和死缓的减刑罪犯平均分明显高于其他刑期的减刑罪犯。

表 6-76　不同刑期的减刑罪犯对服刑最佳时限的认知比例差异（*N*=1394）

（单位：人数 / 人，百分比 /%）

问题	原判刑期\选项	5 年以下		5 ~ 10 年以下		10 ~ 20 年		无期		死缓	
		人数	百分比	人数	百分比	人数	百分比	人数	百分比	人数	百分比
94. 根据你的犯罪后果，你认为在监狱服刑最长应多长时间既能使你接受教训又能避免服刑过长产生心理麻木？	A. 5 年以下	31	66.0	173	61.1	320	56.8	95	31.6	64	32.0
	B. 5 ~ 10 年以下	10	21.3	85	30.0	188	33.4	174	57.8	105	52.5
	C. 10 ~ 25 年	5	10.6	21	7.4	51	9.1	29	9.6	29	14.5
	D. 不确定	1	2.1	4	1.4	4	0.7	3	1.0	2	1.0
	合计	47	100	283	100	563	100	301	100	200	100

表 6-77　不同刑期的减刑罪犯对服刑最佳时限的认知差异显著性

问题	原判刑期	N	M	SD	原判刑期		P
94. 根据你自己的犯罪行为后果，你认为在监狱服刑最长应多长时间既能使你接受教训又能避免服刑时间过长而产生心理麻木？	5 年以下	47	1.49	0.78	无期	5 年以下	0.004
	5 ～ 10 年以下	283	1.49	0.70		5 ～ 10 年以下	0.000
	10 ～ 20 年	563	1.54	0.69		10 ～ 20 年	0.000
	无期	301	1.80	0.64	死缓	5 年以下	0.001
	死缓	200	1.85	0.70		5 ～ 10 年以下	0.000
	合计	1394	1.63	0.70		10 ～ 20 年	0.000

　　根据表 6-74 至表 6-77 四个表格的数据可以得出如下结论：5 年以下刑期和死缓的减刑罪犯从刑罚惩罚中接受人生失败的教训、避免重新犯罪的比例都最低，这就告诉我们，刑期太轻不能使罪犯产生积极痛苦，达不到改造罪犯的目的，所以刑法在对犯罪者的刑期规定上不可太轻。而死缓这种最重的刑期也并没有使他们全部从刑罚惩罚中接受人生失败的教训，没有对他们全部起到从内心真诚积极改造的作用。所以刑期过重仅仅体现了惩罚的目的，而没有收到最好的改造效果。根据无期和死缓的减刑罪犯选择在监狱服刑时间 5 ～ 10 年以下既能使自己接受教训，又能避免服刑过长产生心理麻木的比例最高的数据，说明他们对较长时间的监狱服刑生活能够适应，但是太长的刑期就会使他们心理麻木。鉴于他们的此种心理，在法律对策上应该考虑适当缩短那些真诚积极改造的无期和死缓罪犯的刑期，或者加大他们的减刑幅度，让他们在有效的服刑时间内能全部真诚改造。这样会减少他们的消极痛苦，避免其减刑后改造倒退，也能避免他们因服刑时间过长而消极适应后形成监狱人格。

（二）不同刑期的减刑罪犯关于减刑后改造倒退的监狱管理对策的认知差异

　　不同刑期的减刑罪犯在关于减刑后改造倒退的监狱管理对策的认知上无显著差异，所选各项比例差异也不大，因此没有必要分析。只有下面两条监狱管理对策有显著差异，具体分析如下。

1. 不同刑期的减刑罪犯对提高减刑罪犯内心改造质量的评估水平避免减刑后改造倒退的认知差异

不同刑期的减刑罪犯在"对罪犯认知水平的评估避免减刑后改造倒退""准确评估罪犯的品德能避免减刑后改造倒退""全面准确评估罪犯的心理与行为能避免减刑后改造倒退"等提高减刑罪犯内心改造质量的评估水平能避免减刑后改造倒退的对策认知上无显著差异，只在下面两条对策有显著差异，具体分析如下。

（1）不同刑期的减刑罪犯对准确评估罪犯的需要和改造动机能避免减刑后的改造倒退的认知差异

从表 6-78 选择 C 项的比例可以看出，除了 5 年以下刑期的减刑罪犯有23.4% 外，其他刑期的减刑罪犯都在 31.4% ~ 36.4%。

再看表 6-79，5 年以下刑期与 5 ~ 10 年以下刑期、与 10 ~ 20 年刑期、与无期都有显著差异。平均分除了 5 年以下刑期的减刑罪犯平均分是 1.87 外，其他刑期的减刑罪犯平均分都在 2.10 ~ 2.15。此题平均分越低，说明认为准确评估罪犯的需要和改造动机能避免减刑后改造倒退的人比例越低。

表 6-78　不同刑期的减刑罪犯对准确评估罪犯的需要和改造动机
能避免减刑后的改造倒退的认知比例（N=1394）

（单位：人数 / 人，百分比 / %）

问题	原判刑期 / 选项	5 年以下		5 ~ 10 年以下		10 ~ 20 年		无期		死缓	
		人数	百分比	人数	百分比	人数	百分比	人数	百分比	人数	百分比
71. 准确评估服刑人员的需要和改造动机能否避免减刑后的改造倒退行为？	A. 不能	17	36.2	62	21.9	95	16.9	74	24.6	48	24.0
	B. 不确定	19	40.4	118	41.7	291	51.7	122	40.5	85	42.5
	C. 能	11	23.4	103	36.4	177	31.4	105	34.9	67	33.5
	合计	47	100	283	100	563	100	301	100	200	100

表 6-79 不同刑期的减刑罪犯对准确评估需要和改造动机
能避免减刑后的改造倒退的差异显著性

问题	原判刑期	N	M	SD	原判刑期		P
71. 准确评估服刑人员的需要和改造动机能否避免减刑后的改造倒退行为？	5 年以下	47	1.87	0.77	5 年以下	5 ~ 10 年以下	0.018
	5 ~ 10 年以下	283	2.14	0.75			
	10 ~ 20 年	563	2.15	0.68		10 ~ 20 年	0.013
	无期	301	2.10	0.77			
	死缓	200	2.10	0.75		无期	0.043
	合计	1394	2.12	0.73			

根据表 6-78 和表 6-79，5 年以下刑期的减刑罪犯选择 C 项的比例和平均分都最低的数据，可以得出如下结论：5 年以下刑期的减刑罪犯认为准确评估罪犯的需要和改造动机能避免减刑后改造倒退行为的比例最低。其原因如下。

在本章前面已经分析，5 年以下刑期的减刑罪犯因为服刑时间短而改造质量差，他们中有些人缺乏真诚的积极改造动机，靠表面行为上的积极改造获得了减刑，这部分罪犯自然不希望准确评估罪犯的需要和改造动机，因为他们害怕自己虚假的积极改造动机被发现。所以，5 年以下刑期的减刑罪犯认为准确评估罪犯的需要和改造动机能避免减刑后改造倒退行为的比例低，就很容易理解了。

（2）不同刑期的减刑罪犯对准确评估罪犯自我调控能力会避免减刑后改造倒退的认知差异

从表 6-80 选择 C 项的比例可以看出，5 年以下刑期的有 27.7%、5 ~ 10 年以下刑期的有 36.4%、10 ~ 20 年刑期的有 31.6%、无期的有 36.2%、死缓的有 29.5% 的减刑罪犯认为，准确评估罪犯的自我调控能力能避免减刑后改造倒退行为，呈现了两头低中间高的倒 U 形特征，即刑期最轻的 5 年以下刑期和刑期最重的死缓的比例明显低于中间三个刑期段的比例。

再看表 6-81，5 ~ 10 年以下刑期与死缓有显著差异，平均分也呈两头低中间高的倒 U 形特征，即刑期最轻的 5 年以下刑期和刑期最重的死缓的平均分明显低于中间三个刑期段的平均分。此题平均分越低，说明认为准确评估罪犯的自我调控能力能避免减刑后的改造倒退的人比例越低。

表 6-80　不同刑期的减刑罪犯对准确评估罪犯自我调控能力
能避免减刑后改造倒退的认知比例（ N=1394 ）

（单位：人数 / 人，百分比 /%）

问题	原判刑期 选项	5 年以下		5 年到 10 年以下		10 ~ 20 年		无期		死缓	
		人数	百分比	人数	百分比	人数	百分比	人数	百分比	人数	百分比
72. 准确评估服刑人员的自我调控能力能否避免减刑后的改造倒退行为？	A. 不能	11	23.4	54	19.1	106	18.8	64	21.3	51	25.5
	B. 不确定	23	48.9	126	44.5	279	49.6	128	42.5	90	45.0
	C. 能	13	27.7	103	36.4	178	31.6	109	36.2	59	29.5
	合计	47	100	283	100	563	100	301	100	200	100

表 6-81　不同刑期的减刑罪犯对准确评估罪犯的自我调控能力能避免
减刑后改造倒退的认知差异显著性

问题	原判刑期	N	M	SD	原判刑期		P
72. 准确评估服刑人员的自我调控能力能否避免减刑后的改造倒退行为？	5 年以下	47	2.04	0.72	5 ~ 10 年以下	死缓	0.046
	5 ~ 10 年以下	283	2.17	0.73			
	10 ~ 20 年	563	2.13	0.70			
	无期	301	2.15	0.74			
	死缓	200	2.04	0.74			
	合计	1394	2.13	0.72			

根据表 6-80 选择 C 项的比例和表 6-81 平均分都呈现了两头低中间高的倒 U 形特征，可以得出如下结论：5 年以下刑期和死缓的减刑罪犯认为准确评估罪犯的自我调控能力能避免减刑后的改造倒退明显少于三个中间刑期段的减刑罪犯，这是因为 5 年以下刑期和死缓的减刑罪犯中自我调控能力差的比例较高，这在本章前面已经分析过。所以，他们害怕准确评估自己的自我调控能力不过关，而自我调控能力差定会出现减刑后改造倒退，如果因此而影响自己继续减刑那就损失大了。

2. 不同刑期的减刑罪犯对靠罪犯集体的力量避免减刑后改造倒退的认知差异

从表6-82选择C项的比例可以看出，5年以下刑期的有42.6%、5～10年以下刑期的有32.5%、10～20年刑期的有24.7%、无期的有24.3%、死缓的有20.0%的减刑罪犯认为，靠罪犯小组的帮教或监控能避免减刑后的改造倒退行为，呈现刑期越重比例越低的递减特征。

再看表6-83，5年以下刑期与无期有显著差异；5～10年以下刑期与10～20年刑期、与无期都有显著差异或非常显著差异；死缓与5年以下刑期、与5～10年以下刑期、与10～20年刑期都有极其显著的差异，死缓与无期还有显著差异。平均分也呈现了刑期越重分数越低的递减特征，这与选择C项的比例呈现刑期越重比例越低的递减特征是一致的，此题平均分越低，说明认为靠罪犯集体的力量帮教或监控避免减刑后改造倒退的人比例越低。

表6-82　不同刑期的减刑罪犯对靠罪犯集体的力量避免
改造倒退的认知比例（*N*=1394）

（单位：人数／人，百分比／%）

问题	原判刑期\选项	5年以下		5～10年以下		10～20年		无期		死缓	
		人数	百分比	人数	百分比	人数	百分比	人数	百分比	人数	百分比
90.靠服刑人员小组的帮教或监控能否避免减刑后的改造倒退行为？	A.不能	9	19.1	55	19.4	123	21.8	82	27.2	74	37.0
	B.不确定	18	38.3	136	48.1	301	53.5	146	48.5	86	43.0
	C.能	20	42.6	92	32.5	139	24.7	73	24.3	40	20.0
	合计	47	100	283	100	563	100	301	100	200	100

表 6-83　不同刑期的减刑罪犯对靠罪犯集体的力量避免改造倒退的认知差异显著性

问题	原判刑期	N	M	SD	原判刑期		P
90.靠服刑人员小组的帮教或监控能否避免减刑后的改造倒退行为?	5 年以下	47	2.23	0.76	5 年以下	无期	0.017
	5 ~ 10 年以下	283	2.13	0.71	5 ~ 10 年以下	10 ~ 20 年	0.047
	10 ~ 20 年	563	2.03	0.68		无期	0.006
	无期	301	1.97	0.72	死缓	5 年以下	0.000
	死缓	200	1.83	0.74		5 ~ 10 年以下	0.000
	合计	1394	2.02	0.71		10 ~ 20 年	0.001
						无期	0.030

　　根据表 6-82、表 6-83 都呈现了刑期越重选择 C 项的比例和平均分都越低的递减特征，可以得出如下结论：刑期越重的减刑罪犯认为靠罪犯集体的力量帮教或监控能避免减刑后改造倒退的比例越低。其原因如下。

　　刑期越重的减刑罪犯服刑时间越长，他们对罪犯集体的了解也越细致、深刻，尤其是对罪犯集体的消极面了解得越细致、深刻，因而他们认为靠罪犯集体的力量帮教或监控能避免减刑后改造倒退的比例越低。社会心理学的研究证明，集体对个体的影响作用是巨大的，尤其是中国人的社会心理特点决定了集体的作用。刑期越重的减刑罪犯害怕集体的消极作用也符合中国人的社会心理特点。

（三）不同刑期的减刑罪犯关于减刑后改造倒退的心理学对策的认知差异

　　从表 6-84 不同刑期的减刑罪犯选择 C 项的比例可以看出，5 年以下刑期的有 46.8%、5 ~ 10 年以下刑期的有 47.0%、10 ~ 20 年刑期的有 40.9%、无期的有 41.9%、死缓的有 39.5% 的减刑罪犯认为，提高减刑者的心理素质能避免减刑后的改造倒退行为。10 年以上刑期的重刑期减刑罪犯的比例明显低于 10 年以下刑期的减刑罪犯，死缓的减刑罪犯比例最低，说明重刑期的减刑罪犯对心理素质重要性的认同者比例低。

表 6-84　不同刑期的减刑罪犯对提高减刑者的心理素质避免
改造倒退的认知差异（N=1394）

（单位：人数 / 人，百分比 /%）

问题	原判刑期\选项	5 年以下		5 ~ 10 年以下		10 ~ 20 年		无期		死缓	
		人数	百分比	人数	百分比	人数	百分比	人数	百分比	人数	百分比
78. 提高减刑者的心理素质能否避免减刑后的改造倒退行为？	A. 不能	9	19.1	58	20.5	77	13.7	52	17.3	35	17.5
	B. 不确定	16	34.0	92	32.5	256	45.5	123	40.9	86	43.0
	C. 能	22	46.8	133	47.0	230	40.9	126	41.9	79	39.5
	合计	47	100	283	100	563	100	301	100	200	100

其实，死缓犯中因心理素质差而犯罪的人比例最高，如情感暴力罪的多数罪犯心理素质都差。从表 6-22 看出，本课题调查的情感暴力罪中死缓的减刑罪犯比例最高，占 57.0%。在笔者的国家课题《罪犯的罪行与危害社会心理恶性程度的相关性探索》一书中用 COPA-PI 测试不同刑期的罪犯结果证明，死缓犯的暴力倾向 65 分以上高分的比例最高，占 10.1%。说明死缓犯中暴力倾向很强的比例比其他刑期的罪犯高。

笔者设想了提高减刑后改造倒退罪犯心理素质的对策共六条，不同刑期的减刑罪犯在"培养减刑罪犯的法律信仰避免改造倒退""培养减刑罪犯坚韧的正确意志避免改造倒退""调动减刑罪犯的内在激励避免改造倒退"等心理学对策的认知上都无显著差异，总结不出有规律的特征，因此没有必要分析。笔者仅对不同刑期的减刑罪犯对下面三条有明显认知差异的心理学对策进行分析。

1. 不同刑期的减刑罪犯对减刑前后的罪犯强化其罪犯角色意识避免改造倒退的认知差异

不同刑期的减刑罪犯第 80 题的平均分无显著差异，但选择 C 项的比例差异明显，有必要分析。从表 6-85 不同刑期的减刑罪犯选择 C 项的比例可以看出，5 年以下刑期的有 29.8%、5 ～ 10 年以下刑期的有 36.4%、10 ～ 20 年刑期的有 33.9%、无期的有 35.9%、死缓的有 36.5% 的减刑罪犯认为强化罪犯角色意识能避免减刑后的改造倒退行为。5 年以下刑期的减刑罪犯比例最低，说明他们中罪犯角色意识淡化者比例最高。原因很简单，5 年以下刑期的减刑罪犯服刑时间短，没有形成稳定的罪犯角色意识。

表 6-85　不同刑期的减刑罪犯对强化罪犯角色意识避免
减刑后改造倒退的认知比例（N=1394）

（单位：人数/人，百分比/%）

问题	原判刑期 选项	5 年以下		5 ～ 10 年以下		10 ～ 20 年		无期		死缓	
		人数	百分比	人数	百分比	人数	百分比	人数	百分比	人数	百分比
80. 强化服刑人员的罪犯角色意识能否避免减刑后的改造倒退行为？	A. 不能	10	21.3	64	22.6	86	15.3	66	21.9	38	19.0
	B. 不确定	23	48.9	116	41.0	286	50.8	127	42.2	89	44.5
	C. 能	14	29.8	103	36.4	191	33.9	108	35.9	73	36.5
	合计	47	100	283	100	563	100	301	100	200	100

2. 不同刑期的减刑罪犯关于提高罪犯对挫折的理性心理承受力避免改造倒退的认知差异

表 6-86 不同刑期的减刑罪犯第 81 题平均分无显著差异，但选择 C 项的比例差异较大，有必要分析。

从表 6-86 不同刑期的减刑罪犯选择 C 项的比例可以看出，5 年以下刑期的有 40.4%、5 ～ 10 年以下刑期的有 40.6%、10 ～ 20 年刑期的有 33.2%、无期的有 35.5%、死缓的有 35.0% 的减刑罪犯认为，提高罪犯对挫折的理性心理承受力能避免减刑后的改造倒退行为。10 年以上的重刑期减刑罪犯比例明显低于 10 年以下刑期的减刑罪犯，说明 10 年以上的重刑期减刑罪犯认为提高罪犯对挫折的理性心理承受力能避免减刑后的改造倒退行为的比例明显低于 10 年以下刑期的减刑罪犯。其原因是，10 年以上刑期的减刑罪犯刑期重引起的法律挫折严重，挫折感引起的抑郁、苦闷、焦虑、悲观等否定情绪严重影响了他们的心境，当他们这些由法律挫折引起的否定情绪还没有大部分消失之前，他们是不会相信提高对挫折的理性心理承受力会避免减刑后的改造倒退行为的。

表 6-86　不同刑期的减刑罪犯对提高挫折的理性承受力避免

减刑后改造倒退的认知比例（N=1394）

（单位：人数/人，百分比/%）

问题	原判刑期 选项	5 年以下		5～10 年以下		10～ 20 年		无期		死缓	
		人数	百分比	人数	百分比	人数	百分比	人数	百分比	人数	百分比
81. 提高服刑人员对挫折的理性心理承受力能否避免减刑后的改造倒退行为？	A. 不能	8	17.0	53	18.7	104	18.5	55	18.3	46	23.0
	B. 不确定	20	42.6	115	40.6	272	48.3	139	46.2	84	42.0
	C. 能	19	40.4	115	40.6	187	33.2	107	35.5	70	35.0
	合计	47	100	283	100	563	100	301	100	200	100

3. 不同刑期的减刑罪犯对用目标激励避免减刑后改造倒退的认知差异

（1）不同刑期的减刑罪犯对减刑能让自己学会选择正确目标的认知差异

从表 6-87 第 7 题不同刑期的减刑罪犯选择 B 项的比例可以看出，除了无期的比例略低于 10～20 年刑期的比例之外，基本呈现了刑期越重比例越高的递增特征，除了 5 年以下刑期的有 27.7% 之外，其他刑期的都在 40.6%～46.5%。看来刑期越重的减刑罪犯认为减刑除了能让自己得到实际利益外，还能让自己学会选择正确目标的比例越高。

再看表 6-88 第 7 题，5～10 年刑期与无期、与死缓的减刑罪犯都有显著差异。平均分呈现了刑期越重平均分越低的递减特征，这与此题选择 C 项的比例也呈现了刑期越重比例越低的递减特征是一致的。此题平均分越低说明选择 C 项比例的人越少、而选择 A 项和 B 项的人越多，可见，刑期越重的减刑罪犯平均分越低，说明他们认为减刑能让自己学会选择正确目标的比例越高。

根据表 6-87 第 7 题选择 B 项的比例和表 6-88 第 7 题的平均分可以得出

如下结论：刑期越重的减刑罪犯认为减刑能让自己学会选择正确目标的比例越高。

表 6-87　不同刑期的减刑罪犯对树立正确的目标激励减刑罪犯
避免改造倒退的认知比例（ N=1394 ）

（单位：人数／人，百分比／%）

问题	原判刑期 选项	5年以下（ N=47 ）		5～10年以下（ N=283 ）		10～20年（ N=563 ）		无期（ N=301 ）		死缓（ N=200 ）	
		人数	百分比	人数	百分比	人数	百分比	人数	百分比	人数	百分比
7. 你认为减刑除了让自己得到实际利益外，还有下面哪种更深刻的意义？	A. 无其他意义	6	12.8	25	8.8	64	11.4	45	15.0	27	13.5
	B. 学会选择正确目标	13	27.7	115	40.6	247	43.9	128	42.5	93	46.5
	C. 磨炼自己的意志	28	59.6	143	50.5	252	44.8	128	42.5	80	40.0
82. 帮助减刑者树立更高的目标激励其真诚的改造动机，能否避免减刑后的改造倒退行为？	A. 不能	4	8.5	44	15.5	82	14.6	52	17.3	43	21.5
	B. 不确定	27	57.4	95	33.6	217	38.5	101	33.6	70	35.0
	C. 能	16	34.0	144	50.9	264	46.9	148	49.2	87	43.5

表 6-88　不同刑期的减刑罪犯对树立正确的目标激励减刑罪犯
避免改造倒退的认知差异显著性（ N=1394 ）

问题	原判刑期	N	M	SD	原判刑期		P
7. 你认为减刑除了让自己得到实际利益外，还有下面哪种更深刻的意义？	5年以下	47	2.47	0.72	5～10年以下	无期	0.012
	5～10年以下	283	2.42	0.65			
	10～20年	563	2.33	0.67			
	无期	301	2.28	0.71		死缓	0.015
	死缓	200	2.27	0.68			

续表

问题	原判刑期	N	M	SD	原判刑期		P
82. 帮助减刑者树立更高的目标激励其真诚的改造动机，能否避免减刑后的改造倒退行为？	5 年以下	47	2.26	0.61	5 ~ 10 年以下	死缓	0.049
	5 ~ 10 年以下	283	2.35	0.74			
	10 ~ 20 年	563	2.32	0.71			
	无期	301	2.32	0.75			
	死缓	200	2.22	0.78			

（2）不同刑期的减刑罪犯对用目标激励避免减刑后改造倒退的认知差异

从表 6-87 第 82 题选择 C 项的比例可以看出，5 年以下刑期的有 34.0%、5 ~ 10 年以下刑期的有 50.9%、10 ~ 20 年刑期的有 46.9%、无期的有 49.2%、死缓的有 43.5% 的减刑罪犯认为，帮助减刑者树立更高的目标激励其真诚的改造动机能避免减刑后的改造倒退行为。可见，5 年以下刑期的减刑罪犯 C 项比例最低，说明 5 年以下刑期和死缓的减刑罪犯认为用目标激励能避免减刑后改造倒退行为的比例比其他刑期的减刑罪犯低。

再看表 6-91 第 82 题的平均分，5 年以下刑期的减刑罪犯平均分除了略高于死缓犯之外，明显低于其他刑期段的减刑罪犯，这与 C 项比例的特征是相同的。此题平均分越低，说明认为用目标激励能避免减刑后改造倒退行为的人比例越低。可见，5 年以下刑期的减刑罪犯认为用目标激励能避免减刑后改造倒退行为的比例比其他刑期的减刑罪犯低。（虽然死缓犯的平均分比 5 年以下刑期的略低，但死缓犯的 C 项比例较高。）

根据表 6-87、表 6-88 的四组数据可以得出如下结论：刑期越重的减刑罪犯认为减刑能让自己学会选择正确目标的人比例越高，5 年以下刑期的减刑罪犯比例最低；5 年以下刑期的减刑罪犯认为用目标激励能避免减刑后改造倒退的比例比其他刑期的减刑罪犯低，其原因如下。

第一，5 年以下刑期的减刑罪犯认为减刑能让自己学会选择正确目标和用目标激励能避免减刑后改造倒退的人都是比例最低。笔者认为，这是因为

5 年以下刑期的减刑罪犯从犯罪到服刑改造最突出的问题都是因为缺乏明确目标。一是他们犯罪时多数人属于缺乏计划和明确目标的随机作案者，因而他们的犯罪后果相对较轻，刑期也最轻。二是服刑改造中他们多数人因为刑期较短，也没有长远的改造计划和目标。所以在他们多数人头脑里"目标"这个概念是不太清晰的。这样看来，5 年以下刑期的减刑罪犯认为减刑能让自己学会选择正确目标和用目标激励能避免减刑后改造倒退的比例都是最低，就很容易理解了。

第二，死缓的减刑罪犯认为减刑能让自己学会选择正确目标的比例最高，认为用目标激励能避免减刑后改造倒退的比例，虽然低于其他三个中间刑期段的减刑罪犯，但差别也不大，有 43.5% 的死缓减刑罪犯认同这一对策。

一是死缓的减刑罪犯认为减刑能让自己学会选择正确目标的最多，说明他们对目标的重视，这从死缓犯的犯罪和服刑中都能体现出来。首先，他们都是犯罪时有预谋、有计划、目标明确的作案者，因而他们的犯罪后果很严重，刑罚惩罚也最重。其次，死缓的减刑罪犯一旦度过了服刑初期的心理不适应期，进入心理适应期后，他们就会对自己争取减刑、早日获得自由逐渐树立明确的目标，一次次的减刑都是他们一步步地实现自己早日获得自由的目标，所以他们认为减刑能让自己学会选择正确目标的最多，这是他们的真实体验。

二是死缓的减刑罪犯认为用目标激励能避免减刑后改造倒退的比例比其他三个中间刑期段的稍低的原因是什么呢？这是因为他们的刑期太重，本来在漫长的监狱服刑生活中，为了早日获得自由他们一次次地强迫自己争取减刑，心理压力已经够大了。此时，如果监狱机关和管教干警再用更好的目标激励他们，不但对他们有些人毫无诱惑力，还会加重他们因减刑的辛苦和服刑时间太长而产生的身心疲惫感和心理压力，所以，更高的目标对减少他们有些人减刑后的改造倒退行为是不起作用的，他们认为用目标激励能避免减刑后改造倒退的比三个中间刑期段的减刑罪犯少也是可以理解的。

本章全面、详细地分析了原判不同刑期的减刑罪犯减刑后改造倒退的差异，这些差异还与不同已服刑期、不同剩余刑期、不同减刑次数、不同处遇的减刑罪犯的差异有较密切的关系，因为原判刑期越重的减刑罪犯大致是已服刑期和剩余刑期越长、减刑次数越多、处遇级别高的人越多，从表6-89的数据中可以看出原判刑期与后几种类型的相关性。所以，大致可以根据本章对原判不同刑期的减刑罪犯减刑后改造倒退差异的研究，来了解不同已服刑期、不同剩余刑期、不同减刑次数、不同处遇的减刑罪犯减刑后改造倒退的主要差异。

表 6-89　不同刑期的减刑罪犯已服刑期、剩余刑期、减刑次数、
处遇级别情况（ N=1394 ）

（单位：人数 / 人，百分比 /%）

服刑情况	原判刑期 区分	5年以下 （N=47）		5～10年以下 （N=283）		10～20年 （N=563）		无期 （N=301）		死缓 （N=200）	
		人数	百分比	人数	百分比	人数	百分比	人数	百分比	人数	百分比
已服刑期	1～2年以下	2	4.3	7	2.5	1	0.2	0	0.0	2	1.0
	2～5年以下	44	93.6	227	80.2	151	26.8	29	9.6	22	11.0
	5～10年以下	1	2.1	49	17.3	371	65.9	115	38.2	53	26.5
	10～15年以上	0	0.0	0	0.0	40	7.1	157	52.2	123	61.5
剩余刑期	1年以下	35	74.5	72	25.4	42	7.5	7	2.3	1	0.5
	1～5年以下	12	25.5	206	72.8	277	49.2	69	22.9	28	14.0
	5～10年以下	0	0.0	5	1.8	229	40.7	94	31.2	64	32.0
	10～15年以下	0	0.0	0	0.0	14	2.5	73	24.3	48	24.0
	15年及以上	0	0.0	0	0.0	1	0.2	58	19.3	59	29.5

服刑情况	原判刑期 区分	5年以下（N=47）		5～10年以下（N=283）		10～20年（N=563）		无期（N=301）		死缓（N=200）	
		人数	百分比	人数	百分比	人数	百分比	人数	百分比	人数	百分比
减刑次数	减刑1次	47	100	252	89.0	313	55.6	64	21.3	52	26.0
	减刑2次	0	0.0	31	11.0	132	23.4	89	29.6	42	21.0
	减刑3次	0	0.0	0	0.0	73	13.0	73	24.3	41	20.5
	减刑4次及以上	0	0.0	0	0.0	45	8.0	75	24.9	65	32.5
处遇级别	一级宽管级	8	17.0	33	11.7	104	18.5	41	13.6	23	11.5
	二级宽管级	5	10.6	20	7.1	71	12.6	40	13.3	21	10.5
	普管级	29	61.7	218	77.0	354	62.9	203	67.4	125	62.5
	考察级	4	8.5	9	3.2	28	5.0	9	3.0	8	4.0
	严管级	1	2.1	3	1.1	6	1.1	8	2.7	23	11.5

本章根据调查的实证数据详细总结分析了不同刑期的减刑罪犯减刑后改造倒退的主体原因和主体外原因的差异、对减刑后改造倒退的消极心理效果和改造对策的认知差异，这些差异不仅仅反映了不同刑期减刑罪犯的差异，在一定程度上也可以代表所有不同刑期罪犯的心理差异，对监狱管教干警了解不同刑期的罪犯心理并采取有针对性的改造对策具有较大的参考价值。当然，本章的数据全部是调查的不同刑期减刑罪犯的数据，与没减刑罪犯在认知上会有差异，但对数据分析的理论依据是有共性参考价值的。

第七章

罪犯减刑后改造倒退行为的对策

本书前面已经分析了罪犯减刑后改造倒退的表现形式、影响罪犯减刑后改造倒退的主体原因和主体外原因、罪犯减刑后改造倒退的消极后果，针对这些方面应采取的有效对策，防止和减少罪犯减刑后的改造倒退，更防止和减少不合格的罪犯得到减刑重返社会后重新犯罪。

一、罪犯减刑后改造倒退行为的法律对策

（一）从法律程序上保障减刑制度的准确执行

本书第三章分析影响罪犯减刑后改造倒退的第一个主体外原因就是减刑的法律程序问题引发的罪犯减刑后改造倒退，所以，要避免罪犯减刑后改造倒退，就要从法律程序上保障减刑制度的准确执行。

1. 建立减刑公开公示制度

在本书第三章已经分析过，近些年虽然全国多数监狱的减刑工作公开、公平的程度增加了很多，但由于少数监狱的减刑工作还没有或没有完全推行公开制度，还存在"暗箱操作"，因而导致罪犯减刑后改造倒退和释放后重新犯罪。因此，应在全国监狱进一步推行减刑工作的公开化，建立减刑公开、公示制度，将监狱减刑工作的减刑条件、减刑程序、减刑结果、减刑监督向罪犯及家属公开，向社会公开。各监狱在办理罪犯减刑工作时，应坚持合理考核、择优呈报、依法衡量、集体研究、逐级审核的制度，坚持"四公开"

即条件公开、程序公开、评议公开、结果公开的原则，以此将减刑工作置于社会的有效监督之下，消除司法腐败，促进执法公正。参考司法部专门研究这方面的有关人员的观点^①，具体应当做到以下几个方面。

（1）减刑条件必须明确详细易于操作

监狱对可以减刑、应当减刑的情节，应当有严格详细的认定标准，这一标准应当被全体干警和全体罪犯所熟知，应当在分监区公布。这样，干警在筛选减刑对象、制订减刑计划、办理减刑材料、制作和呈报减刑建议书时就有明确的依据；罪犯对照明示的减刑条件标准，能够知道自己是不是符合减刑条件，知道其他罪犯的减刑是否公允，罪犯行使申辩权、申请复议权、申诉权时也有明确的依据。

（2）减刑的呈报必须严格公开操作

第一，监组讨论。在监狱管教干警的主持下，根据罪犯的考核改造表现，由罪犯所在的监组讨论提名，讨论意见报分监区。

第二，监区干警召开减刑会议集体讨论。分监区干警根据罪犯监组讨论意见，根据平时掌握的情况，对照法定的减刑条件，评议罪犯的改造表现，列出分监区的上报减刑计划。

第三，公布减刑计划。减刑计划对分监区全体罪犯张榜公布，规定有不同意见者可在5日内向分监区提出，分监区对提出的不同意见要认真对待，实事求是，及时给予处理，然后上报监区，监区审核后上报监狱审核。

第四，公布建议减刑的事实和理由材料。制作减刑材料完成后，每一批罪犯上报减刑，分监区都应当向全体罪犯张榜公布并说明上报减刑的事实和事由，有不同意见者自公布之日起在5日内提出，满5日对没有异议的减刑材料报监狱；有异议的要实事求是地复查。

第五，监狱减刑会议集体讨论。监狱收到减刑材料后，应当向监狱干警和罪犯公布上报建议减刑名单，允许罪犯5日内提出异议，满5日后召开监狱奖惩评审领导小组会议，相关部门的人员参加，集体讨论上报的减刑案件，

---

① 李豫黔：《我国减刑制度司法实践的反思与探讨》，载人大复印报刊资料《刑事法学》2003年第8期。

对通过监狱会议讨论的拟上报减刑的罪犯，依照法定的条件和程序整理材料上报中级人民法院。

第六，公示"拟裁定减刑罪犯名单和减刑幅度"。人民法院做出减刑裁定前，应当提前 7 日将拟裁定减刑罪犯名单和拟裁定减刑结果向监狱干警和罪犯公示，满 7 日后对无异议的做出减刑裁定。

第七，检察监督。驻监检察机关除行使抗诉权外，在"拟裁定减刑名单"公示后 7 日内，应当深入拟减刑罪犯所在的监区，收集、听取其他罪犯的意见，听取该犯主管管教干警的意见，并应当在日常工作中监督和保障提出异议的罪犯不受打击报复。

2. 减刑程序中要依法保障罪犯的权利

针对减刑程序中对罪犯的权利缺乏严格的保障机制导致罪犯减刑后改造倒退的问题，要确保减刑制度的有效实施，做到减刑工作的公开、公平、公正，必须从立法上、实践上、监督上对在押罪犯的权利在减刑程序上予以保障。

第一，罪犯应当有权对考核提出异议和对行政奖惩提出申辩。罪犯行使提出异议权、申辩权、申请复核或复议权等应当是考核奖惩必经的减刑程序，做到这一点，监狱对罪犯的分级处遇、计分考核等将是统一和详细的，即罪犯本人依据考核条件对照自己的改造表现，对考核结果应形成客观、公正的意见，这是监狱依法办理呈报减刑的基础。

第二，罪犯应该对减刑程序具有被告知权利。监狱应当向全体罪犯定期告知罪犯在获得减刑过程每一环节中的权利，如知情权、申辩权、提出异议权、申请复核权、申诉权、获得公正减刑权等。对罪犯在具体减刑程序环节中发生疑问的，监狱还应当告知该罪犯行使具体权利的途径和时限等。

第三，赋予被裁定减刑罪犯的上诉权。减刑裁定书应当增列罪犯不服此裁定的上诉方式和期限。

3. 完善减刑的审批程序

针对减刑审批程序不合理导致的罪犯减刑后改造倒退问题，必须完善减刑的审批程序。

（1）让监狱参与减刑的审批程序

法院在调查了解监狱向人民法院呈报的罪犯减刑提请材料真实性的基础上，应当尊重监狱提出对罪犯减刑的建议，赋予监狱一定程度的减刑审批权，让监狱参与减刑的审批程序。因为减刑的实质是对刑罚的变通执行方式，并非减少了原判刑期，也不是对原刑事判决的更改，而是减少了原判决的执行，因此减刑不是审判的部分，而完全是一种刑罚执行方式。监狱机关行使减刑审批权并未对法院独立审判权构成侵权。赋予监狱减刑审批权，有利于简化程序，有利于减刑的及时公正，有利于强化监管职能，有利于调动罪犯的改造积极性，更有助于避免罪犯减刑后改造倒退。为此笔者建议，针对目前减刑由法院审批的各种弊端，应该借鉴国外减刑的做法，改革我国现行减刑审批制度。

（2）设立减刑审批委员会

可考虑在司法行政机关内设立减刑审批委员会，其人员由法官、公安、司法部门的代表和律师、有关专家及相关人员组成，办理机构设在监狱机关，委员会负责审查、决定减刑，由人民检察院负责监督。法院应当尽量尊重监狱向人民法院提出的罪犯减刑的建议，应当尽量避免由于法院不了解情况人为造成罪犯减刑的麻烦。

（3）改革减刑案件的审理方式

在目前减刑由法院审批的体制下，人民法院对减刑案件的审理应当公开进行，公开组成合议庭开庭审理减刑案件，改变目前人民法院对减刑案件实施书面审理的模式。公开审理减刑案件不仅有利于正确贯彻我国刑事诉讼法的基本原则，而且可以在深层次上促进刑罚目的的实现。近几年来，河南、北京、浙江等省市人民法院在监狱公开审理了部分罪犯的减刑、假释案件，每次公开审理都组织了上千名罪犯旁听，收到了很好的效果。这种公开审理的做法，由于透明度高，改变了过去社会上流传的许多关于减刑案件是暗箱操作、有失公正的说法。公开审理的司法实践证明，对减刑案件进行公开审理不仅可以消除社会上对减刑工作的误解，促进罪犯的改造，而且可以保障公正执法，排除外来干扰。另外，公开审理本身就是一种有效的社会主义法制教育形式。

（二）对减刑后严重改造倒退的罪犯取消减刑

法律已经有明确规定，减刑确定后，法院的裁定书应当及时送达，送达前如果发现减刑事实有出入或者罪犯有违纪、犯罪行为，可能影响减刑的，应当暂停宣告减刑，要进行复议。所谓减刑事实有出入，是指提请认定罪犯确有悔改或立功表现的事实与实际情况不符，或完全是虚假的，或其他情况，只要可能影响减刑条件成立的，法院就应当对确定的减刑裁定书停止宣告，并进行复议，包括对减刑期限长短的复议，也包括对减刑裁定予以撤销或变更等。这一规定的意义在于维护法律的严肃性，保证减刑案件的质量。

笔者认为，对减刑后有严重或屡次违反监规行为的罪犯，监狱也应及时向法院呈报，取消该罪犯已经减过的刑期，即取消减刑。

从表 7-1 选择 A 项的比例看出，没减刑罪犯有 39.2%、减刑罪犯有 45.4%、监狱警察有 18.7% 认为对于减刑后有屡次违反监规的改造倒退行为的罪犯不应该取消本次减刑，减刑罪犯的比例最高，监狱警察的比例最低。

从表 7-1 选择 B 项的比例看出，没减刑罪犯有 46.3%、减刑罪犯有 37.1%、监狱警察有 44.7% 认为对于减刑后有屡次违反监规的改造倒退行为的罪犯应该取消本次减去的一半刑期，减刑罪犯的比例明显低于没减刑罪犯和监狱警察的比例。

从表 7-1 选择 C 项的比例看出，没减刑罪犯有 14.0%、减刑罪犯有 16.9%、监狱警察有 35.3% 认为对于减刑后有屡次违反监规的改造倒退行为的罪犯应该取消本次减去的全部刑期，监狱警察的比例明显高于两类罪犯。

再看表 7-2，监狱警察与两类罪犯都有极其显著的差异，减刑罪犯的平均分最低，监狱警察的平均分最高，此题平均分越低说明选择 A 项的人比例越高、选择 C 项的人比例越低。

根据表 7-1 的比例和 7-2 的平均分可以得出如下结论：在三类被调查者中，认为对减刑后有屡次违反监规的改造倒退行为的罪犯不应该取消减刑的减刑罪犯比例最高、监狱警察比例最低；认为应该取消本次减去的一半刑期的监狱警察比例最高；认为取消全部刑期的减刑罪犯比例最低、监狱警察比例最高。监狱警察此处的数据参考价值较大，监狱警察的 B 项比例最高，即认为减刑后有屡次违反监规的改造倒退行为的罪犯应该取消本次减去的一半刑期，笔者认为，这是比较合理的，其理由将在下面"延长刑期或加刑"的对策中一起阐述。

表 7-1　罪犯和监狱警察对减刑后改造倒退的罪犯取消减刑的认知比例差异（*N*=2317）

（单位：人数 / 人，百分比 / %）

问题	选项	没减刑罪犯		减刑罪犯		监狱警察	
		人数	百分比	人数	百分比	人数	百分比
67. 对减刑后有屡次违反监规的改造倒退行为的服刑人员是否应该取消本次减刑？取消多长时间合适？	A. 不应该取消本次减刑	154	39.2	633	45.4	99	18.7
	B. 应该取消本次减去的一半刑期	182	46.3	517	37.1	237	44.7
	C. 应该取消本次减去的全部刑期	55	14.0	236	16.9	187	35.3
	D. 不确定	2	0.5	8	0.6	7	1.3
	合计	393	100	1394	100	530	100

表 7-2　罪犯和监狱警察对减刑后改造倒退的罪犯取消减刑对策的认知差异显著性

问题	角色分类	*N*	*M*	*SD*	角色分类		*P*
67. 对于减刑后屡次违反监规、出现改造倒退行为的服刑人员是否应该取消本次减刑？取消多长时间合适？	没减刑罪犯	393	1.8	0.7	监狱警察	没减刑罪犯	0.000
	减刑罪犯	1394	1.7	0.8			
	监狱警察	530	2.2	0.7		减刑罪犯	0.000
	合计	2317	1.8	0.8			

（三）对减刑后严重违反监规的罪犯适当延长刑期或加刑

罪犯严重违规是指重大的或按罪犯奖惩条例办法规定的某一扣分值以上的违规，例如，威胁监狱机关工作人员、教唆他人实施违法行为或传授犯罪方法、自伤自残、脱逃等。最严重的违规属于狱内又犯罪行为。

对减刑后在监狱又犯罪的罪犯加刑是必需的，因为又犯罪触犯了刑律，这种加刑实质上是从刑法上对又犯罪的惩罚，客观上也起到了对又犯罪这种减刑后严重改造倒退行为的惩罚作用。但是我们找不到法律依据。所以笔者强调，应该在刑法上补充，对减刑后发生狱内又犯罪的改造倒退行为的罪犯应该加刑。此外，对于减刑后未触犯刑律的严重违规的罪犯刑法上也应该明确规定加刑或延长刑期。监狱对此类罪犯应该及时向法院提出适当加刑的建议。加刑就是延长刑期，有减刑而无加刑是法律的缺陷，主要是刑法和监狱法的缺陷。

从表 7-3 选择 A 项的比例看出，没减刑罪犯有 56.2%、减刑罪犯有 55.0%、监狱警察有 29.4% 认为，对于减刑后出现严重改造倒退行为的罪犯不应该延长刑期，监狱警察的比例明显低于两类罪犯。

从表 7-3 选择 B 项的比例看出，没减刑罪犯有 34.4%、减刑罪犯有 31.7%、监狱警察有 47.7% 认为，对于减刑后出现严重改造倒退行为的罪犯应该把本次减去的一半刑期延长。

从表 7-3 选择 C 项的比例看出，没减刑罪犯有 8.4%、减刑罪犯有 12.0%、监狱警察有 22.1% 认为，对于减刑后出现严重改造倒退行为的罪犯应该把本次减去的全部刑期延长。

再看表 7-4，监狱警察与两类罪犯都有极其显著的差异，监狱警察的平均分也明显高于两类罪犯，此题平均分越高，说明选择 C 项的比例越高。

监狱警察选择 B、C 两项的比例都明显高于两类罪犯，说明监狱警察认为，对于减刑后出现严重改造倒退行为的罪犯应该延长刑期。

根据表 7-3 的百分比和表 7-4 的平均分可以得出如下结论：在三类被调查者中，认为对于减刑后出现严重改造倒退行为的罪犯不应该延长刑期的监狱警察明显比两类罪犯比例低；认为对于减刑后出现严重改造倒退行为的罪犯应该把本次减去的一半刑期延长、应该把本次减去的全部刑期延长的监狱警察明显比两类罪犯比例高，尤其是监狱警察选择 B 项的比例最高，说明监狱警察认为对于减刑后出现严重改造倒退行为的罪犯应该把本次减去的一半刑期延长的人比例最高，这个数据很有参考价值。

表 7-3　罪犯和监狱警察对减刑后改造倒退的罪犯延长刑期的认知比例差异（ *N*=2317 ）

（单位：人数 / 人，百分比 /%）

问题	选项	没减刑罪犯		减刑罪犯		监狱警察	
		人数	百分比	人数	百分比	人数	百分比
68. 对于减刑后出现严重改造倒退行为的服刑人员是否应该延长刑期、延长多长时间合适？	A. 不应该延长刑期	221	56.2	767	55.0	156	29.4
	B. 应该把本次减去的一半刑期延长	135	34.4	442	31.7	253	47.7
	C. 应该把本次减去的全部刑期延长	33	8.4	167	12.0	117	22.1
	D. 不确定	4	1.0	18	1.3	4	0.8
	合计	393	100	1394	100	530	100

表 7-4　罪犯和监狱警察对减刑后改造倒退的罪犯延长刑期的认知差异显著性

问题	角色分类	*N*	*M*	*SD*	角色分类		*P*
68. 对于减刑后出现改造倒退行为的服刑人员是否应该延长刑期、延长多长时间合适？	没减刑罪犯	393	1.5	0.7	监狱警察	没减刑罪犯	0.000
	减刑罪犯	1394	1.6	0.7			
	监狱警察	530	1.9	0.7		减刑罪犯	0.000
	合计	2317	1.7	0.8			

根据表 7-1、表 7-3 的百分比和表 7-2、表 7-4 的平均分可以得出如下结论：监狱警察的数据参考价值很大，监狱警察在第 67、第 68 两个题选择 B 项的比例都是最高，一是对于减刑后有屡次违反监规的改造倒退行为的罪犯应该取消本次减去的一半刑期；二是对于减刑后出现严重改造倒退行为的罪犯应该把本次减去的一半刑期延长。笔者认为，这是比较合理的，其理由如下。

第一，取消本次减去的一半刑期或把本次减去的一半刑期延长，既能对减刑后有屡次违反监规的改造倒退行为的罪犯起到惩戒作用，让他们接受教训，更不会因惩罚太重而产生逆反心理。

第二，取消本次减去的一半刑期或把本次减去的一半刑期延长，在一定程度上肯定了这些罪犯在争取减刑中付出的努力和取得的成绩，使他们即使受到了上述惩罚，也不致彻底绝望，相反会因为保留了一半本次减去的刑期而明确理解了法律对减刑后改造倒退者的赏罚分明，因而对以后的改造仍然有信心，改造积极性不减，继续争取下一次减刑。

（四）对减刑后多次或严重改造倒退的罪犯适当限制减刑或延长减刑的间隔期

罪犯和监狱警察在对减刑后改造倒退的罪犯适当限制减刑或延长减刑的间隔期这一法律对策的认知上平均分无显著差异，百分比也差别不大，所以没必要分析这组数据差异，但是在理论上还是有必要分析阐述的。对减刑后多次或严重改造倒退的罪犯适当限制减刑或延长减刑的间隔期是很必要的。限制减刑就是对减刑后多次或严重改造倒退的罪犯不允许再减刑了；延长减刑的间隔就是减刑后多次或严重改造倒退的罪犯比减刑后没有改造倒退的罪犯在两次减刑之间的间隔期要长，例如，原来规定间隔半年的，减刑后多次或严重改造倒退的罪犯要间隔八个月；原来规定间隔一年的，减刑后多次或严重改造倒退的罪犯要间隔一年四个月……以此起到对减刑后多次或严重改造倒退的罪犯警示和惩戒的作用，使他们明白减刑后改造倒退要付出比较沉重的代价，接受教训后就不再敢减刑后改造倒退了。

（五）把某些罪犯的减刑换成假释

过去我国监狱系统普遍存在对罪犯减刑多、假释少的问题，因为涉及假释后的很多麻烦事，给社会上很多部门增加了压力，也给监狱留了"尾巴"。因为假释后的罪犯不是真正获得了自由，他们假释回到社会，还要受各种制约，一旦违背了假释规定，还要重回监狱服刑，监狱还要为他们承担责任，所以监狱不愿意留下假释罪犯这些"尾巴"，免得后续麻烦。而减刑的罪犯一旦回到社会就是真正获得了自由，监狱也就彻底甩掉了这些"尾巴"，即使在社会上重新犯罪再判刑入狱，监狱也不用为他们承担责任。

但是由于罪犯减刑后改造倒退现象很普遍，所以笔者认为，应该借鉴其他国家的经验，把一些重刑期罪犯的减刑换成假释，这样虽然增加了社会有关部门的压力，但对假释者的约束力增加了，可以从根本上避免罪犯减刑后改造倒退，尤其会减少改造质量差的罪犯减刑后回到社会重新犯罪。国内外法学理论和实践工作者有不少关于假释作用的观点可以查阅。因为本书是法律心理学专著，不是刑法学或监狱法学专著，加上本书字数所限，所以关于假释的作用此处就不赘述了。遗憾的是，笔者在自编调查问卷时没有出关于"把减刑换成假释"的问题，所以此处没有数据做实证依据。

（六）适当缩短重刑犯的刑期会避免减刑后的改造倒退

刑罚的目的不是单纯地对罪犯惩罚，更重要的是通过惩罚让罪犯接受教训、重新做人，如果惩罚带来的消极作用大于积极作用，这种惩罚就应该斟酌了。

1.从罪犯的承受刑罚心理看适当缩短重刑犯的刑期会避免减刑后改造倒退

从表 7-5 第 92 题选择 C 项的比例看出，没减刑罪犯有 71.8%、减刑罪犯有 68.2% 、监狱警察有 35.7% 认为在监狱服刑期间罪犯深刻体验到了被刑罚惩罚、失去自由的痛苦。两类罪犯的比例明显比监狱警察高很多，说明有 70% 左右的罪犯认为在监狱服刑期间深刻体验到了被刑罚惩罚、失去自由的痛苦。

再看表 7-6 第 92 题，没减刑罪犯与减刑罪犯有显著差异，监狱警察与两类罪犯都有极其显著的差异。没减刑罪犯的平均分最高，监狱警察的平均分最低。此题平均分越高说明选择 C 项的比例越高。

从表 7-5 第 93 题选择 C 项的比例看出，没减刑罪犯有 63.9%、减刑罪犯有 60.0%、监狱警察有 24.5% 认为刑罚惩罚能使罪犯接受人生失败的教训、避免重新犯罪。两类罪犯的比例明显比监狱警察的比例高很多。

再看表 7-6 第 93 题，监狱警察与两类罪犯都有极其显著的差异。两类罪犯的平均分相同，而且两类罪犯的平均分明显高于监狱警察。此题平均分越高说明选择 C 项的比例越高。

表 7–5　罪犯和监狱警察对罪犯承受刑罚的痛苦程度的认知比例差异（N=2317）

（单位：人数 / 人，百分比 /％）

问题	选项	没减刑罪犯（N=393）		减刑罪犯（N=1394）		监狱警察（N=530）	
		人数	百分比	人数	百分比	人数	百分比
92. 在监狱服刑期间服刑人员是否深刻体验到了被刑罚惩罚、失去自由的痛苦？	A. 不痛苦	29	7.4	165	11.8	63	11.9
	B. 有点儿痛苦	78	19.8	270	19.4	276	52.1
	C. 很痛苦	282	71.8	951	68.2	189	35.7
	D. 不确定	4	1.0	8	0.6	2	0.4
93. 刑罚惩罚能使服刑人员接受人生失败的教训、避免重新犯罪吗？	A. 不能	60	15.3	195	14.0	86	16.2
	B. 不确定	82	20.9	362	26.0	314	59.2
	C. 能	251	63.9	837	60.0	130	24.5

表 7–6　罪犯和监狱警察对罪犯承受刑罚的痛苦程度的认知差异显著性

问题	角色分类	N	M	SD	角色分类		P
92. 在监狱服刑期间服刑人员是否深刻体验到了被刑罚惩罚、失去自由的痛苦？	没减刑罪犯	393	2.7	0.6	没减刑罪犯	减刑罪犯	0.022
	减刑罪犯	1394	2.6	0.7	监狱警察	没减刑罪犯	0.000
	监狱警察	530	2.2	0.7		减刑罪犯	0.000
93. 刑罚惩罚能使服刑人员接受人生失败的教训、避免重新犯罪吗？	没减刑罪犯	393	2.5	0.7	监狱警察	没减刑罪犯	0.000
	减刑罪犯	1394	2.5	0.7		减刑罪犯	0.000
	监狱警察	530	2.1	0.6			

根据表 7–5 的百分比和表 7–6 的平均分可以得出如下结论：两类罪犯中，认为在监狱服刑期间深刻体验到了被刑罚惩罚、失去自由的痛苦的比例都较高，并且两类罪犯认为刑罚惩罚能使他们接受人生失败的教训、避免重新犯

罪的人比例也较高，而监狱警察与罪犯有同样看法的比例都明显低于两类罪犯。笔者认为，此处罪犯的数据参考价值较大，因为他们是承受刑罚的服刑者，他们是以自己的体验回答问题。而监狱警察是旁观者，他们是根据改造罪犯的工作经验回答问题，没有罪犯承受刑罚的切身体验。

由于多数罪犯承受刑罚的痛苦深刻，刑罚惩罚也能使他们接受人生失败的教训、避免重新犯罪，这就达到了惩罚的目的。刑期太重带来的痛苦不全是积极痛苦，也有消极痛苦，消极痛苦很容易使罪犯服刑心理疲惫而导致减刑后改造倒退。笔者从监狱罪犯回答的调查问卷中发现，有的已经服刑十二三年的重刑犯在问卷背面写道："服刑时间太长，人都傻了"，甚至有的重刑犯还形成了监狱人格——罪犯长期服刑生活造成的消极效应，即在一部分重刑犯中可能出现的以双重人格为主要特征的人格变异。可见，服刑时间太长消极作用会更大，这从本书第六章很多方面都能反映出来，刑期越重的减刑罪犯有消极心理的比例越高。所以适当减少重刑犯的刑期应该会避免他们减刑后的改造倒退。

2. 从罪犯和监狱警察对服刑最佳时限的认知差异制定最合适的刑罚时限

从表 7-7 选择 A 项的比例看出，没减刑罪犯有 63.6%、减刑罪犯有 49.0%、监狱警察有 17.9% 认为服刑 5 年以下既能使罪犯接受教训又能避免服刑时间过长而产生心理麻木。

从表 7-7 选择 B 项的比例看出，没减刑罪犯有 24.7%、减刑罪犯有 40.3%、监狱警察有 60.9% 认为服刑 5~10 年以下既能使罪犯接受教训又能避免服刑时间过长而产生心理麻木。

从表 7-7 选择 C 项的比例看出，没减刑罪犯有 10.7%、减刑罪犯有 9.7%、监狱警察有 19.8% 认为服刑 10~25 年既能使罪犯接受教训又能避免服刑时间过长而产生心理麻木。

再看表 7-8，没减刑罪犯与减刑罪犯、监狱警察与两类罪犯都有极其显著的差异，监狱警察的平均分明显高于两类罪犯。此题平均分越高说明选择 B 项和 C 项的比例越高。

表 7-7　罪犯和监狱警察对罪犯服刑的最佳时限的认知比例差异（*N*=2317）

（单位：人数／人，百分比／%）

问题	选项	没减刑罪犯		减刑罪犯		监狱警察	
		人数	百分比	人数	百分比	人数	百分比
94. 根据服刑人员不同的犯罪行为后果，你认为在监狱服刑最长应多长时间既能使他们接受教训又能避免服刑时间过长而产生心理麻木？	A. 5 年以下	250	63.6	683	49.0	95	17.9
	B. 5~10 年以下	97	24.7	562	40.3	323	60.9
	C. 10~25 年	42	10.7	135	9.7	105	19.8
	D. 不确定	4	1.0	14	1.0	7	1.3
	合计	393	100	1394	100	530	100

表 7-8　罪犯和监狱警察对罪犯服刑的最佳时限的认知差异显著性

问题	角色分类	*N*	*M*	*SD*	角色分类		*P*
94. 根据你自己的犯罪行为后果，你认为在监狱服刑最长应多长时间既能使你接受教训又能避免服刑时间过长而产生心理麻木？	没减刑罪犯	393	1.5	0.7	没减刑罪犯	减刑罪犯	0.001
	减刑罪犯	1394	1.6	0.7	监狱警察	没减刑罪犯	0.000
	监狱警察	530	2.0	0.7		减刑罪犯	0.000
	合计	2317	1.7	0.7			

根据表 7-7 的百分比和表 7-8 的平均分可以得出如下结论：5~10 年以下刑期是罪犯服刑的最佳期限，服刑时间不能太短，也不能过长。

第一，罪犯服刑 5~10 年以下刑期是最佳服刑时间。60.9% 的监狱警察认为罪犯服刑 5~10 年以下既能使他们接受教训又能避免服刑时间过长而产生心理麻木的数据很有参考价值。所以笔者认为，对于真诚积极改造的十年以上刑期、无期、死缓的重刑犯，通过减刑或假释后最多在监狱服刑十年，其理由在本书第六章已经分析得很清楚了，第六章中 5~10 年以下刑期的减刑罪犯在很多方面都表现出了比其他刑期的减刑罪犯更多的积极心理，其中很重要的原因是他们的刑期既不太短、也不太长，恰好能有一定的时间接受改造，又避免了因刑期太重带来的服刑心理疲惫以及因此导致的减刑后改造倒退。

第二，罪犯不能服刑时间太短，表7-7的A项比例虽然两类罪犯的比例都较高，但是没有参考价值，因为本书第六章的数据证明，5年以下刑期的减刑罪犯从刑罚惩罚中接受人生失败的教训、避免重新犯罪的比例也最低，这就告诉我们，刑期太短不能使罪犯产生积极痛苦，达不到改造罪犯的目的，所以刑法在对犯罪者的刑期规定上不可太短。

第三，罪犯不能服刑时间过长。表7-7两类罪犯和监狱警察选择C项的比例都较低，所以不应让罪犯服刑时间过长，过长了就会使消极情绪沉积而难以转化，形成习惯性的减刑后改造松懈的惰性。本书第六章的数据证明，死缓的减刑罪犯从刑罚惩罚中接受人生失败的教训、避免重新犯罪的人比例最低，这证明死缓这种最重的刑期并没有使他们全部从刑罚惩罚中接受人生失败的教训，没有对他们全部起到从内心真诚积极改造的作用，刑期过重仅仅体现了惩罚的目的，而没有收到最好的改造效果。所以适当缩短重刑犯的刑期，在最佳服刑期限内最大限度地调动罪犯的改造积极性，肯定会减少重刑犯减刑后的改造倒退。

（七）对不同的减刑后改造倒退的罪犯在法律的惩罚度上应区别对待

我国刑法关于减刑的规定主张坚持刑罚个别化的观点，特殊情况特殊对待，具体情况具体分析。对于在服刑改造中有重大立功表现，属老弱病残范围内，丧失再危害社会能力等情况的罪犯，应考虑特殊情况，本着立法精神，适当放宽条件，办理减刑。对未成年犯的减刑，在掌握标准上可比照成年犯依法适度放宽。未成年犯能认罪服法，遵守罪犯改造行为规范，积极参加学习，完成一定劳动任务的，即可以视为确有悔改表现予以减刑，其减刑幅度可以适当放宽，间隔时间可以相应缩短。对于罪行严重的罪犯、犯罪集团的首要分子、主犯、累犯的减刑，主要是根据他们的改造表现，同时也要考虑原判决的情况，应当特别慎重，从严掌握。

同样，不同的罪犯减刑后的改造倒退也区别较大，即罪犯减刑后改造倒退的表现形式分为减刑后改造松懈、违反监规、重新犯罪；减刑后改造倒退的原因有主体原因和主体外原因；减刑后改造倒退的消极后果也区别较大。因而对不同表现形式、不同原因、不同消极后果的减刑后改造倒退行为在法律的惩罚度上应区别对待，采取不同的对策。

表 7-9 第 76 题的平均分无显著差异，选择 C 项比例差别也很小，减刑罪犯和监狱警察的比例几乎相同，说明有 40% 多的罪犯和监狱警察认为对不同原因导致减刑后改造倒退的罪犯应当在惩罚度上区别对待，这为我们制定法律对策提供了实证依据。

表 7-9　罪犯和监狱警察对不同原因导致减刑后改造倒退的
罪犯应区别对待的认知比例差异（N=2317）

（单位：人数 / 人，百分比 /%）

问题	选项	没减刑罪犯		减刑罪犯		监狱警察	
		人数	百分比	人数	百分比	人数	百分比
76. 对不同原因导致减刑后改造倒退的服刑人员是否应当在惩罚度上区别对待？	A. 不应当	75	19.1	278	19.9	90	17.0
	B. 不清楚	148	37.7	519	37.2	215	40.6
	C. 应当	170	43.3	597	42.8	225	42.5
	合计	393	100	1394	100	530	100

根据表 7-9 的数据，并结合改造倒退的表现形式和消极后果，对减刑后改造倒退的不同罪犯应当在惩罚度上区别对待，笔者有以下几点建议。

1. 对于因主体原因导致减刑后改造倒退的罪犯应区别对待

对于因主体原因导致减刑后改造倒退的罪犯，可以分为以下三种情况区别对待：

第一，因主体故意原因如虚假的伪装积极改造行为骗取减刑后改造倒退，因不良习惯导致减刑后改造倒退；改造倒退的行为方式是严重违反监规或又犯罪；改造倒退的消极后果严重的罪犯，应该加重惩罚力度，取消减刑或延长刑期。减刑后又犯罪的罪犯除了依照刑法应该加刑外，还要在此基础上加上因严重改造倒退而加的刑期或者延长刑期。

第二，因自我调控能力差导致减刑后改造倒退，改造倒退的行为方式是严重违反监规，改造倒退的消极后果严重的罪犯，应当给以取消减刑的惩罚。

第三，因身体弱或疾病导致减刑后改造倒退，改造倒退的行为方式是改造松懈，改造倒退的消极后果不严重的罪犯，监狱应该理解，不应惩罚，鼓励其以积极情绪战胜疾病。

2. 对于因监狱的原因导致减刑后改造倒退的罪犯不应惩罚

对于因监狱的原因导致罪犯减刑后改造倒退的，如监狱劳动强度大、劳动时间过长使罪犯身心疲惫而导致减刑后改造倒退，因为其他罪犯嫉妒或打击而导致减刑后改造倒退，改造倒退的行为是改造松懈、改造倒退的消极后果不严重的罪犯，监狱和法院不应该惩罚，适当提出警示即可。

3. 对于因家庭原因导致减刑后改造倒退的罪犯应区别对待

对于因家庭原因导致减刑后改造倒退的罪犯，应分为以下两种情况区别对待：

第一，家庭亲人出现意外而罪犯不够回家探视条件，因惦记亲人或配偶提出离婚而使罪犯无心改造导致减刑后改造倒退，改造倒退的表现形式是改造松懈，改造倒退的消极后果较轻的，监狱和法院不应对此类罪犯惩罚。

第二，上述同类家庭原因导致减刑后改造倒退，但改造倒退的表现形式是严重违反监规或又犯罪，改造倒退的消极后果严重，监狱和法院应该对此类罪犯给以取消本次减刑或延长下次减刑间隔期的惩罚。

此外，因其他原因导致减刑后改造倒退，改造倒退的行为方式只是改造松懈，改造倒退的消极后果不严重的罪犯，可根据具体情况采取适当的轻度惩罚措施，不可惩罚过度引起罪犯的逆反心理。

（八）以严格执法来强化对减刑工作的监督制约

为了确保正确执行刑罚，做到依法减刑，维护执法公正，必须把依法治监的着力点放在严格执行法律，强化对减刑工作的监督和对权力的制约方面。要通过教育和培训，使每一名执法者明白，依法治监，依法减刑，这既是法律的要求，也是自己神圣的使命。要自觉运用法律规范约束自己，依法行使职权，依法履行义务。为保证减刑工作的公正公平，需进一步建立和健全监督制约机制：一是人大监督。监狱机关要认真接受各级人大的监督、检查。二是检察监督。检察机关对监狱及其监狱人民警察执行刑罚的活动依法实施法律监督，这是我国监狱法的明确规定，驻监狱的检察机关对监狱及监狱人民警察违法行为提出纠正。三是社会监督。监狱机关要自觉接受新闻媒介的舆论监督和群众的监督。四是内部监督。要加强监狱系统内部党内和行政的纪检、监察部门的监督以及对干警纪律的监督，要加强监狱系统上下级之间的相互监督。实行警务公开、狱务公开，建立执法责任制、错案追究制、减刑公开制，使减刑工作的执法检查监督实现制度化、规范化、公开化、经常化。

二、罪犯减刑后改造倒退的监狱管理对策

针对第三章监狱因素引发的罪犯减刑后改造倒退，应该采取以下对策。

（一）完善计分考核的机制

本书第三章详细分析了监狱机关对罪犯减刑评估标准的表面化即计分考核的消极作用是导致罪犯减刑后改造倒退的重要主体外原因。但是到目前为止，还没有更科学的量化标准能取代计分考核。"在不得不以数据评定作为重要参数的情况下，通过对罪犯考核数据的合理分解，改进现有计分方式，在程序上体现相对的公正合理，并将其作为受刑人悔罪的主要评判体系，又有一定的可行性，它至少能给受刑人一种可供参照的行为基准。"[1] 因此，应该完善计分考核的机制，使考核指标的分解、分值的设定、考核的方法、综合测评的手段等方面更加科学。使计分考核真正发挥其作用，也有利于监狱执法公信力的树立。

1. 完善罪犯考核赏罚公平的统一标准和法律依据

虽然各地监狱的奖罚都有规定，但是由于奖罚规定制定不统一，各个监狱的做法不一，而各个地方的法院对减刑等行政奖励也做不到统一规范，导致奖罚制度的执行性低，计分考核出现了只计分、无奖罚的状况，调动不了罪犯的改造积极性和主动性，无法保证罪犯的合法权益。为了体现法律面前人人平等和奖罚公平的原则，应该尽快制定全国统一、科学合理的罪犯计分考核制度和计分考核办法，这有利于全面调动罪犯的改造积极性，增加监狱中奖罚制度的执行性，量化具体考核内容。要完善《监狱法》的奖惩条例，提高法律赏罚分明的力度。现行的《监狱法》部分条例已经失去作用，应该结合多年来监狱工作积累的先进经验对《监狱法》进行修改，把完善后的考

---

① 李勤：《减刑假释制度的适用：积分制的缺陷及其完善》，载人大复印报刊资料《刑事法学》2017 年第 7 期。

核赏罚标准写入《监狱法》，使罪犯考核奖赏制度依法实施，避免对罪犯考核的表面化导致减刑后改造倒退。

2. 加强罪犯自评和互评机制

针对罪犯在监狱干警面前一套、背地里又是一套的伪装心理，可以在罪犯之间建立自我评价和相互评价的活动。其一，让罪犯自评。让罪犯自我评价，充分反省自己，反省自己的价值观和好逸恶劳等恶习是否得到改正，内心是否真正悔悟，改造的动机是否真诚，比如设计科学的问卷，定期地让罪犯对自己近期的表现打分，指出自己的优点和不足。其二，让罪犯互评。罪犯整天劳动、生活、学习在一起，他们之间了解得更多，因此相互之间是否真实改造、遵守法纪，罪犯之间是最清楚的。如果有的罪犯两面派，有伪装行为，即使骗得过监狱干警，也骗不过朝夕相处的其他罪犯的眼睛。比如，监狱干警可以定期跟罪犯谈话，了解狱内的状况以及其他罪犯的表现；也可以在与罪犯谈话后，让罪犯写下自己的想法，设立一个收集箱，收集罪犯不定期的相互评价的留言，不记名投放，这样，罪犯互相评价会更真实。当然也不是让他们漫无边际地乱说，对于诬陷他人的罪犯经过核对笔迹查实后要予以惩罚。要在一定规则和监狱干警的管理下，全体罪犯共同参与。总之，建立起监狱干警考核罪犯、罪犯自我评价、罪犯之间互相评价的一套综合考核体系，能极大地调动罪犯参与改造竞争的积极性和主动性，监狱干警也能更好地了解罪犯的真实改造状态。

（二）靠监狱严明的纪律和惩罚措施避免罪犯减刑后改造倒退

从表 7-10 选择 C 项比例看出，没减刑罪犯有 30.5%、减刑罪犯有 32.5%、监狱警察有 39.4% 认为监狱严明的纪律和惩罚措施能避免减刑后改造倒退行为。监狱警察的比例明显高于两类罪犯。

再看表 7-11，监狱警察与两类罪犯都有极其显著的差异，两类罪犯的平均分相同，监狱警察的平均分高于两类罪犯，这与监狱警察选择 C 项的比例最高是一致的，此题平均分越高说明选择 C 项的比例越高，即平均分越高说明认为监狱严明的纪律和惩罚措施能避免罪犯减刑后改造倒退行为的人所占比例越高。

表 7–10　罪犯和监狱警察对靠监狱严明的惩罚避免减刑后
改造倒退的认知比例差异（*N*=2317）

（单位：人数 / 人，百分比 /%）

问题	选项	没减刑罪犯		减刑罪犯		监狱警察	
		人数	百分比	人数	百分比	人数	百分比
91. 监狱严明的纪律和惩罚措施能否避免减刑后的改造倒退行为？	A. 不能	96	24.4	306	22.0	70	13.2
	B. 不确定	177	45.0	635	45.6	251	47.4
	C. 能	120	30.5	453	32.5	209	39.4
	合计	393	100	1394	100	530	100

表 7–11　罪犯和监狱警察对靠监狱严明的惩罚避免减刑后改造倒退的认知差异显著性

问题	角色分类	*N*	*M*	*SD*	角色分类		*P*
91. 监狱严明的纪律和惩罚措施能否避免减刑后的改造倒退行为？	没减刑罪犯	393	2.1	0.7	监狱警察	没减刑罪犯	0.000
	减刑罪犯	1394	2.1	0.7			
	监狱警察	530	2.3	0.7		减刑罪犯	0.000
	合计	2317	2.1	0.7			

根据表 7–10 选择 C 项的比例和表 7–11 的平均分可以得出如下结论：监狱警察认为监狱严明的纪律和惩罚措施能避免减刑后改造倒退行为的比例明显高于两类罪犯，说明监狱警察认为监狱严明的纪律和惩罚措施的作用很重要。笔者认为，对于减刑后改造倒退的罪犯给予适度的惩罚是必要的，因为惩罚对罪犯具有以下三个作用。

第一，惩罚具有威慑作用。不论是刑罚惩罚还是监规纪律的惩罚都对罪犯有威慑作用，使他们感到恐惧，适度的恐惧对人有警示作用。减刑后改造倒退的罪犯一旦受到可以使其恐惧的惩罚，就会因害怕再受到此类惩罚而不再犯同类的错误。

第二，惩罚具有报应和辨别作用。惩罚可以使罪犯明确自己受到的惩罚是自己做了错事该得的报应，这就是惩罚的报应作用。这可使罪犯会分辨对与错、是与非、罪与非罪的区别。减刑后改造倒退的罪犯受到适度惩罚后，就会接受这种报应，明白自己为何受到惩罚。例如，减刑后改造倒退被延长刑期使自己失去了早日获得自由的机会，这沉重的教训让此类罪犯减刑后再不敢改造倒退了。

第三，惩罚具有反省作用。惩罚会使罪犯在恐惧后产生报应和辨别效应的基础上反省自己罪或错的原因，从而深刻接受被惩罚的教训，并产生内疚或自我悔恨，以后绝不再犯同类的罪或错。减刑后改造倒退的罪犯一旦反省后产生内疚或自我悔恨，就会从根本上杜绝减刑后改造倒退行为。

由于惩罚的上述作用如此重要，所以对减刑后改造倒退的罪犯适度惩罚是很必要的，尤其是对减刑后一贯改造松懈、严重违反监规者必须给予适度惩罚。有效的惩罚要遵循以下原则：惩罚的公正性、惩罚的准确性、惩罚的及时性、惩罚的适度性、惩罚的教育性、惩罚与奖励的结合性、惩罚的个别差异性等原则。

（三）杜绝减刑的比例制或"轮流坐庄"制

本书第三章分析了按比例减刑制不仅缺乏法律和科学依据，拖延了应该得到减刑的罪犯减刑的机会，严重影响了这部分罪犯的改造积极性，甚至使他们对执法者产生怀疑、误解和怨恨等情绪。要实现减刑的功能，不仅要求减刑客观、公正，而且必须及时。教育心理学和刑罚心理学的研究都表明，及时的评价比延迟的效果更好，因为及时评价利用刚刚留下的鲜明记忆表象可激发被评价者进一步产生继续努力的愿望和动机，具有"趁热打铁"的功效。因此，一旦罪犯具备了法定的减刑条件时，就应及时予以减刑。只有减刑及时，才能在罪犯心目中把减刑同悔改、立功联系起来，才能促使罪犯产生持续不断地积极改造的愿望。相反，如果该减刑久拖不决，迟迟不减，则不利于调动罪犯改造的积极性，使法律规定和刑罚执行的严肃性受到不应有的损害，也不利于维护国家行刑司法的严肃性与权威性，不符合法律规范。因此，应当严格依法办事，监狱不应该按监区分配减刑的具体数量或比例，只要符合刑法规定减刑条件的罪犯都应该公平呈报减刑，严格依法及时减刑，提高诉讼效率，不得延迟减刑。当然，也不允许法院对监狱呈报的减刑拖延审批。

（四）以灵活多样的非刑事奖励调动再无减刑机会的罪犯改造积极性

本书第一章、第二章都以数据证明了释放前没有减刑机会的罪犯改造倒退者最多，因此对释放前没有减刑机会的罪犯要给予激励。

上海市监狱系统为防止释放前没有减刑机会的罪犯减刑后改造倒退，采取的对策是对剩余刑期一年的罪犯等到剩余刑期六个月时再给报最后一次减刑，等法院审批完，刚好罪犯减刑后就可以出狱了，不留"尾巴"，即罪犯最后一次减刑后马上离开监狱，没有时间改造倒退。可能其他省份也有此种做法。笔者到监狱与干警座谈时他们也有此类建议。这种办法虽然好，但是剩余刑期至少还有六个月，那么剩余刑期少于六个月的罪犯出狱前就再无减刑机会了，所以对这部分罪犯应该以非刑事奖励的方式激励他们的改造积极性，使他们在监狱最后的时段也过得很充实、很有意义，不至于因为再无减刑机会而改造倒退，使前面已经减刑的成绩被毁掉。更重要的是保证监管改造秩序的稳定。对释放前无减刑机会的罪犯激励对策如下。[①]

1. 物质奖励

从表 7-12 选择 A、B、C 三项的比例看出，出狱前无法享受刑事奖励的罪犯选择"发奖金"的最多，其次是发放生活用品，再次是改善伙食，这说明作为弥补刑事奖励的物质激励，不论是哪一种都可以取得较好的效果，当然这也符合人的一般心理特征。

表 7-12　物质奖励对出狱前无减刑机会的罪犯改造积极性的激励（N=319）

（单位：人数 / 人，百分比 /%）

问题	选项	人数	百分比
你的刑期接近末期，即将出狱，再没有减刑的机会，此阶段哪种物质激励方式最能调动你的改造积极性？	A. 发放生活用品	100	31.3
	B. 改善伙食	70	21.9
	C. 发奖金	149	46.7
	合计	319	100

---

①　于佑任：《出狱前无刑事奖励的罪犯心理及对策》。本文获中央司法警官学院 2015 届本科优秀毕业论文二等奖。指导教师：张雅凤。

对于出狱前无法享受刑事奖励的罪犯中表现较好的人应该给予物质奖励的问题，我的学生于佑任为了研究此问题咨询过监狱警察，大部分监狱警察认为，物质奖励可以在一定程度上缓解出狱前再无减刑机会的罪犯某些消极心理，防止减刑后改造倒退。物质奖励可以在一定程度上弥补刑事奖励的空白，成为激励罪犯完成最后一步改造的重要手段。在一些资金较为充裕的监狱已经开始尝试用这些手段弥补无法享受刑事奖励的不足，并取得了很好的效果。但是如果在全国监狱系统推广还存在资金上的困难和政策依据，目前还不能作为常规管理手段使用。但是笔者认为，此方法很有实际意义，值得推广，理由如下。

第一，奖金的激励。《监狱法》第 72 条明确规定："监狱对参加劳动的罪犯，应当按照有关规定给予报酬并执行国家有关劳动保护的规定。"[1]对于即将出狱无法享受刑事奖励、劳动表现好的罪犯，可以根据国家有关规定适当提高他们的奖金，这无疑是最直接最现实性的外部奖励。从表 7-12 中选择 C 项的罪犯占 46.7% 可以看出，将近半数的被调查罪犯希望发奖金。对于低层次的罪犯奖金的诱惑力无疑是巨大的，这可以让罪犯在出狱后形成一种通过自己的劳动获取合理报酬、心安理得地享受勤劳创造幸福的心理定式，也为他们出狱后自谋生路提供了经济基础。因此奖金激励为出狱前具有"无所谓"心态的罪犯积极改造提供了诱因，进而引发他们继续改造的动力。

第二，发放生活用品的激励。从表 7-12 中选择 A 项的罪犯占 31.3% 可以看出，有三分之一的被调查罪犯希望发放生活用品，此种激励对于释放前不能再减刑的家庭经济困难的罪犯具有很大的激励作用，这在一定程度上能直接帮助这些罪犯解决一些生活困难，因而能满足他们合理的生活需要，激发他们新的改造动机，体现了监狱管理的人本化。监狱本身对于生活用品管理比较严格，多数家庭困难的罪犯在监狱服刑中的生活用品较简单，有些时候家里甚至不能满足自己的需要。因此，监狱给表现好但又不能减刑的罪犯发放生活用品的奖励意义较大。同时，生活用品投入的资金较少，奖励方便，适用性强，是现实条件下最简便快捷的激励手段。

---

① 《中华人民共和国监狱法》，法律出版社 2012 年版，第 34 页。

第三，改善伙食的激励。《监狱法》第 50 条明确了罪犯生活费的计算方法，即：罪犯的生活标准按实物量计算，由国家规定。罪犯每月饮食标准为：①粮食 17~20 公斤；②蔬菜 10~20 公斤；③食油 0.25~0.5 公斤；④肉食 1~2 公斤；⑤蛋、鱼、豆制品 1~2 公斤。[①] 从监狱法的规定可以看出，监狱罪犯的伙食标准比较低，这对罪犯有一定的惩罚作用，让他们从艰苦的生活中感受到犯罪应该得到的报应和服刑的痛苦，以此警示他们不再犯罪，这是法律威慑力的体现。虽然在表 7-12 中罪犯选择"改善伙食"的比例最低，仅占 21.9%，但那是与"发放奖金""发放生活用品"相比较的情况下选择的，"改善伙食"自然没这两项重要了。而从表 7-13 中看出，罪犯选择 A 项的比例为 58.3%，说明美食的诱惑存在于任何地方。

表 7-13　出狱前无减刑机会的罪犯对于改善伙食的期望（N=319）

（单位：人数 / 人，百分比 /%）

问题	选项	人数	百分比
在监狱长期的定量用餐使你有何想法?	A. 出狱后要吃大餐	186	58.3
	B. 这样吃很健康	78	24.5
	C. 没什么看法	55	17.2
	合计	319	100

鉴于此，对出狱前表现好的无法享受刑事奖励的罪犯，监狱可以将改善伙食作为一种激励方法，即适当提高伙食标准。例如，北京市某监狱就对出狱前表现好的无法享受刑事奖励的罪犯用改善伙食的方法激励其改造积极性，半只烧鸡、一盘排骨、一条鱼、两个鸡蛋等其中的一种。这对于在监狱服刑的罪犯绝对是一种很大的诱因，会促使他们继续积极改造，避免减刑后改造倒退。尤其是对于那些在出狱前因为没有减刑机会而混刑度日的罪犯，此种激励作用尤为明显，他们会为了得到一顿美餐而积极劳动，而且这类罪犯绝对不是少数。因为按照马斯洛的需要层次论解释，享受美食是人的天性和基本需要，这种需要得到满足会对个体有一定的激励作用，尤其是在缺乏美食的情况下，改善伙食的激励作用会居首位。

① 《中华人民共和国监狱法》，法律出版社 2012 年版，第 45 页。

2. 精神奖励

针对出狱前无法享受刑事奖励的罪犯不知所措的心理引发的对改造目标茫然和困惑、焦虑不安的心理、如释重负的心理导致的减刑后改造倒退问题，应当给予精神奖励，填补这些罪犯空虚的精神空间，满足他们的精神需要，这不仅会使这些罪犯剩余服刑生活更充实，而且对其释放后长远的生活都有重要的积极作用。

第一，培养谋生技能的激励。即将出狱，很多罪犯的迷茫和困惑来自于对未来生活道路的设计，这个时候劳动技能成为他们最急需的谋生本领，一些改造好的罪犯希望将来能够通过自己的努力过上幸福的生活。表 7-14 第一个题选择 C 项的占 53.9%、第二个题选择 B 项的占 39.8%，都充分说明了在迷茫中学习劳动技能和谋生的方法是消除罪犯对未来恐惧的重要方式。表 7-14 第三个题罪犯选择 A 项的占 53.9%，说明很多罪犯对自己未来谋生的道路很困惑。所以，培养谋生技能的奖励不但有利于鼓励此类罪犯积极改造，更可以充实他们的精神生活，可谓一举两得。具体做法是，监狱可以设置一定的标准，当罪犯表现达到标准时，可以允许并教会罪犯一种平时改造中学不到的谋生技能。这样罪犯也会给自己设定一个目标并努力去实现，从而引导他们积极改造，并为出狱后的生活提供保障。谋生技能并不一定是工作的技能，也可以是良好的兴趣爱好的培养，这种激励不仅使罪犯精神生活更充实，还会使他们的需要层次得到提高。

表 7-14　出狱前无减刑机会的罪犯对获取谋生技能的渴望（N=319）

（单位：人数 / 人，百分比 /%）

问题	选项	人数	百分比
你不久将出狱，再没有减刑机会，此阶段哪种激励方式最能调动你的改造积极性？	A. 让我的才能得到展示	90	28.2
	B. 增加亲友会见次数	57	17.9
	C. 多学劳动技能	172	53.9
你现在对你出狱后的生活会有怎样的预期？	A. 可能因穷困无法生存	172	53.9
	B. 用适合自己谋生的方法很好地生活	127	39.8
	C. 可能重新犯罪	20	6.3

第二，承诺对罪犯的犯罪记录保密的激励。在我国法律中规定，只有未成年犯罪才有可能对其犯罪记录保密。从表7-15第一个题可以看出，罪犯选择 B 项和 C 项的总和占 74.9%，说明外界对罪犯的看法是罪犯出狱后自卑心理的重要因素之一。现实生活也表明，外界对罪犯歧视性的对待，是罪犯不能很好地融入社会甚至再犯罪的重要原因之一。同时，表7-15第二个题和第三个题选择 A 项的罪犯分别占 68.0% 和 69.6%，说明大多数罪犯对犯罪记录保密的渴望程度较高。因此，将犯罪记录保密作为激励手段，将会更有效地强化监狱对罪犯改造的成果。

表 7-15 出狱前无减刑机会的罪犯对犯罪记录保密重要性的认知（N=319）

（单位：人数 / 人，百分比 /%）

问题	选项	人数	百分比
你认为释放后重返社会，别人如果看不起自己你会怎样？	A. 我不在乎	80	25.1
	B. 会有些自卑	183	57.4
	C. 会很自卑	56	17.6
出狱后你的犯罪记录将会在很多方面给你带来麻烦，你怎么看？	A. 自己已经改正了，犯罪记录应该保密	217	68.0
	B. 自己犯的错，自己应承担后果	69	21.6
	C. 无所谓	33	10.3
有关部门如果能在一定程度上对你的犯罪记录保密，会对你更好地适应社会有多大影响？	A. 会对我一生有重要影响	222	69.6
	B. 会有些影响	53	16.6
	C. 不会有影响	44	13.8

针对这种情况，对出狱前一直积极改造，减刑后没有改造倒退，而且社会危害性较轻但出狱前无法享受刑事奖励的罪犯，监狱机关在与社会的执法机关沟通后，可以向此类罪犯承诺，释放后社会的执法机关对其犯罪记录加密，非执法机关无法得知其犯罪的前科。这为此类罪犯出狱后避免社会歧视、能安全平静地工作和生活提供了极大的方便。这种激励方法不仅可以给狱中的罪犯带来巨大的动力，更可以保障罪犯出狱后的平稳生活，也可以增强社会的安全稳定。犯罪记录保密的激励方法是笔者一种大胆的预见性提法，有待于实践验证是否有合法可行性。

第三，增加亲人接见机会的激励。表 7-16 选择 A 项的罪犯占 67.4%，说明亲情一直是罪犯最关心的，是罪犯改造的重要动力，亲情感化也是我国监狱长期坚持的重要改造手段，因此对出狱前无减刑机会的罪犯，监狱可以采取增加亲人接见机会的激励方式。由于多数罪犯对家庭的依恋，决定了家庭对罪犯改造起着重要的甚至决定性作用。[①] 增加亲人的接见机会，一是可以让即将出狱的罪犯从亲人口中更多地了解社会的现状，减少他们出狱前的焦虑与恐惧。二是亲情可以安抚罪犯的情绪，让他们保持持续稳定的积极改造情绪。出于愧对亲人的心理，出狱前无刑事奖励的罪犯心理上能将增加亲人会见的机会代替原有的减刑，成为自己完成改造最后一步的重要激励方式。为此，监狱可以和出狱前无法享受刑事奖励罪犯的亲人相互沟通，尽可能地使这些罪犯亲人按时来会见，以亲情的力量鼓励罪犯完成改造的最后一步，巩固其来之不易的改造成果。

表 7-16　出狱前无减刑机会的罪犯对减少亲人会见的反应（N=319）

（单位：人数／人，百分比／%）

问题	选项	人数	百分比
即将出狱再没有减刑机会了，你出现劳动消极、违规行为，下面哪种惩罚方式更能让你接受教训？	A. 减少亲人的会见次数	215	67.4
	B. 降低伙食标准	75	23.5
	C. 扣改造分	29	9.1
	合计	319	100

3. 奖惩结合的激励

第一，强化相倚的激励。所谓强化相倚的激励是指当罪犯有好的表现时给其呈现喜爱的刺激、撤除其厌恶的刺激。当罪犯表现不好的时候，对其加强厌恶的刺激、撤除其喜爱的刺激。加强喜爱的刺激是阳性强化，撤除厌恶的刺激是阴性强化；加强厌恶的刺激是阳性惩罚，撤除喜爱的刺激是阴性惩罚。把阳性强化和阴性强化并用、阳性惩罚和阴性惩罚并用就是强化相倚。例如，对出狱前无法享受刑事奖励的罪犯用增加其亲人会见的次数或延长会见时间，并把他从不喜欢的劳动岗位上撤下来，这就是把阳性强化和阴性强

---

① 张雅凤主编：《罪犯改造心理学新编》，群众出版社 2007 年版，第 99 页。

化并用。强化相倚的激励可以使出狱前无减刑机会的罪犯将积极改造的表现得到巩固、使消极改造的表现受到惩罚，奖惩结合有助于他们出狱前改造积极性的持续，不会使减刑的成绩前功尽弃。

第二，惩罚性激励。表 7-17 选择 B 项的罪犯占 68.0%，而选择 C 项的只占 10.0%，说明罪犯对直接性的惩罚认识更深刻，也就说明禁闭的惩罚对罪犯的教育更有效，所以说恰当的惩罚是一种必要的鞭策性激励方式。针对出狱前无法享受刑事奖励罪犯的混刑度日心理，监狱应该采取惩罚性的激励。注意惩罚要适当，既要让受惩罚的罪犯本人感觉到惩罚，让其他罪犯引以为戒，又要保证不能因为惩罚过度而使受惩罚罪犯产生逆反心理。[①] 惩罚激励可以使罪犯在服刑的最后阶段保持头脑清醒，是对出狱前无刑事奖励罪犯的必要激励手段。

表 7-17　出狱前无减刑机会的罪犯对惩罚的反应

（单位：人数 / 人，百分比 /%）

问题	选项	人数	百分比
在监狱里，你最害怕的管教方式是什么？	A. 劳动	70	21.9
	B. 禁闭	217	68.0
	C. 思想教育	32	10.0
	合计	319	100

总之，出狱前无法享受刑事奖励的阶段是罪犯服刑改造的最后一步，也是巩固他们已经获得的减刑成绩的关键一步，甚至决定了他们出狱后的人生。因此必须加大对此类罪犯的关注与重视，采取一些特殊的改造方法巩固其改造成果，避免他们最后的改造倒退和出狱后重新犯罪。

（五）提高对减刑罪犯内心改造质量的评估水平

本书第三章详细分析了导致罪犯减刑后改造倒退的主体外重要原因之一是对罪犯改造质量评估的表面化，重视罪犯外在行为的评估，轻视罪犯内心改造质量的评估。因此，要想从根本上提高罪犯改造质量的评估水平，必须完善对减刑罪犯内心改造质量的评估机制。

---

① 张雅凤主编：《罪犯改造心理学新编》，群众出版社 2007 年版，第 112 页。

从表 7-18 第 69 题选择 C 项的比例看出，没减刑罪犯有 28.8%、减刑罪犯有 25.6%、监狱警察有 17.0% 认为从心理上准确评估罪犯的改造质量能避免减刑后的改造倒退行为。虽然被调查的三类人此项比例都不高，监狱警察的比例最低，但也能说明有少数罪犯和监狱警察认同从心理上准确评估罪犯的改造质量能避免减刑后的改造倒退行为这一对策。

再看表 7-19 第 69 题，虽然没减刑罪犯与监狱警察有显著差异，但是三类人的平均分差别不大，减刑罪犯与监狱警察的平均分相同，说明他们的看法基本相同。

表 7-18　罪犯和监狱警察对加强罪犯心理改造质量的评估避免减刑后
改造倒退的认知比例差异（N=2317）

（单位：人数 / 人，百分比 /%）

问题	选项	没减刑罪犯（N=393）		减刑罪犯（N=1394）		监狱警察（N=530）	
		人数	百分比	人数	百分比	人数	百分比
69. 从心理上准确评估服刑人员的改造质量能否避免减刑后的改造倒退行为？	A. 不能	86	21.9	337	24.2	107	20.2
	B. 不确定	194	49.4	700	50.2	333	62.8
	C. 能	113	28.8	357	25.6	90	17.0
70. 准确评估服刑人员的认知水平能否避免减刑后的改造倒退行为？	A. 不能	77	19.6	306	22.0	92	17.4
	B. 不确定	204	51.9	718	51.5	314	59.2
	C. 能	112	28.5	370	26.5	124	23.4
71. 准确评估服刑人员的需要和改造动机能否避免减刑后的改造倒退行为？	A. 不能	73	18.6	296	21.2	95	17.9
	B. 不确定	184	46.8	635	45.6	295	55.7
	C. 能	136	34.6	463	33.2	140	26.4
72. 准确评估服刑人员的自我调控能力能否避免减刑后的改造倒退行为？	A. 不能	55	14.0	286	20.5	93	17.5
	B. 不确定	175	44.5	646	46.3	295	55.7
	C. 能	163	41.5	462	33.1	142	26.8
73. 准确评估服刑人员的品德能否避免减刑后的改造倒退行为？	A. 不能	63	16.0	283	20.3	100	18.9
	B. 不确定	166	42.2	589	42.3	303	57.2
	C. 能	164	41.7	522	37.4	127	24.0

表 7-19　罪犯和监狱警察对加强罪犯心理改造质量评估避免减刑后
改造倒退的认知差异显著性

问题	角色分类	N	M	SD	角色分类		P
------	---------	---	---	----	---------		---
69. 从心理上准确评估服刑人员的改造质量能否避免减刑后的改造倒退行为？	没减刑罪犯	393	2.1	0.7	没减刑罪犯	监狱警察	0.027
	减刑罪犯	1394	2.0	0.7			
	监狱警察	530	2.0	0.6			
72. 准确评估服刑人员的自我调控能力能否避免减刑后的改造倒退行为？	没减刑罪犯	393	2.3	0.7	没减刑罪犯	减刑罪犯	0.000
	减刑罪犯	1394	2.1	0.7			
	监狱警察	530	2.1	0.7		监狱警察	0.000
73. 准确评估服刑人员的品德能否避免减刑后的改造倒退行为？	没减刑罪犯	393	2.3	0.7	没减刑罪犯	减刑罪犯	0.037
	减刑罪犯	1394	2.2	0.7	监狱警察	没减刑罪犯	0.000
	监狱警察	530	2.1	0.7		减刑罪犯	0.001

根据表 7-18 和表 7-19 第 69 题的数据可以得出如下结论：多数罪犯和监狱警察对心理评估还不太了解，只有少数人认同从心理上准确评估罪犯的改造质量能避免减刑后的改造倒退行为。不过，这没关系，只要我们今后从心理评估上取得了有效的实证依据，就能用事实证明从心理上评估罪犯改造质量的重要作用。

从心理上评估罪犯改造质量就是把罪犯心理测试运用到罪犯内心改造质量的评估上，主要包括对罪犯认知水平的评估、对罪犯需要和改造动机的评估、对罪犯自我调控能力的评估、对罪犯品德的评估、对罪犯心理与行为的全面评估。

1. 对减刑罪犯内心改造质量评估的重要性

（1）准确评估罪犯的认知水平避免减刑后改造倒退的重要性

罪犯和监狱警察在准确评估罪犯的认知水平能否避免减刑后改造倒退的

认知上平均分无显著差异，但百分比有差异。从表 7–18 第 70 题选择 C 项的比例看出，没减刑罪犯有 28.5%、减刑罪犯有 26.5%、监狱警察有 23.4% 认为准确评估罪犯的认知水平能避免减刑后的改造倒退行为，三类人的比例不高，说明多数罪犯和监狱警察还不了解准确评估罪犯的认知水平的重要作用。尤其是监狱警察选择 C 项的比例最低，说明多数监狱警察不了解准确评估罪犯的认知水平能避免减刑后改造倒退。但也能说明有少数罪犯和监狱警察认同从心理上准确评估罪犯的认知水平能避免减刑后的改造倒退行为这一对策。

准确评估罪犯的认知水平相当重要，因为人的心理活动主要由认知、情感、意志、行为组成，认知是个体心理活动的基础和开端，认知决定着情感、意志、行为的方向和性质，有了合理的认知才能产生合适的情感、坚强的意志、恰当的行为；否则，认知不合理，就会产生扭曲的情感、正确意志薄弱或错误意志顽固、行为不适应社会。很多罪犯就是在错误或偏激的认知支配下而导致犯罪的；减刑后改造倒退的罪犯就是因为对减刑的重要意义和法律的严肃性、权威性认知不足，因而减刑后改造松懈、违反监规甚至重新犯罪的。所以，准确评估罪犯的认知水平不仅可以预防他们再犯罪，也能够减少减刑后改造倒退。

（2）准确评估罪犯的需要和改造动机避免减刑后改造倒退的重要性

罪犯和监狱警察在准确评估罪犯的需要和改造动机能否避免减刑后改造倒退的认知上平均分无显著差异，但百分比有差异。从表 7–18 第 71 题选择 C 项的比例看出，没减刑罪犯有 34.6%、减刑罪犯有 33.2%、监狱警察有 26.4% 认为准确评估罪犯的需要和改造动机能避免罪犯减刑后改造倒退。说明多数罪犯和监狱警察对准确评估罪犯的需要和改造动机的重要性认识不足，但也能说明少数罪犯和监狱警察认同从心理上准确评估罪犯的需要和改造动机能避免减刑后的改造倒退行为这一对策。

准确评估罪犯的需要和改造动机对于预防罪犯减刑后改造倒退相当重要，因为需要是个体心理活动的原动力，动机来源于需要，直接支配个体的行为。如果监狱警察事先了解罪犯在功利性动机支配下虚假地积极改造，而缺乏从内心悔罪的真诚改造动机，就不会考虑给这样的罪犯呈报减刑，也就不会使这些罪犯减刑后出现改造倒退行为，给其他罪犯和改造秩序带来消极影响。所以，在给罪犯呈报减刑前准确了解他们真实的需要和改造动机，是避免罪犯减刑后改造倒退的最重要环节。

（3）准确评估罪犯的自我调控能力，避免减刑后改造倒退的重要性

从表 7-18 第 72 题选择 C 项的比例看出，没减刑罪犯有 41.5%、减刑罪犯有 33.1%、监狱警察有 26.8% 认为，准确评估罪犯的自我调控能力能避免罪犯减刑后改造倒退。

再看表 7-19 第 72 题，没减刑罪犯与减刑罪犯、与监狱警察都有极其显著的差异，没减刑罪犯的平均分最高，减刑罪犯和监狱警察的平均分相同。此题平均分越高，说明选择 C 项的比例越高，认为准确评估罪犯的自我调控能力能避免罪犯减刑后改造倒退的人比例越高。

第 72 题选择 C 项的比例和平均分都说明，多数减刑罪犯和监狱警察对于准确评估罪犯自我调控能力的重要性认识不足，但也能说明有部分罪犯和监狱警察认同从心理上准确评估罪犯的自我调控能力可以避免减刑后的改造倒退行为这一对策。

准确评估罪犯自我调控能力对于防止罪犯减刑后改造倒退相当重要，本书第二章、第五章、第六章的数据都证明了自我调控能力差是多数罪犯减刑后改造倒退的重要原因。因为自我调控能力就像支柱一样支撑着个体的心理大厦，一旦这根支柱弯曲或折断，个体的心理大厦就会彻底崩塌，不仅出现减刑后改造倒退，还有重新犯罪的危险，多数罪犯犯罪或重新犯罪就是正向自我调控能力弱或反向自我调控能力强所导致，因为自我调控能力有正向和反向之分。

第一，正向自我调控是指个体按照社会化的目标以正确和理智的方式调节自己的心理和行为、克制不合理欲望，使自己适应健康社会。正向自我调控能力强的人能更系统、更经常地使用自我调控的策略或技巧，使自己较好地适应社会。相反，正向自我调控能力差的人社会适应不良。许多罪犯就是因为正向自我调控能力弱，无法克制自己恶性膨胀的不合理需要，更无法以合理手段满足需要，只好以非法手段满足，最终导致触犯刑律这种最严重的社会适应不良。

第二，反向自我调控是指个体有明确的利己或反社会的目标，有意识地

以各种卑鄙或非法手段满足私欲，并能够成功。一类是对腐败的社会风气很适应并"混得很好"但尚未触犯刑律的人。另一类就是预谋性故意犯罪的成功者，最突出的就是智能型犯罪者，他们的犯罪手段具有隐蔽性、巧妙性、高科技性；其次是贪污腐败的职务型犯罪者，他们的犯罪手段具有隐蔽性、狡猾性、特权性。这两类犯罪者如果没有较强的反向自我调控能力是不可能成功的。反向自我调控能力使上述两类人对腐败的社会适应良好，实际是对健康社会的适应不良。所以罪犯减刑前准确评估他们的自我调控能力的性质以及其强弱程度非常重要，如果罪犯反向自我调控能力很强，劳动表现再好也不能减刑，相反，还要重点矫治。

（4）准确评估罪犯的品德避免减刑后改造倒退的重要性

从表7-18第73题选择C项的比例看出，没减刑罪犯有41.7%、减刑罪犯有37.4%、监狱警察有24.0%认为准确评估罪犯的品德能避免罪犯减刑后改造倒退。

再看表7-19第73题，没减刑罪犯与减刑罪犯有显著差异，监狱警察与两类罪犯都有极其显著的差异，平均分从高到低的排序是没减刑罪犯、减刑罪犯、监狱警察。此题平均分越高说明选择C项的比例越高，认为准确评估罪犯的品德能避免减刑后改造倒退的人比例越高。

第73题选择C项的比例和平均分说明，多数罪犯和监狱警察对准确评估罪犯品德的重要性还认识不够，但也能说明有部分罪犯和监狱警察认同从心理上准确评估罪犯的品德能避免减刑后的改造倒退行为这一对策。

品德不仅对了解罪犯的犯罪根源重要，对评价其为人都是相当重要的，因为品德反映一个人的本质。笔者在本人的国家社科基金后期资助项目的专著中详细论述过，罪犯的品德与其危害社会心理恶性程度的相关程度最密切，即品德低劣的罪犯危害社会心理最严重。因为自私、贪婪、冷酷、狡诈等低劣品德而导致贪污、盗窃、诈骗等犯罪的罪犯，要比因为自我调控能力差、情绪冲动而导致杀人犯罪的罪犯其危害社会心理严重得多。前者的贪污、盗窃、诈骗等非暴力性犯罪虽不是杀人罪，但是这些罪犯在做人的恶劣本质上不知比后者犯杀人罪的罪犯要坏多少倍。关于品德的重要，很多学科都有论述，笔者此处不再赘述，只想强调准确评估罪犯品德的重要性。对于一贯以虚伪的品德伪装积极去骗取减刑的罪犯，如果监狱警察知道了他的虚伪品德后，就不会给他呈报减刑，这不仅避免了他本人减刑后的改造倒退，更避免了他的虚伪品德给罪犯群体带来的恶劣影响。所以，准确评估罪犯的品德对于避免罪犯减刑后改造倒退十分重要。

（5）对罪犯的心理和行为全面准确评估避免减刑后改造倒退的重要性

罪犯和监狱警察在表 7-20 第 95 题的认知平均分无显著差异，但是百分比都比较高，值得分析。从此题选择 C 项的比例看出，没减刑罪犯有 67.4%、减刑罪犯有 62.8%、监狱警察有 61.5% 认为，对罪犯的行为和心理都准确评估能避免减刑后的改造倒退行为。这足以说明在前面对准确评估罪犯的认知、需要和动机、自我调控能力、品德能避免减刑后改造倒退四个问题上罪犯和监狱警察的比例都比较低的原因了，因为在大多数罪犯和监狱警察看来，每一个单项的评估都不足以对罪犯全面地评估，只有对罪犯的行为和心理都评估才是最全面的。

表 7-20　罪犯和监狱警察对罪犯心理与行为的全面评估避免
改造倒退的认知比例差异（N=2317）

（单位：人数 / 人，百分比 /%）

问题	选项	没减刑罪犯		减刑罪犯		监狱警察	
		人数	百分比	人数	百分比	人数	百分比
95. 怎样对服刑人员的改造质量进行准确的评估才能避免减刑后的改造倒退行为？	A. 行为的评估	57	14.5	173	12.4	54	10.2
	B. 心理的评估	64	16.3	334	24.0	147	27.7
	C. 行为和心理都评估	265	67.4	876	62.8	326	61.5
	D. 不确定	7	1.8	11	0.8	3	0.6
	合计	393	100	1394	100	530	100

大多数罪犯和监狱警察的这种反应是正常的，因为生活经验越丰富的人越会认为行为和心理是不完全相同的。从心理学的角度讲，人的心理和行为多数情况下是一致的，心理支配人的行为，行为反映人的心理。但是特殊情况下人的心理和行为是不一致的，比如环境、人际关系、利益、危险情境等都可能让人做出违背内心意愿的行为。罪犯减刑后的改造倒退行为反映了他

们的心理与行为的不一致，主要表现在两类罪犯身上，第一类是指那些心理上并不想减刑后改造倒退，但是由于家庭变故或监狱劳动强度过重等原因使他们减刑后不得已而出现改造倒退行为。第二类是指那些在功利性改造动机支配下积极改造的罪犯或者本身就有虚伪品德的罪犯，其心理上很少甚至没有真诚悔罪的动机，但行为上却表现出积极改造的行为，自始至终他们都是以虚假的积极改造行为骗取减刑。减刑后改造倒退的罪犯心理与行为的不一致告诉我们，只有对减刑罪犯的心理和行为都评估，才能全面准确地评估其改造质量，避免减刑后改造倒退，单独评估心理或单独评估行为都不能全面地反映他们的改造质量。所以，罪犯和监狱警察都有 60% 以上认为对罪犯的行为和心理都准确评估才能避免罪犯减刑后改造倒退，这是很重要的。

2. 准确评估罪犯内心改造质量的方法

上一段刚刚分析了对罪犯的行为和心理都准确评估才能避免罪犯减刑后改造倒退的重要性，但是监狱机关对罪犯的改造质量的评价基本上是依靠计分考核，而计分考核基本是考核罪犯的行为，很少对罪犯内在心理进行考核。本书第三章已经分析了计分考核对罪犯的消极作用，并且强调了计分考核是导致罪犯减刑后改造倒退的重要原因。即使罪犯和监狱警察都有 60% 以上认为对罪犯的行为和心理都准确评估才能避免罪犯减刑后改造倒退，这一愿望是好的，但实际工作中并没有做到。笔者还是要强调准确评估罪犯的认知、需要和动机、自我调控能力、品德等心理因素，最后再结合对罪犯改造行为的评估，得出全面、准确、客观的评估结果，目的就是从深层次了解罪犯减刑后改造倒退的真实原因。

如何对罪犯的认知、需要和动机、自我调控能力、品德、心理与行为进行全面评估呢？笔者认为，最重要的就是运用心理评估方法，建立罪犯心理测评系统数据库，再结合罪犯的劳动改造和思想改造的计分考核分数，对每个罪犯做出客观、全面的综合评价。建立罪犯心理测评系统数据库也可以为从深层次了解和改造罪犯提供很好的实证依据。常用的罪犯心理改造质量评估的方法主要有观察法、谈话法、心理测验法、模拟评估法、活动产品分析法等。

（1）观察法

观察法是在自然条件下有目的、有计划地对自然发生的现象或行为进行观察、记录和分析的一种研究方法。所谓"自然条件"，即对所观察的现象或行为不加以人为的控制，使它们以本来面目客观地呈现出来。[①]观察法是对罪犯心理改造质量进行评估的基本方法。监狱人民警察通过有目的、有计划地观察罪犯在政治学习、劳动改造、文化技术学习、人际关系等方面的现实表现，掌握罪犯认罪伏法、政治态度、劳动态度、对待集体和他人的态度、减刑前与减刑后等方面的表现以及犯罪心理的转变状况，从而对罪犯心理改造质量做出评定。观察法最关键的是观察罪犯改造表现的一致性和一贯性，一致性是指罪犯各方面的横向表现；一贯性是指罪犯过去、现在、未来的表现。只有一致和一贯地改造表现好才算真正的好。

监狱里最常用观察法之处有三种：一是监狱管教干警在罪犯劳动、学习、文体活动、人际交往的现场直接观察罪犯的表情和行为举止。二是监狱管教干警利用与罪犯个别谈话时细致观察罪犯的表情。三是利用监狱的监控视频观察。很多监狱的监控视频技术都达到了一定的水平，这是可以全面、细致观察罪犯的最好工具。但是过去监控视频的重点一直放在监管安全上，今后要充分发挥监控视频在罪犯内心改造质量评估中的作用。尤其是罪犯在业余时间的自由活动中是比较放松的时候，他们无意识流露出的想法和行为举止应该是最真实的，因为弗洛伊德认为，个体在意识状态下无法满足的需要压抑到了无意识中，所以无意识流露出的表情、言语、情绪是最真实的。此时要把重点观察的罪犯宿舍及活动场所的监控视频严格控制好并保存录像，以备管教干警仔细研究此类罪犯心理时用。这些年的微表情研究为观察法提供了很好的依据。

观察法的优点：一是比较真实、客观、及时。二是观察法可以细致地观察罪犯的表情，包括面部表情、言语表情（语气和声调）、身段表情（动作举止），其中面部表情尤其重要。面部表情在反应人的内心真实情感上有特殊功效，心理学研究证明，情感表达 =7% 的言语 +38% 的声音 +55% 的面部表情，可见，面部表情的重要性。而观察法观察的重点就是人的表情，尤其是面部表情。

---

① 张厚粲：《实用心理评估》，中国轻工业出版社 2005 年版，第 34-35 页。

观察法的缺点：一是观察有时会受到时间的限制，观察者需要观察的内容被观察者不出现，就达不到观察的目的。二是观察者只能观察罪犯的外表现象，不能直接观察到其内心活动。三是观察者的生理和心理因素也会影响观察结果。四是观察法不适合对罪犯大面积评估，更适合对罪犯个体评估。

使用观察法时要注意：一是观察要客观、全面、系统。二是观察要有目的、有计划。三是观察者要掌握一定的技术。四是观察要有统一的标准，切忌受观察者主观因素的影响。五是观察者在观察前要先与罪犯简单沟通，以便消除罪犯的陌生感、紧张感、对立感，使罪犯的表现处于自然和真实的状态，但不要让罪犯知道你在观察他。六是对减刑后的罪犯要重点观察，观察他们减刑后是否改造松懈或者故意违反监规，并及时做好记录，必要时可以调取监控录像。

（2）谈话法

谈话法就是监狱管教干警通过与罪犯面对面地交谈，了解罪犯的想法、情绪、服刑中的困难、改造动机等信息，以此了解罪犯改造的实际情况、搜集有关资料的方法。

谈话法的优点：一是监狱管教干警和罪犯双方直接接触、相互影响、相互作用，互动性、灵活性、反馈的及时性都很强。二是谈话采用口头语言的形式，对那些不适合用书面语言沟通的罪犯来说更为恰当和易于接受，更容易深入人的内心世界，了解真实情况。三是谈话时管教干警可以细致观察罪犯的表情，除了观察罪犯的面部表情和身段表情外，尤其重要的是观察罪犯的言语表情（语气和声调），由此推断其心理活动和真实想法，这是谈话法的优势。例如，一个减刑后继续积极改造的动机不强甚至有放松改造心理的罪犯，对自己下次减刑的时间或减刑幅度在语气和声调上就不会太强调，即不会以较重的语气和声调询问下次减刑的时间或减刑幅度，而会以淡淡的语气对此问题一带而过，甚至可能不提此问题。

谈话法的缺点：一是费时、费力、不经济。二是谈话结果的准确性、可靠性常受谈话的管教干警素质的影响，对管教干警的素质要求较高。三是谈话内容难以完整记录下来，除非录音，但是一旦录音被罪犯发现，就不会真实地流露自己的想法和情绪了。

使用谈话法时应注意：一是谈话前管教干警要做好充分准备，提问要有针对性，对自己要了解的问题一定要引导罪犯回答，不达到自己谈话的目的不要轻易结束此次谈话。二是管教干警对罪犯提问的问题要难易适中，要讲究提问的技巧和表达方式，要更多地以商量的口气提问，绝不能以强制的口气提问，使谈话双方在自然和谐的气氛中逐渐达到推心置腹的程度，这是获得罪犯真实心理的最佳状态。三是管教干警要正确对待罪犯的回答，对其错误的思想和牢骚要包容，不得批评、挖苦、嘲笑。四是管教干警要正确对待罪犯的提问，既要鼓励罪犯敢于提问，又要引导和控制罪犯所提出的问题，而且要以温和、耐心的态度予以详细解答。

（3）心理测验法

心理测验是指使用某种客观的和标准的测验工具（例如量表）对个体心理进行测试，通过分析受试者对测验题目的反应，推测受试者心理品质的一种方法，也称为心理测量。这种方法常被用来测量评估人们的某种行为，作为判断个体心理差异的工具。

第一，用通用量表或专用量表评估罪犯的人格特征。人格特征直接影响个体适应社会的水平，很多罪犯的犯罪和减刑后改造倒退的重要原因就是人格有缺陷。所以，对减刑前的罪犯进行人格评估是预防减刑后改造倒退的重要内容。此前，我国监狱常用的心理测验量表有艾森克个性问卷（EPQ）、卡特尔16种个性因素调查表（16PF）、明尼苏达多相人格调查表（MMPI）、中国罪犯心理评估系统个性分测验（COPA-PI）。前三个是国际通用量表，第四个是我国罪犯专用量表。我国很多监狱都有这四个量表，而且有不少用这些量表测试罪犯做出的科研成果很有参考价值，这些科研成果在一定程度上证明了这些心理量表的信度和效度。过去全国很多监狱都把上述量表用于测试罪犯服刑初期、中期、后期的心理诊断，很少用于对减刑罪犯内心改造质量的评估。笔者建议，今后要普遍用卡特尔16种个性因素调查表（16PF）、中国罪犯心理评估系统个性分测验（COPA-PI）量表对减刑前的罪犯各测试两遍，也可以根据不同罪犯的具体情况选择其他信度、效度高的量表测试减刑前的罪犯，把测试两次得出的一致结果作为是否可以呈报减刑的重要依据之一。这两个量表很多维度大致相同又相互补充，能全面测试罪犯的人格特征，尤其是COPA-PI量表测试的罪犯的同情、暴力倾向、变态心理、犯罪思维这四种人格因素与罪犯的危害社会心理密切相关。如果某罪犯入监初期测试结果是缺乏同情心、暴力倾向、变态心理、犯罪思维严重，减刑前测试此罪犯这四项仍然与入监初期测试的数据差距很小甚至完全相同，说明此罪犯危害社会心理还很严重，这种罪犯劳动表现和其他服刑表现再好也不能减刑。此外，如果某罪犯减刑前测试波动性、冲动性、恃强性、敢为性很强，聪慧性、稳定性、有恒性、独立性、自律性、心理健康水平都很差，而紧张性、忧虑性、焦虑性都很严重，此罪犯的减刑应该缓报，虽然罪犯靠劳动表现和遵守监规在计分考核中获得了高分，但由于其心理素质太差，减刑后必定会出现改造倒退。应该重点提高此罪犯的心理素质后再呈报减刑。

第二，用自编问卷评估罪犯内心改造质量。要想全面考核罪犯内在深层心理的改造质量，仅仅依靠通用量表是远远满足不了实际需要的，一定要自编罪犯心理测试问卷，自编问卷大致要经过以下几个步骤：一是请专门编制心理问卷的专家指导编制问卷的技巧和要求。二是广泛征求有丰富改造罪犯经验的一线监狱管教干警提出罪犯心理测试的问题。这一步相当关键，问卷中的问题是否符合罪犯的实际、是否具有代表性是问卷的核心和根本。三是请研究罪犯心理学的专家对问卷的内容把关，如果编制问卷的技巧都做到了，但是问卷的内容不符合罪犯的实际并缺乏代表性，此问卷可能有信度，但是没有效度。信度是指测验的可靠性程度，它表现为测验结果的一贯性、一致性、再现性、稳定性。通俗地说，信度就是指同一组被试用同一测验实施两次后所取得的分数的一致性。效度是指测验的有效性，即一个测验实际测量了所需要测量的目的的程度。例如，你要测试罪犯的改造动机，而你出的问题却是测试罪犯自制力的，没有达到你要测试的目的。信度和效度高的问卷测试统计之后的数据一定能发应出规律性的特征，这是笔者多次自编问卷取得良好科研成果的切身体会。四是反复到监狱罪犯中小范围试测，发现问卷不符合罪犯的实际或缺乏代表性应及时修改，直到信度和效度都较高为止。五是把经过试测成功的罪犯心理改造质量自编问卷在全国监狱系统推广。

笔者的国家社会科学基金后期资助项目的专著《罪犯的罪行与危害社会心理恶性程度的相关性探索》就是把 16PF、COPA-PI 通用量表与自编问卷结合使用，取得了比较符合监狱工作实际的数据，使课题研究结果很有价值。

心理测验法的优点：一是心理测验是一种量化程度很高的测量技术，心理测验的编制十分严谨，并且经过标准化鉴定，因此测验的结果比观察法、谈话法更准确可靠。二是心理测验可以大面积测试很多罪犯，能在较短的时间内搜集到大量的定量化资料，效率较高。

心理测验法的缺点：一是如果测验的信度、效度不足，测验结果就可能有误差，尤其是测验量表的选择或自编问卷的质量相当重要。三是被试在测验中可能会有主观掩饰的倾向，会影响测验结果的准确性。三是心理测验对测验环境的要求较高，不是任何场合下的测验都有效。四是测验过程中的一些无关因素（如外来的声音，房间的设施，施测者的语气、态度等）的干扰很难完全排除，也可能影响测验结果的准确性。

使用心理测验法应注意：一是要慎重选择测验量表和自编问卷。二是施测者必须经过专门训练，全面熟悉测验的内容和方法，严格按照测验程序实施测验。三是要与被测者建立协调融洽的人际关系。四是严格控制无关因素的干扰。五是正确解释测验结果。测验结果的解释要与所测试对象的角色密切联系，不同角色的人同一种人格因素得出同样的分数，由于其心理内容不同，对其测验结果的解释应该有本质的区别。例如，测试结果同样是敢为性高，人民警察的敢为性高是勇敢、顽强地与犯罪分子做斗争；而罪犯的敢为性高则是胆大妄为地危害他人和社会。六是遵守测验道德，防止晕轮效应，注意测验结果的保密。

（4）模拟评估法

模拟评估法也叫情境检验法，这是安排一种使得目标行为易于发生的测量情境，将被评估的罪犯置于这种情境中，观察记录其行为表现及特点的方法。这尤其适用于观察那些在自然环境中难以观察到的低频率行为或几乎从不发生的行为。模拟评估法常用的有：一是情境模拟，即在布置好的情境中根据个体的反应评估其心理。例如，在监狱的罪犯心理宣泄室看罪犯宣泄时的真实表现。二是刺激性模拟，即提供人为的刺激，诱发要评估的罪犯在这种特定刺激下的反应。例如，让一个检查罪犯劳动产品质量的犯人质检员在检查一个情绪容易冲动的罪犯产品质量时，故意用挑剔的语言刺激这个被检查产品的罪犯，看这个罪犯的情绪是否又冲动了，如果冲动了，说明他的冲动性格还没有改造好，行为表现再好也要放慢减刑，因为这种冲动的性格极易导致减刑后改造倒退。

用模拟评估法或情境检验法可以全面考核即将减刑的罪犯的心理改造质量，包括对罪犯的认知、需要和动机、自我调控能力、品德以及综合心理素质的评估。对财欲型罪犯可以设置利欲诱惑，以考查其抗御金钱、物质诱惑的意志力；对情绪型罪犯可以设置人际冲突的刺激情境，以考查其对情绪的自我调控能力。例如，对很快要呈报减刑的盗窃犯，可以让他当仓库保管员，仓库内放有罪犯过节的好吃的食物，在仓库隐蔽处装有监控探头。看这个盗窃犯是否偷东西吃，以此检验其自我调控能力是否形成了。再如，设置一些模拟得分的形式去考验罪犯的改造动机是否真诚，尤其是对那些分数高、接近减刑的罪犯可用此方法检验他们是否有真诚的改造动机。通过罪犯对情境的反应可以直接判断其内在心理，为了解罪犯内心的改造质量提供依据，并及时采取对策，防止罪犯减刑后出现改造倒退行为。

使用模拟评估法应注意：一是设置的情境要遵守道德、合法、尊重罪犯的自尊心。二是设置的情境要适度，不可因为刺激过度引起罪犯情绪的严重波动而影响正常服刑。

（5）活动产品分析法

活动产品分析法就是通过罪犯的活动产品分析其内在心理的方法。例如抽查罪犯的日记、书信、书法绘画作品、沙盘测验作品、劳动产品、亲情电话录音等。还可以让罪犯经常写入狱后接受教育改造的心得体会，使之养成习惯，并且监狱管教干警要经常抽查指导，罪犯在心得体会中写的是否是心里话，有经验的管教干警应该一看便知。罪犯的活动产品可以反映出他们的内在心理活动，例如，一个减刑后缺乏继续积极改造动机的罪犯，其劳动产品可能会出现质量差的问题；一个减刑后因家庭变故而情绪烦躁的罪犯，在参加绘画比赛时临场发挥的作品一定反映了其烦躁的情绪。正如心理学的沙盘测验一样，被试在沙盘上摆出的作品，应该是其当时最强烈的心理状态最真实的反映。例如，某监狱心理矫治人员让两名平时劳动表现很好的罪犯做沙盘测试，结果这两名罪犯先是把一个办公楼模型用沙子埋成个坟墓，然后在坟墓上放个厕所模型。很显然，这两个罪犯埋的办公楼模型相当于监狱警察的办公楼，说明他们恨监狱警察，希望监狱警察死；坟墓上的厕所模型说明他们认为监狱及监狱警察很脏。看来，表面表现好的罪犯内心改造质量不一定好，但从表面是很难发现的。所以，必要时监狱心理矫治人员可以对减刑前的重点罪犯用沙盘实验检测其是否有潜伏的危险，为是否能呈报减刑提供依据。

（六）提高监狱警察的执法水平避免罪犯减刑后改造倒退

1. 多数罪犯认为提高监狱警察的执法水平能避免罪犯减刑后改造倒退

从表 7-21 第 86 题选择 C 项的比例看出，没减刑罪犯有 59.5%、减刑罪犯有 54.8%、监狱警察有 35.1% 认为提高监狱干警的公平执法水平能避免罪犯减刑后的改造倒退行为，两类罪犯的比例明显高于监狱警察。

再看表 7-22 第 86 题，监狱警察与两类罪犯都有极其显著的差异，监狱警察的平均分最低，此题平均分越低说明选择 C 项的人比例越低，平均分越低证明认为提高监狱干警的公平执法水平能避免罪犯减刑后改造倒退的人比例越低。

从表 7-21 第 87 题选择 C 项的比例看出，没减刑罪犯有 65.9%、减刑罪犯有 58.1%、监狱警察有 33.6% 认为监狱干警以人本理念理解罪犯的情绪变化能激励罪犯持续的积极改造，两类罪犯的比例明显高于监狱警察。

再看表 7-22 第 87 题，两类罪犯之间有非常显著的差异，监狱警察与两类罪犯都有极其显著的差异，监狱警察的平均分最低，此题平均分越低说明选择 C 项的人比例越低，平均分越低说明认为监狱干警以人本理念理解罪犯的情绪变化能激励罪犯持续积极改造的人比例越低。

从表 7-21 第 88 题选择 C 项的比例看出，没减刑罪犯有 69.0%、减刑罪犯有 61.2%、监狱警察有 51.5% 认为罪犯已经减刑或者有希望减刑，却因为自己怕吃苦或家庭问题而产生烦躁情绪时，干警的真诚关心能使他情绪平静，恢复改造热情。

再看表 7-22 第 88 题，两类罪犯之间有极其显著的差异，监狱警察与没减刑罪犯有极其显著的差异、与减刑罪犯有显著差异，监狱警察的平均分最低，此题平均分越低说明选择 C 项的人比例越低，平均分越低说明认为罪犯产生烦躁情绪时干警的真诚关心能使他情绪平静并恢复改造热情的人比例越低。

表 7-21　罪犯和监狱警察对提高干警执法水平避免罪犯减刑后
改造倒退的认知比例差异（N=2317）

（单位：人数 / 人，百分比 /%）

问题	选项	没减刑罪犯（N=393）		减刑罪犯（N=1394）		监狱警察（N=530）	
		人数	百分比	人数	百分比	人数	百分比
86. 提高监狱干警的公平执法水平能否避免服刑人员减刑后的改造倒退行为？	A. 不能	49	12.5	200	14.3	86	16.2
	B. 不确定	110	28.0	430	30.8	258	48.7
	C. 能	234	59.5	764	54.8	186	35.1
87. 监狱干警以人本理念理解服刑人员的情绪变化能否激励其持续地积极改造？	A. 不能	39	9.9	178	12.8	71	13.4
	B. 不确定	95	24.2	406	29.1	281	53.0
	C. 能	259	65.9	810	58.1	178	33.6
88 服刑人员已经减刑或者有希望减刑，却因为自己怕吃苦或家庭问题而产生烦躁情绪时，哪种方法能使他情绪平静，恢复改造热情？	A. 惩罚	30	7.6	166	11.9	64	12.1
	B. 监狱的各种奖励	87	22.1	370	26.5	184	34.7
	C. 干警的真诚关心	271	69.0	853	61.2	273	51.5
	D. 不确定	5	1.3	5	0.4	9	1.7

表 7-22　罪犯和监狱警察对提高干警执法水平避免罪犯减刑后
改造倒退的认知差异显著性

问题	角色分类	N	M	SD	角色分类		P
86. 提高监狱干警的公平执法水平能否避免服刑人员减刑后的改造倒退行为？	没减刑罪犯	393	2.5	0.7	监狱警察	没减刑罪犯	0.000
	减刑罪犯	1394	2.4	0.7		减刑罪犯	0.000
	监狱警察	530	2.2	0.7			
87. 监狱干警以人本理念理解服刑人员的情绪变化能否激励其持续地积极改造？	没减刑罪犯	393	2.6	0.7	没减刑罪犯	减刑罪犯	0.007
	减刑罪犯	1394	2.5	0.7	监狱警察	没减刑罪犯	0.000
	监狱警察	530	2.2	0.7		减刑罪犯	0.000

续表

问题	角色分类	N	M	SD	角色分类		P
88. 服刑人员已经减刑或有希望得到减刑，却因为自己怕吃苦或家庭问题而产生烦躁情绪，哪种方法能使他情绪平静，恢复改造热情？	没减刑罪犯	393	2.6	0.6	没减刑罪犯	减刑罪犯	0.001
	减刑罪犯	1394	2.5	0.7	监狱警察	没减刑罪犯	0.000
	监狱警察	530	2.4	0.7		减刑罪犯	0.044

根据表 7-21 第 86、第 87、第 88 题选择 C 项的比例和表 7-22 这三个题的平均分可以得出如下结论：监狱警察对提高干警的执法水平能避免罪犯减刑后改造倒退这一对策的认同率明显低于两类罪犯，这说明在多数监狱警察看来，罪犯减刑后改造倒退与管教干警的执法水平关系不大，是罪犯自身问题或其他原因导致罪犯减刑后改造倒退的。而两类罪犯对提高干警执法水平能避免罪犯减刑后改造倒退这一对策的认同率在三个问题上都超过了 50%，说明在多数罪犯看来，罪犯减刑后改造倒退与管教干警的执法水平关系较大。在此问题上笔者更倾向于接受两类罪犯的数据，因为监狱是国家的刑罚执行机关，作为监狱机关中的执法者和改造罪犯的主导者，监狱警察的执法水平直接关系到罪犯减刑后改造倒退的程度和比例。本书前面已经分析过，少数监狱对罪犯减刑工作违背法律做暗箱操作，而操作者就是监狱警察，暗箱操作下获得减刑的罪犯由于改造质量差，减刑后改造倒退是必然的。所以，提高监狱警察的执法水平是预防和避免罪犯减刑后改造倒退的重要对策。

2. 提高监狱警察的法律信仰是提高其执法水平以避免因执法不公导致罪犯减刑后改造倒退的根本措施

执法水平是自觉增强法治意识，以此提供法律得以全面运用的深层保障。而在监狱机关对罪犯的减刑工作中，应当强调有法必依，违法必究、提高监狱人民警察的执法水平，努力建设高素质的监狱人民警察队伍，确保减刑制度的公正。立法是基础，执法是手段，加上一支高素质的执法队伍做保证，才可能真正确保执法公正、减刑公平。监狱机关的各级领导和全体监狱人民警察必须从法治的需要出发，全面提高自身的政治、业务、文化、心理和身体素质，强化监狱人民警察学习法律、信任法律、尊重法律、执行法律的良好执法意识。如何提高监狱警察的执法水平？笔者认为，应该采取以下对策。

第一，对执法不公的监狱警察实行辞职辞退制度。应有针对性地加强对监狱警察进行系统的执法专题教育和培训，全面建立执法考试、考核制度，持证上岗制度和辞职、辞退制度，把以权谋私、违背法律、暗箱操作给改造质量差的罪犯呈报减刑的监狱警察辞退公职，令其离开人民警察队伍，永远不再录用，以示法律的严肃性。

第二，要强化监狱警察的法律信仰。法律信仰是指对法律的坚信不疑，监狱警察只有有坚定的法律信仰，才能保证在任何情况下都执法公正。那么，监狱警察对法律的信仰情况究竟如何呢？笔者曾在研究罪犯法律意识的课题时做过问卷调查，在提"你对法律能实现社会和谐、公正地保护人民的合法权益、使人民幸福的坚信程度如何"这个问题时也让监狱警察以自评来回答。

从表7-23监狱警察选择三个选项的比例看出，监狱警选择"A. 坚信"的占49.1%，选择"B. 半信半疑"的占46.2%，选择"C. 根本不信"的占4.6%，可见，有49.1%即将近一半被调查的监狱警察对法律是坚信的。但也不可忽视，有近一半被调查的监狱警察对法律半信半疑，甚至极少数人对法律根本不信任。

表 7-23　监狱警察对法律的信仰程度[①]

（单位：人数/人，百分比/%）

问题	选项	监狱警察	
		人数	百分比
14. 你对法律能实现社会和谐、公正地保护人民的合法权益、使人民幸福的坚信程度如何？	A. 坚信	170	49.1
	B. 半信半疑	160	46.2
	C. 根本不信	16	4.6
	合计	346	100

所以培养监狱警察对法律的信仰是非常重要的现实问题。在监狱警察心中确立法律至上的权威，以高素质的执法队伍保证减刑制度的落实，保证刑

---

① 表 7-23 是笔者自编的《罪犯法律意识问卷》的问题和测得的数据。

罚执行的公正。只有这样，才能尽量减少改造质量不高的罪犯因监狱警察执法不公正得到减刑而出现减刑后改造倒退。所以，提高监狱警察的法律信仰是提高其执法水平以避免因执法不公导致罪犯减刑后改造倒退的根本措施。

（七）加强减刑罪犯亲人的支持避免减刑后改造倒退

从表 7-24 选择 C 项的比例看出，没减刑罪犯有 63.6%、减刑罪犯有58.7%、监狱警察有 42.1%认为加强减刑者亲人对他的关心能避免他减刑后的改造倒退行为，两类罪犯的比例明显高于监狱警察。

再看表 7-25，监狱警察与两类罪犯都有极其显著的差异，监狱警察的平均分最低，此题平均分越低说明选择 C 项的人比例越低，平均分越低说明认为加强减刑者亲人对他的关心能避免他减刑后的改造倒退的人比例越低。

表 7-24　罪犯和监狱警察对加强减刑罪犯亲人的支持
避免改造倒退的认知比例差异（N=2317）

（单位：人数／人，百分比／%）

问题	选项	没减刑罪犯		减刑罪犯		监狱警察	
		人数	百分比	人数	百分比	人数	百分比
89.加强减刑者亲人对他的关心能否避免他减刑后的改造倒退行为？	A.不能	50	12.7	167	12.0	64	12.1
	B.不确定	93	23.7	409	29.3	243	45.8
	C.能	250	63.6	818	58.7	223	42.1
	合计	393	100	1394	100	530	100

表 7-25　罪犯和监狱警察对加强减刑罪犯亲人的支持避免改造倒退的认知差异显著性

问题	角色分类	N	M	SD	角色分类		P
89.加强减刑者亲人对他的关心能否避免他减刑后的改造倒退行为？	没减刑罪犯	393	2.5	0.7	监狱警察	没减刑罪犯	0.000
	减刑罪犯	1394	2.5	0.7			
	监狱警察	530	2.3	0.7		减刑罪犯	0.000
	合计	2317	2.4	0.7			

根据表 7-24 选择 C 项的比例和表 7-25 的平均分可以得出如下结论：多数罪犯认为加强减刑者亲人对他的关心能避免其减刑后的改造倒退行为。笔者认为，此题两类罪犯的数据尤其是减刑罪犯的数据更有参考价值，因为他们有切身体会。如何加强减刑罪犯的亲人对他们的关心，才能避免减刑后的改造倒退行为？笔者认为，以下对策可以参考。

1. 对减刑的罪犯增加亲人会见的次数或延长会见的时间

对亲情需要强烈的罪犯，减刑后不论其家庭是否出现变故，都应增加亲人会见的次数或延长会见的时间，或增加减刑罪犯拨打亲情电话的次数或延长亲情电话的时间。这应该成为监狱对减刑罪犯的一项奖励制度。

2. 对减刑次数多的真诚改造的罪犯给予回家探亲的机会

很多年以前，有些理念先进的监狱系统就已经开始让改造表现非常好的罪犯春节回家探亲，如北京监狱系统。近些年，这项激励措施扩展到了全国很多监狱，这在全国罪犯中引起了极大的反响，对罪犯的激励作用非同一般。但真正能享受如此殊荣的罪犯还很少，所以，笔者建议，今后经过长期评估认为是真诚改造、多次减刑的罪犯中应该有更多的人能享受此项激励。

3. 对减刑后因为家庭变故而情绪波动的罪犯监狱要尽量帮其解决家庭问题

此类罪犯减刑后因为家庭变故而情绪波动但没有达到改造倒退的程度，监狱有关人员要尽量帮助其解决家庭问题，尽量联系其亲朋好友尽快到监狱会见。利用亲情促进罪犯改造的工作全国监狱系统已经普遍做得很好了，笔者不再赘述。

（八）靠罪犯集体的力量避免减刑后改造倒退

罪犯和监狱警察在表 7-26 第 90 题的平均分无显著差异，但百分比有差异，值得分析。从表 7-26 选择 C 项的比例看出，没减刑罪犯有 29.0%、减刑罪犯有 26.1%、监狱警察有 22.5% 认为靠罪犯服刑小组帮教或监控能避免减刑后的改造倒退行为。被调查的三类人虽然比例都不高，但两类罪犯的比例明显高于监狱警察，说明这部分罪犯对改造集体的积极作用还是有切身体会的，他们是以自身感受回答此问题的。

表 7-26　罪犯和监狱警察对靠罪犯集体的力量避免改造倒退的认知比例差异（*N*=2317）

（单位：人数 / 人，百分比 /%）

问题	选项	没减刑罪犯		减刑罪犯		监狱警察	
		人数	百分比	人数	百分比	人数	百分比
90. 靠服刑人员的小组帮教或监控能否避免减刑后的改造倒退行为？	A. 不能	86	21.9	343	24.6	95	17.9
	B. 不确定	193	49.1	687	49.3	316	59.6
	C. 能	114	29.0	364	26.1	119	22.5
	合计	393	100	1394	100	530	100

罪犯所有的服刑改造活动都是在集体中进行的，罪犯集体是监狱机关根据改造需要组成的罪犯正式群体，大队、中队、小队、车间、班组、监舍等都是规模不同的罪犯集体。罪犯集体的目标与监狱机关的改造目标是一致的，所以，依靠罪犯集体的力量避免个体减刑后的改造倒退行为是有效的，通过集体的共同舆论、集体感受、模仿和服从（榜样与权威）、个体对集体的归属感等心理特征对个体产生影响。为何罪犯集体能避免个体减刑后改造倒退？这是集体以下的心理效应决定的。要充分发挥罪犯集体在避免个体减刑后改造倒退中的作用，就要重点培养罪犯集体心理效应中的关键要素。

1. 集体的监督效应及集体正确舆论的培养

监督效应是罪犯集体对个体在行为上的约束作用。监狱对罪犯的每日生活实行军事化管理，每个罪犯的行为必须和集体保持一致，处在集体的监督之下。良好的集体改造氛围是对罪犯心理的有力钳制，使一些企图脱逃、闹监和纠合为狱内团伙的行为没有产生的土壤，找不到得逞的机会，使减刑后的罪犯不敢放纵自己而导致改造倒退。

集体的监督效应主要靠集体压力实现，所谓压力即社会压力，它有客观和主观双重含义。从客观上讲，压力是指改变个人或团体的行为使之走向特定目标的社会力量。从主观上讲，压力是指个体对于群体中多数人一致意见的心理体验。集体压力对个人的积极作用：一是集体压力会阻碍个体不正确目标的实现。二是集体压力能促进个体不断奋进。三是集体压力可以使个体增强适应性功能。四是集体压力能使个体更充实。当一个罪犯减刑后试图放松改造或违反监规时，集体的惩罚、批评、舆论、表情、动作、行为、情境等压力会使其不敢放松改造，因而也就避免了减刑后改造倒退。所以，监狱管教干警要重点教育和培养罪犯集体形成正确的集体舆论和风气，要扶正祛邪，鼓励真诚的积极改造者，打击虚假的积极改造者，鞭策落后的罪犯在集体中不掉队。让减刑后仍然真诚积极改造的罪犯受到大家的尊重与羡慕，让减刑后改造倒退的罪犯无地自容。

2. 集体的同化效应及正确的集体目标的培养

同化效应是集体对其成员在认知上统一的作用。一个集体内部一旦形成了良好的改造风气和一致的集体舆论，就对进入这个集体的每个罪犯产生强大的同化作用，使进入这个集体的罪犯个体在价值观念上、认知内容和思维方式上、行为习惯上逐渐趋于一致。当一个罪犯减刑后因某种原因产生错误认知可能导致改造倒退时，除了集体良好的改造风气和一致的集体舆论会帮助他纠正错误认知外，更重要的是集体成员共同的认识会引导他纠正错误认知，避免减刑后改造倒退。

同化效应靠集体目标实现，因为目标为集体指引方向，确立和实现集体目标的过程中就统一了群体成员的认知，即同化作用。所以，管教干警要重点教育和培养罪犯集体形成积极的集体目标。集体目标的形成需要以下过程。

一是加强集体意识与集体荣誉感教育，这是形成集体目标、集体凝聚力的前提和基础。

二是制订出集体的近期目标与长远目标，集体目标是集体的导向，靠近期目标一步一步地实现长远目标，循序渐进，让集体成员永远对集体充满信心。

三是把集体目标与个人目标相结合，实现集体目标对集体中的每个人都有促进作用。例如，一个罪犯班组一直是先进班组，如果按照监狱规定先进班组的成员减刑时加分，这不仅使先进班组的罪犯在心理上比落后班组的罪犯改造质量更高，也给先进班组的成员带来了额外的好处。所以在管理心理学上，聪明的管理者总是把组织目标与个人目标相结合，在个人为实现集体目标努力的同时也实现了个人目标，这样，集体成员才会心甘情愿地为集体努力和奉献。

四是通过集体活动实现目标，没有集体活动的集体目标是空洞的，只有集体活动才能让每个人体会到集体的积极作用，并在集体活动中得到锻炼与熏陶。

3. 集体的调节效应及集体凝聚力的培养

调节效应是集体对个体在情感上安慰、支持、鼓励的作用。作为社会化了的生物，人有很强的交往需要和集群需要。在交往环境和交往对象受限制的情况下，这种需要反而更加强烈。罪犯集体为罪犯合法与正常交往提供了机会和场所。他们在集体的劳动、学习、文体活动等服刑生活中找到情感的归属，可以相互交流服刑体验，宣泄否定情绪，分享成功的快乐，忘却刑期的苦恼；调节改造生活，振奋改造精神，即使身处服刑场所，也体验到一定的生活乐趣。这种效应在"独居式""沉默制"和单纯关押式的监狱生活背景下是不可能发生的。当一个罪犯减刑后因为家庭变故或疲劳感太重而情绪低落或烦躁时，集体的情感会帮助他调节消极情绪，避免减刑后改造倒退。当罪犯个体有了积极改造的行为时，集体其他人会以真诚的情感和行为给予个体以支持和鼓励。

集体的调节效应靠个体对集体的归属感实现，归属感是指个体对自己所属的集体在情感上的自愿依靠和依恋。个体对集体的归属感越强，集体的凝聚力就越强，对集体外不良影响的侵袭抵制力量也越强，集体对个体的调节作用就越大。因此，管教干警要重点教育和培养罪犯个体对集体的归属感，归属感产生集体凝聚力和向心力，将集体成员牢固地吸引在集体之中，大家有福同享、有难同当，心往一处想，劲往一处使。减刑后情绪波动的罪犯就不会被集体外的消极情绪感染导致改造倒退。

4. 集体的示范效应及集体良好行为习惯的培养

示范效应是集体在行为上对个体的正面引导作用。一个罪犯的先进集体内部一定是在行为上高度一致的，而这种一致是要经历一个养成过程的。

示范效应是靠集体良好的行为规范形成习惯来实现的，当一个罪犯减刑后缺乏改造动力时，集体的其他成员会以自己良好的行为习惯给此类罪犯示范，让站在十字路口上想放松改造的罪犯很快明白自己该如何做，在潜移默化中促进减刑后的罪犯继续积极改造，避免改造倒退。所以，管教干警要重点教育和培养集体良好的行为习惯，只有良好的行为习惯形成后，才能"从心所欲而不逾矩"。假如一个班组中每个已经减刑的罪犯都形成了一如既往积极改造的行为习惯，那么，无形中就给新减刑的罪犯做了良好的示范，后者也会很自然地这样做，这个班组应该不会轻易出现减刑后的改造倒退者。

5. 集体的利他效应及互助精神的培养

利他效应是集体在人际关系上对个体的陶冶和培养作用，在改造任务量化、细化、对协同劳动要求较高的情况下，集体的利他效应尤其重要。罪犯的犯罪是受利己心理甚至极端自私心理支配所导致的，所以，改造罪犯必须要培养他们的利他心理。

利他心理是在与他人交往中尤其是在正气占上风的集体互助中培养的，一个非常默契的集体，以老带新、以强带弱的互助合作精神一定很强，可以为了集体的共同目标牺牲个人利益。例如，某罪犯班组要争当先进班组，在这个班组里的每个人都要为了实现集体这一目标而牺牲自己的利益，劳动上快手要帮助慢手，一个人能力再强，也不能把本班组的其他人甩在后面只顾自己得高分，还要牺牲个人的休息时间做集体的事情，等等。为集体付出的过程中就逐渐培养了罪犯个体的利他心理。当某个罪犯改造表现一直很好，已经减刑几次了，而本监狱还在按监区分配减刑名额，为了能让本班组的其他狱友都得到减刑，他自愿把自己减刑的机会让给其他人，却不会因为自己少减刑一次而抱怨或者感到不公平，避免了改造倒退，这完全是利他心理的作用。所以，管教干警要重点教育和培养罪犯在集体中的互助精神，互助的过程中就会逐渐形成利他心理。

从以上五方面可以看出，要充分发挥罪犯集体在避免个体减刑后改造倒退中的作用，关键是建设健康的罪犯集体，上面的集体心理效应中重点培养的要素就是建设健康罪犯集体的要素，即正确的集体舆论、集体目标、集体凝聚力、集体行为规范、集体互助精神。此外，还要选择好罪犯集体的"班组长"。罪犯"班组长"除了真诚认罪、靠拢政府外，还必须具备以下条件：一是对他人和自己的评价是客观的，而不是虚假的。二是不搞个人势力范围，不拉帮结伙。三是恶习不深，危害社会心理不严重，原则上不能是惯犯、累犯。四是有一定的管理能力，心理健康。人格测验的聪慧性、稳定性、自制性、独立性、同情心要强；波动性、冲动性、忧虑性、紧张性、世故性要弱；暴力倾向、变态心理、犯罪思维要无。

（九）对罪犯减刑的考核要把服刑表现与其危害社会心理的恶性程度相结合

对罪犯的减刑除了看其在服刑中的现实表现，还要考虑其危害社会心理的恶性程度。如何衡量罪犯危害社会心理的恶性程度？笔者在国家社会科学基金后期资助项目《罪犯的罪行与危害社会心理恶性程度的相关性探索》①专著中详细分析了罪犯危害社会心理的恶性程度。笔者认为，罪犯危害社会心理的恶性程度就是支配其犯罪的恶性心理的严重程度。根据恶性心理包括的内容把其危害社会心理的恶性程度从重到轻分别排序如下：恶的道德品质和恶的人格特征、反社会心理、贪婪腐败的人生观和价值观、故意对抗或悖逆法律的意识（蔑视法律）、无道德评价意义的不良人格特征、犯罪动机和手段等。其中恶的道德品质和恶的人格特征（无同情心、暴力倾向、犯罪思维）、反社会心理、贪婪腐败的人生观和价值观、故意对抗或悖逆法律的意识（蔑视法律）、卑劣的犯罪动机和手段都属于心理的内容，属于心理内容的危害社会心理都是故意的和清晰的危害社会心理，因此恶性程度很严重。心理形式和心理内容兼有的变态心理的危害社会心理也较严重。而非故意的犯罪动机和手段、无道德评价意义的不良的人格特征属于心理的形式（外倾、聪敏、波动、冲动、从属、戒备、焦虑、自卑、幻想），属于心理形式的危害社会心理有非故意的危害社会心理或模糊的危害社会心理，因此比心理内容的危害社会心理的恶性程度相对轻些，即危害社会心理的恶性程度不严重。下面逐一地具体分析。

1. 危害社会心理恶性程度居第一位的是支配主体犯罪的恶的道德品质和恶的人格特征

其一，恶的道德品质。人类的品质实际上可以划分为好品质、坏品质、中性品质三类。由于善的品质即道德的品质是好品质中的一类，而恶的品质

---

① 张雅凤：《罪犯的罪行与危害社会心理恶性程度的相关性探索》，法律出版社 2016 年版。

即不道德的品质是坏品质中的一类，因而从道德的角度看，除了善品质和恶品质之外，所有其他品质（包括不善的好品质和不恶的坏品质）都是中性的品质。[①] 在衡量罪犯危害社会心理的恶性程度时也可以借鉴上述对品质的这三类分法，在坏品质中还要分为本质上恶的坏品质和本质上不恶的坏品质。例如，自私、贪婪、卑劣、下流、阴险、狡诈、冷酷、凶狠、残忍、暴虐、无同情心、懒惰、马虎、缺乏责任感、毛躁、暴躁、缺乏自制力等都属于坏品质，但有些是恶的坏品质，有些是不恶的坏品质。不同程度的坏品质其危害社会心理和造成的恶性结果会不同，所以，坏品质中还要分成不同的等级或者不同的恶性程度。

所以危害社会心理恶性程度居第一位或最严重的是恶的坏品质，即恶性的道德品质。道德品质反映一个人的本性或本质特征。判断个人品质善恶的直接根据和标准是社会在品质方面的道德原则或德性原则，用"德性"标示善或道德的品质，而用"恶性"标示恶的或不道德的品质，用"德性"和"恶性"作为评价品质善或恶、道德或不道德的特有尺度。其实，恶的品德就是恶的人性。何谓人性？现代汉语词典的解释：人性是指在一定的社会制度和一定历史条件下形成的人的本性。哲学和心理学的解释：人性（humanity）是指人区别于其他动物的基本属性，即在生产劳动基础上形成的人类特性。人类从哲学上探索人性有很长的历史。中国古代就有"性善""性恶"和"不善不恶"之说。孟子认为人性本来是善的；荀子认为人性本来是恶的；告子则认为人性是不善不恶的。马克思主义哲学则认为人性是人的社会性与自然性、动物性的综合。一方面，人与动物具有某种共同的本性，其中最基本的就是食欲与性欲。另一方面，人性与动物性又有本质的区别，人的动物性（如食欲与性欲）已经社会化、人化为"人的自然性"，其中渗透着社会内容。[②]那么，恶的品德就是人天生的兽性和社会化过程中形成的恶的人性。

恶品质中的坏品质就是恶性程度最严重的危害社会心理，如在自私、贪婪、卑劣、下流、阴险、狡诈、冷酷、凶狠、残忍、暴虐、无同情心等恶性的坏品德支配下犯罪的罪犯，就是危害社会心理最严重的。恶性的品质是与

---

① 江畅：《论品质及其道德性质》，载人大复印报刊资料《伦理学》2011 年第 6 期。

② 张雅凤主编：《罪犯改造心理学新编》，群众出版社 2007 版，第 59-60 页。

德性的品质相对立的人的品质的一种特性，恶性品质无论是对个人的生存，还是对组织的和谐和社会的稳定都有严重的负面影响。

而懒惰、粗心、无责任感、鲁莽、缺乏自制力等坏品质都属于不恶的坏品质，其危害社会心理的恶性程度要轻得多，其恶性程度可以等同于其他无道德评价意义的人格特征（后面分析）。

其二，恶的人格特征。人格特征中本来就包含着品德特征，缺乏同情心、暴力倾向、犯罪思维、变态心理严重的人格特征者其危害社会心理都很严重。缺乏同情心、暴力倾向、犯罪思维都是具有道德评价意义即品德或心理内容的人格因素，变态心理是兼有心理形式和心理内容的人格因素，它虽然不完全是具有道德评价意义的人格因素，但是在变态心理支配下犯罪的罪犯无意识或模糊的危害社会心理也极强，所以，把这几种人格因素都作为最严重的危害社会心理的因素。

2. 危害社会心理恶性程度居第二位的是支配主体犯罪的反社会心理

反社会心理是指犯罪者不同程度地对社会的不满、对立、抱怨、愤怒、冷漠、仇视、残害、报复的心理。反社会心理包括强烈的反社会意识和一般的反社会心理。强烈的反社会意识与一般的反社会心理在程度上有较大的区别。

其一，强烈的反社会意识。强烈的反社会意识是指个体有意识地对社会的冷漠、仇视、残害、报复的心理达到了很强烈的程度。有的人是发自内心地仇视社会、残害无辜，对他人毫无同情心，对公众造成严重的身心损伤。例如，某些国际上的反人类的犯罪组织；国内的泛化性伤害无辜群众的犯罪者。在强烈的反社会意识支配下犯罪的罪犯其危害社会心理的恶性程度很严重。

其二，一般的反社会心理。一般的反社会心理是指犯罪人对社会的否定情绪停留在不满、对立、抱怨、愤怒的情绪上，还没有到冷漠、仇视、残害、报复的程度。如有的人在对社会不满、对立、抱怨、愤怒的情绪支配下集群向政府部门示威、闹事，有针对性地对某人散布流言蜚语、造谣诬陷、侮辱陷害。

为什么不把反社会心理作为最严重的危害社会心理放在首位，却要排在品德之后？笔者认为，反社会心理者有些是社会原因造成的，不完全是个体心理原因，而品德完全是个人最深层的本质特征，所以，反社会心理支配犯罪的罪犯没有被恶劣品德支配犯罪的罪犯那么严重的危害社会心理或卑劣的个人品德。

3. 危害社会心理恶性程度居第三位的是支配主体犯罪的贪婪腐败的人生观和价值观

由贪婪腐败的人生观和价值观支配犯罪的罪犯，其犯罪的优势心理是追求人生的某种价值，其个人品德还不到特别恶劣的程度，而且此类犯罪行为的社会危害性不那么残忍。但是由于此类罪犯的犯罪动机毕竟也和贪婪的品德有关，也代表了犯罪者的本性或本质，所以，其有意识地危害社会心理也比较严重。

以上由心理内容支配导致犯罪的罪犯其有意识的危害社会心理的恶性程度严重。

4. 危害社会心理恶性程度居第四位的是支配主体犯罪的淡漠的法律意识

其一，故意对抗或悖逆法律的意识（蔑视法律或不信任法律）。笔者根据罪犯的法律意识分析其危害社会心理的恶性程度。其中不同犯罪经历的罪犯在法律认识、法律情感、法律意志、法律信仰上都有显著差异，判刑次数越多的罪犯法律知识越多，但是法律情感越冷漠、法律意志越薄弱，尤其是对法律的信仰越差、越不敬畏，更不信任法律，甚至蔑视法律，这是他们屡次犯罪的重要原因，也表现出他们危害社会心理很严重。

其二，不懂法律。与惯犯、累犯不同的是，很多初犯是因为不懂法律而导致犯罪，这种原因犯罪的罪犯与那些知法犯法、蔑视法律的惯犯、累犯相比，其危害社会心理要轻多了。

5. 危害社会心理恶性程度居第五位的是支配主体犯罪的犯罪动机和手段

犯罪动机和手段是反映罪犯的罪行与危害社会心理恶性程度相关性很关键的因素，大致有以下几方面。

其一，从犯罪动机是否故意的角度看，一是可以分为故意和非故意。在故意犯罪动机支配下犯罪的罪犯其危害社会心理的恶性程度严重；而在非故意犯罪动机支配下犯罪的罪犯其危害社会心理的恶性程度相对不严重。二是可以分为主动故意犯罪动机和被动故意犯罪动机，主动故意犯罪动机支配下犯罪的罪犯比被动故意犯罪动机支配下犯罪的罪犯危害社会心理严重。

其二，从犯罪手段对被害人的伤害程度看，根据被害人是否有过错可以分为三种：一是对无辜的被害人有预谋地以暴力手段加害，不论是为财还是因情而犯罪的罪犯，其主动故意的危害社会心理的恶性程度都很严重；二是被害人有过错，因被害人的强烈刺激有预谋地被迫采取暴力手段报复被害人而犯罪的罪犯，其被动故意的危害社会心理严重。三是因被害人的强烈刺激致使犯罪人在激情状态下无预谋地采取暴力手段加害被害人而犯罪的，此类罪犯的非故意的危害社会心理恶性程度较严重，但主动预谋性的危害社会心理的恶性程度不严重。

主动故意犯罪中的危害社会心理是指行为人主动有意识地危害他人而导致犯罪的恶的心理；被动故意犯罪中的危害社会心理是指行为人虽然也是故意犯罪，但并不是主动故意地危害他人，而是被动故意地危害他人导致了犯罪；过失犯罪中的危害社会心理是犯罪主体犯罪时没有意识到但实际上在其内心隐藏的恶的心理。例如，交通肇事致人死亡或逃逸的过失犯罪者，致使其逃逸的心理因素是他太自私，怕给被害人赔偿，于是使被害人失去了最佳抢救时机而死亡。这其中过失犯罪人严重的危害社会心理就是过于自私，这就是恶的道德品质。

主动故意犯罪心理支配下的犯罪包括：腐败型贪官犯罪；金融犯罪；有组织的黑社会犯罪；累犯、惯犯的重新犯罪；伤害无辜群众的恐怖犯罪等。这些人中有的是低劣的品德和价值观支配犯罪；有的人是因有善恶性质的人格因素（例如同情心差、暴力倾向、犯罪思维等）导致犯罪；有的是在反社会意识支配下犯罪等。这些人中有的犯罪行为后果不严重、刑期较短；有的犯罪行为后果严重、刑期很长。但他们的共同特点是，其犯罪行为都是在主动故意犯罪心理支配下实施的，所以其危害社会心理是主动的、清晰的、严重的危害社会心理。

被动故意犯罪心理是不严重的危害社会心理，被动的、模糊的危害社会心理，包括由无善恶性质的人格特征（如波动、冲动、聪慧性和独立性差等）造成自我调控能力差而导致的激情犯罪；在被害人强烈刺激下而伤害或杀害被害人的犯罪；被他人胁迫明知是犯罪而不得不干的犯罪；为他人减轻痛苦帮助对方结束生命而杀人的犯罪；因生活极度贫苦为了生存而以违法手段侵占别人的财物等。这些人的犯罪行为后果有的不严重、刑期较短，有的人犯罪行为后果很严重、刑期很长。但他们的共同特点是，其犯罪行为一般都是在被动故意犯罪心理的支配下实施的，所以其危害社会心理都相对较轻。

6. 危害社会心理恶性程度居第六位的是支配主体犯罪的无道德评价意义的不良人格特征和不恶的坏品质

其一，无道德评价意义的不良人格特征。不具有道德评价意义的不良人格特征包括：过于外倾或内倾、聪慧性差、很容易波动和冲动、从属性高而独立性差、戒备心理或怀疑性强、过于自卑和焦虑、不切合实际的幻想性过高。由于这些不良的人格特征导致犯罪的罪犯没有恶性的道德品质支配的危害社会心理，所以，其危害社会心理的恶性程度不严重。这些都是心理形式导致的犯罪，人与人之间在心理形式上没有本质好坏的区别，只有层次水平和表现方式的不同，所以，心理形式导致犯罪的罪犯其危害社会心理的恶性程度不严重。

在不具有道德评价意义的人格特征中气质也是主要的成分，由于气质没有善恶的本质好坏之分，所以气质起主导作用导致犯罪的人本质上不坏，即他们有意识的危害社会心理不严重。

其二，不恶的坏品质。这部分就是中性的不恶的坏品质，例如，懒惰、粗心、无责任感、鲁莽、缺乏自制力等，这些不恶的坏品质与自私、贪婪、卑劣、下流、阴险、狡诈、冷酷、凶狠、残忍、无同情心等恶的坏品质相比，其危害社会心理的恶性程度要弱得多。区别就在于支配主体犯罪的这些不恶的坏品质没有主观恶性，其危害社会心理的性质是无意识的或不清晰的，这些品质虽然不好，但是也不恶。

综上所述，笔者分析了六个不同角度对应的罪犯的危害社会恶性程度的区别，监狱和法院在考虑是否给某罪犯呈报和审批减刑时，不能只看其改造表现，更应该参考上述的心理学依据，考察此罪犯危害社会心理的恶性程度是否还严重。危害社会心理严重的罪犯改造表现再好也不能减刑，或限制减刑，或放低减刑幅度，以避免减刑后改造倒退带来的严重恶果，尤其避免减刑后重新犯罪危害监狱和社会的安全。

三、罪犯减刑后改造倒退的心理学对策

从表 7-27 选择 C 项的比例看出，没减刑罪犯有 49.4%、减刑罪犯有 42.3%、监狱警察有 23.2% 认为提高减刑者的心理素质能避免减刑后改造倒退行为，两类罪犯的比例明显高于监狱警察。

再看表 7-28，监狱警察与两类罪犯都有极其显著的差异，监狱警察的平均分最低，此题平均分越低说明选择 C 项的人比例越低，这与监狱警察选择的 C 项比例最低是一致的。

表 7-27　罪犯和监狱警察对提高减刑者的心理素质避免
改造倒退的认知比例差异（N=2317）

（单位：人数 / 人，百分比 /%）

问题	选项	没减刑罪犯		减刑罪犯		监狱警察	
		人数	百分比	人数	百分比	人数	百分比
78. 提高减刑者的心理素质能否避免减刑后的改造倒退行为？	A. 不能	64	16.3	231	16.6	94	17.7
	B. 不确定	135	34.4	573	41.1	313	59.1
	C. 能	194	49.4	590	42.3	123	23.2
	合计	393	100	1394	100	530	100

表 7-28　罪犯和监狱警察对提高减刑者的心理素质避免改造倒退的认知差异显著性

问题	角色分类	N	M	SD	角色分类		P
78. 提高减刑者的心理素质能否避免减刑后的改造倒退行为？	没减刑罪犯	393	2.3	0.7	监狱警察	没减刑罪犯	0.000
	减刑罪犯	1394	2.3	0.7			
	监狱警察	530	2.1	0.6		减刑罪犯	0.000
	合计	2317	2.2	0.7			

根据表 7-27 选择 C 项的比例和表 7-28 的平均分可以得出如下结论：有四成以上的没减刑罪犯和减刑罪犯都认为，提高减刑者的心理素质能避免减刑后的改造倒退行为，而监狱警察的比例过低可能是因为他们多数人不相信此对策。笔者认为此题罪犯的数据更有参考价值，因为两类罪犯的数据很接近，看来是真实的。提高减刑者哪些心理素质能避免减刑后的改造倒退行为呢？主要包括以下心理素质。

（一）培养减刑罪犯的法律信仰避免减刑后改造倒退

从表 7-29 选择 C 项的比例看出，没减刑罪犯有 47.3%、减刑罪犯有 43.5%、监狱警察有 26.6% 认为提高罪犯的法律信仰能避免减刑后改造倒退行为，两类罪犯的比例明显高于监狱警察。

再看表 7-30，监狱警察与两类罪犯都有极其显著的差异，监狱警察的平均分最低，此题平均分越低说明选择 C 项的人比例越低，这与监狱警察的 C 项比例最低是一致的。

根据表 7-29 选择 C 项的比例和表 7-30 的平均分可以得出如下结论：有四成以上的罪犯认为提高罪犯的法律信仰能避免减刑后改造倒退行为，而监狱警察的比例过低可能是因为他们多数人不相信罪犯会形成法律信仰。笔者认为此题罪犯的数据更有参考价值。

表 7-29　罪犯和监狱警察对提高罪犯法律信仰避免减刑后
改造倒退的认知比例差异（N=2317）

（单位：人数/人，百分比/%）

问题	选项	没减刑罪犯		减刑罪犯		监狱警察	
		人数	百分比	人数	百分比	人数	百分比
79. 提高服刑人员的法律信仰能否避免减刑后的改造倒退行为？	A. 不能	57	14.5	227	16.3	85	16.0
	B. 不确定	150	38.2	560	40.2	304	57.4
	C. 能	186	47.3	607	43.5	141	26.6
	合计	393	100	1394	100	530	100

表 7-30　罪犯和监狱警察对提高罪犯法律信仰避免减刑后改造倒退的认知差异显著性

问题	角色分类	N	M	SD	角色分类		P
79. 提高服刑人员的法律信仰能否避免减刑后的改造倒退行为？	没减刑罪犯	393	2.3	0.7	监狱警察	没减刑罪犯	0.000
	减刑罪犯	1394	2.3	0.7		减刑罪犯	0.000
	监狱警察	530	2.1	0.6			
	合计	2317	2.2	0.7			

　　法律信仰是主体在法律认识、法律情感基础上产生对法律的信任与崇拜，并在坚强的法律意志支配下为维护和捍卫法律自觉行动的法律心理品质。有的学者认为用罪犯对"法律的敬畏"一词取代"法律信仰"更合适，笔者认为，敬畏不如信仰更自觉，敬畏是建立在对法律畏惧的基础上而尊重法律的，而信仰则是在发自内心地信任法律的基础上而崇拜法律的；敬畏外在强制的成分更多，而信仰完全是内在自觉的成分，法律信仰是个体对法律的坚信不疑并为之实践的心理品质。所以笔者认为，只有让罪犯发自内心地信任和崇拜法律，才能使他们由强制守法变成自觉守法，从根本上避免减刑后改造倒退，尤其会避免释放后再犯罪。所以，培养罪犯的法律信仰虽然很难，但是相当重要。

　　笔者曾经做过"罪犯法律意识的实证研究"的课题，《罪犯法律意识的实证研究（一）》和《罪犯法律意识的实证研究（二）》的研究成果早已经在《中国监狱学刊》上发表。第一部分研究的是罪犯法律意识的现状，第二部分研究的是罪犯法律意识的作用，第三部分是研究罪犯法律意识的对策。三篇应该是对罪犯法律意识的实证研究构成比较完整的体系。但是由于笔者当时太忙，第三部分没有写完。好在第三部分的数据当时已经统计完了，培养罪犯法律信仰对策的数据恰好用在本课题上。如何培养罪犯的法律信仰？笔者在自编的"罪犯法律意识问卷"[①]中设想出如下对策。

　　1. 提高罪犯的文化水平以提升其法律信仰

　　信仰是认知、情感、意志的合金，法律信仰也是法律认知、法律情感、

---

　　①　培养罪犯法律信仰的问题序号是《罪犯法律意识问卷》中的问题序号，与《罪犯减刑后改造倒退的问卷》中的问题序号无关。

法律意志的合金。所以，培养罪犯的法律信仰首先必须提高罪犯的法律认知水平，而文化水平是影响认知水平的决定因素。

从表 7-31 选择 A 项的比例看出，罪犯有 60.9%、监狱警察有 61.3% 认为文化水平对罪犯学习理解法律、增强对法律的信任有重要影响。此题监狱警察和罪犯的平均分有极其显著的差异（见表 7-41 第 17 题），监狱警察的平均分低于罪犯，这与监狱警察选择 A 项比例高于罪犯是一致的。此题的 A 项比例和平均分说明大多数罪犯和监狱警察都明确文化水平对罪犯理解法律、增强对法律信任的重要作用。

表 7-31　罪犯和监狱警察关于文化水平对罪犯信任法律的影响的认知（N=1560）

（单位：人数 / 人，百分比 / %）

问题	选项	罪犯		监狱警察	
		人数	百分比	人数	百分比
17. 文化水平对服刑人员学习理解法律、增强对法律的信任有怎样的影响？	A. 有重要影响	740	60.9	212	61.3
	B. 有影响但不重要	346	28.5	123	35.5
	C. 没有影响	128	10.5	11	3.2
	合计	1214	100	346	100

表 7-32　不同文化水平的罪犯法律信仰的比例差异（N=1214）

（单位：人数 / 人，百分比 / %）

问题	文化程度 / 选项	小学及以下		初中		高中或中专		大专及以上	
		人数	百分比	人数	百分比	人数	百分比	人数	百分比
13. 你懂得并信任法律后是否会有信仰法律和按照法律的自律行为？	A. 是	219	70.4	337	77.1	186	75.9	182	82.4
	B. 说不准	67	21.5	82	18.8	50	20.4	36	16.3
	C. 不是	25	8.0	18	4.1	9	3.7	3	1.3
	合计	311	100	437	100	245	100	221	100

从表 7-32 不同文化水平的罪犯选择 A 项的比例看出，小学及以下至大专及以上的罪犯有 70.4% ~ 82.4% 表示懂得并信任法律后会有信仰法律和遵守法律的自律行为。四个文化层次的罪犯比例都很高，说明不同文化水平的大多数罪犯都会信任或信仰法律，除了高中或中专的罪犯比例略低于初中罪

犯外，基本呈现了文化水平越高比例越高的递增特征，说明文化水平越高比例越高的罪犯信任或信仰法律的人比例越高。

从表 7-33 可以看出，从小学以下到大专以上四个文化层次的罪犯其法律信仰的平均数呈逐渐下降的趋势，即文化水平越高的罪犯平均数越低，而且小学以下文化的罪犯与其他三个文化层次的罪犯其平均数具有显著差异或极其显著的差异。此题平均分越低对法律越信任，说明文化水平越高的罪犯对法律信任或信仰的程度越高，文化水平越低的罪犯对法律的信任度越低。

表 7-33 不同文化水平的罪犯法律信仰的差异显著性

问题	文化程度	N	M	SD	文化程度		P
13. 你懂得并信任法律后是否会有信仰法律和遵守法律的自律行为？	小学及以下	311	1.38	0.63	小学及以下	初中	0.008
	初中	437	1.29	0.53		高中或中专	0.033
	高中或中专	245	1.28	0.52			
	大专及以上	221	1.19	0.43			
	合计	1214	1.29	0.54		大专及以上	0.000

根据表 7-31 至表 7-33 的数据可以得出如下结论：罪犯和监狱警察都明确文化水平对罪犯信任法律很重要，文化水平越高的罪犯对法律的信任度越高。因此，要通过提高罪犯的文化水平来提升他们的法律信仰，因为法律信仰是建立在对法律的深刻理解和领悟的基础上的，而理解能力又与知识经验密切相关。

主要通过充实知识法来提高罪犯的文化水平和认知水平。对于那些不是由于智力水平低下而是由于缺乏教育、法盲等导致的认识水平低的罪犯，可以用文化知识、法律、道德教育等多种正面教育充实他们的知识，以此来提高他们的思维水平或晶态智力。培根曾说："知识就是力量。""读书使人明智，读诗使人聪慧，哲理使人深刻，伦理使人有修养，逻辑修辞使人善辩。"这段话揭示了知识对于思维能力提高的巨大作用。由于知识的贫乏，许多层次较低的罪犯思考问题的基本方向和具体方法极为简单。因此，只有靠提高他们的知识水平来提高他们的思维水平，这不仅是提高罪犯思维能力的重要途径，而且为具体的思维训练提供了前提和保障。许多回头浪子以切身改造成功的经验告诉我们：只有让罪犯提高文化素质、大量地读书学习，以健康的文化知识启迪智慧，才能使他们领悟到人生的真谛，才能让他们如梦方醒自觉地做适应社会的人。《我在监狱长大》的作者黄鹤飞这个犯罪时只有 17 岁、从入狱时连一封完整的家书都要人代写到能够在报刊上发表文章以至于著书立说、由被判死缓到多次被减刑的回头浪子，用他的切身体会证明了多读书、读好书对自身改造的巨大作用。"一本好的书籍，就是我精神的支柱和力量的源泉，就是磨砺着思想的砺石，锻打我生命的铁锤。""有了好的书籍，就有了填充空虚和贫乏的精神食粮；……就有了医治愚昧和无知的灵丹妙药；……就有了驱逐沮丧和绝望的生命炭火。""不求颜如玉，不为黄金屋，但能采撷千书草，苦煎苦熬，濯洗少年耻辱。"这是他在狱中生活的写照，也是他读书写作的心声。这足以说明知识启迪智慧，此类成功的案例在中外监狱系统有很多。

还要注意将提高罪犯的知识水平与思维训练相结合，笔者主编的《罪犯改造心理学新编》中介绍了多种训练罪犯思维水平的心理学方法，例如，多因素比较法、快速反应法等。[①]靠提高知识水平与思维训练二者共同促进罪犯思维能力的提高，使他们的思维具有广阔性、深刻性、独立性、批判性、灵活性、敏捷性、创造性、逻辑性。通过上述多种方法，使罪犯形成良好的认知方式，如深思型、独立型、谨慎型、宽容型。消除简单型、冲动型、依从型、冒险型、偏执型的认知方式，避免重新犯罪。

罪犯的文化水平和思维水平提高了，他们就会更全面、更深刻地理解和接受法律，就会意识到法律的至高无上，继而增强对法律的信任。信任法律就会产生减刑的神圣感，由此会自觉避免减刑后的改造倒退。

2. 利用罪犯对被害人的愧疚培养其法律信仰

从表 7-34 选择 A 项的比例看出，罪犯有 48.8%、监狱警察有 13.3% 认为对被害人的愧疚在促使罪犯认罪服法、增强法律意识中起决定性作用，罪犯与监狱警察的比例差别很大，笔者更倾向于参考罪犯的比例，因为他们应该是以切身体会回答问题的。此题监狱警察和罪犯的平均分有极其显著的差异

---

① 参见张雅凤主编，《罪犯改造心理学新编》，第十一章（群众出版社 2007 年版）。

（见表 7-41 第 19 题），监狱警察的平均分高于罪犯，这与监狱警察选择 A 项的比例低于罪犯是一致的。

前面已经阐述，信仰是知、情、意的合金，所以，罪犯对被害人的愧疚即自我悔恨对法律信仰的形成相当重要，因为这种自我悔恨是罪犯发自内心的体验，只有这种情感才能使罪犯真诚地接受法律对自己的惩罚，并且相信法律是正确的，这是他们形成法律信仰的重要基础。

表 7-34　罪犯和监狱警察关于法律情感对罪犯形成法律意识影响的认知（N=1560）

（单位：人数 / 人，百分比 /%）

问题	选项	罪犯		监狱警察	
		人数	百分比	人数	百分比
19. 对被害人的愧疚在促使服刑人员认罪服法、增强法律意识中起什么作用？	A. 起决定性作用	604	49.8	46	13.3
	B. 起作用但不是决定性的	493	40.6	271	78.3
	C. 不起作用	102	8.4	27	7.8
	D. 不确定	15	1.2	2	0.6
	合计	1214	100	346	100

3. 靠罪犯的道德感和责任感培养其法律信仰

从表 7-35 选择 B 项的比例看出，罪犯有 49.3%、监狱警察有 15.9% 认为一个人遵守法律是因为自己的道德感。再看选择 C 项的比例，罪犯有 40.0%、监狱警察有 15.6% 认为一个人遵守法律是因为意识到的责任。选择 B、C 两个选项罪犯的比例都明显高于监狱警察，而监狱警察有 68.5% 选择了 A 项，认为一个人遵守法律是因为害怕受到惩罚。这是监狱警察对罪犯的习惯性评价决定的。

笔者认为，此问题罪犯的数据参考价值较大，有近 50% 的罪犯认为道德感很重要，有近 40% 的罪犯认为责任感很重要，即道德感和责任感对罪犯的遵守法律有重要作用，尤其是道德感更重要。所以，靠罪犯的道德感和责任感培养其法律信仰一定有效，因为这二者都会使罪犯自觉守法，自觉守法就是发自内心地信任法律，信任法律就会形成法律信仰。形成法律信仰后减刑的神圣感就会使罪犯自觉避免减刑后改造倒退了。

表 7-35　罪犯和监狱警察关于道德观和责任感对法律信仰影响的认知（N=1560）

（单位：人数 / 人，百分比 /%）

问题	选项	罪犯		监狱警察	
		人数	百分比	人数	百分比
42. 一个人遵守法律是以下什么因素起了作用？	A. 害怕受到惩罚	131	10.8	237	68.5
	B. 自己的道德感	598	49.3	55	15.9
	C. 意识到的责任	485	40.0	54	15.6
	合计	1214	100	346	100

4. 靠罪犯对法律的绝对服从心理培养其法律信仰

从表 7-36 选择 A 项的比例看出，罪犯有 74.5%、监狱警察有 17.1% 认为如果法律规定与自己的观点发生抵触，罪犯应该遵守法律。此题监狱警察与罪犯有极其显著的差异（见表 7-41 第 43 题），监狱警察的平均分明显高于罪犯，这与监狱警察选择 A 项的比例明显低于罪犯是一致的。

笔者认为，此问题罪犯的数据比较有参考价值，说明多数罪犯有对法律的绝对服从心理，这是他们形成法律信仰的重要心理基础，只有他们对法律有绝对服从心理，才能在心中树立法律的绝对权威，才能信任法律，最终形成法律信仰。所以，靠罪犯对法律的绝对服从心理培养其法律信仰一定有效。罪犯对法律绝对服从并信任法律后，就会对减刑这一法律激励产生神圣感，继而会自觉避免减刑后改造倒退行为。

表 7-36　罪犯和监狱警察关于靠罪犯对法律的绝对服从心理
培养其法律信仰的认知（N=1560）

（单位：人数 / 人，百分比 /%）

问题	选项	罪犯		监狱警察	
		人数	百分比	人数	百分比
43. 如果法律规定与自己的观点相抵触，服刑人员是否应该遵守法律？	A. 应该	904	74.5	59	17.1
	B. 不知道	231	19.0	269	77.7
	C. 不应该	79	6.5	18	5.2
	合计	1214	100	346	100

5. 用角色扮演法培养罪犯的法律信仰

从表 7-37 选择 A 项的比例看出，罪犯有 60.3%、监狱警察有 22.8% 认为让罪犯扮演法官在模拟法庭审理案件能增强其法律意识。此题监狱警察与罪犯有极其显著的差异（见表 7-41 第 47 题），监狱警察的平均分明显高于罪犯，这与监狱警察选择 A 项的比例明显低于罪犯是一致的。

笔者认为，此题罪犯的数据有参考价值。当罪犯站在法官的角度去处理案件的时候，角色扮演能使他们换位思考，在角色扮演中可以更全面、深刻地理解法律知识，灵活运用法律知识解决实际的法律问题，这比在课堂上只是被动地听老师讲课效果好得多，这会很自然地使他们更信任法律，对他们法律信仰的形成一定有很好的效果。罪犯通过角色换位信任法律后，就会深刻理解减刑在法律上的重要意义和严肃性，继而会自觉避免减刑后的改造倒退行为。

表 7-37　罪犯和监狱警察关于用角色扮演法增强罪犯法律信仰的认知（N=1560）

（单位：人数 / 人，百分比 /％）

问题	选项	罪犯		监狱警察	
		人数	百分比	人数	百分比
47. 让服刑人员扮演法官在模拟法庭审理案件，能否增强其法律意识？	A. 能	732	60.3	79	22.8
	B. 不知道	338	27.8	163	47.1
	C. 不能	144	11.9	104	30.1
	合计	1214	100	346	100

6. 靠提高执法者的执法水平增强罪犯的法律信仰

从表 7-38 第 22 题选择 A、B 两项比例的总和看出，罪犯有 67.1%、监狱警察有 91.6% 认为执法者以权谋私会影响罪犯对法律的信任。此题监狱警察与罪犯有极其显著的差异（见表 7 41 第 22 题），监狱警察的平均分明显低于罪犯，这与监狱警察选择 A、B 两项的比例高于罪犯是一致的。

从表 7-38 第 23 题选择 A 项的比例看出，罪犯有 67.1%、监狱警察有 54.3% 认为执法者公正廉洁能在很大程度上增强罪犯对法律的信任。此题监狱警察与罪犯有显著差异（见表 7-41 第 23 题），监狱警察的平均分明显高于罪犯，这与监狱警察选择 A 项的比例低于罪犯是一致的。

从表 7-38 第 24 题选择 A 项的比例看出，罪犯有 67.5%、监狱警察有

56.1%认为服刑中法律帮助维护了罪犯的权利，能在很大程度上增强他们对法律的信任。此题监狱警察与罪犯有显著差异（见表7-41第24题），监狱警察的平均分明显高于罪犯，这与监狱警察选择A项的比例低于罪犯是一致的。

表7-38　罪犯和监狱警察关于提高执法者的执法水平
增强罪犯法律信仰的认知（1）（N=1560）

（单位：人数/人，百分比/%）

问题	选项	罪犯		监狱警察	
		人数	百分比	人数	百分比
22.执法者以权谋私是否影响服刑人员对法律的信任？	A.影响很大，会使其完全不信任法律了	386	31.8	186	53.7
	B.影响一般，会减弱其对法律的信任	428	35.3	131	37.9
	C.没影响，个别人不代表执法者的整体素质	400	32.9	29	8.4
	合计	1214	100	346	100
23.执法者公正廉洁是否会增强服刑人员对法律的信任？	A.有很大的增强作用	815	67.1	188	54.3
	B.有些增强作用但不大	327	26.9	152	43.9
	C.没有增强作用	72	5.9	6	1.7
	合计	1214	100	346	100
24.法律帮助服刑人员以法维权，能否增强其对法律的信任？	A.有很大的增强作用	819	67.5	194	56.1
	B.有些增强作用但不大	317	26.1	141	40.7
	C.没有增强作用	78	6.4	11	3.2
	合计	1214	100	346	100

从表7-39看出，有68.2%的罪犯选择A项，同意即使被判刑，罪犯还是非常尊重公正执法的公安、检察院、法院、监狱的执法者；有12.1%的监狱警察选择A项，只有极少数的监狱警察认为所有的罪犯都能做到这样，有55.5%的监狱警察选择B项，认为二分之一的罪犯能做到这样。此题监狱警察与罪犯有显著差异（见表7-41第46题），监狱警察的平均分明显高于罪犯，这与监狱警察选择A项的比例明显低于罪犯是一致的。

表 7-39 罪犯和监狱警察关于提高执法者的执法水平
增强罪犯法律信仰的认知（2）（N=1560）

（单位：人数 / 人，百分比 / %）

问题	选项		罪犯		监狱警察	
	罪犯	监狱警察	人数	百分比	人数	百分比
46. 即使被判刑，服刑人员还是非常尊重公正执法的公安、检察院、法院、监狱的执法者。	A. 同意	A. 所有罪犯都能	828	68.2	42	12.1
	B. 中立	B. 二分之一罪犯能	287	23.6	192	55.5
	C. 不同意	C. 极少数罪犯能	99	8.2	112	32.4
	合计		1214	100	346	100

根据表 7-38 和表 7-39 的四组数据可以得出如下结论：多数罪犯和监狱警察都认为执法者的执法水平会不同程度影响罪犯对法律的信任，尤其是监狱警察有 91.6% 认为执法者以权谋私会不同程度影响罪犯对法律的信任。同样，多数罪犯和监狱警察都认为提高执法者的执法水平对增强罪犯的法律信仰有重要作用。所以，为了避免因监狱警察执法不公给改造质量差的罪犯减刑而导致改造倒退，必须提高监狱警察的执法水平，当罪犯从执法者身上看到了法律的公正，就会由衷地信任法律，信任法律后就会自觉地遵守法律，继而会非常重视减刑这一严肃的法律激励，对减刑的神圣感会使罪犯尽量避免减刑后改造倒退。

7. 培养罪犯对法律的信任增强其法律信仰

从表 7-40 第 13 题选择 A 项的比例看出，罪犯有 76.0%、监狱警察有 25.4% 认为罪犯懂得和信任法律后会有信仰法律和依法自律的行为。此题监狱警察与罪犯有极其显著的差异（见表 7-41 第 13 题），监狱警察的平均分明显高于罪犯，这与监狱警察选择 A 项的比例明显低于罪犯是一致的。

从表 7-40 第 14 题选择 A 项的比例看出，有 65.5% 的罪犯坚信法律能实现社会和谐、公正地保护人民的合法权益、使人民幸福。

根据表 7-40 两个题罪犯选择 A 项的比例可以得出如下结论：只要罪犯信任法律，就会有法律信仰，并会自觉地遵守法律，对减刑的神圣感会使他们自觉避免减刑后的改造倒退行为。所以，让罪犯信任法律相当重要，监狱警察一定要通过各种途径培养罪犯对法律的信任，以增强他们的法律信仰，从根本上避免减刑后的改造倒退行为，尤其是避免减刑后的重新犯罪。

表 7-40　罪犯和监狱警察关于培养罪犯对法律的信任增强其法律信仰的认知（N=1560）

（单位：人数 / 人，百分比 /%）

问题	选项	罪犯		监狱警察	
		人数	百分比	人数	百分比
13. 服刑人员懂得并信任法律后是否会有信仰法律和遵守法律的自律行为？	A. 是	923	76.0	88	25.4
	B. 说不准	236	19.4	227	65.6
	C. 不是	55	4.5	31	9.0
	合计	1214	100	346	100
14. 你对法律能实现社会和谐、公正地保护人民的合法权益、使人民幸福的坚信程度如何？	A. 坚信	795	65.5		
	B. 半信半疑	331	27.3		
	C. 根本不信	88	7.2		
	合计	1214	100		

表 7-41　监狱警察与罪犯对影响罪犯法律信仰因素的认知差异显著性（N=1560）

问题	角色	N	M	SD	P（2-tailed）
13. 服刑人员懂得并信任法律后是否会信仰法律和遵守法律的自律行为？	监狱警察	346	1.84	0.56	0.000
	罪犯	1214	1.28	0.54	
17. 文化水平对服刑人员学习理解法律、增强对法律的信任有怎样的影响？	监狱警察	346	1.41	0.55	0.000
	罪犯	1214	1.50	0.68	
19. 对被害人的愧疚在促使服刑人员认罪服法、增强法律意识中起什么作用？	监狱警察	346	1.94	0.46	0.000
	罪犯	1214	1.58	0.64	
22. 执法者以权谋私是否影响服刑人员对法律的信任？	监狱警察	346	1.55	0.65	0.000
	罪犯	1214	2.01	0.81	

问题	角色	N	M	SD	P（2-tailed）
23. 执法者公正廉洁是否会增强服刑人员对法律的信任？	监狱警察	346	1.47	0.53	0.018
	罪犯	1214	1.39	0.60	
24. 法律帮助服刑人员以法维权能否增强其对法律的信任？	监狱警察	346	1.46	0.56	0.048
	罪犯	1214	1.38	0.61	
43. 如果法律规定与自己的观点相抵触，服刑人员是否应该遵守法律？	监狱警察	346	1.88	0.46	0.000
	罪犯	1214	1.32	0.59	
46. 即使被判刑了，服刑人员是否还是非常尊重公安、检察院、法院、监狱的执法者？	监狱警察	346	2.20	0.64	0.000
	罪犯	1214	1.40	0.64	
47. 让服刑人员扮演法官在模拟法庭审理案件能否增强其法律意识？	监狱警察	346	2.07	0.73	0.000
	罪犯	1214	1.52	0.70	

（二）对减刑前后的罪犯强化罪犯角色意识避免减刑后改造倒退

有些罪犯减刑后的改造倒退是罪犯角色意识淡化造成的，例如，靠关系获得减刑的改造质量差而减刑后改造倒退的罪犯；因虚假改造动机获得减刑后改造倒退的罪犯；因恶习难改导致减刑后改造倒退的罪犯……这些罪犯减刑后的改造倒退都是因为内心深处的罪犯角色意识淡化。罪犯角色意识淡化是指罪犯忘记或否认自己作为罪犯这一角色并违反罪犯角色规范。因此，监狱管教干警不仅要从罪犯入狱时就让他们形成罪犯角色意识，还要对减刑前的罪犯强化其罪犯角色意识，以避免减刑后的改造倒退行为。

表 7-42 罪犯和监狱警察的平均分无显著差异，但百分比差异较大，有必要分析。从此表选择 C 项的比例看出，没减刑罪犯有 34.9%、减刑罪犯有 35.1%、监狱警察有 29.6% 认为强化服刑人员的罪犯角色意识能避免减刑后的改造倒退行为。虽然比例都不高，但也说明有三分之一左右的罪犯和监狱警察认同此对策。

表 7-42　罪犯和监狱警察对强化罪犯角色意识避免
减刑后改造倒退的认知比例差异（N=2317）

（单位：人数/人，百分比/%）

问题	选项	没减刑罪犯		减刑罪犯		监狱警察	
		人数	百分比	人数	百分比	人数	百分比
80.强化服刑人员的罪犯角色意识能否避免减刑后的改造倒退行为？	A.不能	83	21.1	264	18.9	96	18.1
	B.不确定	173	44.0	641	46.0	277	52.3
	C.能	137	34.9	489	35.1	157	29.6
	合计	393	100	1394	100	530	100

如何对减刑前的罪犯强化其罪犯角色意识才能避免他们减刑后的改造倒退行为？笔者认为应该采取以下对策。

1. 评估减刑前罪犯的罪犯角色意识

第一，引导减刑前罪犯认真反思自己的罪犯角色意识。监狱负责罪犯减刑的部门除了用前面已经阐述的对罪犯内心改造质量的评估方法评价减刑前罪犯的改造表现外，还要特别增加减刑前罪犯的自评一项，即让减刑前的罪犯认真反思自己的内心改造质量，尤其要真诚反思自己的罪犯角色意识。表面上按照罪犯行为规范做得好只是行为表现，重要的是要反思在心灵深处是否把自己当成罪犯了。罪犯角色意识是罪犯对自己是罪犯这一角色的自觉反映，即作为罪犯是否真正把自己当成罪犯了，是否有赎罪感和自我悔恨等心理。第二，监狱心理矫治人员自编信度、效度较高的罪犯角色意识问卷，测试减刑前罪犯的罪犯角色意识。例如，"假如获得减刑了，是否可以在劳动上不那么卖力了？ A.不可以、B.不确定、C.可以。"此题并没有明确地提到罪犯角色意识淡化，但是选择 C 项的罪犯就隐藏着罪犯角色意识淡化的危险。问卷测试会比较真实地了解减刑前罪犯的罪犯角色意识是否淡化了，发现罪犯角色意识淡化者及时进行教育，防止其减刑后改造倒退。

2. 对减刑前的罪犯重点强化罪犯角色意识的教育

对减刑前的罪犯要进行强化罪犯角色意识的教育，把减刑后的改造倒退行为与罪犯角色意识淡化紧密联系在一起，让这些罪犯明确罪犯角色意识淡化的消极后果及危害。当罪犯角色意识已经让他们铭记在心时，减刑后就会主动避免改造倒退行为。

3. 对因罪犯角色意识淡化而减刑后改造倒退的罪犯要加大惩罚力度

因罪犯角色意识淡化的罪犯侥幸获得了减刑，其内心深处就没把自己当成罪犯，所以，应该对他们加大惩罚力度，让他们真正体会到忘记自己是罪犯而受到惩罚带来的痛苦。心理学研究证明，痛苦会使人采取某种行为避免产生痛苦的原因、改变痛苦的处境，因罪犯角色意识淡化减刑后改造倒退的罪犯受到惩罚后的痛苦，会提醒他们不敢忘记自己作为罪犯的角色，如果再有减刑机会，他们应该不会再出现改造倒退了。

（三）用目标激励调动减刑罪犯的真诚改造动机

很多罪犯减刑后改造倒退是因为迷失了继续努力的目标，例如，因释放前再无减刑机会而改造倒退的罪犯、对减刑感到疲惫而改造倒退的罪犯、减刑后因骄傲自满而改造倒退的罪犯、某些因刑期重缺乏明确的目标减刑后改造倒退的重刑犯……对于这些因迷失方向而减刑后改造倒退的罪犯，应该用目标激励调动他们减刑后的真诚改造动机，使他们不在减刑后改造倒退，甚至帮助他们树立长远的人生目标，做个适应社会的守法者。

从表7-43第7题选择B项的比例看出，没减刑罪犯有44.8%、减刑罪犯有42.8%、监狱警察有50.2%认为罪犯的减刑除了让自己得到实际利益外，还能学会选择正确目标。

再看表7-44第7题，监狱警察与两类罪犯都有极其显著的差异，监狱警察的平均分低于两类罪犯，这与监狱警察选择A、B两项的比例都高于两类罪犯、而选择C项的比例低于两类罪犯是一致的。说明监狱警察对减刑能让罪犯学会选择正确目标的深刻意义理解得比罪犯深刻，由于此题三类的B项比例都不低，所以此题三类人的数据都有参考价值。

从表7-43第82题选择C项的比例看出，没减刑罪犯有51.7%、减刑罪犯有47.3%、监狱警察有37.9%认为，帮助减刑者树立更高的目标激励其真诚的改造动机能避免减刑后的改造倒退行为。监狱警察的比例明显低于两类罪犯。

再看再看表7-44第82题，监狱警察与没减刑罪犯有显著差异，监狱警察的平均分与减刑罪犯相同，低于没减刑罪犯。此题平均分越高说明认为帮助减刑者树立更高的目标激励其真诚的改造动机能避免减刑后的改造倒退行为的人比例越高。

表 7-43　罪犯和监狱警察对帮助减刑罪犯树立正确的目标
避免改造倒退的认知比例差异（N=2317）

（单位：人数 / 人，百分比 / %）

问题	选项	没减刑罪犯（N=393）		减刑罪犯（N=1394）		监狱警察（N=530）	
		人数	百分比	人数	百分比	人数	百分比
7. 服刑人员的减刑除了让自己得到实际利益外，还有下面哪种更深刻的意义？	A. 没有其他意义	42	10.7	167	12.0	167	31.5
	B. 学会选择正确目标	176	44.8	596	42.8	266	50.2
	C. 磨炼自己的意志	175	44.5	631	45.3	97	18.3
82. 帮助减刑者树立更高的目标激励其真诚的改造动机能否避免减刑后的改造倒退行为？	A. 不能	55	14.0	225	16.1	60	11.3
	B. 不确定	135	34.4	510	36.6	269	50.8
	C. 能	203	51.7	659	47.3	201	37.9

表 7-44　罪犯和监狱警察对帮助减刑罪犯树立正确的目标
避免改造倒退的认知差异显著性

问题	角色分类	N	M	SD	角色分类		P
7. 服刑人员的减刑除了让自己得到实际利益外，还有下面哪种更深刻的意义？	没减刑罪犯	393	2.3	0.7	监狱警察	没减刑罪犯	0.000
	减刑罪犯	1394	2.3	0.7		减刑罪犯	0.000
	监狱警察	530	1.9	0.7			
82. 帮助减刑者树立更高的目标激励其真诚的改造动机能否避免减刑后的改造倒退行为？	没减刑罪犯	393	2.4	0.7	没减刑罪犯	监狱警察	0.020
	减刑罪犯	1394	2.3	0.7			
	监狱警察	530	2.3	0.6			

根据表 7-43 和表 7-44 的四组数据可以总结出如下观点：40% 以上的罪犯和 50% 监狱警察认为，减刑具有能让罪犯学会选择正确目标的深刻意义。50% 左右的罪犯和近 40% 的监狱警察认为，帮助减刑者树立更高的目标激励其真诚的改造动机能避免减刑后的改造倒退行为。由此可见，用目标激励调动减刑罪犯的真诚改造动机避免改造倒退是必要的对策。20 世纪 80 年代，美国哈佛大学的两位心理学家共同完成了一项研究，对象是一些自称是幸福的人。结果，幸福的人共同之处是什么：钱？成功？健康？爱情？都不是。他们只有两点是共同的，他们明确地知道自己的生活目标，同时他们也感到自己正在稳步地向目标迈进。那么，如何用目标激励减刑罪犯呢？笔者设想了以下对策。

1. 帮助减刑后的罪犯设置合适的目标

这一步是帮助减刑的罪犯选择适合自己的目标。根据管理心理学的"目标设置理论"，有激励作用的目标必须具备两个基本条件：目标的清晰度和目标的难度。

一是目标的清晰度，这是指目标的明确性。管教干警要让罪犯知道实现这个目标的具体标准和要求是什么，而不是仅仅告诉他"尽你最大努力去做"。减刑后的罪犯要清晰地知道自己下一步具体的努力方向是什么，甚至要用数字表示。比如，刑期重的罪犯要争取下一次减刑，两次减刑的间隔期较长怎么办？每一步、每个月都要制订出具体的计划，并把实现目标的手段、方法、预期结果、可能遇到的困难及解决困难的办法都列出详细的计划。

二是目标的难度，太高的目标可望而不可即，没有激励作用；太低的目标价值不大，缺乏吸引力，也无激励作用。只有难度适当，并带有一定的挑战性，罪犯经过努力能够实现的目标才有激励作用。所以，监狱管教干警要引导减刑罪犯设置适合自己的改造目标，并帮助罪犯把改造的总目标分成几个递进的分级目标，让罪犯一步一个台阶地实现分级目标，最终"水到渠成"地实现总目标，罪犯的改造积极性才会高。每当罪犯实现一个小目标，就把结果及时反馈给罪犯，使他们一直有成就感，在希望中改造，在激励中进取，这样就会避免因刑期太重感到身心疲惫而出现减刑后改造倒退。罪犯在设置适合自己的改造目标的过程中也锻炼了思维的广阔性、深刻性、独立性、批判性、灵活性、敏捷性。

2. 对罪犯实现改造目标的结果进行奖惩强化

第一，对独立有效地解决问题的罪犯给予奖励。让缺乏独立性的罪犯在实现改造目标的过程中独立有效地解决问题，之后给予奖励即正强化，以此鼓励和强化他们的独立性。多次反复，会使他们逐渐形成正确处理问题的思维独立性、广阔性、深刻性，避免了被消极因素影响而再出现改造倒退。

第二，对盲目模仿他人的罪犯给以惩罚。对实现改造目标过程中缺乏独立性却盲目模仿他人而造成不良后果的罪犯，要给以适当的惩罚即负强化，例如批评、扣改造分等。以此使其接受教训，以后不再盲目模仿他人。及时有效的负强化会纠正罪犯思维的盲目性、狭窄性、肤浅性，避免了被消极因素影响而出现改造倒退。

（四）培养减刑罪犯坚韧的正确意志避免改造倒退

从表7–45第83题选择C项的比例看出，没减刑罪犯有56.0%、减刑罪犯有47.6%、监狱警察有34.5%认为，培养减刑者坚韧的正确意志能避免减刑后的改造倒退行为。

再看表7–46第83题，两类罪犯之间有非常显著的差异，监狱警察与没减刑罪犯有极其显著的差异，与减刑罪犯有非常显著的差异。平均分从高到低的排序与C项比例的排序是一致的，此题平均分越低，说明认为培养减刑者坚韧的正确意志能避免减刑后的改造倒退行为的人比例越低。

从表7–45第20题选择B项的比例看出，没减刑罪犯有75.1%、减刑罪犯有69.8%、监狱警察76.2%认为，让性格暴躁冲动导致减刑后改造倒退的罪犯变得温和有耐性有可能，但很难。

再看表7–46第20题，监狱警察与两类罪犯都有极其显著的差异，保留两位小数的平均分分别是没减刑罪犯1.93、减刑罪犯1.95、监狱警察1.90，在三类人差别极小的情况下监狱警察的平均分稍低。这是因为监狱警察的C项比例最低。此题平均分越低，说明认为较难让性格暴躁冲动导致减刑后改造倒退的罪犯变得温和有耐性的人比例越高。

表 7-45 罪犯和监狱警察对培养减刑罪犯坚韧的正确意志避免
改造倒退的认知比例差异（*N*=2317）

（单位：人数/人，百分比/%）

问题	选项	没减刑罪犯		减刑罪犯		监狱警察	
		人数	百分比	人数	百分比	人数	百分比
83. 培养减刑者坚韧的正确意志能否避免减刑后的改造倒退行为？	A. 不能	47	12.0	220	15.8	72	13.6
	B. 不确定	126	32.1	511	36.7	275	51.9
	C. 能	220	56.0	663	47.6	183	34.5
20. 因性格暴躁冲动导致减刑后改造倒退的人，让他编织毛衣、雕刻、剪纸，能使他性格变得温和有耐性吗？	A. 不能	63	16.0	246	17.6	89	16.8
	B. 有可能，但很难	295	75.1	973	69.8	404	76.2
	C. 较容易	35	8.9	175	12.6	37	7.0

表 7-46 罪犯和监狱警察对培养减刑罪犯坚韧的正确意志避免改造
倒退的认知差异显著性

问题	角色分类	*N*	*M*	*SD*	角色分类		*P*
83. 培养减刑者坚韧的正确意志能否避免减刑后的改造倒退行为？	没减刑罪犯	393	2.4	0.7	没减刑罪犯	减刑罪犯	0.003
	减刑罪犯	1394	2.3	0.7	监狱警察	没减刑罪犯	0.000
	监狱警察	530	2.2	0.7		减刑罪犯	0.003
20. 因性格暴躁冲动导致减刑后改造倒退的人，让他编织毛衣、雕刻、剪纸，能使他性格变得温和有耐性吗？	没减刑罪犯	393	1.9	0.5	监狱警察	没减刑罪犯	0.000
	减刑罪犯	1394	1.9	0.5		减刑罪犯	0.000
	监狱警察	530	1.9	0.5			

根据表 7-45 和表 7-46 的数据可以得出如下结论：有 50% 左右的罪犯和 30% 以上的监狱警察认为，培养减刑者坚韧的正确意志能避免减刑后的改造倒退行为。但是大多数罪犯和监狱警察却认为，让性格暴躁冲动导致减刑后改造倒退的罪犯变得温和有耐性有可能，但很难。这说明罪犯和监狱警察认

同了培养罪犯正确意志的必要性，但是培养有些罪犯的正确意志却很难。尽管如此，还必须要培养罪犯的正确意志，否则无法保证他们减刑后不改造倒退，更难避免他们释放后重新犯罪，因为本书第二章已经详细分析了多数罪犯减刑后的改造倒退甚至释放后重新犯罪就是因为正确意志薄弱、错误意志顽固而导致的。为何要培养罪犯坚韧的正确意志？因为意志有正确和错误之分，正确意志是指个体实现正确目标时克服困难的心理品质；错误意志是指个体实现错误目标时克服困难的心理品质。罪犯意志的特征是正确意志薄弱、错误意志顽固，如果只强调培养罪犯的意志，不强调意志的性质，那么，错误意志顽固的罪犯与法律抗衡的意志岂不是更顽固？所以，一定要培养罪犯的正确意志，一是让正确意志薄弱的罪犯坚强起来，二是用正确意志削弱和取代有些罪犯顽固的错误意志。培养罪犯的正确意志可以采取以下对策。

1. 培养罪犯对不良情绪的自我调节能力

（1）以设置适度的逆境来培养罪犯对刺激的适度反应能力

很多在冲动情绪支配下导致伤害、杀人、抢劫等暴力犯罪的罪犯，其犯罪和减刑后改造倒退的根本原因是粗暴冲动的性格，这种性格者之所以易冲动甚至采取攻击方式，是因为他们的意志缺乏对不良情绪的调节能力，而本质上是他们对负性刺激的反应过于强烈，这是他们一生屡遭麻烦和挫折的根本原因，他们常常是在冲动—挫折—后悔—不接受教训—再冲动—再挫折的恶性循环中挣扎。所以，改造这类罪犯的关键是培养他们对刺激的适度反应能力。设置逆境就是对不良性格或对挫折的反向心理承受力强的罪犯给以负性刺激，使其不良性格和对挫折的反向心理承受力消失，良好性格和对挫折的正向心理承受力形成。逆境有两种：一是"以硬克硬"即根据人趋利避害的本能，对情绪冲动难以自制的罪犯施以适度惩罚，以震慑住其嚣张气焰。二是"以柔克刚"即以缓和、细腻的方式磨炼罪犯的意志尤其是耐心，以取代粗暴和冲动的性格。例如干细活（绣花、纺织、编织、针织、雕刻、剪纸、接手表链、养花种草等）、养宠物（观赏鱼等），干细活可以磨炼耐心；养宠物可以培养爱心。"以硬克硬"和"以柔克刚"结合在一起就是"刚柔相济"，国内外有不少监狱用"刚柔相济"的方法改造暴力犯取得了很好的效果。

需要强调的是，使用此方法必须刚柔并用，不可单独使用其中一种，否则会适得其反。

如果在某罪犯减刑前管教干警早知道此罪犯是粗暴冲动的性格，就应该在平时重点用"刚柔相济"的方法矫正其不良性格，直到矫正好再呈报减刑，避免减刑后改造倒退。如果某罪犯因为粗暴冲动的性格导致减刑后改造倒退，管教干警就更要用"刚柔相济"的方法矫正其不良性格，不矫正好不可以再给此罪犯呈报下一次减刑。

（2）教会罪犯自我调控情绪的策略

情绪自我调控不当的人主要是缺乏情绪自我调控的策略。所以，要教会罪犯自我调控情绪的策略，这些策略就是自我调控情绪的清晰认知和方法。这些方法不同于其他方法，这些方法强调罪犯从内心深处自我调控情绪。包括以下策略。

第一，找准刺激源策略。个体某种情绪的产生可能与主体内外多种原因有关，减刑的罪犯可能导致减刑后改造倒退的消极或否定情绪，都与本书第二章、第三章分析的某种或某些因素有关。但是到底是什么因素引起的，有时是主体能意识到的，有时是主体意识不到的。要想不让消极或否定情绪引起减刑后改造倒退的行为，首先应教会罪犯找准诱发消极或否定情绪的刺激源。这是有效采取后面的情绪调节策略的重要基础和依据。例如，当罪犯减刑后受到其他犯人的讽刺打击时，或家庭出现变故时，就会产生消极情绪而无心改造。此时其他犯人的讽刺打击或家庭变故就是他们消极情绪的刺激源。当罪犯明确知道产生消极情绪的原因时，就找到了自己消极情绪的刺激源，继而就会很有针对性地用下面的策略调节自己的情绪了。

第二，轻视或躲避刺激策略。此方法是教会罪犯轻视、淡化或躲避有害刺激源，以减轻或消除因此引起的消极情绪，避免因消极情绪引起的有害行为。由于罪犯群体中攻击性很强的人较多，无端挑起事端者大有人在，所以，要教会罪犯轻视或巧妙地躲避有害刺激源，以避免直接发生冲突。心理学研究证明：预防、消除或减弱应激源或压力源，是以最小的痛苦方式忍受不良应激或压力的策略。[1]这就是俗话说的"惹不起，躲得起"。一时的躲避或忍让，

―――――――――

[1]　Phillip L.Rice:《压力与健康》，石林、古丽娜、梁竹苑等译，中国轻工业出版社2000年版。

就会避免不良情绪以及由不良情绪诱发的恶果。当对方冷静后再对他讲明其不妥之处，这是最明智的。例如，某罪犯是大学本科毕业，因贪污罪被判刑入狱，由于改造表现好获得减刑比较快，同监舍的一个年龄比他大、服刑时间比他长的初中文化的罪犯对其减刑比自己快很不服气，经常找茬与他吵架。但这个大学毕业的罪犯怕吵架违反监规，更怕影响自己的改造表现，于是就经常躲着那个嫉妒他的罪犯，避免了两人之间的矛盾冲突，也避免了减刑罪犯的减刑后改造倒退。这个减刑的罪犯实际上就是运用了轻视或躲避刺激策略。

第三，认知重评策略。这一策略的理论依据是"合理情绪疗法的 ABC 理论"，此理论的含义是：A 是指诱发事件（刺激）；B 是指个体对诱发事件的看法、解释、评价；C 是指在特定情境下个体的情绪及行为的结果。这一理论的要点是：情绪不是由诱发事件本身引起的，而是由经历了这一事件的个体对这一事件的解释和评价所引起的。即情绪结果取决于主体对刺激的认识——B。调节情绪的关键是改变个体对这一事件的认知。很多罪犯就是由于对他人或社会的不合理认知——只看到社会的阴暗面、认为社会不公平，因而产生否定情绪，在否定情绪支配下向社会或他人发泄不满而导致犯罪的。有些罪犯减刑后认为监狱给自己呈报的减刑幅度太小了，而自己的付出太多了，这种不合理认知使罪犯感到不公平，即使减刑了也会减弱改造积极性，出现改造倒退行为。所以，要引导罪犯重新评价引起否定情绪的刺激，使他们产生合理的认知，避免因认知偏激而产生否定情绪导致改造倒退行为。

第四，注意转移策略。此方法是使罪犯的注意从引起消极情绪的刺激源及时转移。即把注意从引起消极情绪的刺激转移到能减弱或消除消极情绪、能引起积极情绪的另一物体、人或事件上。例如，把注意集中在整理花木、独处沉思、读书学习、钻研技术、健康的娱乐等活动上等。这时的注意具有重要意义，即通过注意，个体可以选择刺激的重要与否，这叫选择性注意。选择性注意有保护作用，可以防止个体神经系统过度的负荷，帮助个体将注意力集中于当前最重要的事件上，排斥不重要的刺激使情绪稳定，提高效率。缺乏此策略的人不能使自己的注意力及时从引起否定情绪的刺激源转移，而是被这种负性刺激诱发产生不良情绪，继而导致减刑后改造倒退行为或其他适应不良的行为。例如，某些重刑犯几次减刑后身心疲惫的感觉笼罩了他整个心理空间，但是面对还有减刑机会，自己不努力争取早日出狱又怕愧对亲人的期待，因而减刑疲惫引起的压抑、苦闷情绪使这些罪犯再不想付出努力了。此时，如果他学会了注意转移策略，就会让自己暂时不想减刑这件事，把注意力转移到自己喜欢的绘画、下棋、读书等健康的活动上，轻松愉快的情绪会很快取代他因减刑疲惫引起的压抑、苦闷的情绪，继而又有积极改造的热情，避免减刑后的改造倒退。

注意转移法的生理机制是"优势兴奋中心"，即大脑皮层兴奋性最强、支配主体的心理或行为的兴奋点。当罪犯减刑后因为某种原因引起的否定情绪成了"优势兴奋中心"，就会压抑着积极肯定的情绪。所以，使用注意转移策略，目的就是使他们消极的"优势兴奋中心"转移为积极的"优势兴奋中心"，避免减刑后改造倒退。

注意转移法也叫"活动转移法"，"升华法""音乐陶冶法"都属此类方法，只是这两种方法除了具有注意转移法的特征外，还有自己的侧重点。"升华法"是把个体的注意力从不健康的活动上转移到能引起积极情绪的健康、高雅的活动上。"音乐陶冶法"还具有陶冶情操、修身养性的作用。

第五，表达抑制策略。当已经意识到是什么原因引起自己的否定情绪，就应尽量抑制自己对这种情绪的表达，这样可以避免因发泄否定情绪而引起的不良后果。

第六，安慰策略。此方法是教会罪犯寻找到能使自己的否定情绪获得安慰的人或行为，如躯体安慰、他人安慰、自我抚慰等安慰策略。缺乏此策略的人，当否定情绪产生时不会或不想及时得到安慰，因而冷漠、无情、厌世，甚至会因否定情绪得不到及时安慰而蔓延或扩张，产生社会适应不良行为，超过极限就会自伤、自残，或者在反社会心理支配下犯罪。例如，有的罪犯因为自己干活快而使监狱管理人员提高了整个车间的计件标准，使干活慢的罪犯感到很累。因而这个干活快的罪犯减刑后被几个落后罪犯收工后在隐蔽处把他暴打一顿。因为被打的罪犯性格内向、不善交际而拒绝管教干警、亲人、狱友的安慰，很快得了抑郁症，从改造积极分子变成了病犯。所以，在服刑过程中要教会罪犯寻求正常的安慰，除了希望得到亲人和干警的精神安慰外，更多的还是要学会自我安慰，以使否定情绪得到自我调节，避免减刑后改造倒退和身心疾病的形成。

培养罪犯对不良情绪的自我调节能力除了设置适度的逆境、教会罪犯自我调控情绪的策略这两大类心理学方法外，还可以用厌恶疗法、适度惩罚法、严格管理法、劳动改造法等方法。

2. 用延迟满足法培养罪犯抗御诱惑的能力

糖果试验：曾经有一位著名的美国心理学家在幼儿园找了一批年满4岁的孩子，发给他们很好吃的糖果，告诉他们如果现在就吃只能吃到一个，但如果等大人来接他们时再吃，就可多得到一个糖果。有些儿童等研究人员一离开，就迫不及待地把糖果塞进嘴里；有些孩子熬了几分钟后屈服了；而有的孩子则很有自制力，想出种种方式转移注意力，以抗拒糖果的诱惑，最终坚持到大人来，终于得到奖赏。

追踪调查这些孩子直到上高中，发现在4岁时就能耐心等待获得两个糖果的孩子，其学业成绩远远好于缺乏忍耐力的孩子。他们长大后适应能力较强，有信心，积极进取，个性也较稳健可靠。而那些不能抵御诱惑先吃糖果的孩子，大多比较容易灰心、无法承受压力、逃避挑战。在SAT学业能力倾向测验中，有忍耐力比缺乏忍耐力的孩子竟高出120分。

糖果实验表明，除智商外，抵制满足诱惑的能力对智力发展，对个体适应社会及成功有相当重要的影响。所以，要使罪犯减刑后不出现改造倒退行为，尤其是不再重新犯罪，必须培养他们抗御诱惑的能力。

抗御诱惑是指个体在理解了道德、法律规范等社会禁忌或为实现既定目标而克制自己，不去做虽有诱惑力但违背规范之事情的能力。可以用延迟满足法培养罪犯抗御诱惑的能力，延迟满足是指个体为了获得更大的报偿、实现更大的目标或因外界的要求而延迟立即就可满足的能力。可采用循序渐进满足法培养减刑后罪犯的抗御诱惑能力，即循序渐进地控制某些罪犯减刑的需要，即让他们明白不是每次有减刑机会都必须轮到自己，延迟满足他们强烈的减刑需要，使他们学会克制自己的欲望，避免因急功近利心理支配的虚假改造而导致减刑后改造倒退。可以把满足分成不同级别，从最低级到最高级，抗御诱惑的能力和延迟满足的能力逐级递增，即越往后面越强。

抗御诱惑能力的测验级别：不想抵制诱惑→犹豫后抵制诱惑→能坚决抵制诱惑。

延迟满足能力的测验级别：立刻就想满足→靠转移注意延迟满足→想延迟满足但很焦虑→能很自觉地延迟满足。

可以按照上面的规律，循序渐进地满足罪犯的合理需要，这样，逐级训练多次后就会使罪犯形成良好的心理定式，最终形成稳固的抗御诱惑能力。

（五）培养减刑罪犯对挫折的正向心理承受力

对于那些因为对挫折的正向心理承受力差而导致减刑后改造倒退的罪犯，应该培养他们对挫折的正向心理承受力——挫折后能够理智地调节和战胜挫折的能力。理性地战胜减刑后的挫折，避免再减刑后的改造倒退。

从表 7–47 选择 C 项的比例看出，没减刑罪犯有 41.2%、减刑罪犯有 35.7%、监狱警察有 26.4% 认为，提高罪犯对挫折的理性或正向心理承受力能避免减刑后的改造倒退行为。

再看表 7–48，监狱警察与两类罪犯都有显著差异，监狱警察的平均分稍低于两类罪犯，这与监狱警察选择 C 项的比例最低是一致的。此题平均分越低说明，认为提高罪犯对挫折的理性或正向心理承受力能避免减刑后的改造倒退行为的人比例越低。

表 7–47　罪犯和监狱关于培养罪犯对挫折的理性承受力
避免改造倒退的认知比例差异（ N=2317 ）

（单位：人数 / 人，百分比 /％）

问题	选项	没减刑罪犯		减刑罪犯		监狱警察	
		人数	百分比	人数	百分比	人数	百分比
81. 提高服刑人员对挫折的理性心理承受力能否避免减刑后的改造倒退行为？	A. 不能	78	19.8	266	19.1	90	17.0
	B. 不确定	153	38.9	630	45.2	300	56.6
	C. 能	162	41.2	498	35.7	140	26.4
	合计	393	100	1394	100	530	100

表 7-48　罪犯和监狱警察关于提高罪犯对挫折的理性承受力
避免改造倒退的认知差异显著性

问题	角色分类	N	M	SD	角色分类		P
81. 提高服刑人员对挫折的理性心理承受力能否避免减刑后的改造倒退行为？	没减刑罪犯	393	2.2	0.8	监狱警察	没减刑罪犯	0.012
	减刑罪犯	1394	2.2	0.7			
	监狱警察	530	2.1	0.7		减刑罪犯	0.047
	合计	2317	2.2	0.7			

根据表 7-47 和 7-48 的数据可以得出如下结论：有三分之一左右的罪犯和监狱警察认同笔者提出的此条对策，如何培养减刑罪犯对挫折的正向心理承受力避免减刑后改造倒退呢？具体方法如下。

1. 培养罪犯对挫折的正确态度去战胜挫折

人生挫折难免，挫折的程度有轻有重，挫折的时间有长有短，面对挫折人们表现各异，有人百折不挠、勇往直前，有人一蹶不振、精神崩溃。不同的人对挫折的适应能力或叫忍耐力，它与个体对挫折源（引起挫折的事物）的态度密切相关，即态度制约着忍耐力。例如，一个人把追求事业放在首位，对工作学习非常热爱，则他对工作和学习中所受到的挫折的忍耐力就比较强。国外某心理学研究者以大学生为对象做了疼痛忍耐力的测定。测定的仪器是改装的血压计，即在血压计的气袋上端安置一个坚硬的橡皮尖头，将空气袋绑在被试的手腕上，逐渐增加气压，橡皮尖头便刺入被试手腕而产生痛觉，气压越大刺入越深则疼痛感越强。实验的目的是要验证在客观条件相同的情境中，由于被试态度的改变而引起疼痛忍耐力变化的现象。被试分为实验组与控制组，每组被试均半数为基督教徒，半数为犹太教徒（不让被试知道分组及人员安排的情况）。实验中，首先用血压计测定每个人的耐痛阈，然后告诉所有被试："为了验证每个人耐痛的准确性，休息片刻后将进行第二次测定"。在休息期间，主试逐个与实验组的被试交谈，告诉基督教徒说："根据某一报告，基督教徒对于痛苦的忍耐力不如犹太教徒强"；而对犹太教徒的被试则反过来说，告诉犹太教徒说："根据某一报告，犹太教徒的忍痛力不如基督教徒强"。对控制组（对照组）的被试则什么也不告诉。如此再安排做第二次测定，结果发现，实验组被试的耐痛阈明显地提高；而控制组被试的耐痛阈与第一次没有变化。这说明，在相同的实验条件下，因主试用反向言语暗示的结果，使个体态度发生增强耐痛力的改变，从而引起个体内在疼痛忍耐力的提高。[①] 此实验对我们培养罪犯对挫折的正向心理承受力很有启发，可以借鉴和模仿，以此培养罪犯对挫折的正确态度，增强对挫折或有害刺激的忍耐力，避免因情绪失控而导致越轨行为。

2. 教会罪犯战胜挫折的心理学方法

第一，教会罪犯用"反向心理调节法"战胜挫折。反向心理调节法也叫反向思维法，即换个角度想问题或从光明的一面想问题的方法。例如，许多罪犯因犯罪被判刑而恨政府，但是换个角度想：服刑可以把刑期变学期，学到了许多知识、技术、法律，因此他们便会感激政府。有些罪犯认为自己的减刑速度慢或减刑幅度小感到不公平而减刑后改造松懈。如果他学会了反向心理调节法，就会这样想：还有跟我改造表现差不多的狱友没有得到减刑或者减刑的幅度比我小，我能得到减刑，就说明管教干警对我的改造表现是肯定的，知足常乐吧。于是他不仅会快乐起来，还会增强继续争取下次减刑的信心。可见，换个角度想问题使他看到了光明。

第二，教会罪犯"适度紧张法"战胜挫折。医学家提出，过度紧张的情绪对身体有害，只有适度的紧张才有利于健康。罪犯减刑后因某种原因产生挫折，否定情绪会使他们消极服刑、放松改造。管教干警应创造条件使他们适度紧张起来，把注意力集中到改造活动上。因为适度紧张会使罪犯的神经系统和身体都适度兴奋，促使身体的生理和心理机能活跃起来，促进肯定情绪的产生。这样会人人减弱罪犯服刑的挫折感引起的否定情绪，并会促进身心健康，更好地适应服刑生活。

3. 培养罪犯公平竞争的心理素质去战胜挫折

有些罪犯之所以减刑后感到某种不公平而改造倒退，或者与比自己强的罪犯比较产生自卑感而放松改造，都是因为他们缺乏公平竞争的心理素质，

---

① 李建周：《管理心理学》教育科学出版社 1992 年版，第 103 页。

所以要培养罪犯公平竞争的心理素质去战胜挫折。公平竞争可以使罪犯形成以下良好的心理素质：锻炼和培养罪犯机敏的头脑和成为强者的能力；磨炼罪犯的意志，陶冶性情；培养罪犯具有竞争取胜的个性品质；对自己的气质扬长避短；形成勤奋、开朗、乐观的性格；消除罪犯不利于竞争的心理品质，例如弄虚作假、嫉妒、破坏捣乱等；使罪犯学会调节人际关系，因为竞争要与别人合作，不会调节人际关系就要失败。

总之，通过心理学方法最终要培养罪犯的自我调控能力，罪犯具备了自我调控能力，就能形成健康的心理，罪犯具有了健康的心理，他们就能调节好服刑中的各种消极情绪，避免减刑后改造倒退，刑满释放后就能更好地适应社会。

（六）调动减刑罪犯的内在激励

管理心理研究证明，对个体的激励有外在激励和内在激励，只有内在激励的作用才持久。对罪犯内在激励的对策如下。

1. 培养减刑罪犯的正向自信

从表 7-49 选择 C 项的比例看出，没减刑罪犯有 52.9%、减刑罪犯有 51.1%、监狱警察有 36.6% 认为，调动减刑者的正向自信等自我激励能避免减刑后的改造倒退行为。两类罪犯的比例明显高于监狱警察。

再看表 7-50，监狱警察与两类罪犯都有极其显著的差异，监狱警察的平均分低于两类罪犯，此题平均分越低说明选择 C 项的人比例越低。

表 7-49　罪犯和监狱警察对培养减刑罪犯的正向自信
避免改造倒退的认知比例差异（N=2317）

（单位：人数 / 人，百分比 /%）

问题	选项	没减刑罪犯		减刑罪犯		监狱警察	
		人数	百分比	人数	百分比	人数	百分比
84. 调动减刑者的正向自信等自我激励能否避免减刑后的改造倒退行为？	A. 不能	63	16.0	207	14.8	81	15.3
	B. 不确定	122	31.0	474	34.0	255	48.1
	C. 能	208	52.9	713	51.1	194	36.6
	合计	393	100	1394	100	530	100

表 7-50　罪犯和监狱警察对培养减刑罪犯的正向自信避免改造倒退的认知差异显著性

问题	角色分类	N	M	SD	角色分类		P
84. 调动减刑者的正向自信等自我激励能否避免减刑后的改造倒退行为？	没减刑罪犯	393	2.4	0.7	监狱警察	没减刑罪犯	0.000
	减刑罪犯	1394	2.4	0.7			
	监狱警察	530	2.2	0.7		减刑罪犯	0.000
	合计	2317	2.3	0.7			

根据表 7-49 选择 C 项的比例和表 7-50 的平均分可以得出如下结论：有 50% 以上的罪犯和 30% 以上的监狱警察认为调动减刑者的正向自信等自我激励能避免减刑后的改造倒退行为，此题罪犯的数据更有参考价值。因此，对那些因缺乏正向自信而导致减刑后改造倒退的罪犯要培养他们的正向自信。正向自信是指个体坚信自己符合社会要求的正确行为能够成功。正向自信给人以勇气去战胜挫折成为强者，这是因为正向自信是一种积极的肯定情绪状态，这种情绪可以把思维的积极性调动起来去理智地战胜挫折。培养罪犯的正向自信有以下两方面途径。

一是要以外部奖赏强化罪犯的自信。自信的形成与环境的强化密切相关，一个人由于自己有某种缺陷或不足，经常受到周围环境的嘲弄或否定评价，而使自己正常的尊重需要经常得不到满足，更无自尊需要得到满足的肯定体验。久而久之，使自尊需要因得不到正强化而萎缩，因而更难以形成具有良好适应功能的自信。相反，一个人生活在适合发挥他们最佳作用和受到鼓励的环境中能经常得到正强化，就会感到自己有意义和有价值，因而形成自尊和自信。可见，罪犯的自信心首先来自监狱干警的奖赏，使他们在按照犯人行为规范进行角色扮演中尝到成功的体验，减刑更强化了他们的成功体验，这种体验就会逐渐使外部奖赏转化为自我奖赏而形成自信心。

二是鼓励罪犯看到自己的长处。许多自卑者之所以不能完成由自卑到自信的转化，很重要的原因就是他们对自己的优点不能及时地发现和肯定，这就扼杀了他们进步的愿望。对于减刑后仍然自卑的罪犯，管教干警就要有意发现他们的"闪光点"或者他身上具备的其他人没有的特点，让这个特点发扬光大。并鼓励缺乏自信的罪犯学会发现自身的长处、进步和潜能，从自己点滴进步中发现自身价值，以此消除自卑，树立正向自信。例如，有个罪犯从小被遗弃因而很自卑，管教干警发现他有个很大的特点，即模仿能力很强，于是就让另一个罪犯帮助他编一个小品《变》由他主演，在春节晚会时台上十几分钟的演出获得台下十几次掌声，这让从来没有得到过别人表扬和夸赞的罪犯震惊了，他立刻感觉到了受人尊重的体验太好了。从此后他不再自卑，他相信自己会得到别人的尊重。就这一个"闪光点"激励这个罪犯有了自信心，从此后改造上升了一个层次，不再简单地为了减刑而积极改造，而是为了有尊严的人生自我激励。

2. 鼓励减刑罪犯发挥自身的正确价值

从表 7-51 选择 C 项的比例看出，没减刑罪犯有 56.7%、减刑罪犯有 55.4%、监狱警察有 38.1% 认为，鼓励减刑者发展自身优势、充分体现自身的正确价值能避免减刑后的改造倒退行为。

再看表 7-52，监狱警察与两类罪犯都有极其显著的差异，监狱警察的平均分低于两类罪犯，这与监狱警察选择 C 项的比例最低是一致的。此题平均分越低，说明认为鼓励减刑者发展自身优势、充分体现自身的正确价值能避免减刑后改造倒退的人比例越低。

表 7-51 罪犯和监狱警察对发挥减刑罪犯正确的自身价值
避免改造倒退的认知比例差异（N=2317）

（单位：人数 / 人，百分比 /%）

问题	选项	没减刑罪犯		减刑罪犯		监狱警察	
		人数	百分比	人数	百分比	人数	百分比
85. 鼓励减刑者发展自身优势、充分体现自身的正确价值，能否避免减刑后的改造倒退行为？	A. 不能	57	14.5	190	13.6	89	16.8
	B. 不确定	113	28.8	432	31.0	239	45.1
	C. 能	223	56.7	772	55.4	202	38.1
	合计	393	100	1394	100	530	100

表 7-52　罪犯和监狱警察对发挥减刑罪犯正确的自身价值
避免改造倒退的认知差异显著性

问题	角色分类	N	M	SD	角色分类		P
85.鼓励减刑者发展自身优势、充分体现自身的正确价值,能否避免减刑后的改造倒退行为?	没减刑罪犯	393	2.4	0.7	监狱警察	没减刑罪犯	0.000
	减刑罪犯	1394	2.4	0.7			
	监狱警察	530	2.2	0.7		减刑罪犯	0.000
	合计	2317	2.4	0.7			

根据表 7-51 选择 C 项的比例和表 7-52 的平均分可以得出如下结论:有 50% 以上的罪犯和 30% 以上的监狱警察认为,鼓励减刑者发展自身优势、充分体现自身的正确价值能避免减刑后的改造倒退行为,此题罪犯的数据更有参考价值。因此,管教干警要鼓励减刑罪犯发挥自身的正确价值,避免减刑后改造倒退,其心理学依据是赫茨伯格的"双因素理论"[1]。

20 世纪 50 年代末,美国心理学家赫茨伯格(F. Herzberg)认为:激发动机的因素有保健因素和激励因素两类。第一,保健因素是指工作以外的对人的积极性有影响的因素,如领导水平、工资奖金、工作环境、人际关系、劳动保护、娱乐休假等,这类因素只能防止职工对工作产生不满,只有保持人的积极性、维持工作现状的作用,没有从根本上激励人的作用。第二,激励因素是指工作本身对人的积极性有影响的因素,如工作中充分表现的机会、工作带来的愉快感、对工作的成就感、责任心、兴趣、对工作发展的期望等,这类因素使人们从工作本身获得极大满足,这种满足成为持久、稳定地激励人们努力工作的内在力量。

双因素理论启发我们,要想让减刑的罪犯有持续的改造积极性,避免减刑后改造倒退,必须要把罪犯的外在动机转化成内在动机。外在动机来自于外在激励,外在激励包括奖惩激励、物质激励、精神激励、刑事激励。内在动机来自于内在激励,内在激励包括道德感的激励、内疚感的激励、补偿心理的激励、赎罪感的激励、自尊心的激励、成就感的激励、回报心理的激励。罪犯由外在动机转化成内在动机的过程是:罪犯的常态心理→接受监狱机关

① 何为民主编:《罪犯改造心理学》,中国人民公安大学出版社 1997 年版,第 92-93 页。

的改造目标和要求→产生良好行为→受到外部激励→罪犯产生外在动机→继续产生良好行为→逐渐把改造目标和要求内化为主体需要→内在激励→外在动机转化成内在动机，最后达到对罪犯攻心治本的根本目的。

本章对罪犯减刑后改造倒退的对策，从理论依据上也适合其他罪犯，尤其是心理学对策对其他罪犯具有更普遍的应用价值。

参考文献

（一）论文类

1. 李勤 . 减刑假释制度的适用：积分制的缺陷及其完善［J］. 刑事法学，2017（7）.

2. 张雅凤 . 自我调控不当与犯罪性社会适应不良［J］. 中国监狱学刊，2005（1）.

3. 王彤，黄希庭 . 心理学视角下的人生目标［J］. 心理科学进展，2018，26（4）.

4. 张亚平 . 减刑、假释的目的反思与制度变革［J］. 刑事法学，2016（4）.

5. 李豫黔 . 我国减刑制度司法实践的反思与探讨［J］. 刑事法学，2003（8）.

6. 冯竹青，葛岩 . 物质奖励对内在动机的侵蚀效应［J］. 心理科学进展，2014，22（4）.

7. 杨丽珠，杜文轩，沈悦 . 特质愤怒与反应性攻击的综合认知模型述评［J］. 心理科学进展，2011，19（9）.

8. 江畅 . 论品质及其道德性质［J］. 伦理学，2011（6）.

（二）著作类

1. 郁杉杉 . 浅析暴力犯的激情表现、心理特征及矫治对策［M］// 俞忠明 . 青浦监狱论文集（1994—1999）. 上海：百家出版社，1999.

2. 张雅凤 . 罪犯改造心理学新编［M］. 北京：群众出版社，2007.

3. 张雅凤 . 罪犯的罪行与危害社会心理恶性程度的相关性探索［M］. 北京：法律出版社，2016.

4. 陈英和. 认知发展心理学［M］. 杭州：浙江人民出版社，1996.

5. 陕西省回归研究会. 全国首届服刑人员子女心理研讨会论文集［C］. 北京：法律出版社，2005.

6. 曲伶俐，杨晓静，张传伟，等. 现代监狱行刑研究［M］. 济南：山东大学出版社，2007.

7. 孟昭兰. 情绪心理学［M］. 北京：北京大学出版社，2005.

8. 中华人民共和国监狱法［M］. 北京：法律出版社，2012.

9. 张厚粲. 实用心理评估［M］. 北京：中国轻工业出版社，2005.

10. RICE P L. 压力与健康［M］. 石林，古丽娜，梁竹苑，等译. 北京：中国轻工业出版社，2000.

11. 李建周. 管理心理学［M］. 北京：教育科学出版社，1992.

12. 何为民. 罪犯改造心理学［M］. 北京：中国人民公安大学出版社，1997.